Adrian G. Gilbert

DER STERN DER WEISEN

ADRIAN G. GILBERT

DER STERN DER WEISEN

DAS GEHEIMNIS DER HEILIGEN DREI KÖNIGE

Aus dem Englischen von Karin Schuler

GUSTAV LÜBBE VERLAG

Der Gustav Lübbe Verlag ist ein Imprint der Verlagsgruppe Lübbe

Übersetzung aus dem Englischen von Karin Schuler
Titel der Originalausgabe: *Magi. The Quest for a Secret Tradition*

Published by arrangement with Bloomsbury Publishing Plc,
38 Soho Square, London W1V 5DF

Für die deutschsprachige Ausgabe:

Lektorat: Elke Weidenstraß, Köln
Umschlaggestaltung: Guido Klütsch, Köln
Satz: Dörlemann Satz, Lemförde
Gesetzt aus der Slimbach
Druck und Einband: Friedrich Pustet, Regensburg

Printed in Germany
ISBN 3-7857-2020-3

Sie finden die Verlagsgruppe Lübbe im Internet unter
http://www.luebbe.de

5 4 3 2 1

INHALT

Den Meistern des Wissens gewidmet –
wo immer sie sein mögen!

PROLOG

Unsere Welt ist voller großer und kleiner Rätsel. Sogar die schlichtesten Menschen haben ihre Geheimnisse, weit größere aber umranken die Geschichte. Das vielleicht größte Geheimnis überhaupt umgibt die Ursprünge der christlichen Religion. Wer war dieser Mann namens Jesus? Woher kam er? Wie lautete seine Botschaft wirklich? Anders als Buddha oder Mohammed, die eigene Texte hinterließen und deren Lebensläufe gut dokumentiert sind, bleibt der historische Jesus ein Rätsel.

Die Erzählung der Bibel ist in dieser Hinsicht äußerst fragmentarisch, und selbst wenn wir die Evangelien als echte Biographien betrachten, werfen sie nur ein erstaunlich schwaches Licht auf den historischen Jesus. Im Alter zwischen zwölf und dreißig Jahren, in der einen Menschen prägenden Zeit also, verlieren wir ihn völlig aus den Augen. Wenn Matthäus, Markus, Lukas und Johannes wußten, was mit ihm während dieser entscheidenden Jahre als Jugendlicher und junger Mann geschah, so schweigen sie sich gründlich darüber aus – ebenso wie die Kirche, die in seinem Namen gegründet wurde.

Viele Menschen glauben, das Christentum sei eine reformierte und modernisierte Form des Judentums – nicht überraschend eigentlich, wenn man den Kontext der Evangelien bedenkt. Immerhin war Jesus Jude und sogar, wenn man der im Neuen Testament gegebenen Genealogie glauben darf, ein direkter Nachfahre des sagenhaften König David. Sein dreijähriges Wirken spielte sich größtenteils unter den Juden ab, und er wurde von seinen Anhängern als der erwartete jüdische Messias begrüßt. Warum aber, könnte man fragen, ist seine Lehre so überaus unjüdisch? Man würde erwarten, daß er als Prophet den Menschen Strafpredigten hält wie Jeremia oder Ezechiel, sie ermahnt, die falschen Götter zu verlassen und dem Gesetz Mose' zu folgen.

Natürlich gibt es in den Evangelien viele Anklänge an das Alte Testament und besonders Zitate aus den Prophezeiungen des Jesaja, aber sie sind keine tragenden Elemente der christlichen Lehre. Der Jesus, von dem wir lesen, ist ein intelligenter, ganz und gar nicht frömmelnder Mann, der die Kranken heilt und mit Sündern ißt. Er kümmert sich wenig um das Arbeitsverbot am Sabbat, sondern predigt Toleranz, Erbarmen und Vergebung anderen gegenüber. Und er stand offenbar auf gutem Fuße mit Fremden, sogar mit den Römern. Eines seiner wichtigsten Gleichnisse, das vom guten Samariter, legt offen dar, daß ein mitfühlender Mensch in den Augen Gottes tugendhaft ist, ungeachtet seiner Abkunft und Nationalität.

Jesus war auch kein Revolutionär, wie manche annehmen. Im Evangelium geht er sehenden Auges in die Falle, läßt sich gefangennehmen, wird verurteilt und gekreuzigt. Er führt sein Volk nicht wie Josua in eine große Revolte gegen Rom, sondern empfiehlt seinen Anhängern, dem Kaiser zu geben, was des Kaisers ist – ganz und gar nicht die Worte eines Rebellenführers. Aus den Evangelien wird klar, daß die jüdischen Autoritäten Jesus für gefährlich hielten. Er verspottete die Pharisäer und Sadduzäer öffentlich und hielt sie zum Narren, wenn sie ihm mit schwierigen Fragen eine Falle zu stellen versuchten. Noch verdächtiger machte ihn die Verhöhnung ihrer Autorität, wenn es zum Beispiel um die Steinigung einer Ehebrecherin ging.

Ganz offenbar hatten dieser Mann und seine Lehren etwas an sich, was der Sanhedrin, der oberste Rat der Hohenpriester, als zutiefst anstößig empfand. Jesus galt als gefährlicher Häretiker; so gefährlich, daß die Pharisäer, wenn man den Evangelien glauben darf, mit den Römern gemeinsame Sache machten, damit er zum Tode verurteilt werden konnte.

Das Christentum wird von der Kirche zumeist so dargestellt, als sei es eine völlig neue Offenbarung gewesen, die die Welt mit der Plötzlichkeit eines Donnerschlags traf. Doch ist das die Wahrheit? Gibt es keine Vorgänger dieser äußerst komplexen Religion? Wenn man die Geschichte der Evangelien unvoreingenommen liest, wird deutlich, daß die jüdischen Hohenpriester Jesus als Apostaten betrachteten, nicht nur, weil er ziemlich flexible Ansichten im Hinblick auf das mosaische Gesetz zeigte, sondern weil vieles, was er lehrte, seine Quellen eindeutig außerhalb des Judentums hatte. Dies wiederum führt zu einer anderen Frage: Welche Quellen waren das, und wie war Jesus mit ihnen in Kontakt gekommen? Genau dies wollte ich herausfinden. Die »Weisen aus dem Morgenland« interessierten mich dabei besonders, weil sie in irgendeiner Weise mit dieser geheimen Quelle der Weisheit in Verbindung standen.

Seit meinem ersten Besuch in Bethlehem in den siebziger Jahren habe ich mich immer wieder auf die Suche nach der Wahrheit hinter der Legende von den Heiligen Drei Königen begeben. Aus irgendeinem Grund hatte sich die Geschichte in meinem Gehirn festgesetzt, wahrscheinlich, weil sie mir ein größeres Geheimnis zu verhüllen schien.

Ich erinnere mich daran, daß ich einmal als kleiner Junge einen Golfball meines Vaters aufschnitt, weil ich wissen wollte, warum diese Bälle für ihre Größe so schwer waren. Ich entdeckte, daß sich unter dem harten Äußeren mit den vielen kleinen Vertiefungen eine Masse aus gezogenem Gummi befand, eine Art unendlich langes elastisches Band. Ich entwirrte es und stieß endlich auf das Herzstück des Balls: einen kleinen Ballon mit einer weißen Bleipaste darin. Offenbar war diese verborgene, zerbrechliche Kugel für das Flugverhalten der Golfbälle verantwortlich.

Für mich spiegelt diese völlig unerwartete Entdeckung die Suche nach einem esoterischen – geheimen – Wissen wider.[1] Meine Suche nach den Weisen und der geheimen Tradition, aus der sie meiner Meinung nach kamen, war langfristig angelegt, und ich mußte dabei viele »elastische« Symbole und Vorstellungen entwirren, um schließlich zu enthüllen, was hinter der Mythologie steckt.

Wie damals, als ich den Golfball aufschnitt, fand ich auch diesmal unter den vielen Schichten der Symbolik, Geschichte, Wissenschaft und Mystik ein Geheimnis. Dieses Geheimnis im Herzen der christlichen Religion, ein Rätsel im Rätsel, ist nicht aus weißem Blei wie das Innere eines Golfballs, sondern aus Sternenstaub. Ich bin überzeugt, daß Jesus, der Messias, den ein Großteil der Welt heute als Sohn Gottes verehrt, nicht allein gehandelt hat. Er wurde von Meistern der Weisheit, die unerkannt blieben, in der historischen Rolle, die er spielen sollte – seiner Bestimmung –, wie auch in einem gewissen esoterischen Wissen unterrichtet.

Heute verstehe ich, daß manche Menschen, die der »monophysitischen« Lehre anhängen – daß Jesus und Christus, der Sohn Gottes, eine Wesenseinheit bilden, daß der Körper und die Seele Christi in alle Ewigkeit unauflöslich miteinander verbunden sind und daß das Jesuskind deshalb seine Rolle schon zur Zeit seiner Empfängnis kannte und sich ihrer bewußt war –, einiges von dem, was ich zu sagen habe, beunruhigend finden mögen. Diese Menschen, vielleicht die Mehrheit der heutigen Christen, kann ich nur um Geduld bitten und sie einladen, die Beweise selbst zu prüfen und meine Aussagen nicht sofort abzulehnen.

Per definitionem ist die esoterische oder geheime Geschichte der Welt unsichtbar. Sie ist nicht offenkundig und schwer zu beweisen. Doch durch eine geradezu kriminalistische Vorgehensweise können wir genügend Zeugnisse sammeln und eine verborgene Spur entdecken, die bis zu den drei Weisen und darüber hinaus in die Vergangenheit führt. Verblüffende neue Beweise, die hier zum erstenmal vorgelegt werden, lassen mich glauben, daß nicht nur das Christentum, sondern auch das Judentum seine Wurzeln in einer geheimen mystischen Tradition hat, die im Dunkel der Zeit verschwunden ist.

Aus Gründen, die nicht direkt offenbar werden, ist diese noch heute lebendige Tradition immer mit dem Stern Sirius und dem Sternbild Orion verbunden gewesen. Ich bin überzeugt davon, daß vieles, was heute in der Bibel und gewiß in den umfassenden Mythen über die Welt unklar bleibt, deutlich wird, wenn wir die Bedeutung dieser stellaren Verbindung erkennen und verstehen.

Die Geschichte beginnt, wie sollte es anders sein, in Bethlehem.

KAPITEL 1
EINE PILGERFAHRT IN DIE STADT DAVIDS

Es war ein sonniger Tag Anfang September. Dünne, wattige Wolken trieben schnell über den Himmel, und die Zugvögel bereiteten sich auf ihren Flug gen Süden vor, als ob sie spürten, daß das schöne Wetter nicht mehr lange halten würde. Erwartungsvoll packte ich meinen Rucksack, denn auch ich brach zu einer langen Reise – oder sollte ich besser Pilgerfahrt sagen – auf. Ich plante eine Fahrradtour ins Heilige Land.

In den letzten beiden Wochen hatten mein Reisegefährte und langjähriger Freund John und ich unsere letzten Vorbereitungen für diese Fahrt getroffen, die wir nicht nur aus finanziellen Gründen per Rad unternahmen, sondern auch, um uns einer besonderen Herausforderung zu stellen. Im Hinterkopf hatten wir das Bild der Kreuzritter, die ihre Pferde sattelten und sich auf den Weg nach Jerusalem machten, und irgendwie ergab sich daraus der Wunsch, es uns selbst nicht so leicht zu machen, die Reise zu einer Art Prüfung werden zu lassen, auf daß die Ankunft um so süßer sein würde.

Mit wenig Geld und großem Optimismus brachen wir auf und wollten Bethlehem rechtzeitig zum ersten Weihnachtstag erreichen. Uns war nicht klar, daß dieses Weihnachten das vorerst letzte sein würde, das die Israelis genießen konnten. Der angenehme Nachglanz ihres überraschenden Sieges im Sechstage-Krieg hielt noch an, ehe die Araber durch den Jom-Kippur-Krieg im Jahr 1973 ihr Ansehen wiederhergestellt sahen.

Mit unseren zweiundzwanzig Jahren waren wir beide erfahrene Weltenbummler. Die letzten beiden Sommer waren wir durch Skandinavien getrampt, den Sommer davor mit einem Mini durch Spanien gefahren. Doch dadurch waren wir weder auf die körperlichen Anstrengungen der bevorstehenden Reise vorbereitet noch auf das schlechte Wetter, das uns erwartete. Schwerer Regen setzte uns zu, während wir Kilometer um Kilometer durch die ländliche Picardie strampelten. Wir trafen auf gespenstische Mahnungen einer furchtbaren Vergangenheit, als wir an den Soldatenfriedhöfen des Ersten Weltkrieges und den grasüberzogenen Narben der Schützengräben vorbeifuhren, die einst Schauplatz der schrecklichsten Schlachten gewesen waren.

Nachts schliefen wir unter Brücken oder in herrenlosen Autowracks, und selbst unsere Öljacken aus Armeebeständen hielten dem endlosen Regen nicht stand. Wir konnten es uns nicht leisten, unsere knappen Ressourcen auf die Annehmlichkeiten der französischen Küche zu verschwenden, und so bestand unsere Nahrung vor allem aus einer Familienpackung sehr süßem Müsli.

Cambrai, Saint-Quentin, Laon, Reims... Die Punkte auf der Landkarte verwandelten sich in Städte und verschwanden dann wieder hinter uns im feuchten Nebel. Menschen, die trocken und gemütlich in ihren Autos saßen, fuhren durch die Pfützen und hupten uns an – vielleicht aus Ärger, weil wir ihnen im Wege waren, oder aber als Ausdruck ihrer Solidarität mit einsamen Radfahrern im Land der Tour de France.

Tagelang zeigte sich keine Lücke in den Wolken, und wir glaubten schon nicht mehr daran, daß der Regen je aufhören würde. Irgendwann gaben wir schließlich auf und bestiegen einen Zug, der uns über die Berge ins Tal der Saône und Rhône brachte. Die ganze Zeit beteten wir um besseres Wetter. In Dijon, der ehemaligen Hauptstadt des Herzogtums Burgund, erlaubten wir uns eine Pause und statteten der Kathedrale einen Besuch ab.

Es ist schwer zu beschreiben, was ein beeindruckendes Gebäude eigentlich ausmacht, aber es hat eine Menge mit der Atmosphäre zu tun und dem Menschenschlag, der in der Umgebung wohnt. Unter den Büchern, die ich im Jahr zuvor gelesen hatte, war eines mit dem seltsamen Titel *Ein neues Modell des Universums*, geschrieben von dem russischen Philosophen und Journalisten P. D. Ouspensky.

In dieser bemerkenswerten Arbeit behauptete er unter anderem, daß die Kirche Notre-Dame in Paris ein Geheimnis in sich berge. Sie sei weder zufällig errichtet worden noch aus rein künstlerischen Absichten, seien diese auch noch so erhebend. Ouspensky glaubte, daß die Baumeister zumindest für eine kurze Zeit im Besitz eines tieferen Wissens und damit Erben einer Überlieferung waren, die bis in die Zeit der Pyramiden und sogar noch weiter zurückreichte. Wie sie an dieses heute verlorene Wissen herangekommen waren, erklärte er nicht, aber als ich damals seine Worte las, erschienen sie mir irgendwie wahr.

Ich spürte, daß er recht hatte, daß die mittelalterlichen Kathedralen in Frankreich und England Manifestationen einer alten Überlieferung sind und daß ihre Erbauer geheime Kenntnisse besaßen. Die Kathedrale von Dijon, in der ich mich jetzt befand, steht in derselben Tradition wie die bekanntere Notre-Dame. Sie ist ein gotisches Meisterwerk aus dem späten 13. Jahrhundert, nach französischen Maßstäben zwar nicht besonders groß, aber doch mit einem sehr eigenen und eindrucksvollen Charakter.

Die Burgunder, französisches Äquivalent zu den Schotten, wußten schon immer, daß ihr fruchtbares Herzogtum etwas besonderes, grundsätzlich anderes war als der Rest Frankreichs. Hier in der Kathedrale liegen Philipp der Kühne und Anna, Tochter von Johann Ohnefurcht, begraben – schon diese Namen sind eine Herausforderung. Ich konnte geradezu die Stimmen aus der Vergangenheit hören: »Wir sind weder Franzosen noch Deutsche, sondern Burgunder.«

Was mich allerdings am meisten beeindruckte, war die außergewöhnliche romanische Krypta. Hier in einer höhlenartigen, säulengestützten Kammer fühlte ich mich aller Sinneswahrnehmungen beraubt. Plötzlich wurde mir klar, warum zukünftige Ritter eine Zeit der einsamen Besinnung und des Gebets durchstehen mußten, manchmal mehrere Tage lang, bevor sie in einer großen Zeremonie vom Monarchen den Ritterschlag empfingen. In dieser Krypta konnte ich mir vorstellen, wie es wohl war, wenn man sich in völliger Stille und Abgeschiedenheit der Ungewißheit seiner eigenen Wahrnehmung stellen mußte.

Ein Ritter des Mittelalters kannte die Zerstreuungen unseres hektischen Lebens nicht. Vielleicht war sein Seelenleben deshalb so viel reicher. Religion bedeutete für ihn nur das eine: Christentum. Wenn er auf eine andere Religion, etwa das Judentum oder den Islam, stieß, so doch in der festen Überzeugung, daß nur der christliche Glaube ein ewiges Leben im Himmel garantiere. Obwohl er sich wahrscheinlich nur wenig Illusionen über Gottes Stellvertreter auf Erden machte (möglicherweise war der Bischof ein Bruder oder Vetter), so vertraute er doch fest darauf, daß Christi Blut ihn von seinen Sünden reinwaschen werde, wenn er nur seine Pflicht tat.

Gestärkt durch diesen einfachen Glauben konnte er hinausziehen und die Feinde der Kirche bekämpfen und wußte sicher, daß er als Märtyrer direkt in den Himmel kam, sollte er bei diesem heiligen Dienst sterben. Unser Ritter war allerdings aller Wahrscheinlichkeit nach auch völlig ungebildet. Er hatte keine Koran-Übersetzung gelesen. Sein Wissen über das alte Griechenland und über Rom war dürftig, über das alte Persien und Ägypten wußte er nur, was in der Bibel stand. Vom Buddhismus, von Zen, Taoismus oder indianischen Traditionen wußte er überhaupt nichts, und soweit es ihn betraf, hätten diese Glaubenssysteme statt auf anderen Kontinenten auch auf anderen Sternen existieren können.

Solche Gedanken gingen mir in der Krypta durch den Kopf. Anders als unser Ritter hatte ich die Upanischaden gelesen, mehrere Jahre lang Yoga erlernt und wollte wie viele andere Kinder der sechziger Jahre unbedingt einmal nach Indien reisen. Ich hatte mich auch mit den Schriften Platons befaßt und sehnte mich danach, mehr über die mystischen Traditionen des Westens zu erfahren. Gerade dieser Wunsch, den John übrigens teilte, hatte uns zu unserem Unternehmen getrieben.

Wie alle Pilger seit Jahrhunderten waren wir zuversichtlich, daß wir im Heiligen Land »etwas« finden würden. Wir hofften, dort jemanden zu treffen oder auf etwas zu stoßen, der oder das uns den Weg weisen würde. Wir glaubten fest daran, daß wir zumindest die Spuren irgendeiner verborgenen Weisheit finden würden, zu der wir in England keinen Zugang hatten.

In der Krypta der Kathedrale von Dijon konnte ich das Gewicht der Zeit spüren, gedrängt in einen kurzen Moment von beinahe unendlicher Dauer. Zum erstenmal erfuhr ich, was Ouspensky meinte, als er schrieb, daß es in Wirklichkeit eine doppelte, parallel ablaufende Weltgeschichte gebe – die eine sichtbar und von den Medien pausenlos kommentiert, die andere verborgen unter der Oberfläche. Ich rief mir seine Worte ins Gedächtnis:

»Eine Geschichte geht vorbei und wird voll und ganz sichtbar, und genau gesagt, ist es die *Geschichte des Verbrechens*, denn wenn es keine Verbrechen gäbe, würde es auch keine Geschichte geben. Alle wichtigsten Wendepunkte und Schauplätze dieser Geschichte sind von Verbrechen gekennzeichnet: Morde, Gewaltakte, Raubüberfälle, Kriege, Aufruhr, Massaker, Folterungen, Hinrichtungen ... Dies ist die eine Art von Geschichte, die Geschichte, die jeder kennt, die Geschichte, wie sie in den Schulen gelehrt wird.

Die andere Geschichte ist die Geschichte, die nur wenigen bekannt ist. Sie wird von den meisten überhaupt nicht hinter der ›Geschichte des Verbrechens‹ wahrgenommen. Aber was von dieser verborgenen Geschichte hervorgebracht wird, existiert lange Zeit nachher, manchmal mehrere Jahrhunderte hindurch, wie Notre-Dame. Der sichtbaren Geschichte, der Geschichte, die auf der Oberfläche abläuft, der Geschichte des Verbrechens wird zugeschrieben, was die verborgene Geschichte geschaffen hat. Aber in Wirklichkeit wird die sichtbare Geschichte immer durch das getäuscht, was die verborgene Geschichte geschaffen hat.«[1]

Diese Worte hatten mich sehr beeindruckt, als ich sie zum erstenmal las. Die Vorstellung einer verborgenen Geschichte hinter den sichtbaren, äußeren Geschehnissen, die das ausmachen, was wir in der Schule lernen, leuchtete mir ein. Jetzt in der Geborgenheit der dunklen Krypta fielen mir Ouspenskys Worte plötzlich wieder ein. Ich war mir sicher, daß er recht hatte und es eine unsichtbare, nirgendwo dokumentierte Verbindung zwischen den Erbauern der Kathedrale und den antiken Mysterienschulen in Ägypten und Mesopotamien gab.

Damals hatte ich kaum eine Vorstellung davon, was das in der Praxis bedeutete oder wie es dazu gekommen sein mochte, aber ich war fest entschlossen, das alles herauszufinden. Ich verließ mit noch sehr vagen und ungeformten Gedanken die Krypta und trat in das blendende Sonnenlicht, das Dijon umflutete.

Am nächsten Tag setzten wir unsere Fahrt – unterstützt durch Rückenwind – durch das Rhônetal fort. Nuits-Saint-Georges, Beaune, Chalon, Mâcon – die Namen lasen sich wie der Katalog eines Weinhändlers. Überall neben der Straße reiften die Trauben, und eine Zeitlang wurde das Wetter wenigstens so gut, daß wir die Aussichten, Geräusche und Gerüche um uns herum genießen konnten. Wir hatten das Müsli inzwischen aufgegeben und uns dem psychischen, wenn schon nicht körperlichen Bedürfnis einer abwechslungsreicheren Diät gebeugt.

In einem kleinen Café irgendwo in der Provence machten wir halt, und als man uns fragte, erklärten wir in unserem gebrochenen Französisch, daß wir Pilger auf dem Weg ins Heilige Land seien. Der *patron* wußte nicht recht, ob er uns das abnehmen sollte, aber er lud uns ein und bestand darauf, daß wir ein Glas seines roten Hausweines tranken. Dieser saure Rebensaft war nicht gerade das, was uns als Getränk am Vormittag so vorschwebte. Aber er gab keine Ruhe, bis wir unsere Wasserflaschen leerten und sie mit Wein füllten – begleitet von einem Tamtam, das uns an die Hochzeit von Kana erinnerte.

Inzwischen war sein Sohn Jean zu uns gestoßen und fungierte als Dolmetscher. Er erklärte, daß die Trauben auf ihrem eigenen Weinberg gewachsen seien und daß seinem Vater sehr am Erfolg unserer Pilgerfahrt liege. Wir dankten ihnen für den Wein und versprachen, Jean eine Karte zu schicken, sobald wir in Bethlehem angekommen wären.

Dem *patron* war die Tragweite seiner Geste wahrscheinlich gar nicht bewußt, aber sie bedeutete uns viel. Endlich waren wir auf eine uralte Ader der Verbundenheit zwischen Gastwirt und Pilger gestoßen, die einst in ganz Europa weit verbreitet gewesen sein muß. Hier, in einem kleinen französischen Dorf, fanden wir über alle Grenzen der Sprache und Nationalität hinweg Akzeptanz und Begeisterung für das, was vor uns lag.

Als die modernen Erben zahlloser Pilger und Kreuzritter, die jahrhundertelang eben diesen Weg durchs Rhônetal genommen hatten, besaßen wir plötzlich einen ganz anderen Status. Indem er Pilgern seinen eigenen Wein anbot, bewirtete der *patron* nicht nur irgendwelche Gäste, sondern er nahm teil an unserer Reise und schloß sich – zumindest im Geist – uns und unserem großen Abenteuer an. Solche Erfahrungen müssen früher einmal ganz normal gewesen sein, als die Menschen noch zu Pferde oder zu Fuß unterwegs waren. Heute, im Zeitalter des Düsenjets, sind sie die große Ausnahme. Für uns war dieses Treffen einer der Höhepunkte unserer Reise.

Italien durchquerten wir beinahe ganz mit dem Zug, und schließlich bestiegen wir eine Fähre nach Griechenland. Wie viele Pilger vor uns nahmen wir uns die Zeit, Athen mit seiner majestätischen Vergangenheit zu besuchen, bevor wir endgültig Richtung Israel aufbrachen. Unsere Fähre, die Erbin all jener Schiffe von geschäftstüchtigen Venezianern und Genuesen, die einst zwischen den griechischen Inseln und den reicheren Kernländern des Byzantinischen Reiches hin und her pendelten, legte in Rhodos einen Zwischenstopp ein. Das Schiff zerrte am Anker, während eine Barkasse weitere Passagiere an Bord brachte und ich die beeindrukkende Festung des Johanniterordens bewunderte.

Es war eine seltsame Vorstellung, daß hier, auf diesem kostbaren Juwel des östlichen Mittelmeers, eine der letzten Schlachten der Kreuzzüge geschlagen wurde. Am 24. Juni 1522 landete eine osmanische Armee mit einer geschätzten Stärke von zweihunderttausend Mann auf Rhodos, um diesen letzten Vorposten der Kreuzfahrermacht ein für allemal zu zerschlagen. Ihnen stand eine Streitmacht von nur fünfhundert Rittern gegenüber, dazu etwa tausendfünfhundert Söldner und Einheimische, die eine solche Besetzung nicht zulassen wollten. Der Kampf wogte sechs Monate lang, bis die zahlenmäßig hoffnungslos unterlegenen Verteidiger sich schließlich ergeben mußten, nicht ohne vorher ehrenhafte Übergabebedingungen ausgehandelt zu haben.

Am Weihnachtsabend zollte Sultan Suleiman der Prächtige, der selbst fast während der gesamten Belagerung vor Ort gewesen war, der Tapferkeit der Ritter Tribut. Er erlaubte ihnen und jedem, der es wollte, in Freiheit die eroberte Insel zu verlassen. Ja, er bot ihnen sogar seine eigenen Schiffe an, um sie damit in sichere Häfen zu bringen. Wenn er gewußt hätte, daß die Johanniter nur etwa vierzig Jahre später von ihrem neuen Stützpunkt Malta aus seine Truppen zurückschlagen und ihm damit seine große Beute Italien entreißen würden, wäre er nicht so großzügig gewesen.

Doch das war eine andere Schlacht, eine, die die endgültige Ausdehnung des Osmanischen Reiches festschrieb. 1522 dagegen war im Grunde das Jahr, in dem die Kreuzzüge an der Küste von Rhodos ihr Ende fanden.

Als ich damals zu den Überresten der Zitadelle hinüberblickte, war mir das nicht so bewußt, aber dennoch spürte ich die besondere Atmosphäre dieses Ortes und erkannte die strategische Bedeutung der Insel für Schiffe, die das östliche Mittelmeer befuhren. Einerseits hatte sich in den vergangenen vierhundertfünfzig Jahren alles verändert, andererseits, in einem tieferen Sinne, war alles gleich geblieben. Immer noch gab es die gleichen Animositäten zwischen Griechen und Türken, die gleiche Rivalität zwischen Ost und West.

Der Kreis der Geschichte hatte sich offenbar erneut geschlossen, denn die Griechen hatten die Kontrolle über Rhodos zurückgewonnen, und ein neuer »Kreuzfahrer«-Staat hatte sich in Palästina gebildet: die Republik Israel – zwar eher jüdisch als christlich geprägt, aber doch wie das alte fränkische Königreich Jerusalem vom Westen finanziert und bewaffnet. All dies schien bedeutungsvoll, mehr als nur ein Hinweis auf die »verborgene Geschichte«, aber worauf es hindeutete, wußte ich nicht.

Als John und ich in Haifa, der drittgrößten Stadt Israels und dem wichtigsten Hafen des Landes, ankamen, standen uns am Pier Soldaten mit Maschinengewehren gegenüber. Wir fühlten uns, als hätten wir das Lager der Spartaner betreten, denn anders als in Nordfrankreich, wo die Wunden des Ersten Weltkrieges zwar noch sichtbar, aber schon verschorft waren, lagen sie hier noch offen, und es wimmelte von Militär.

Haifa wird überragt vom Berg Karmel, den heute unpassenderweise ein Bahai-Heiligtum mit goldenen Kuppeln schmückt. Hier liegt das Grab Babs, eines persischen Religionsgründers aus dem 19. Jahrhundert, den seine Anhänger als Propheten verehren. Die im Morgenlicht glänzende Kuppel erinnerte mich daran, daß in

Israel Religion keine einfache Sache ist, da jede Glaubensgemeinschaft im Nahen Osten Erbansprüche auf dieses ja doch sehr kleine Land erhebt.

Der Berg Karmel beheimatete einst die alte Schule hebräischer Propheten, deren Bücher die Bibel füllen. Später wurde er zum Namensgeber für den Bettelorden der Karmeliten, der im 12. Jahrhundert entstand, als ein Kreuzfahrer namens Berthold sich mit zehn gleichgesinnten Gefährten als Eremit in der Nähe eines Ortes auf dem Berg niederließ, der angeblich die Grotte des Elija gewesen war. Eremiten bekamen wir allerdings nicht zu Gesicht, als wir den Berg besuchten, der heute so etwas wie eine Vorstadt im Grünen ist.

Wir ließen das Blau des Mittelmeers hinter uns, fuhren landeinwärts durch die zerfurchten Hügel von Safed und das sengendheiße Megiddo-Tal (das Harmagedon der Bibel) und landeten schließlich in der grünen Ebene von Hulah. Hier, in einer Art fruchtbarer Oase, liegen viele besonders wohlhabende und produktive israelische Kibbuzim. Binnen kurzem pflückten auch John und ich Pampelmusen für ein solches Kollektiv namens Kefr Szold, eine relativ alte Siedlung mit vielen Holocaust-Überlebenden. Diese Menschen, die teilweise von ihren Erfahrungen so traumatisiert waren, daß sie schon lange jede Verbindung zur Realität aufgegeben hatten, waren für uns eine lebende Erinnerung an die Bestialität der Menschheit. Es wirkte wie eine grausame Ironie, daß nur ein paar Schritte von unseren Hütten entfernt die Stacheldrahtzäune begannen. Die Flüchtlinge aus Hitlers Todeslagern lebten immer noch an der Front.

Jenseits des Drahtzaunes lagen die Golanhöhen, ein kleiner Teil Syriens, den die Israelis 1967 im Sechstage-Krieg erobert hatten. Ausgetretene Pfade schlängelten sich hier durch Minenfelder und andere Überreste des Krieges. Wir durften hinaufklettern, obwohl wir gewarnt wurden, nicht zu weit weg zu gehen und immer auf dem Weg zu bleiben. Wenn ich nachmittags dort hinaufstieg, während die Sonne ihre Kraft verlor und der Berg Hermon sich leicht orange färbte, überlegte ich immer, ob wohl auch Jesus über eben diese Hügel gewandert war. Ich malte mir aus: Hatte er wie ich den

Berg Araxes beobachtet, der dort zwischen den Felsen glänzte? Hatte er auch Geier gesehen, die sich sammelten und über einem Kadaver kreisten? Hatte er etwa hier den Feigenbaum verflucht – vielleicht einen wie die, die ich wild am Straßenrand wachsen sah –, weil er keine Frucht trug?

All diese und viele andere Fragen waren mir plötzlich gegenwärtig, wie sie es noch nie gewesen waren, bevor ich einen Fuß in dieses seltsame Land gesetzt, seine Gerüche eingeatmet und sein Wasser getrunken hatte. Ich nahm meine Bibel aus der Tasche und schlug sie irgendwo auf. »Sucht, dann werdet ihr finden, klopft an, dann wird euch geöffnet.«

Ich klopfe, dachte ich, ich klopfe; wieviel lauter muß mein Klopfen noch werden? Aus tiefster Seele erhielt ich Antwort: Nicht jetzt, aber eines Tages. Sei geduldig, und die Tür wird geöffnet werden; zu seiner Zeit wird sich alles enthüllen. Ich behielt diese Worte im Gedächtnis und schwor mir damals, daß ich die Suche nach Wissen nie aufgeben würde, daß ich eines Tages herausfände, worum es in den Evangelien wirklich geht und wer dieser seltsame Mensch Jesus wirklich war.

Damals schafften John und ich es tatsächlich bis Weihnachten nach Bethlehem, und wir standen inmitten der Massen auf dem Krippenplatz. Es war kalt, es schneite, und alles war ganz anders, als wir es uns vorgestellt hatten; wohin man sich auch wandte, man stieß auf pure Geschäftemacherei. Es gab eine leichte Unruhe, als Harold Wilson, der damalige britische Premierminister, zur Kirche geleitet wurde, seinen berühmten Mantel hielt er gegen die Kälte hoch geschlossen. Wie Maria und Josef vor der Herberge konnten auch wir ihm nicht in die Wärme der schützenden Mauern folgen, denn zu viele wichtige Ehrengäste beanspruchten Vorrang vor den normalen Pilgern, wie wir es waren.

Statt dessen spazierten wir zum Postamt hinüber und schickten Jean eine Karte in sein französisches Dorf. Als wir wieder auf den Platz zurückkamen, sangen amerikanische Chöre gerade endlose Strophen von »Once in Royal David's City« und »We Three Kings«, ohne einen Gedanken an die arabische Stadt um sie herum zu verschwenden. Über dem Platz schwebte in geschmackloser Nachahmung der biblischen Geschichte ein beleuchteter Plastikstern. Er glühte und glänzte wie eine riesige Leuchtreklame, so unglaublich vulgär, daß ich nicht wußte, ob ich lachen oder weinen sollte. Ich konnte meine Augen einfach nicht von diesem Stern losreißen und betrachtete ihn lange Zeit mit einer Mischung aus Abscheu und Faszination. Wie, so fragte ich mich, konnte man diesen Ort, von dem man annahm, daß er die Geburtsstätte Christi sei, in so einen Zirkus verwandeln? Was hätte Jesus wohl von einem Kirchenchor gehalten, der seinen Geburtsort besucht, um dort Lieder unter einem Plastikstern zu singen?

Aber dann fiel mir noch etwas anderes auf: Der Stern hatte fünf Zacken. Ich wußte, daß das Symbol für den Stern von Bethlehem meist so aussah, aber plötzlich schien mir das sehr seltsam. Wir waren hier schließlich in Bethlehem. In der Bibel wurde dieser Ort die Stadt Davids genannt. Doch der Davidsstern, den man an Synagogen und auf jeder israelischen Fahne sieht, ist sechszackig. Warum also hatte der Stern von Bethlehem fünf und nicht sechs Zacken? Später sollte ich herausfinden, daß dieser scheinbar so triviale, äußere Unterschied wesentlich ist, um die esoterische Bedeutung des Symbols zu verstehen.

Während ich noch auf den Stern starrte, begann ich über die Legende von den drei Sterndeutern nachzudenken, die üblicherweise als Könige dargestellt und Kaspar, Melchior und Balthasar genannt werden. Sie waren die ersten Pilger, die nach Bethlehem gezogen waren, und wir waren in den letzten Monaten ihren Spuren in gewisser Weise gefolgt. Ich weiß noch, daß ich einmal mit sechs Jahren für ein Krippenspiel in der Schule als Melchior verkleidet wurde, aber niemand hatte mir damals oder auch später die Bedeutung dieser Männer erklärt. Wer waren diese drei Könige? Woher kamen sie? Waren sie mit einer Art mystischer Überlieferung verbunden?

Plötzlich erschienen mir diese Fragen sehr wichtig, obwohl ich nicht sagen konnte, warum, und ich wollte unbedingt einen Fachmann finden, dem ich sie stellen konnte. Zu Hause in England hatte ich den Namen und die Adresse von einem Schüler Ouspenskys, und ich beschloß, ihn zu besuchen, sobald ich wieder zurück war. Dieser Mann war sicher einer der außergewöhnlichsten Menschen seiner Generation, aber der Besuch bei ihm war, wie ich bald merken sollte, nur der Beginn einer sehr langen Suche.

Die biblische Geschichte der drei Weisen

Die Geschichte der Sterndeuter findet sich nur in einem der vier Evangelien, in dem des Matthäus:

»Mit der Geburt Jesu Christi war es so: Maria, seine Mutter, war mit Josef verlobt; noch bevor sie zusammengekommen waren, zeigte sich, daß sie ein Kind erwartete – durch das Wirken des Heiligen Geistes. Josef, ihr Mann, der gerecht war und sie nicht bloßstellen wollte, beschloß, sich in aller Stille von ihr zu trennen. Während er noch darüber nachdachte, erschien ihm ein Engel des Herrn im Traum und sagte: ›Josef, Sohn Davids, fürchte dich nicht, Maria als deine Frau zu dir zu nehmen; denn das Kind, das sie erwartet, ist vom Heiligen Geist. Sie wird einen Sohn gebären; ihm sollst du den Namen Jesus geben; denn er wird sein Volk von seinen Sünden erlösen.‹ Dies alles ist geschehen, damit sich erfüllte, was der Herr durch den Propheten gesagt hat:

›Seht, die Jungfrau wird ein Kind empfangen, einen Sohn wird sie gebären, und man wird ihm den Namen Immanuel geben ...‹

Als Jesus zur Zeit des Königs Herodes in Bethlehem in Judäa geboren worden war, kamen Sterndeuter aus dem Osten nach Jerusalem und fragten: ›Wo ist der neugeborene König der Juden? Wir haben seinen Stern aufgehen sehen und sind gekommen, um ihm zu huldigen.‹ ... Danach rief Herodes die Sterndeuter heimlich zu sich und ließ sich von ihnen genau sagen, wann der Stern erschienen war. Dann schickte er sie nach Bethlehem und sagte: ›Geht und forscht sorgfältig nach, wo das Kind ist; und wenn ihr es gefunden habt, berichtet mir, damit auch ich hingehe und ihm huldige.‹ Nach diesen Worten des Königs machten sie sich auf den Weg. Und der Stern, den sie hatten aufgehen sehen, zog vor ihnen her bis zu dem Ort, wo das Kind war; dort blieb er stehen.

Als sie den Stern sahen, wurden sie von sehr großer Freude erfüllt. Sie gingen in das Haus und sahen das Kind und Maria, seine Mutter; da fielen sie nieder und huldigten ihm. Dann holten sie ihre Schätze hervor und brachten ihm Gold, Weihrauch und Myrrhe als Gaben dar. Weil ihnen aber im Traum geboten wurde, nicht zu Herodes zurückzukehren, zogen sie auf einem anderen Weg heim in ihr Land.«[2]

Der Auftritt der weisen Sterndeuter in Matthäus' Geschichte von Christi Geburt ist überaus mysteriös. Sie erscheinen bei der Geburt Zauberern gleich aus dem Nichts, und jeder bringt ein Geschenk mit, das irgendwie Jesu Bestimmung symbolisiert: Gold für einen König, Weihrauch für einen Priester und Myrrhe für einen Heiler. Man kann natürlich behaupten, daß diese Geschichte eine reine Erfindung von Matthäus ist (was ich nicht glaube), aber er muß zumindest einen Grund gehabt haben, sie in sein Evangelium einzufügen. Wie wir es auch drehen und wenden, diese Legende bleibt irgendwie seltsam und esoterisch.

Konstantinopel und die »Heilige Weisheit«

Die Geschichte von den Heiligen Drei Königen ist eine der beliebtesten im Neuen Testament, und ihre »Anbetung« wird in der religiösen Kunst sehr häufig dargestellt. Im Mittelalter lieferte die Legende Malern und Bildhauern einen Vorwand, ihre eigenen Könige daran zu erinnern, daß auch sie der höheren Autorität Christi unterstanden. Andererseits waren aber auch Könige und Kaiser selbst erpicht darauf, als fromme Anhänger Christi dargestellt zu werden, und ließen sich oft als einen der Heiligen Drei Könige malen, der entweder Jesus selbst oder der Jungfrau Maria eine symbolische Gabe darbringt.

Eine der schönsten und vielleicht sogar die früheste Darstellung ist ein Mosaik aus dem 10. Jahrhundert über der »Schönen Tür« zur Vorhalle der Hagia Sophia in Konstantinopel (Istanbul). Es zeigt zwei bedeutende Kaiser, die der Jungfrau und dem Kind ihre Geschenke darbringen. Rechts sieht man Konstantin den Großen, den ersten christlichen Kaiser Roms, der Maria seine neue Stadt Konstantinopel überreicht, und links präsentiert Justinian seine Schöpfung, die Hagia Sophia selbst. (Tafel 2)

Die Hagia Sophia wurde am 27. Dezember 537 geweiht. Als dieses Mosaik etwa vierhundertfünfzig Jahre später angebracht wurde, war sie noch immer der größte und beeindruckendste religiöse Bau der Christenheit und zog Pilger aus ganz Europa an. Sie waren nicht nur von der schieren Größe und Pracht dieser Kirche beeindruckt, sondern vor allem von dem, was ihre Erbauung über die Gesellschaft aussagte, die sie geschaffen hatte. Westeuropa tauchte gerade aus den Dunklen Jahrhunderten auf, und überall machte sich ein tiefes Gefühl des Verlusts bemerkbar, eines kulturellen Vakuums, das gefüllt werden wollte. In Frankreich, England und Deutschland konnten selbst im Adel nur wenige Menschen lesen und schreiben. Der Ansturm der Barbaren – Vandalen, Goten, Hunnen und Wikinger – hatte das Erbe Roms im Westen quasi vernichtet.

Hier aber, in Konstantinopel, lebte das alte Reich weiter, in unvermindertem Glanz und in einer intakten christlichen Kultur. Kein Wunder also, daß man, als sich das kulturelle Leben im Westen wieder zu regen begann, nach Byzanz schaute, um dort Anregungen zu sammeln. Gelehrte betrachteten diese Stadt als einen Schatz sonst verlorenen Wissens, weil sie Bibliotheken beherbergte, wie sie Europa in den letzten tausend Jahren nicht gesehen hatte. Einige Europäer zumindest hofften auch, daß die »Heilige Weisheit«, deren in Stein gehauener Ausdruck die Hagia Sophia war, auch in den Kapitalen des Westens wieder heimisch werden und damit ein neues Aufblühen der westlichen Kultur ermöglichen möge.

Westlicher Vorstellung nach repräsentierten die drei Könige in der Sterndeuter-Geschichte alles Exotische und Kultivierte. Sie waren nicht nur irgendwelche Potentaten oder Botschafter aus dem heidnischen Osten, sondern Pilger von hohem Rang. Diese heiligen Männer hatten erkannt, daß sie, auch wenn sie in dieser Welt über materiellen Reichtum und Macht verfügten, immer noch Vasallen des Kindes Jesus blieben. In ihrer Malerei und Bildhauerei versuchten die mittelalterlichen Künstler des Westens, dieses Gefühl der Demut im Angesicht einer größeren Majestät darzustellen, aber sie übernahmen von den Byzantinern auch die Vorstellung der Analogie.

Die europäischen Könige wollten wie die byzantinischen Kaiser Konstantin und Justinian dabei gezeigt werden, wie sie Maria und dem Jesuskind Geschenke darbrachten. Das berühmteste Beispiel dafür ist gleichzeitig das wohl esoterischste Gemälde des Mittelalters. Eine genaue Analyse dieses Bildes enthüllt ein verborgenes Wissen und verweist, wie ich glaube, auf einen Kontakt zwischen zumindest einem gekrönten Haupt Europas und einer geheimen Überlieferung des christlichen Hermetismus, die sich in das Gewand der Heiligen Drei Könige kleidete.

Richard II. und das Wilton-Diptychon

1993 war in der National Gallery in London eines der schönsten heute noch erhaltenen Kunstwerke des 14. Jahrhunderts zu sehen: das Wilton-Diptychon. (Tafel 5) Dieses kleine, tragbare Altarbild wurde von Richard II., einem immer wieder völlig mißverstandenen englischen König, in Auftrag gegeben. Es zählt zu den wirklich großen Werken der Weltkunst, gleichwertig mit Leonardo da Vincis *Mona Lisa*, Rembrandts *Nachtwache* und van Goghs *Sonnenblumen*.

Unglücklicherweise erinnert man sich an Richard vor allem deswegen, weil er sich schließlich nach jahrhundertelangen Auseinandersetzungen dazu gezwungen sah, die übergeordnete Stellung des englischen Parlaments endgültig anzuerkennen. Als intelligenter und sensibler Mann hatte er einfach das Pech, in einer Zeit zu leben, in der sich diese Krise zuspitzte. Er hatte es nicht verdient, vom Strom der Zeit mitgerissen zu werden, geschweige denn, im Pontefract Castle im zarten Alter von dreiunddreißig Jahren ermordet zu werden, nachdem er bereits zugunsten seines Vetters Heinrich IV. abgedankt hatte. Der Historiker John Harvey charakterisiert ihn folgendermaßen:

»Richard II. erweckt besonderes Interesse, weil er den Charakter seiner Familie, des ganzen Hauses Plantagenet, im höchsten

Maß verkörperte und weil er auf die ihm eigene Art und Weise die Überlegenheit eines von Gott legitimierten Königtums repräsentierte. Er beharrte auf der heiligen und unauflöslichen Natur der Königswürde, die ihm bei seiner Salbung übertragen worden war, und auf einer vollen Bewahrung der königlichen Rechte. Sein Verhalten beruhte darauf, die Natur dessen vorherzusehen, was folgen würde, sobald diese Barriere einmal gefallen war. Es ist weder Sentimentalität noch Romantik, wenn wir in Richard einen überaus intelligenten und kultivierten Mann sehen. Sein Wissen entsprach den großen intellektuellen Errungenschaften seiner Zeit, und er war dazu befähigt, einen tieferen Einblick in das Wesen der Herrschaft zu gewinnen als die meisten Menschen, selbst als die meisten Souveräne.

... es ist ein weit verbreiteter Irrtum, anzunehmen, daß eine Epoche barbarischer, dümmer und weniger komplex gewesen sei, nur weil sie weiter zurückliegt. Die makellose Erscheinung Griechenlands im 6. und 5. Jahrhundert v. Chr. und die exquisiten Plastiken, Gemälde und Texte des Pharaos Echnaton tausend Jahre zuvor reichen allein schon aus, um uns dies zu lehren. Ähnlich erlebte auch das 14. Jahrhundert einen Höhepunkt der europäischen Kultur, und wir kommen der Wahrheit näher, wenn wir uns Richard II. als eine Art Übermensch vorstellen, klüger und gelehrter als wir selbst, als wenn wir in ihm einen brutalen Potentaten in einem Zeitalter gehobener Barbarei sehen. Wahrscheinlich hat ganz Europa seit dem 14. Jahrhundert kein Individuum erlebt, das fähig gewesen wäre, Richards Bedeutung richtig einzuschätzen.«[3]

In Shakespeares Drama *Richard II.*, dem ersten in seinem Zyklus zum Rosenkrieg, wird der König als schwach, kraftlos und beeinflußt von unwürdigen, ordinären Freunden dargestellt, zu denen er homosexuelle Beziehungen unterhalten haben soll. Diese letzte Andeutung ist mit ziemlicher Sicherheit eine Verleumdung seiner Feinde, um seine Absetzung zu rechtfertigen. 1382 hatte er Anna von Böhmen, die Tochter Kaiser Karls IV., geheiratet. Obwohl die Ehe kinderlos blieb, war sie doch nicht ohne Liebe, und Richard war völlig am Boden zerstört, als Anna 1394 starb. Er mag vielleicht etwas verweichlicht gewirkt haben – unbestreitbar war er sehr hübsch. Er war sicher auch mehr an gelehrtem Wissen interessiert als an »männlichen« Betätigungen wie dem Krieg, aber das heißt nicht, daß er homosexuell war.

Richards Stammbaum war dem seiner Königin gleichwertig, und wenn sie Kinder gehabt hätten, wäre die Geschichte Europas im 14. Jahrhundert vielleicht anders verlaufen. Er war der Sohn des Schwarzen Prinzen und Enkel von Eduard III., dem er auf dem Thron nachfolgte. Über diese Linie seiner Familie war er ein Nachkomme von Philipp dem Schönen von Frankreich und seiner Halbschwester Margarete. Weiter zurück im Stammbaum war er auch mit den Kaisern von Byzanz und der ungarischen Königsfamilie verwandt. Zudem hatte er als Nachkomme von Llewellyn, dem Gatten von Johanna, der Tochter König Johanns, auch enge Verbindungen nach Wales. Aufgrund seiner unbestrittenen Intelligenz und seiner privilegierten Stellung als Sproß so vieler Königshäuser überrascht es nicht, daß er Zugang zu geheimem Wissen hatte.

Das Wilton-Diptychon, das er in Auftrag gab, ist eine zweiteilige, auf beiden Flügeln bemalte Holztafel. Seit seiner Restaurierung vor einigen Jahren ist sie Gegenstand einer außergewöhnlichen Detektivarbeit. Oberflächlich gesehen handelt es sich um ein einfaches Votivbild, das wahrscheinlich, wie andere Diptychen auch, als Aufsatz eines Reisealtars benutzt wurde.

Auf dem rechten Flügel ist die von Kopf bis Fuß blau gekleidete Jungfrau Maria mit dem Jesuskind zu sehen. Mutter und Kind sind von insgesamt elf ebenfalls blau gewandeten Engeln umringt, die Blütenkronen tragen. Die meisten Engel stehen ruhig hinter Maria und beobachten still die Szene. Einer zu ihrer Rechten trägt das Banner des heiligen Georg, das Emblem Englands, während drei andere, von denen zwei neben ihr knien, mit ihren Händen auf die Szene des anderen Tafelflügels zeigen und ihre Aufmerksamkeit dorthin zu lenken suchen.

Dort kniet der junge Richard II., während hinter ihm drei Heilige stehen, die offensichtlich als seine Schutzherren fungieren. Zwei von ihnen sind frühere englische Könige, Eduard der Bekenner, der 1066 starb, und Edmund, der letzte König von Ost-Anglia, der 870 durch die Dänen das Martyrium erlitt. Beide Heilige waren beim Volk sehr beliebt: Dem ersten wurde vor allem am Ort seines berühmten Schreins in der Westminster Abbey kultische Verehrung zuteil; letzterem besonders in der Ortschaft Bury Saint Edmunds. Die dritte Gestalt, die am weitesten rechts und damit der Jungfrau am nächsten steht, ist Johannes der Täufer.

Auf dem Gemälde streckt Richard seine leeren Hände aus, als ob er selbst eine Gabe erwarte. Die Vorstellung eines Geschenks, das Maria den Weisen zurückgibt, wird zwar im Matthäus-Evangelium nicht erwähnt, nimmt aber in einer anderen Schrift, einem apokryphen Evangelium, das die Gnostiker im 2. Jahrhundert benutzt haben sollen, einen wichtigen Platz ein. Dieses Evangelium beschreibt nicht nur genau die Geburt Jesu in einer Höhle außerhalb von Bethlehem, sondern erzählt auch eine interessante Geschichte über die Windeln des göttlichen Babys und die Sterndeuter.

»Und es geschah, als der Herr Jesus geboren wurde in Bethlehem, einer Stadt in Judäa, zur Zeit Herodes des Königs; die weisen Männer kamen aus dem Osten nach Jerusalem, nach der Weissagung des Zoradascht [Zoroaster], und brachten Gaben mit sich, vor allem Gold, Weihrauch und Myrrhe, und beteten ihn an und boten ihm ihre Geschenke dar.

Dann nahm die Jungfrau Maria eine der Windeln, in die das Kind gewickelt war, und gab sie ihnen statt einer Segensgabe, und sie erhielten sie von ihr als ein überaus edles Geschenk.«[4]

Sehr zur Überraschung der Weisen zeigte sich, daß die Windel wundersame Kräfte in sich barg.

»Bei ihrer Rückkehr kamen die Könige und Prinzen zu ihnen und fragten: Was sie gesehen und getan hätten? Wie die Reise und der Rückweg gewesen wären? Welche Gesellschaft sie auf der Straße gehabt hätten?

Sie aber zeigten die Windel vor, die die Jungfrau Maria ihnen gegeben hatte, und feierten ihretwegen ein Fest.

Und nachdem sie dem Brauch ihres Landes gemäß ein Feuer angezündet hatten, opferten sie die Windel.

Sie warfen sie ins Feuer, das Feuer nahm sie und behielt sie.

Und als das Feuer heruntergebrannt war, nahmen sie die Windel unversehrt aus der Asche, als ob das Feuer sie nicht berührt hätte.

Dann begannen sie sie zu küssen und legten sie auf ihre Köpfe und Augen und sagten: ›Dies ist sicher eine unzweifelhafte Wahrheit, und es ist wirklich überraschend, daß das Feuer sie nicht verbrennen und verschlingen konnte.‹

Dann nahmen sie die Windel und legten sie mit dem größten Respekt zu ihren Schätzen.«[5]

Die Fachleute der National Gallery deuteten das Wilton-Diptychon so, daß Richard – ähnlich wie Konstantin über der »Schönen Tür« zur Hagia Sophia in Istanbul – der Jungfrau sein Königreich darbietet. Allerdings ist das nicht die einzig mögliche Interpretation. Wenn man nicht annimmt, daß Richard das Banner von England, das der Engel hält, gerade eben überreicht hat, entspricht die Szene kaum Konstantins Darbringung seiner Stadt. Richard kniet mit leeren Händen und bereitet sich offenbar darauf vor, selbst etwas zu empfangen. Wenn man bedenkt, daß das Diptychon wahrscheinlich als Altarbild bei der heiligen Messe benutzt wurde, und außerdem die Haltung und Körpersprache des Königs betrachtet, kann man eher annehmen, daß er das Jesuskind mit seinen ausgestreckten Armen in Empfang nehmen möchte.

Eine spirituelle Deutung könnte dahin gehen, daß er darum bat, das Jesuskind überreicht zu bekommen, und damit auf den Empfang der heiligen Kommunion während der Messe anspielte. Als frommer Katholik glaubte Richard sicher, daß er mit der Hostie tatsächlich das Fleisch und Blut des lebendigen Christus zu sich nahm. Allerdings stand wahrscheinlich noch eine andere geheime Botschaft im Hintergrund: Er bat die Jungfrau eigentlich darum, ihm einen eigenen Sohn zu schenken. Als Monarch ohne Erben war seine Stellung durch die Ambitionen seines Vetters Bolingbroke und die Machenschaften mehrerer mächtiger Lords bedroht. Wenn er nur einen Sohn gehabt hätte, hätte er die Machtprobe wahrscheinlich gewinnen können.

Aus diesem äußerst esoterischen Gemälde läßt sich allerdings noch viel mehr herauslesen. Die Auswahl der drei Heiligen als Richards »Führer« oder »Schutzengel« war sicher kein Zufall. Im Ausstellungskatalog kann man lesen, daß er gerade diese drei Heiligen besonders in Ehren hielt. Bei den ersten beiden ist dies leicht nachzuvollziehen, da sie früher ebenfalls Könige von England (oder zumindest von einem Teil dieses Landes) waren und dieselbe Last der Verantwortung getragen hatten wie er selbst. Die Entscheidung für Johannes den Täufer als dritten Bürgen ist auf den ersten Blick weniger einleuchtend.

Richards Geburtstag war der 6. Januar und damit natürlich ein wichtiger christlicher Feiertag: Epiphanias, die Ankunft der Weisen, die Geschenke für das Jesuskind überreichen. Es ist daher nicht überraschend, daß das Wilton-Diptychon Anspielungen auf die Heiligen Drei Könige enthält. Die Anwesenheit von drei Königen, darunter Richard, ruft zwar zahllose andere Bilder in Erinnerung, aber das ist noch nicht alles. Der 6. Januar war nicht immer mit Jesu Geburt verknüpft. In der frühen Kirche war er ein wahrhaft heiliger Tag, hatte aber nichts mit der Geburt Christi zu tun, sondern galt vielmehr als der Tag seiner Taufe im Jordan. (Tafel 4) Er wurde »Tag der Lichter« genannt, in Anspielung auf die Erleuchtung Jesu und das Licht, das auf den Jordan fiel. Matthäus schreibt:

»Zu dieser Zeit kam Jesus von Galiläa an den Jordan zu Johannes, um sich von ihm taufen zu lassen. Johannes aber wollte es nicht zulassen und sagte zu ihm: ›Ich müßte von dir getauft werden, und du kommst zu mir?‹ Jesus antwortete ihm: ›Laß es nur zu! Denn nur so können wir die Gerechtigkeit (die Gott fordert) ganz erfüllen.‹ Da gab Johannes nach.

Kaum war Jesus getauft und aus dem Wasser gestiegen, da öffnete sich der Himmel, und er sah den Geist Gottes wie eine Taube auf sich herabkommen. Und eine Stimme aus dem Himmel sprach: ›Das ist mein geliebter Sohn, an dem ich Gefallen gefunden habe.‹«[6]

Richard II. jedenfalls wußte offenbar, daß der Feiertag Epiphanias an seinem Geburtstag ursprünglich zu Ehren von Jesu Taufe im Jordan gefeiert wurde, und das erklärt, warum er Johannes den Täufer als seinen Patron betrachtete.

Daß die im Wilton-Diptychon enthaltene Symbolik für Richard und seinen Glauben an das göttliche Recht der Könige von größter Bedeutung war, kann man auch an seiner Verbundenheit zur Westminster Abbey, dem ehrwürdigen Heiligtum Eduard des Bekenners und der Krönungsstätte der englischen Könige, erkennen. Richard hatte ein besonderes Interesse an der Abtei. Die nördliche Vorhalle wurde in seiner Regierungszeit gebaut, und er steuerte auch zur Errichtung des Kirchenschiffs einiges bei. In schwierigen Zeiten kam er oft hierher, und zumindest bei einer Gelegenheit ließ er die Mitglieder des Parlaments einen Gefolgschaftseid vor dem Saint-Eduard-Schrein ablegen. Er stattete die Abtei großzügig mit Geschenken aus, darunter den Bannern von Eduard und Edmund, und einige bestickte Meßgewänder trugen die Wappen dieser Könige, sein eigenes und das seiner Königin. Auf diesen Gewändern sind auch die Jungfrau Maria und Johannes der Täufer dargestellt.

Die Anlage weiterer Kapellen um das Grab Eduards herum spiegelt das Arrangement des Wilton-Diptychons wider. Unter der Vierung der alten Kirche steht der Schrein selbst, nördlich davon befindet sich eine kleine Kapelle für Maria und Johannes den Täufer, während die Kapelle auf der gegenüberliegenden Seite, im Süden, St. Edmund geweiht ist. Richard hatte für sein eigenes Grab einen Platz neben dem Bekenner und gegenüber der Edmundskapelle ausgesucht. Er wollte also nach seinem Tod in der Gesellschaft derselben Heiligen bleiben, die er seiner Überzeugung nach auch im Leben schon genießen durfte. Seine besondere Beziehung zu Johannes dem Täufer, der ihn auf dem Diptychon berührt und der Jungfrau präsentiert, offenbart sich auch in der Inschrift über seinem Grab: *O clemens Christe – cui devotus fuit iste, votis Baptiste salves quem pretulit iste.* Übersetzt heißt das: »O gnädiger Christus, dem er [Richard] treu ergeben war, errette den aufgrund der Gebete des Täufers, den er vorgestellt hat.«

Dieses Gebet klingt zwar bei oberflächlichem Lesen durchaus demütig, doch seine Implikationen sind fast blasphemisch zu nennen, denn die Person, die Johannes der Täufer in den Evangelien vorstellt, ist Jesus Christus. Daraus ergibt sich also, daß Richard so werden wollte wie Jesus selbst, dessen Wirken mit seiner Taufe im Jordan begonnen hatte; er wollte ein Eingeweihter sein wie Christus. Aber war dies nur die private Leidenschaft eines Königs, dessen Geburtstag zufällig auf den 6. Januar fiel, oder steckte mehr dahinter? Handelte Richard allein oder stand er wirklich in Kontakt mit einer geheimen geistigen Strömung, die eine mystische Tradition in bezug auf den Täufer und die drei Weisen bewahrte? Ich glaube letzteres, und ich glaube auch, daß diese Strömung ihren Ursprung im Byzantinischen Reich hatte und zur Zeit der Kreuzzüge wieder in Europa Fuß faßte.

Die Weisen der Gotik

Das Zeitalter der Kreuzzüge beginnt nach offizieller Darstellung im November 1095 mit dem von Papst Urban II. einberufenen Konzil von Clermont. Es wird jedoch aus Burgund über eine geheimgehaltene Versammlung von sechsunddreißig Bischöfen in Autun berichtet, die schon früher im Jahr 1095 zusammentrat, bei der bereits die ersten Gelübde für eine Kreuzfahrt nach Jerusalem abgelegt worden sein sollen.[7] Obgleich es in Westeuropa natürlich viele Bischofskirchen und große Abteien gab, deren Fundamente schon Jahrhunderte zuvor gelegt worden waren, wurden vor den Kreuzzügen keine Gebäude mit den charakteristischen Spitzbogenfenstern und -portalen im gotischen Stil erbaut.

Ältere Kirchen, die im sogenannten romanischen oder normannischen Baustil errichtet wurden, boten kaum Möglichkeiten für den Einsatz von Glas. Die Konstruktion der Bauten war von ungewöhnlicher Schwere mit enorm dicken Säulen und Stützmauern, die nur sehr kleine Fenster zuließen, und deshalb waren sie ziemlich dunkle und trübsinnige Orte. Wandgemälde bildeten meist den einzigen Schmuck.

Der neue Stil der Gotik mit Strebebogen, die das Gewicht des Daches tragen, und den sehr viel dünneren Säulen im Inneren erlaubte den Baumeistern, in verstärktem Maß Glas einzusetzen. Plötzlich wurden Kirchen zu Tempeln des Lichts, und man betonte damit die Verbindung zwischen diesen heiligen Stätten und dem himmlischen Reich, das sie repräsentieren sollten. Das Licht, das durch die Fenster strömte, wurde in strahlenden Farben gebrochen und veränderte die Atmosphäre im Inneren je nach Intensität der

Sonneneinstrahlung und je nach Sonnenstand zu den verschiedenen Tageszeiten.

Diese neuen Kirchen, die nach Osten orientiert waren und oft große Rosettenfenster über dem Eingang im Westen erhielten, waren de facto Sonnentempel, durch die der menschliche Geist erhellt wurde. Man findet bis heute nicht ihresgleichen. Allerdings scheinen sie ebenso überraschend und plötzlich in der europäischen Landschaft aufzutauchen, wie dies für die Pyramiden in Ägypten gilt. Ganz offensichtlich war der Impuls, der diese Entwicklung hervorbrachte, schon voll ausgeprägt, bevor der erste dieser Tempel, die Kathedrale von Chartres, auf dem Zeichenbrett Gestalt annahm. Man muß also annehmen, daß die Kreuzfahrer dieses Wissen im 12. Jahrhundert mit aus dem Osten zurückbrachten, aber die Frage ist, von wo? Damals entsprachen die Kirchen von Konstantinopel und Jerusalem nicht diesem Typ; es waren meist Rundkirchen ohne Spitzbogen.

Eine Kathedrale diente mannigfaltigen Aufgaben. Einerseits war sie der Sitz des örtlichen Bischofs und hatte deshalb die Würde und das Ansehen dieses Amtes widerzuspiegeln. Andererseits jedoch fungierte sie – hauptsächlich durch die in Glas und Stein zur Schau gestellte biblische Bilderwelt – als Lehrbuch für die Bevölkerung, die größtenteils des Lesens und Schreibens nicht mächtig war. Die Ankunft der Heiligen Drei Könige in Bethlehem war dabei eine beliebte Szene.

In Chartres, der wahrscheinlich rätselhaftesten gotischen Kathedrale überhaupt, wird auf einem großen Glasfenster die ganze Weihnachtsgeschichte erzählt, und verschiedene Bildtafeln dieses Fensters zeigen auch die Heiligen Drei Könige. Auf der ersten Tafel treffen sie mit Herodes zusammen, dann suchen sie die Jungfrau Maria und das Jesuskind auf, und schließlich kehren sie, von dem Engel gewarnt, auf einem anderen Weg in ihre Heimat zurück. Dem Stern von Bethlehem wird auf diesen Fenstern eine wichtige Rolle zugewiesen. Er erstrahlt über Maria und Josef bei der Geburt im Stall, er führt die drei Könige nach Bethlehem, und er ist seltsamerweise immer noch bei ihnen, als sie von dem Engel geweckt werden.

Wahrscheinlich wurde in jeder Kathedrale Europas irgendwann einmal auf einem oder mehreren Fenstern die Geschichte der Weisen wiedergegeben, und in Autun, wo auch die geheime Versammlung der Bischöfe im Jahr 1095 stattfand, ist sie zusätzlich sogar noch in Stein festgehalten. Der Baugrund für die Kathedrale von Autun war dem Bischof Étienne de Bagé vom Herzog von Burgund, einem Vetter des Papstes Calixtus II., im Jahr 1119 geschenkt worden. Die Arbeit auf der Baustelle begann im folgenden Jahr, und fertiggestellt wurde die Kirche fünfundzwanzig Jahre später, im Jahr 1145. Die Geschichte der Sterndeuter erscheint in drei verschiedenen Szenen, die ein genialer, aber von Geheimnissen umgebener Bildhauer namens Gislebertus in die Kapitelle gemeißelt hat.

Von ihm weiß man sehr wenig, aber glücklicherweise ist seine Arbeit, wenn auch beschädigt, bis auf den heutigen Tag erhalten geblieben. In der ersten Szene erscheinen die Sterndeuter vor König Herodes. In der zweiten bringen sie ihre Gaben dar, Weihrauch und Myrrhe in runden Töpfen, Gold in einer kleinen Schatulle. In der dritten und amüsantesten Szene liegen sie, die Kronen noch auf dem Kopf, zusammen in einem Bett. Über ihnen leuchtet der Stern, und einer von ihnen, der als einziger die Augen offen hat, wird von einem Engel gewarnt und dabei an einer Hand berührt.

Neben den Buntglasfenstern und Skulpturen bargen die Kathedralen normalerweise auch viele Wand- und Tafelbilder, die in ihrem Aufbau oft einem festgelegten Kanon folgen. Maria wird sitzend dargestellt, das Jesuskind auf ihrem Schoß, ihr Mann Josef dicht neben ihr. Alle sind in einfache Kleider gehüllt, wobei Maria traditionellerweise einen blauen Mantel über einer roten Tunika trägt. Gewöhnlich ist ihr Kopf von einer blauen Haube oder einem Schal bedeckt, aber manchmal wird sie auch mit eher zeitgenössischem Kopfschmuck dargestellt. Nahezu immer umgibt sie ein Heiligenschein oder ein goldenes Licht, das sie als Heilige kenntlich macht.

In ihrer äußeren Erscheinung werden die Heiligen Drei Könige dagegen gewöhnlich reich geschmückt und in kostbare Gewänder gehüllt dargestellt, mit großem Gefolge von Dienern und Höflingen. Da sie aus dem Orient kommen, gelten sie als Exoten und werden manchmal von seltsamen Tieren, wie etwa zahmen Leoparden sowie – als weiterem Symbol ihrer Herkunft – von Kamelen, begleitet. Zumindest in der europäischen Tradition sind die Sterndeuter stets Könige mit eigenem Reich und tragen deshalb Kronen (obwohl sie diese manchmal in Ehrfurcht vor dem König der Könige ablegen). Einer von ihnen, im allgemeinen der älteste, kniet vor der Jungfrau mit dem Kind, überreicht sein Geschenk oder küßt Jesus die Füße. Die anderen stehen demütig im Hintergrund und warten, bis sie an der Reihe sind.

Ebenso üblich ist es, einen von ihnen als Schwarzen, entweder als Afrikaner oder als Inder, abzubilden. Keines dieser Details ist jedoch in der Erzählung des Matthäus zu finden, die man getrost als äußerst knapp bezeichnen kann. Die Heiligen Drei Könige waren in Frankreich ebenso beliebt wie in Großbritannien; die größte Verehrung genossen sie jedoch in Deutschland oder besser gesagt im Heiligen Römischen Reich. Wie es dazu kam, ist eine andere Geschichte, und es sollte einige Jahre dauern, bis ich selbst vor dem Schrein stand, der angeblich ihre Knochen beherbergt.

Schon viel früher hatte ich mich auf eine andere Suche begeben: Ich wollte herausfinden, ob es heute noch Meister gibt, die jenes geheime Wissen besitzen, das meiner Überzeugung nach den Bau der gotischen Kathedralen inspirierte.

KAPITEL 2
EIN TREFFEN MIT EINEM WEISEN

Nach meiner Rückkehr aus Israel fuhr ich im Mai 1973 mit dem Zug von London in den bekannten Badeort Cheltenham. Ich war auf dem Weg zu John Godolphin Bennett, einem bemerkenswerten Mann, dessen Autobiographie ich im Jahr zuvor gelesen hatte.

Bennett, damals schon in den Siebzigern, leitete eine experimentelle esoterische Schule in Sherborne House, einem großen Landhaus außerhalb von Cheltenham. In seinen Werbebroschüren bot er eine Einführung in den sakralen Tanz, in Meditation und andere Techniken zur Persönlichkeitsentwicklung an. Ich wollte herausfinden, welche Techniken das waren, und ich war mehr als nur ein bißchen neugierig auf Bennett selbst, der, wie ich gelesen hatte, ganz und gar kein modischer indischer »Guru«, sondern ein englischer Gentleman-Philosoph sein sollte. Und tatsächlich – er wirkte wie ein Mensch aus einer anderen Zeit.

Ich kam an einem strahlenden Samstagvormittag an und wurde freundlich begrüßt von seiner Frau Elisabeth, einer geschäftigen Dame mit der Ausstrahlung einer Internatsmutter. Sherborne House war groß und altmodisch; man konnte sich die Landhauspartys vorstellen, die hier in früheren Jahren stattgefunden haben mußten. Den ganzen Ort umgab eine Atmosphäre der Unwirklichkeit, als ob man, sobald man das Tor durchschritten hatte, plötzlich von einer Zeitmaschine in die zwanziger Jahre zurückversetzt worden wäre.

Das Interieur wirkte ziemlich schäbig, aber die Außenanlagen waren wunderbar – mit weiten, sorgfältig gemähten Rasenflächen und prachtvollen Blumenrabatten in der Nähe der Gebäude. Ich erkannte, daß eine in Form eines Enneagramms angelegt war, jenes neunzackigen Symbols, das Ouspensky in seinem letzten Buch *Auf der Suche nach dem Wunderbaren* so ausführlich diskutiert hatte. Das überraschte mich nicht, weil ich wußte, daß Bennett früher einmal bei Ouspensky studiert hatte. Bald stieß Bennett zu uns: eine schlanke, ziemlich linkische Gestalt mit riesigen Händen und unbezähmbarem weißem Haar. In seinen Gummistiefeln und schmuddeligen alten Kleidern sah er nicht gerade wie ein Philosoph, sondern eher wie ein Gärtner aus. Er erklärte mir, daß er noch ein paar dringende Sachen zu erledigen habe, und nahm eine Gießkanne mit, während er mich nach draußen führte.

Wir machten uns auf den Weg zu einem kleinen verwunschenen Steingarten, den ein paar Bäume vor fremden Blicken schützten. Davor lag ein Teich, zu dessen Ufer Bennett mich jetzt lenkte. »Adrian«, sagte er, »wären Sie so nett, den Steingarten zu wässern? Ich bleibe nicht lange weg, allerhöchstens eine halbe Stunde, und dann können Sie zwanzig Minuten meiner Zeit haben, um alles mit mir zu diskutieren, was Sie wollen.« Damit drückte er mir die Gießkanne in die Hand, überließ mich der Stille der Umgebung und ging eilig zum Haus zurück.

Etwas verärgert und ziemlich ungeduldig füllte ich die Kanne mit Wasser aus dem Teich und kontrollierte die dichten Reihen aus Stiefmütterchen und Petunien. Obwohl ich es hätte besser wissen müssen, entwickelte sich der Besuch ganz und gar nicht so, wie ich es mir vorgestellt hatte. Ich war hundertfünfzig Kilometer gereist, um mit dem großen Mann über Derwische zu sprechen, und hatte vielleicht nicht gerade einen roten Teppich, aber doch wohl eine Tasse Tee zur Begrüßung erwartet. Statt dessen stand ich hier in einem seltsamen Garten und wässerte Zierpflanzen. Dazu war ich nicht gekommen, und nachdem ich die Kanne ein paarmal gefüllt und die vordersten Blumen gegossen hatte, setzte ich mich hin und begann darüber nachzudenken, was ich ihn in meinen zwanzig Minuten fragen wollte.

Nach einer Zeit, die mir wie eine Ewigkeit erschien, kam er zurück und machte sich sofort daran, mein Werk zu inspizieren. Er betrachtete den hinteren Bereich der Beete und stellte fest, daß die Erde dort immer noch trocken war. Ich lief rot an, denn plötzlich wurde mir bewußt, daß diese Arbeit, die ich als unwichtige Aufgabe angesehen hatte, in Wirklichkeit eine Art Test gewesen war, bei dem ich kläglich versagt hatte.

Das versprochene Gespräch fand schließlich bei einer Tasse Tee in seinem Arbeitszimmer statt, einem winzigen Raum im Erdgeschoß, wenn ich mich richtig erinnere. Er bot mir einen Stuhl neben einem schlichten hölzernen Schreibtisch an. »Sie sitzen jetzt auf demselben Stuhl, auf dem Ouspensky *Auf der Suche nach dem Wunderbaren* schrieb. Wir werden uns vielleicht nie wieder treffen, und Sie haben zwanzig Minuten meiner Zeit, um alles, was Sie möchten, zu besprechen. Haben Sie also irgendwelche Fragen?«

Ich hatte *Auf der Suche nach dem Wunderbaren* ein paar Jahre zuvor während einer Reise nach Schweden gelesen und fand die Aussagen des Buches sehr interessant, vor allem die Annahme, daß es auch heute noch Meister der Weisheit – wie die biblischen Sterndeuter – im Osten gebe. Jetzt saß ich nicht nur auf dem Stuhl des Verfassers, sondern mir gegenüber befand sich zudem noch einer der wenigen Menschen, die mit ihm zusammengearbeitet hatten und mir mehr über dieses seltsame Buch erzählen konnten. Woher stammten die Ideen ursprünglich, die er in diesem Buch darlegte? Wußte Ouspensky mehr, als er schrieb? Gab es immer noch, wie er andeutete, eine geheime Bruderschaft Eingeweihter im Nahen Osten?

Diese und viele andere Fragen hatte ich Bennett schon lange stellen wollen, doch als ich dort saß, wurde mein Kopf, der bis dahin voller Ideen gesteckt hatte, plötzlich ganz leer. Ich scharrte nervös mit den Füßen, unfähig, überhaupt irgend etwas zu denken, denn plötzlich erschien nichts mehr wirklich wichtig. Die Atmosphäre wurde gespannter, und statt intelligente philosophische Fragen zu stellen, brach ich plötzlich in Lachen aus. Ich lachte nicht über ihn oder über irgend etwas Bestimmtes, sondern einfach über die seltsame Situation. Ich fühlte mich wie der Mann im Märchen, der drei Wünsche frei hat und dem nichts besseres einfällt, als sich eine Wurst zu wünschen.

Schließlich, nachdem schon kostbare Minuten verronnen waren, riß ich mich zusammen, und wir redeten über den Begriff »Bestimmung«. Damals verstand ich die genaue Bedeutung nicht. Erst als ich später einige postum veröffentlichte Bücher von ihm las, wurde mir der Sinn unserer Diskussion klar.

In Bennetts Sprachgebrauch hatten die Wörter »Bestimmung« und »Schicksal« eine ganz unterschiedliche Bedeutung. Schicksal, so erklärte er, umfaßt alles, was jenseits unserer Kontrolle liegt und den Rahmen bildet, in dem wir unser Leben führen. So sind unsere Augenfarbe, unsere Rasse, Nation und die Familie, in die wir hineingeboren werden, unser Horoskop mit seiner spezifischen Konstellation, unsere Begabungen und Talente wesentliche Teile unseres Schicksals. All dieses legt er auch präzise in seinem Buch *Die inneren Welten des Menschen* dar, das nach seinem Tod anhand seiner Notizen veröffentlicht wurde:

»Dabei handelt es sich nicht nur um die Entscheidung, geboren zu werden, sondern auch um die Wahl, wo und durch welche Eltern und mit welchem Erbgut wir zur Welt kommen…

Wenn ein neues Leben in Erscheinung tritt, dann ist es durch ein bestimmtes Muster geprägt: es hat eine Gestalt, eine bestimmte Form, was ihm unausweichliche Einschränkungen auferlegt. Dies wird am deutlichsten an der genetischen Struktur, die dem Kind das Erbgut zuteilt, wobei die Hälfte vom Vater und die andere Hälfte von der Mutter stammt. In dem Moment, wo die Samenzelle des Vaters auf die Eizelle der Mutter trifft, steht das Muster des künftigen physischen Lebens fest. Es gibt wohl noch ein anderes Schicksalsmuster, das weder vom Vater noch von der Mutter stammt und das, wie man sagt, von den planetarischen Einflüssen zum Zeitpunkt der Geburt bestimmt wird. Diese beiden Erbschaften, die physische wie die ›astrale‹, werden im Augenblick der Empfängnis festgelegt. Sie stellen die Gesetze dar, die das neue Leben bestimmen.«[1]

Das Schicksal, manchmal auch Glück genannt, wirkt unser ganzes Leben lang, es verschafft uns Gelegenheiten, macht uns mit Menschen, etwa mit unserem zukünftigen Lebenspartner, bekannt und gibt ganz allgemein die Art und Weise vor, wie die Dinge geschehen. Bestimmung dagegen ist etwas ganz anderes: Sie ist, so sagte er, die Aufgabe und das Ziel unserer Seele, der Grund, weshalb sie überhaupt auf die Welt kommt.

»Neben den genetisch übermittelten körperlichen Mustern und den ›geistigen Mustern‹ des Schicksals gibt es noch eine höhere

Ordnung, die wir Bestimmung nennen können ... Die Bestimmung eines jeden Menschen ist einzigartig. Sie wird einem Kind mitgegeben, ganz unabhängig davon, was seine Eltern sind. Sie stammt nicht von den Eltern, sie stammt tatsächlich von nirgendwo ›außerhalb‹ des Kindes. Wir können auch sagen, sie stammt von Gott. Sie gibt an, was jeder Mensch in seinem Leben und durch sein Leben erfüllen muß. Daher rührt die Kraft, entsprechende Lebensbedingungen zu wählen. Aber auch die Bestimmung ist nicht von unbegrenzter Kraft. Manchmal kann es geschehen, daß das Muster der Bestimmung und die Lebensbedingungen nicht zusammenpassen. Die Empfängnis kann schiefgehen, es kommt zu körperlichen Schwierigkeiten oder zur Fehlgeburt, so daß die Bestimmung davon abgehalten wird, sich im Menschen zu verkörpern. Möglicherweise wird das Kind auch geboren, aber es stellt sich heraus, daß Lebensbedingungen und Schicksal es nicht zulassen, daß sich seine Bestimmung erfüllt. Es gibt auf der Welt immer nur sehr wenige Kinder mit einer hohen Bestimmung. Für sie werden spezielle Bedingungen bereitgestellt, damit Empfängnis und Geburt sicher verlaufen.«[2]

Erfolg und Mißerfolg im Leben hängen von dem Grad ab, in dem wir unsere Bestimmung erfüllen, die nicht unbedingt mit unserem Schicksal harmonieren muß. Bestimmung ist etwas Aktives, während das Schicksal in gewissem Sinne passiv ist, also keinen Einfluß nimmt. Der Terminus »Bestimmung« ist mit dem Konzept des individuellen »Willens« verbunden und zeigt sich im Individuum als Streben nach einem bestimmten Ziel. Zu den Grundprinzipien von Bennetts esoterischer Schule gehörte es deshalb, seine Studenten zu dem Ziel ihrer Seele zu erwecken, denn nur wenn man seine Bestimmung erfüllt, kann man dauerhafte Befriedigung im Leben erlangen.

Bennett selbst war ganz eindeutig mit einer besonderen Bestimmung zur Welt gekommen. Als junger Mann hatte er in den Schützengräben des Ersten Weltkrieges gekämpft. 1918 wurde er verwundet, und während seiner Genesung im englischen Sanatorium lernte er Türkisch.[3] Er bewarb sich als Geheimdienstoffizier in

Konstantinopel, und dieser Ortswechsel markierte die wichtigste Wende seines Lebens. Außerdem hatte die Nähe des Todes seine Wahrnehmung verändert.

Der Erste Weltkrieg führte nicht nur in Europa, sondern auch im Nahen Osten zu tiefgreifenden politischen Veränderungen. Fast das ganze 19. Jahrhundert hindurch hatte das Osmanische Reich als »der kranke Mann am Bosporus« gegolten. Durch eine Abfolge von Kriegen und Revolutionen hatten sich Griechenland, Serbien und eine Reihe anderer Balkanstaaten schon aus der Oberherrschaft der Osmanen befreit, und jetzt, da der Sultan den katastrophalen Fehler begangen und sich mit den Deutschen und Österreichern verbündet hatte, war auch der Mittlere Osten, waren Arabien, Mesopotamien, Syrien und Palästina verloren. Diese Provinzen wurden nun zu britischen und französischen Protektoraten – ein Anklang an die alten Kreuzfahrerstaaten vor achthundert Jahren.

Und es kam noch schlimmer für die Türken: In den Nachwehen des Ersten Weltkrieges drohte der Türkei selbst die Zerstückelung, als 1920 eine griechische Armee mit Unterstützung französischer und britischer Kriegsschiffe in Smyrna landete. Die Griechen hatten schon Ostthrakien bis zu den Linien von Chatalja[4] besetzt und forderten von den Alliierten die Erlaubnis, Konstantinopel einnehmen zu dürfen. Unter dem Druck Frankreichs und Italiens unterzeichnete der Sultan im August 1920 den Vertrag von Sèvres, durch den der Rest Anatoliens in französische, britische und italienische »Interessensgebiete« aufgeteilt wurde.

Die Türkei als unabhängiger Staat existierte im Grunde nicht mehr, was natürlich bei den Türken enorme Empörung hervorrief. Die nationalistische Bewegung, angeführt von Mustafa Kemal (Atatürk), gewann an Stärke, und der unausweichliche Unabhängigkeitskrieg führte schließlich zu einem Rückzug der britischen und französischen Truppen und zu einer Niederlage der Griechen. Am 17. November 1922 floh der letzte Sultan Mohammed VI. auf einem britischen Schiff, der Malaya, nach Malta, und am 29. Oktober 1923 wurde die Türkei zur Republik.

Um den Bruch mit der Vergangenheit zu betonen, verlegte Atatürk, der erste Präsident der Türkei, den Regierungssitz von Konstantinopel, das jetzt Istanbul hieß, nach Ankara. Außerdem säkularisierte er das Land und verfügte eine strikte Trennung zwischen Religion und Staat, die bis heute Bestand hat. Für das geschriebene Türkisch führte er das lateinische anstelle des arabischen Alphabets ein und setzte viele andere Veränderungen durch, darunter auch das Verbot des Fez, der traditionellen Kopfbedeckung, und die Unterdrückung religiöser Bewegungen wie etwa der tanzenden Derwische.[5] Beinahe über Nacht verwandelte sich die Türkei von einem mittelalterlichen in einen modernen Staat und ließ dabei ihre Traditionen hinter sich.

1918, dem Tod nur knapp entronnen, geriet Bennett in diesen Strudel hinein. Er machte sich als Geheimdienstoffizier schnell einen Namen, und mit dem Abzug der britischen Streitkräfte Ende 1920 übertrug man ihm die Verantwortung für den gesamten britischen Geheimdienst im Gebiet des ehemaligen Osmanischen Reiches – von der dalmatischen Küste bis zu den Grenzen Persiens, Ägyptens und Rußlands. Er war wirklich »unser Mann in Konstantinopel« und hatte mit seinen zweiundzwanzig Jahren schon den Dienstrang eines Lieutenant Colonel inne.

Als oberster Spion des britischen Empire – eine Rolle, die ihm offenbar lag – schloß er Freundschaft mit dem osmanischen Prinzen Sabaheddin. Er war der Sohn des berühmten türkischen Reformers und Wesirs Damad Mahmud Pascha, der von dem despotischen Abdul Hamid II. ins Exil getrieben worden war, und der Neffe des regierenden Sultans Mohammed VI. Prinz Sabaheddin war ein sehr kultivierter Mann, der lieber Französisch als Türkisch sprach und die liberalen politischen Ansichten seines Vaters übernommen hatte. Er zeigte sich überdies sehr interessiert am Mystizismus, hatte die Theosophie[6] der Madame Blavatsky eingehend studiert und war ein persönlicher Freund von Rudolf Steiner, dem Gründer der aus der Theosophie hervorgegangenen anthroposophischen Lehre. In gewissem Sinne repräsentierte Sabaheddin einen Menschenschlag, der bald völlig von der Bildfläche verschwinden würde. Er hatte sich den geistigen Strömungen seiner Zeit zugewandt, und doch lebte in ihm die Verbindung zu einer

Vergangenheit, die bis in byzantinische Zeit zurückreichte, einer Welt, die auch 1920 noch nicht ganz verschwunden war.

Bennett, der hochgewachsene, irgendwie linkische junge Spion, fühlte sich von diesem kleinen, zarten Mann mit den ausgezeichneten Manieren angezogen, und dieses Gefühl beruhte offensichtlich auf Gegenseitigkeit. Einmal in der Woche aßen sie gemeinsam zu Abend, manchmal nur zu zweit, manchmal mit anderen Gästen, wie etwa mit Bennetts Geliebten und zukünftigen Frau, Mrs. Winifred Beaumont. Weil Sabaheddin sich vor Attentätern fürchtete und deshalb abends nie ausging, fanden diese Essen immer im Palast von Kuru Çeşme statt. Es müssen wunderbare Abende gewesen sein. Die Freunde diskutierten dann bis spät in die Nacht über Philosophie und Mystizismus, Themen, die in dem barocken Glanz von Kuru Çeşme greifbarer wurden. Durch Sabaheddins Einfluß begann sich auch Bennett für Hypnotismus und andere unerklärte Phänomene zu interessieren. Dieses Interesse sollte sein Leben völlig verändern und ihn schließlich fünfzig Jahre später die »International Academy of Continuous Education« in Sherborne House eröffnen lassen, die ich 1973 besuchte.

Auf der Suche nach Wundern

Im Jahr 1920 wimmelte Konstantinopel, oder Istanbul, wie es wenig später heißen sollte, von Flüchtlingen aus aller Herren Länder. Die Folgen des Ersten Weltkrieges, die Revolutionen in Rußland, politische Unruhen in Armenien und die Invasion der Griechen in der Türkei hatten große Flüchtlingsströme in Bewegung gesetzt. Viele dieser Menschen – Russen, Griechen, Türken, Armenier und andere – landeten irgendwann in Konstantinopel oder machten dort Station. Als Spion und Freund osmanischer Prinzen kam Bennett in Kontakt mit vielen bunten Gestalten, darunter auch mit einem Ankömmling aus der Sowjetunion: Piotr Demianowitsch Ouspensky, der Bennetts späteres Leben sicher noch stärker beeinflußte als Sabaheddin und dessen Ideen.

Ouspensky, ein Journalist aus St. Petersburg mit dezidiert antikommunistischen Ansichten und außerordentlichem Intellekt, besaß die seltene Gabe, komplizierte Ideen einfach darzustellen und einfache Ideen sehr tiefgründig wirken zu lassen. Wer sind wir? Woher kommen wir? Was ist unsere Bestimmung? Das waren die Fragen, die ihn mehr als andere Menschen umtrieben und beschäftigten. Er wußte, daß das hiesige Leben komplex und widersprüchlich ist. Dennoch glaubte er an die Existenz von Lehrmeistern.

Die ganze Geschichte hindurch hat es diesen Glauben an eine höhere, aber noch menschliche Autorität in unserer Mitte gegeben, den Glauben an eine verborgene Schule oder Gemeinschaft von Erleuchteten, die, wenn sie schon nicht die Bestimmung der Menschheit kontrollieren, so doch die Antworten auf diese drängendsten Fragen kennen. Der Glaube an die Meister der Weisheit, denn so müssen wir sie wohl nennen, ist ein wichtiger, wenn auch zu gering geachteter Bestandteil jeder größeren Religion. Doch wer waren diese Menschen? Woher kamen sie? Welche Beweise für ihre Existenz gab es?

Nach Darstellung der Theosophie waren sie die Werkzeuge Gottes, eine geheime Gesellschaft von Eingeweihten, die die Welt auf ihre größere Bestimmung hinlenkten. Weil jedoch diese Menschen anders als der Papst oder der Dalai Lama unerkannt blieben, konnte Ouspensky sich ihnen nicht offenbaren. Wie ein Kriminalwissenschaftler konnte er ihre Taten nur im nachhinein aus den Spuren rekonstruieren, die sie zurückgelassen hatten. Er konnte sehen, wo sie gewesen waren, aber nicht, wo sie jetzt waren oder wo sie zukünftig sein würden.

Von diesen Problemen nicht entmutigt, machte er sich schon vor dem Ersten Weltkrieg auf die Suche nach den Meistern. Er durchkämmte Indien, Ceylon und Ägypten nach dem unbekannten Wissen, das vielleicht noch in diesen exotischen Ländern verborgen lag. Wie Sabaheddin und viele andere Menschen dieser Zeit beeinflußten ihn vor allem die Schriften von Helena Petrowna Blavatsky, der Mutter der Theosophie, und er hatte die Hoffnung, daß er, wenn er nur am richtigen Ort suchte, über ihre Meister stolpern oder zumindest jemanden treffen würde, der ihm den Weg zu ihnen weisen könnte.

Indien enttäuschte ihn natürlich sehr. Er stellte fest, daß beinahe alle, die sich mit sogenannten esoterischen Dingen beschäftigten, die wir heute als »New Age« bezeichnen würden, sich und andere betrogen. Auf jeden einigermaßen wahrhaftigen Lehrer esoterischer Ideen kamen Hunderte oder Tausende von Scharlatanen, die die Schwächen anderer ausnutzten. Dieses Prinzip, so stellte er nun fest, galt im Osten genauso wie im Westen.

Allerdings war Ouspensky nicht einfach der erste Hippie: Er war außerdem noch Philosoph und Mathematiker, der auch schon ein Buch über das schwierige Problem von Raum und Zeit geschrieben hatte. Dieses wirklich originelle Werk mit dem ambitionierten Titel *Tertium Organum*[7] präsentierte außergewöhnliche, ganz neue Vorstellungen in bezug auf das Bewußtsein, die Realität der Höheren Welten und deren Auswirkungen auf die Physik von Zeit und Raum. Er behandelte darin unzählige Themen – von der Geometrie der vierten Dimension bis zu den Schriften von Lao Tse. Blavatskys Lehrmeister hatte er zwar noch nicht finden können, aber dieses Buch verschaffte ihm wenigstens Anerkennung in Rußland und sollte später auch sein Schlüssel zur Londoner Gesellschaft sein.

Nachdem er wie durch ein Wunder die Oktoberrevolution und ihre Folgen überlebt hatte, erreichte Ouspensky mit einem kleinen Gefolge Anfang 1920 Konstantinopel. Dort traf er Bennett und erhielt durch dessen Fürsprache eine Reiseerlaubnis nach England. Im August 1921 kam er in London an und versammelte mit der Hilfe von Lady Rothermere, Gattin eines Zeitungstycoons und begeisterte Leserin seines *Tertium Organum*, beinahe sofort einen kleinen Kreis von Anhängern um sich. Es handelte sich dabei zum größten Teil um Leser zweier Zeitschriften zum Thema Grenzwissenschaften, *The New Age* und *The Quest*.

1931 veröffentlichte Ouspensky sein zweites Buch, *Ein neues Modell des Universums*, das zu großen Teilen aus Artikeln bestand, die er während seiner Forschungszeit vor dem Ersten Weltkrieg geschrieben hatte. Im Vorwort zur zweiten Auflage im Jahr 1934 verkündete er nochmals seinen Glauben daran, daß früher (und vielleicht auch zu seiner Zeit) Menschen mit höherem Bewußtseinszustand existierten. Dieser höhere Bewußtseinszustand habe den Anstoß für alle großen Kunstwerke der Welt gegeben, wie etwa die Evangelien, die Upanischaden, die Große Sphinx von Gise und andere Denkmäler.[8] Im ersten Kapitel mit dem Titel »Esoterik und modernes Denken« behandelt er das Thema relativ ausführlich. Er verbindet darin esoterisches Wissen mit der Arbeit von einzelnen Schulen solcher Lehrmeister, für die dieser höhere Bewußtseinszustand nicht einfach ein Konzept, sondern eine Realität sei. Ausgehend von eigenen Erfahrungen legt er dar, daß esoterisches Wissen nicht leicht zu erwerben ist:

»Die Esoterik ist fern und unzugänglich, aber jeder Mensch, der von der Existenz der Esoterik hört oder sie errät, hat die Chance, sich einer Schule zu nähern, oder kann hoffen, Menschen zu treffen, die ihm helfen und den Weg zeigen werden …

Denn die Pforten der Welt des Wunderbaren können nur dem geöffnet werden, der sucht.«[9]

Ouspenskys Meinung nach war die Zivilisation durch die Arbeit esoterischer Schulen entstanden und konnte nur Bestand haben, solange sie durch die ständige Hilfe aus diesen verborgenen Quellen unterstützt wurde. Ein Niedergang der Religion und somit eine geringere Zahl von Menschen, die eine Initiation in die Mysterien suchen, führte damit automatisch zu einem Verfall der Zivilisation. Wissenschaftliches oder technisches Wissen war kein Ersatz für diese Art der menschlichen Entwicklung, denn nur durch sie – die religiös begründete Hinwendung – konnte man in Kontakt mit dem »höheren Bewußtsein« treten, und ohne diesen Kontakt war die menschliche Rasse ohne Führung und damit der Degeneration preisgegeben.

In einem späteren Aufsatz, der ebenfalls in diesem Buch enthalten ist, beschäftigte sich Ouspensky intensiver mit der Verbindung zwischen Esoterik und unserem Wissen davon, was wirklich Geschichte ausmacht. Er hatte wenig Interesse an der »Geschichte des Verbrechens«, jenen historischen Ereignissen, die in alten Wochenschauen festgehalten sind und heute jeden Abend als »Nachrichten« über den Fernsehschirm flimmern.

Ihn beschäftigte vielmehr die geheime Weitergabe von Ideen, der Weg, auf dem esoterisches Wissen über Jahrhunderte hinweg von einer Gruppe an die andere, von einer Gesellschaft, einer Religion oder sogar einer Kultur an die andere weitergegeben wurde. Diese Übermittlungswege, die Spuren des Wirkens seiner geliebten Meister der Weisheit, halfen ihm, sich über die wahre Geschichte der Welt klarzuwerden.

Zwischen den beiden Weltkriegen wurde Ouspensky zu einer bekannten Gestalt in Londons sehr formellen esoterischen Zirkeln. Er hielt private Vorträge, die gelegentlich selbst von Leuten wie Aldous Huxley, A.E. Waite und A.R. Orage, dem Herausgeber von *The New Age*, besucht wurden. Die vorgestellten Themen hatten wenig mit seiner eigenen Suche zu tun, sondern basierten vor allem auf Ideen, die ihm ein anderer Russe nahegebracht hatte: Georges Iwanowitsch Gurdjieff.

Gurdjieff war als Armenien-Grieche in der zweiten Hälfte des 19. Jahrhunderts in der turbulenten Region an der russisch-türkischen Grenze aufgewachsen. Als großer Weltenbummler und Wahrheitssucher hatte er auf der Suche nach verlorenem Wissen den Nahen, Mittleren und Fernen Osten ausgiebig bereist und war dabei seinen eigenen Aussagen nach auf viele seltsame, unbekannte Klöster und Tempel gestoßen, die nicht nur theoretisches Wissen bewahrten, sondern auch praktische Techniken für die Umwandlung der Menschheit hin zu einer höheren Entwicklung. Wie Madame Blavatsky eine Generation zuvor hatte auch er diese Ideen zurück nach Rußland gebracht und verkündet, daß sein Tun das einzig Wahre sei.

Der Meister aus Armenien

Georges Iwanowitsch Gurdjieff war unzweifelhaft eine der seltsamsten Gestalten dieses Jahrhunderts. Er wurde in Armenien geboren, einem zerklüfteten, gebirgigen Landstrich im Grenzgebiet zwischen dem Iran, der Türkei, Georgien und Aserbaidschan. Als politisches Gebilde hatte dieses Land selten selbständig und ohne Einflußnahme ausländischer Mächte existiert, und fast während des gesamten 19. Jahrhunderts war es ein Zankapfel zwischen Rußland und dem Osmanischen Reich gewesen.

Die Stadt Kars, in der Gurdjieff aufwuchs, liegt heute auf der türkischen Seite der Grenze, gehörte damals jedoch zum russischen Zarenreich. Deshalb war sie zu seiner Zeit ein angenehmerer Aufenthaltsort für Christen als heute. Gurdjieff erhielt seine Bildung an der örtlichen russischen Domschule, doch dieser Unterricht reichte einem Jungen mit seinem Wissensdurst bei weitem nicht aus. Sehr früh gelangte er wie Ouspensky zu der Überzeugung, daß die antike Welt in Besitz eines Wissens gewesen sei, das wir bei unserer kopflosen Jagd nach materiellem Wohlstand verloren hatten – und damit begann seine lebenslange Suche nach dieser alten Weisheit.

Über Jahre hinweg unternahm er eine Reihe von langen Reisen, weit bis in den Osten nach Tibet und Indien, und im Westen bis nach Ägypten und Abessinien. Vor allem aber bereiste er innerhalb dieses riesigen Gebiets die zentral gelegenen Regionen Turkestan und Mesopotamien.

Gurdjieff war überzeugt, daß die Menschen der Antike wenigstens in einiger Hinsicht höher entwickelt waren als wir heute. Er war der Ansicht, daß wir zwar in den letzten Jahrhunderten große technische Fortschritte gemacht und gelernt haben, Energie zu bändigen, um unseren Lebensstandard zu verbessern. Wir mußten gleichzeitig aber auf anderen Wissensgebieten Einbußen hinnehmen. Dieses Wissen, verbunden mit unserem spirituellen, seelischen und moralischen Wohlergehen, ist schon immer die Domäne der Religion gewesen. Er war davon überzeugt, daß selbst intelligente, gebildete Menschen des 20. Jahrhunderts in solchen Dingen kläglich versagen würden, wenn man sie mit ihren entfernten Vorfahren vergliche, und daß wir in diesem Sinne in einem »Dunklen Zeitalter« leben und nicht in einer Zeit der Aufklärung, wie wir es so gerne glauben.

Die modernen Wissenschaften haben uns zwar von einigen unangenehmen Fesseln der Natur befreit, binden uns aber immer stärker an die materielle Welt und machen es uns damit immer schwerer, unsere wahren Ziele oder unsere Bestimmung zu erkennen. Deshalb sind unsere Welt und unser Platz in ihr nicht so, wie wir es uns vorstellen. Unsere Werte stehen auf dem Kopf, und das geht so weit, daß wir sogar aufgehört haben zu fragen, wozu wir leben, geschweige denn, daß wir eine Antwort auf diese Frage hätten.

Gurdjieff glaubte, daß nicht alles Wissen völlig verloren war und daß intelligente und wissende Menschen aus früheren Zeiten diese Entwicklung vorausgesehen hätten. Sie hatten erwartet, daß ihre eigenen Kulturen mit der Zeit hinweggefegt werden würden und eine tiefe Unwissenheit die Erde regieren werde. Also hatten sie die wichtigsten Aussagen ihres Wissens und ihrer Glaubenssysteme verschlüsselt und von Gurdjieff sogenannte »Legomonismen«[10] hervorgebracht. Oftmals waren es materielle Bauten, etwa Tempel oder Pyramiden, bei denen man davon ausgehen konnte, daß sie Jahrtausende überdauern würden. In anderen Fällen waren es Schriften oder sogar Volkslieder und -tänze. Und schließlich wurden zum Beispiel auch Spielkarten als ein solcher Legomonismus klassifiziert. Mit ihren vier Farben und je dreizehn Karten verkörpern sie im kleinen den ganzen Umfang esoterischer Vorstellungen. Durch all diese Methoden sei, so glaubte er, Wissen bewahrt und an zukünftige Generationen weitergegeben worden. Auf seinen langen Reisen suchte er nun nach diesem verlorenen Wissen.

Bennetts Darstellung nach dauerte diese Zeit der Suche in Gurdjieffs Leben etwa sechzehn Jahre, von 1891 bis 1907, und erreichte ihren Höhepunkt mit seinem Einlaß in den geheimen Tempel einer esoterischen Gesellschaft, der Sarmung- oder Sarman-Bruderschaft.[11] Der größte Teil von Kapitel 5 in Gurdjieffs halb autobiographischem Buch *Begegnungen mit bemerkenswerten Menschen* beschäftigt sich mit seiner Suche nach dieser mysteriösen Bruderschaft, die seiner Meinung nach um 2500 v. Chr. in Babylon gegründet worden war.[12] Das ist etwa die Zeit, in der die Ägypter fleißig an der Großen Pyramide des Cheops bauten.

In einem späteren Zeitalter haben Mitglieder dieser geheimen Bruderschaft der Erleuchteten – Bennetts Überzeugung nach – Pythagoras, den Vater der westlichen Philosophie, in ihre Geheimnisse eingeweiht, während er als Gefangener in Babylon lebte. Einer alten Überlieferung zufolge bereiste Pythagoras die Welt, um sich zu bilden. Während er sich in Ägypten aufhielt, zwang der persische König Kambyses alle Weisen dieses Landes und mit ihnen auch Pythagoras, nach Babylon zu gehen. Dieses Ereignis wird von Iamblichos (um 260–330 n. Chr.), einem griechischen Neuplatoniker, in seinem *Leben des Pythagoras* beschrieben:

»Somit hielt er [Pythagoras] sich bei allen Priestern auf und wurde bei jedem in all dessen besonderen Kenntnissen gefördert. Zweiundzwanzig Jahre weilte er so in Ägypten, in den allerheiligsten Gemächern bei Sternkunde und Geometrie, und empfing – nicht nur oberflächlich und aufs Geratewohl – die Einweihung in alle Göttermysterien, bis ihn die Krieger des Kambyses gefangennahmen und nach Babylon führten; dort verkehrte er mit den Magiern, die an ihm dasselbe Wohlgefallen fanden wie er an ihnen. Er ward genau unterrichtet in allem, was ihnen heilig war, erlernte die Götterverehrung in aller Vollkommenheit und gelangte bei ihnen in der Zahlenlehre, in der Musik und in den übrigen Wissenschaften ans höchste Ziel. So kehrte er nach weiteren zwölf Lehrjahren nach Samos zurück im Alter von schon etwa sechsundfünfzig Jahren.«[13]

Bennett verweist auch auf eine andere Legende, der zufolge Pythagoras während seines Aufenthaltes in Babylon auch Zoroaster (Zarathustra) getroffen habe. Dieser Gründer einer auch nach ihm benannten persischen Religion soll der Mentor von Kambyses' Vater Kyros gewesen sein. Die Geschichte kann man in einem anderen, von Iamblichos' Lehrer Porphyrios geschriebenen Werk über das *Leben des Pythagoras* nachlesen:

»In Ägypten lebte er [Pythagoras] bei den Priestern und lernte die Sprache und die Weisheit der Ägypter und ihre drei Arten von Buchstaben, die epistolographischen, die hieroglyphischen und die symbolischen, von denen eine die übliche Sprechweise nachahmt, während die anderen den Sinn in Allegorien und Gleichnissen vermitteln. In Arabien traf er mit dem König zusammen. In Babylon trat er in Kontakt zu den anderen Chaldäern und schloß sich besonders Zaratas [Zoroaster] an, der ihn von den Befleckungen seines bisherigen Lebens reinigte und ihn lehrte, von welchen Dingen ein tugendhafter Mann frei sein müsse.«[14]

Zuvor erklärt Porphyrios, wie sich die verschiedenen antiken Kulturen jeweils in der einen oder anderen Naturwissenschaft besonders hervortaten und wie Pythagoras von ihnen allen lernte:

»Was sein Wissen betrifft, so heißt es, er habe die mathematischen Wissenschaften von den Ägyptern, Chaldäern und Phöniziern erlernt; denn seit alters her waren die Ägypter die besten in Geometrie, die Phönizier kannten sich ausgezeichnet mit Zahlen und Verhältnisgleichungen aus, und die Chaldäer beherrschten die astronomischen Theoreme, göttlichen Riten und die Verehrung der Götter; andere Geheimnisse, die den Lauf des Lebens betreffen, empfing und erfuhr er von den Magiern.«[15]

Auch wenn wir hier nicht die Einzelheiten seiner Reisen diskutieren wollen – klar ist, daß Gurdjieff sein Leben am Vorbild des Pythagoras orientierte. Die Legende, daß der Vater der griechischen Philosophie bei babylonischen Sterndeutern in die Lehre gegangen sei, mag er im Kopf gehabt haben, als er selbst sich auf die Suche begab. Nach Aussage von Bennett formte Gurdjieff auch seine eigene Akademie später »bis zu einem gewissen Grade« nach der Schule des Pythagoras.[16]

Auf seinen Reisen lernte Gurdjieff viele Gleichgesinnte kennen, die ebenso begierig auf der Suche nach verlorenem Wissen waren. Um den Aufwand zu verringern, den jeder von ihnen betrieb, bildeten sie eine halboffizielle Gesellschaft, »Die Wahrheitssucher«, und kamen überein, die Ergebnisse ihrer Forschungen zu sammeln. Zur Gruppe gehörte auch ein armenischer Freund Gurdjieffs namens Pogossian, ein junger Mann, der wie Gurdjieff viel freie Zeit hatte und sich für Mysterien interessierte. Um dieses Interesse zu stärken und nach vergangenen Weisheiten zu forschen, unternahmen die beiden Freunde einige gemeinsame Reisen. Unter anderem kampierten sie in den Ruinen der antiken armenischen Hauptstadt Ani und betrieben auf eigene Faust archäologische Studien.[17]

Heute ist es unvorstellbar, daß zwei armenische Jugendliche zum Spaß in diesen Ruinen herumgraben, aber in den neunziger Jahren des letzten Jahrhunderts steckte die Archäologie noch in den Kinderschuhen und war vor allem ein Hobby von Amateuren. Damals war es für zwei entschlossene junge Männer durchaus möglich, ein Lager zwischen den alten Kirchen und Palästen ihrer Vorfahren aufzuschlagen und zu tun, wozu sie Lust hatten.

Beim Graben stießen sie auf einen unterirdischen Weg und betraten, nachdem sie eine Wand am Ende dieses Weges durchstoßen hatten, eine kleine, überwölbte Kammer, die offensichtlich als Mönchszelle gedient hatte. Zunächst sahen sie nur ein paar zerbrochene Töpfe und die verrotteten Überreste einiger Möbel. In einer Ecke des Raums allerdings fand sich eine Nische, in der einige alte Pergamente aufbewahrt waren. Da Ani 1064 von den Türken zerstört worden war, mußten diese Pergamente zumindest aus dem 11. Jahrhundert stammen; womöglich waren sie noch sehr viel älter. Einige der Schriftstücke zerfielen zu Staub, sobald sie der Luft ausgesetzt waren, die meisten jedoch überstanden die Bergung. Mit wachsender Erregung sammelten Gurdjieff und Pogossian die Pergamentstücke ein und machten sich auf den Weg zurück nach Alexandropol.[18] Dort konnten sie ihren Schatz unter relativ günstigen Bedingungen untersuchen und wenn nötig auf fachmännische Hilfe bei der schwierigen Arbeit der Entzifferung zurückgreifen.

Es stellte sich heraus, daß sie einen Briefwechsel zwischen zwei Mönchen, von denen einer »Arem« genannt wurde, gefunden hatten, abgefaßt in einem sehr alten Armenisch. Zu dieser Korrespondenz, die sich größtenteils mit alltäglichen Kirchenangelegenheiten beschäftigte, gehörte auch ein Brief, der aus ihrer Sicht interessanter war als der Rest. In ihm wurde die mysteriöse »Sarmung-Bruderschaft« erwähnt, auf die Gurdjieff schon in einem armenischen Buch namens *Mercharvat* gestoßen war. Als der Brief geschrieben worden war, hatte sich ihr Hauptkloster »im Tal von Izrumin, eine Drei-Tages-Reise von Nivssi entfernt«, befunden.

Pogossian und Gurdjieff fanden schnell heraus, daß Nivssi der antike Name der Stadt Mosul im Nordirak war. Sie liegt in der Nähe der Ruinen von Ninive und war zur Abfassungszeit des Briefes die Hauptstadt einer Provinz namens Nievi. Die Freunde waren davon überzeugt, das Tal von Izrumin und damit auch das mysteriöse Kloster der Sarmung-Bruderschaft, wenn es denn noch existierte, mit Hilfe der Hinweise aus dem Brief finden zu können. Also packten sie, sobald sich die Gelegenheit bot, ihre Sachen und machten sich auf die Suche.

Die Reise erwies sich als schwieriger, als sie gedacht hatten.

Aufgrund der üblichen politischen Spannungen zwischen Türken, Armeniern und Kurden konnten sie nur über den Berg Egri Dağ zu ihrem Ziel gelangen. Vorsichtshalber verkleideten sie sich als kaukasische Tartaren, um nicht in die ethnischen Konflikte hineingezogen zu werden. Sie brauchten genau zwei Monate von dem Tag an, an dem sie den Fluß Arax überschritten, der auch heute noch die Grenze zwischen der Türkei und Armenien bildet, bis zu einer Stadt, die Gurdjieff ziemlich geheimnisvoll nur als »Z« bezeichnet. Alles lief gut, und sie näherten sich bereits ihrem Bestimmungsort, als ein schwerer Unfall sie aufhielt.

»Genau zwei Monate nachdem wir den Arax überschritten hatten, kamen wir in der Stadt Z. an. Von dort aus mußten wir einen Engpaß in Richtung Syrien passieren und dann, bevor wir den berühmten Wasserfall von K. erreichten, in Richtung Kurdistan abbiegen. Auf diesem Weg mußte sich unserer Meinung nach der Ort befinden, der das Hauptziel unserer Reise war.

Karte 1 Der Nahe Osten in der Antike

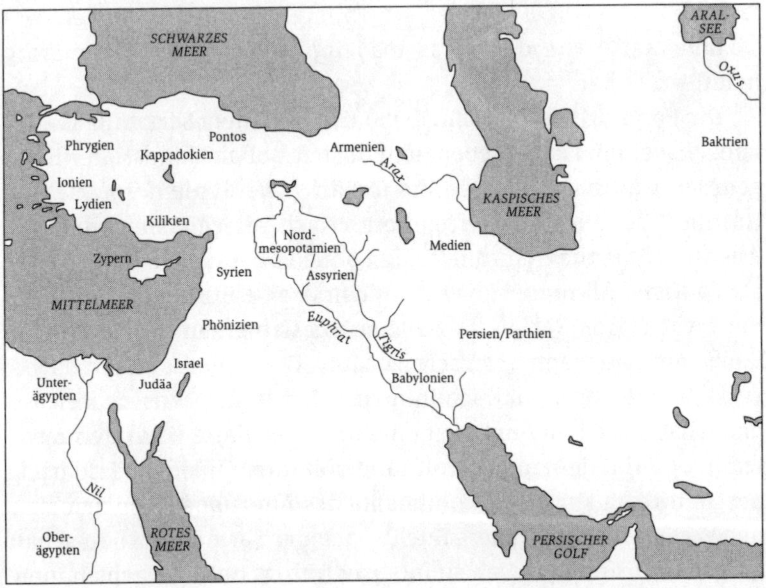

Wir hatten uns schon gut an die neuen Umweltbedingungen gewöhnt, und alles schien glatt zu gehen, als ein unvorhergesehener Unfall alle unsere Pläne und Vorhaben über den Haufen warf.«[19]

Pogossian wurde von einer äußerst giftigen Spinne gebissen. Statt also weiter nach dem Tal von Izrumin zu suchen, begaben sie sich in eine Stadt namens »N«. Dort nahm sich ein armenischer Priester ihrer an und ließ sie bei sich wohnen, während sich Pogossian von der Notoperation erholte, mit der Gurdjieff ihm das Leben gerettet hatte. Sie blieben schießlich beinahe einen Monat lang bei diesem Priester und schlossen enge Freundschaft mit ihm. Einmal vertraute er ihnen an, daß er im Besitz einer alten Landkarte sei. Es stellte sich heraus, daß sie nicht auf Papier, sondern auf Pergament gezeichnet war und nach Aussage des Priesters seit Generationen in seiner Familie weitergegeben wurde. Als Gurdjieff sie zum erstenmal sah, war er einfach überwältigt:

»Ich wurde von einem heftigen Zittern befallen, das um so stärker wurde, je mehr ich mich innerlich bemühte, es zu beherrschen. War nicht, was ich da sah, gerade das, was mein Denken ganz eingenommen und mich seit Monaten nicht mehr hatte schlafen lassen?

Eine Karte von dem, was man *Ägypten vor der Versandung* nennt.«[20]

Die Freunde beschlossen, die Suche nach dem Sarmung-Kloster zunächst einmal aufzugeben, und reisten, sobald Pogossian wieder genesen war, nach Ägypten, im Gepäck eine Kopie der Karte, die Gurdjieff heimlich angefertigt hatte. Nach verschiedenen anderen Abenteuern landete Gurdjieff, jetzt ohne Pogossian, in Kairo, wo er als Touristenführer bei den Pyramiden von Gise arbeitete. Mit Hilfe der mysteriösen Karte erforschte er das Gebiet, auf das sich seine Suche jetzt konzentrierte, sehr genau:

»Ich muß sagen, daß ich in meiner freien Zeit wie ein Besessener zwischen all diesen Orten umherlief, die Karte vom alten Ägypten in den Händen, in der Hoffnung, mit ihrer Hilfe eine Erklärung der Sphinx und anderer Monumente des Altertums zu finden.«[21]

Warum er seine frühere Suche nach der Sarmung-Bruderschaft aufgab und sich plötzlich so intensiv für das antike Ägypten interessierte, erklärt er nicht. Er sagt auch nirgendwo direkt, daß beides irgendwie miteinander verbunden wäre. Allerdings kehrte er später nach Asien zurück und bekam, während er sich in Buchara aufhielt, Besuch von einem Abgesandten eben dieses Sarmung-Ordens. Mit verbundenen Augen wurde er zu ihrem geheimen Kloster gebracht, das völlig versteckt irgendwo in einem unzugänglichen Tal lag. Während seines Aufenthalts dort wurde er in bestimmte Geheimnisse und Praktiken eingeweiht. Er hatte das Gefühl, den Heiligen Gral gefunden zu haben.

Zwischen 1907 und 1914 war Gurdjieff offensichtlich vor allem damit beschäftigt, all die verschiedenen Wissensstränge, die er bis dahin gesammelt hatte, in einer allumfassenden Theorie zu verknüpfen. Dieses System, das Philosophie, Psychologie und Kosmologie in sich vereinte, ähnelte zwar in gewisser Hinsicht Blavatskys Theosophie, war aber sehr viel detaillierter und praktischer in seinen Anwendungsmöglichkeiten.

Gurdjieff ergänzte die theoretische Seite seiner Arbeit mit einem Programm aus Musik und Tanzbewegungen, die er nach eigenen Aussagen in verschiedenen Klöstern gelernt hatte. Es war dieses vielfältige Programm, auf das Ouspensky 1916 in Moskau aufmerksam wurde und das Gurdjieff zunächst in Konstantinopel und später dann in Westeuropa und Amerika verbreitete.

Ouspensky traf Gurdjieff in Moskau nur einige Wochen nach seiner eigenen fruchtlosen Reise in den Osten und erlag seiner Faszination quasi vom ersten Augenblick an. »G«, wie Gurdjieff sich nannte, wurde vier Jahre lang sein Mentor und brachte ihm viele neuartige und außergewöhnliche Ideen nahe. Ouspensky glaubte schließlich doch noch einen echten Lehrer, einen wirklichen Meister der Weisheit gefunden zu haben. 1920 gründete Gurdjieff ein eigenes Institut in Frankreich, im Herrenhaus des Dorfes Avon in den Außenbezirken von Fontainebleau. Er unterrichtete Tanz und Schauspiel ebenso wie jene esoterischen Lehren, die Ouspensky so fasziniert hatten, als sie sich in Rußland kennenlernten.

In den nächsten Jahren konnte Gurdjieff eine große Zahl von Schülern für seine Ideen gewinnen, darunter viele Amerikaner. Doch nach einem schweren Autounfall, bei dem er nur knapp mit dem Leben davonkam, schloß er 1924 das Institut und beschäftigte sich damit, eigene Legomonismen zu verfassen. Im Laufe der nächsten Jahre schrieb er hintereinander drei Bücher unter dem Sammeltitel *All und Alles*. Der erste Band war ein Wälzer, unterteilt in drei Bücher, mit dem Titel *Beelzebubs Erzählungen für seinen Enkel*.

Dieses seltsame Werk, in einem weitschweifigen, schwerfälligen Stil geschrieben, ist eine Art Science-fiction: Ein gefallener, aber reuiger Engel beschreibt seine Reise heim zu seinem eigenen, schöneren Planeten namens Karartas. Es handelt sich um den schon älteren Beelzebub, der für seine Jugendsünden dazu verdammt wurde, sein Leben im Exil am Rande des Universums zu verbringen. Auf dem langen Raumflug vertreibt Beelzebub seinem kleinen Enkel, der mit ihm reist, die Zeit mit Geschichten aus seinem Leben. Vor allem spricht er über die Geschichte des Planeten Erde und über die Frage, warum dessen seltsames Volk so ganz anders ist als ähnlich intelligente Lebensformen auf anderen Planeten.

Beelzebubs Erzählungen, gleichzeitig witzig und spöttisch gemeint, sind eine kluge Mischung aus Belehrung und Satire, die sich nur den beharrlichsten Lesern erschließt. Das ist kein Zufall. Bennett berichtet, daß Gurdjieff seine Aussagen in *Beelzebubs Erzählungen* absichtlich hintergründig formulierte:

»Er [Gurdjieff] pflegte selbst zuzuhören, wenn einzelne Kapitel laut vorgelesen wurden, und falls er fand, daß Schlüsselstellen zu leicht – und daher fast unvermeidlich zu oberflächlich – aufgenommen wurden, schrieb er sie gewöhnlich neu, um, wie er es formulierte, ›den Hund tiefer zu vergraben‹. Wenn Menschen ihn korrigierten und sagten, er meine sicherlich ›den Knochen tiefer vergraben‹, fuhr er sie an und sagte, nicht der ›Knochen‹, sondern der ›Hund‹ ist es, den sie finden müssen. Der Hund ist Sirius, der Hundsstern, der in der zarathustrischen Überlieferung den Geist der Weisheit darstellt.«[22]

Gurdjieffs zweites Buch *Begegnungen mit bemerkenswerten Menschen*, das die Geschichte seiner Suche nach der Sarmung-Bruderschaft enthält, ist auf den ersten Blick ein sehr viel geradlinigeres Werk. Oberflächlich als Autobiographie getarnt, ist es doch viel mehr als nur das. Mit der Erzählung sind verschiedene Moralpredigten verflochten sowie Vorträge darüber, wie unterschiedliche Menschentypen das Beste aus ihren Talenten machen können. Außerdem enthält es indirekte Hinweise darauf, wo man vielleicht die Quelle all dieser Weisheit finden könnte. Anders als *Beelzebubs Erzählungen* ist das Buch flüssig geschrieben und leicht zu lesen, und dennoch ist *Begegnungen* in vieler Hinsicht noch esoterischer.

Sein drittes Buch *Life Is Real Only Then, When »I Am«* besteht nur aus Fragmenten: Gurdjieff selbst hatte offensichtlich mehrere Kapitel vor der Veröffentlichung vernichtet, weil sie zu viel verrieten. Übriggeblieben ist die Beschreibung einiger Lehrmethoden, wieder stark autobiographisch gefärbt, die zumindest teilweise sein seltsames und zeitweise empörendes Verhalten gegenüber seinen Schülern erklärt. Diese kurze Arbeit enthält sehr viel weniger Interessantes für den unbefangenen Leser als die früheren Bücher und wurde auch erst in den späten siebziger Jahren veröffentlicht.

Obwohl Ouspensky 1924 völlig mit Gurdjieff brach, zweifelte er nie am Wert seines Unterrichts und war fest davon überzeugt, daß sein früherer Lehrer als Botschafter einer Weisheitsschule zu ihm geschickt worden sei, die er selbst weder in Ägypten noch in Indien hatte finden können. Bis zu seinem Tod im Jahr 1949 hielt Ouspensky Vorträge über das »System«, wie Gurdjieffs eklektische Sammlung von Ideen und Techniken genannt wurde. Nach dem Zweiten Weltkrieg faßte Ouspensky seine Vortragsnotizen, vermischt mit Erinnerungen aus früheren Tagen mit Gurdjieff, in einem Buch zusammen, das schließlich 1950 postum unter dem Titel *Auf der Suche nach dem Wunderbaren* erschien.

Der ursprüngliche Arbeitstitel von *Auf der Suche nach dem Wunderbaren* lautete *Fragmente einer unbekannten Lehre*. Er blieb in der veröffentlichten Fassung als Untertitel erhalten und ist ein versteckter Hinweis auf eine andere originelle Arbeit: *Fragmente eines verschollenen Glaubens* von G. R. S. Mead, dem führenden britischen Theosophen seiner Zeit.

Mead war Herausgeber der Zeitschrift *The Quest*. Seine monumentalen Werke *Thrice Greatest Hermes* und *Fragmente eines verschollenen Glaubens* waren und sind noch heute zukunftsweisende

Arbeiten zu den Themen Gnosis und hermetische Überlieferung. Die frühen Treffen Ouspenskys mit seinen englischen Anhängern fanden häufig in den Redaktionsbüros von *The Quest* statt, so daß die beiden Männer in engem Kontakt standen. Was sie miteinander diskutierten, ist nicht überliefert, aber Mead, damals schon ein ziemlich alter Mann, hat den russischen Emigranten ganz offensichtlich unterstützt. Indem Ouspensky den Titel *Fragmente einer unbekannten Lehre* wählte, wollte er wohl jenen, »die Augen haben, um zu sehen«, die Verbindung zwischen seinen eigenen Vorstellungen, die er in *Auf der Suche nach dem Wunderbaren* entwikkelte, und Meads Arbeit zum gnostischen Christentum nahelegen.

Ouspenskys Zirkel in London waren sehr erfolgreich, und nach seinem Tod bildeten sich eine ganze Reihe von Gesellschaften und Splittergruppen. Bennett kehrte aus der Türkei zurück, wurde einer von Ouspenskys Meisterschülern und erbte so buchstäblich den Stuhl seines Meisters – den, auf dem ich, ziemlich unkomfortabel, etwa fünfundzwanzig Jahre später saß. Weil Bennett zudem 1949 an Gurdjieffs Sterbebett gestanden hatte, war er sich sicher, daß auch der Schutz des Meisters auf ihn übergegangen sei. Seine Bestimmung fand er in der Fortsetzung ihrer gemeinsamen Arbeit. Zu diesem Zweck gründete er eigene Schulen, zunächst in Kingston in den Außenbezirken Londons und später in Sherborne.

Seit Gurdjieffs Tod 1949 sind viele Bücher über seine »Arbeit« geschrieben worden, und immer stand eine Frage im Hintergrund: Warb er für einen selbsterfundenen Kult, oder hatte er tatsächlich eine verborgene Quelle des Wissens erschlossen? War er, wie er selbst andeutete, der Sendbote einer geheimen Bruderschaft – der Meister der Weisheit, von denen Blavatsky sprach und die Ouspensky vergeblich gesucht hatte –, oder war er einer der vielen Scharlatane? Diese Fragen, die auf den ersten Blick nur für seine Anhänger von Interesse sein sollten, haben doch eine sehr viel größere Bedeutung. Sollte Gurdjieff wirklich die Meister, die Nachfolger der Sterndeuter, die Pythagoras in ihr Wissen einweihten, gefunden haben, dann macht dies nicht nur sein eigenes Werk sehr viel interessanter für objektive Forschungen, sondern es ist für uns alle von großer Bedeutung.

Gurdjieff und die gnostische Tradition

Auf der Suche nach dem Wunderbaren, Ouspenkys berühmtestes Buch, ist immer noch die Bibel vieler esoterischer Schulen und Gruppen. Dieses auf den ersten Blick einfache Werk ist eine wahre Fundgrube; es bietet nicht nur ein Kompendium seltsamer Glaubenssysteme, sondern auch einen Bericht darüber, wie sie ursprünglich aussahen. Ich stieß 1971 während einer Fahrt durch Schweden auf diese »Fragmente einer unbekannten Lehre«. An der Universität hatte ich ein paar Monate zuvor schon *Tertium Organum* gelesen, aber dieses Buch war eindeutig esoterischer. Es war ganz und gar nicht leicht konsumierbar, denn die darin entwickelten Ideen waren dem Leser nicht vertraut. Es transportierte eine seltsame Energie und mystifizierte und erleuchtete gleichzeitig. Woher kamen diese Ideen? Hatte Gurdjieff tatsächlich, wie Ouspensky glaubte, Kontakte zu einer geheimen Schule? Diese Fragen hatte ich noch im Hinterkopf, als ich etwa zwei Jahre später nach Israel radelte und die Zeit fand, tiefer über diese Dinge nachzudenken.

Laut Ouspensky behauptete Gurdjieff, daß seine »Arbeit« eigentlich ein »esoterisches Christentum« sei, also aus geheimen Traditionen gespeist werde, die von der Gesamtkirche nicht länger verstanden würden. Sie stammten, so behauptete er, ursprünglich aus dem alten Ägypten:

»Die christliche Kirche, die christliche Form des Gottesdienstes ist nicht von den Kirchenvätern erfunden worden. Es wurde alles in fertiger Form von Ägypten übernommen, jedoch nicht von dem Ägypten, das wir kennen, sondern von einem uns unbekannten. Dieses Ägypten gab es an der gleichen Stelle wie das andere, aber viel früher. Nur kleine Teile davon sind auf historische Zeiten gekommen, und diese Teile wurden so sorgsam verwahrt, daß wir nicht einmal wissen, wo sie verwahrt wurden.«[23]

Das Konzept der Esoterik im Christentum sorgt heute in Klerikerkreisen allseits für Stirnrunzeln und hochgezogene Augenbrauen. Jesus selbst allerdings war eindeutig Esoteriker. Er lehrte in Gleichnissen, die viele Möglichkeiten der Interpretation bieten, und manchmal nahm er die Apostel beiseite und offenbarte ihnen die wahre Bedeutung hinter seinen Worten. Dennoch wird bei der Lektüre der Evangelien klar, daß Jesus seinen eigenen Schülern nicht alles erklärte. Viele seiner Handlungen und Lehren verstanden seine Zeitgenossen nicht, weil ihnen die »Augen, um zu sehen, und die Ohren, um zu hören« fehlten.

Die Ideen, die Gurdjieff lehrte und Ouspensky in ein System brachte, waren berauschend und sehr weit vom konventionellen Christentum entfernt. Sie hatten eine eigenständige Logik und Anziehungskraft, die viele Menschen, mich eingeschlossen, faszinierten. Und doch bleibt die Frage, ob Gurdjieff dieses Amalgam von Ideen in Büchern gelesen und mit gewissen eigenen Einsichten und Besserwissereien vermischt hatte oder ob er während seiner langen Reisen tatsächlich auf eine oder mehrere geheime Schulen gestoßen war. Als der Meister noch lebte, hatten seine Schüler wenig Grund, solche Fragen allzu konsequent zu stellen. Der Kult um ihn war sich selbst genug, und nur wenige Studenten hatten die Zeit oder die Sprachkenntnisse, um ernsthafte Forschungen nach seinem Vorbild zu betreiben.

Selbst nach Gurdjieffs Tod gaben sich die meisten damit zufrieden, so weiterzumachen wie bisher, die Schriften, die er hinterlassen hatte, zu lesen, zu studieren und zu kommentieren, während sie eigene Zirkel aufbauten. Bennett allerdings war dies zu wenig – zumindest auf längere Sicht. In den fünfziger Jahren glaubte er kategorisch an die Existenz der Meister der Weisheit, und der Titel seines letzten Buches, an dem er arbeitete, als ich ihn 1973 besuchte, und das 1975 aus dem Nachlaß herausgegeben wurde, trug eben diesen Titel: *Die Meister der Weisheit*. Bennett glaubte, daß es die Meister gab und daß sie mit Gurdjieffs Sarmung- oder Sarman-Gesellschaft in Verbindung standen. Mit Hilfe seiner Sprachkenntnisse konnte er Licht auf die Etymologie des Namens werfen und so zumindest theoretisch die Bedeutung dieser Gruppe klären:

»Einer dieser Anhaltspunkte, die Gurdjieff gab, ist die an mehreren Stellen auftretende Erwähnung der Sarmoun- [sic] oder Sarmān-Gesellschaft. Die Aussprache ist die gleiche für beide Schreibweisen, und das Wort kann dem Altpersischen zugeschrieben werden. Es erscheint tatsächlich in einigen der [persischen]

Pahlawi-Texte, um jene zu bezeichnen, die die Lehren Zarathustras bewahrten. Das Wort kann auf dreierlei Weise gedeutet werden. Es ist das Wort für die Biene, die immer ein Symbol für jene war, die den wertvollen ›Honig‹ überlieferter Weisheit sammeln und ihn für zukünftige Generationen aufbewahren. Eine Legendensammlung, die in armenischen und syrischen Kreisen unter dem Titel *Die Bienen* gut bekannt ist, wurde im 13. Jahrhundert, das heißt ungefähr zur Zeit Dschingis-Khans, von Mar Salamon, einem nestorianischen Archimandriten, neu bearbeitet. Das Buch *Die Bienen* befaßt sich mit einer geheimnisvollen Kraft, die aus der Zeit Zarathustras übermittelt und zur Zeit Christi offenkundig wurde.

Eine einleuchtendere Wiedergabe muß das *mān* in seiner persischen Bedeutung nehmen als die durch Vererbung vermittelte Qualität und von daher als bedeutende Familie oder Sippe. Es kann der Aufbewahrungsort eines Erbstücks oder einer Überlieferung sein. Das Wort *sar* bedeutet Kopf, sowohl wortwörtlich als auch im Sinne von Oberster und Führer. Die Verbindung *sarman* würde somit der oberste Aufbewahrungsort der Überlieferung bedeuten, der als ›die immerwährende Philosophie‹ bezeichnet wurde, die von Generation zu Generation durch ›Eingeweihte‹, um Gurdjieffs Beschreibung zu gebrauchen, weitergereicht wurde.

Und eine noch andere mögliche Bedeutung des Wortes Sarmān ist ›jene, die erleuchtet wurden‹; wörtlich: ›jene, deren Köpfe gereinigt worden sind‹.«[24]

Als ich Sherborne verließ, hatte ich viel Stoff zum Nachdenken. Ich hatte ein Wochenende mit sakralem Tanz und Meditation verbracht und mehreren Vorträgen gelauscht, aber ich fühlte mich nicht wirklich in Harmonie mit der Arbeit dort. Außerdem zogen mich die sozialen Ideale oder das Gemeinschaftsleben, das ein wichtiger Bestandteil der ganzheitlichen Sherborne-Erfahrung war, nicht besonders an. Ich zweifelte zwar nicht daran, daß die Schule viel zu bieten hatte, aber es war nicht das, was ich suchte. Ich wollte mehr über die Meister der Weisheit herausfinden, und ich war nicht sicher, ob ich eine ausreichend weite Sicht auf das Thema bekam, wenn ich mich Bennetts Schule anschloß.

Zögernd packte ich meine Sachen, tief im Innern fest davon

überzeugt, daß ich das, was mein Schicksal auch immer für mich bereithielt, hier nicht finden würde. Als ich auf dem Weg zur Bushaltestelle die Auffahrt hinabging, traf ich Bennett, der mit einem kleinen Traktor den Rasen mähte. Die ganze Gemeinschaft hatte einen Schweigetag eingelegt, also sagte er nichts, als ich ging. Ich aber fühlte mich nicht zum Schweigen verpflichtet. Während ich ihm die Hand schüttelte und ihm die Gründe für meine frühe Abreise darlegte, schaute er mich mit leerem Blick an. Er war mit seinen Gedanken ganz woanders. Obwohl ich ihn noch bei einigen Gelegenheiten traf, bevor er achtzehn Monate später starb, und sogar einige öffentliche Vorträge anhörte, die er in London hielt, war ich sicher, daß ich mich richtig entschieden hatte. Dennoch hatte ich das Gefühl, Gurdjieffs Sarmung-Bruderschaft, die aus diesen seltsamen östlichen Ländern mit ihren Bergen und Flüssen stammte, stünde mit Matthäus' Sterndeutern irgendwie in Verbindung.

Erst zwei Jahrzehnte später konnte ich dieser Spur folgen: Zunächst mußte sich ein Großteil meines Schicksals erfüllen, bevor ich dem Lockruf meiner Bestimmung folgen konnte.

KAPITEL 3
EINE SUCHE UNTER DEN SUFIS

Nach Gurdjieffs Tod im Oktober 1949 entschloß sich Bennett, der in seinen letzten Monaten viel Zeit mit ihm verbracht hatte, zu einer Reise in den Osten, um dort nach der mysteriösen Sarman-Bruderschaft zu suchen. Da er fließend Türkisch, die *lingua franca* des gesamten früheren Osmanischen Reiches, sprach, wollte er seine Suche auf dieses Gebiet konzentrieren. Von seinem früheren Dienstort Istanbul aus reiste er nach Konya, Damaskus, Jerusalem, Bagdad und in das antike Babylon.

Bennett interessierte sich vor allem für den Sufismus, das mystische Herz des Islam. In seiner Autobiographie *Das Durchqueren des großen Wassers* berichtet er von seinem Besuch im *Tekke* der Mewlewi, des berühmten Sufi-Ordens der tanzenden Derwische, in Konstantinopel im Jahr 1920.[1] Er muß einer der letzten westlichen Besucher gewesen sein, der die Mewlewi in Konstantinopel in Aktion sah, denn bald darauf wurde ihr Orden wie alle anderen vom Modernisierer Atatürk verboten. Als Bennett damals den wirbelnden Tanz der Derwische beobachtete, bedeutete ihm das nicht besonders viel, doch als er 1953 in die Türkei zurückkehrte, machte er sich sofort auf die Suche nach dem schon lange verwaisten *Tekke*. Weil er glaubte, daß vielleicht in den Proportionen des Gebäudes ein Wissen verborgen sein könne, maß er das *Sema Hané*, den Tanzraum, genau aus. Er schreibt:

»Während ich so auf dem staubbedeckten Boden stand und mir die morschen Holzarbeiten anschaute, begriff ich, was die Lebenshaltung der Derwische den Türken mehr als siebenhundert Jahre lang bedeutet hatte. Sie waren der Sauerteig gelebter Mystik gewesen, der das religiöse Leben der Türkei vor der Degenerierung zum Formalismus bewahrt hatte.«[2]

Seine mystische Erkenntnis über die Macht und Symbolik der türkischen religiösen Architektur wuchs noch, als er die heilige

Stadt Konya besuchte und dort das ursprüngliche Mewlewi-*Tekke* besichtigte, in dem Djellaludin Rumi, der Gründer des Ordens, begraben liegt.[3]

»Solange ich in Konya war, besuchte ich täglich das große Mevlevi-*Tekke*, das Haus des Dichters Djellaludin Rumi, der auch den Orden der Mevleviderwische gegründet hatte. Das Sema Hané war im 12. Jahrhundert unter der Leitung seines Sohnes, Sultan Veled, von den Seldschukenkönigen Konyas erbaut worden. Es ist Vorbild für dreihundertfünfundsechzig ähnliche Gebäude, die über ganz Südwestasien verstreut sind. Als ich es untersuchte, kam ich zu der Überzeugung, daß seine Größe und Proportionen einer verlorenen Kunst entsprungen waren, der Kunst, höhere Energien zu konzentrieren, die den inneren Zustand all derer beeinflußten, die sich hier zum Gottesdienst trafen.«[4]

Inspiriert durch seinen Besuch in Rumis Mausoleum, aber immer noch ohne festen Reiseplan, zog Bennett nach Adana weiter und verließ die Türkei dann Richtung Aleppo und Damaskus. Inzwischen hatte er beschlossen, »zu reisen und zu leben wie ein Türke, mit wenig Geld in der Tasche«, und mied deshalb den Kontakt zu anderen westlichen Touristen. In Syrien besuchte er weitere *Tekke* und Heiligtümer und traf hier auch auf Repräsentanten des Mewlewi-Ordens, die nicht dem Bann Atatürks unterlagen. Doch obwohl ihn die Schlichtheit und die religiöse Hingabe der Derwische beeindruckten, hatte Bennett das Bedürfnis weiterzuziehen. Er war darauf bedacht, sich über die Vergangenheit wie die Gegenwart zu informieren, und wollte deshalb unbedingt auch einige der unzähligen archäologischen Stätten in diesem Teil der Welt besuchen.

Er reiste also von Syrien aus weiter in den Irak und verbrachte einige Zeit in den Ruinen des antiken Babylon, dem Schauplatz vieler von Gurdjieffs *Beelzebubs Erzählungen*. Seine wichtigste Entdeckung im Irak sollte jedoch ein abgelegenes Tal namens Scheich Adi sein, das größte Heiligtum einer kaum bekannten Religionsgemeinschaft, der Jesiden (oder Yeziden). In diesem Tal liegt auch die Weihestätte des »heiligen« Namenspatrons: Scheich Adi soll nach Überzeugung der Jesiden vor mehreren tausend Jahren – vielleicht etwa zur gleichen Zeit wie Abraham – gelebt haben. Bennett besichtigte das Heiligtum einen Tag lang und befragte den Wächter mit Hilfe eines kurdischen Dolmetschers. Seine Eindrücke hielt er im Tagebuch fest:

»Ich bin überzeugt, daß sie [die Jesiden] von den antiken Chaldäern abstammen. Ihrer eigenen Überlieferung zufolge wanderten sie von Süden her ein, und sie könnten durchaus die versprengten Überreste der babylonischen Weisen sein, die nach der Zeit Alexanders von Makedonien verschwanden.«[5]

Schließlich kehrte Bennett nach Konstantinopel und von dort aus nach London zurück. Obwohl er für den Rest seines Lebens enge Beziehungen zu verschiedenen Sufi-Gruppen pflegte und sich von der islamischen Religion stark angezogen fühlte, überschritt er den Graben zwischen Kreuz und Halbmond nicht und beendete seine Tage als römischer Katholik. Dabei übte noch ein weiterer Glaube, der dem Christentum und dem Islam vorausging und beide beeinflußte, eine starke Faszination auf ihn aus: der Zoroastrismus.

Diese Religion der babylonischen Weisen war seiner Meinung nach vielleicht nicht die größte Offenbarung aller Zeiten, aber doch diejenige, deren praktische Anwendung am ehesten Erfolg versprach. Er glaubte, daß diese Lehren ein wichtiges Element in Gurdjieffs Philosophie der Selbsttransformation darstellten, wie jener es mit seiner Bemerkung über den Sirius und das Vergraben des Hundssterns statt des Knochens angedeutet hatte. Bennett war außerdem davon überzeugt, daß Zoroaster (Zarathustra), der Gründer dieser Religion, in einer Figur verkörpert war, die Gurdjieff in seinem Buch *Beelzebubs Erzählungen* »Aschiata Schiämasch« nannte. Dieses Wesen brachte die Menschen dazu, keine Tiere mehr zu opfern und damit eine Praxis zu beenden, die Gurdjieff zufolge in Asien einst epidemische Ausmaße angenommen hatte.

Egal, ob die »babylonischen Weisen« die Vorfahren der Jesiden waren oder nicht – ganz offensichtlich waren sie wichtig für Bennetts Suche nach Gurdjieffs Meistern, aber hatten sie irgendwie mit der Sarman-Bruderschaft zu tun? Diese Frage beschäftigte mich lange, denn Bennett selbst hatte sie nicht klar beantwortet. Allerdings muß es, wenn Matthäus' Geschichte von den Weisen auch nur ein Fünkchen Wahrheit enthält, eine Verbindung zum Zoroastrismus geben, der Religion der Menschen, die die Griechen *Magoi* nannten. Also beschloß ich, nach dieser Verbindung zu suchen.

Die Gute Religion

Zoroaster wurde wahrscheinlich irgendwo im Grenzgebiet zwischen dem Iran und Aserbaidschan am Ufer des Flusses Arax geboren,[6] und zwar um etwa 630 v. Chr.[7] Die Religion, die er gründete, ist eindeutig dualistisch angelegt.

Wie Ägypten und Mesopotamien ist auch Persien ein sehr altes Land. Seine religiösen Wurzeln reichen bis zu den Anfängen der Zivilisation zurück. Zu jener alten Zeit, vor dem Bau der Pyramiden und lange vor der epischen Reise Abrahams vom chaldäischen Ur nach Hebron, lebten schon Indoeuropäer im Iran und in Indien. Diese Menschen, Vorfahren der heutigen Perser und Europäer, waren in Stämmen organisiert und wurden von Königsdynastien beherrscht. Viele Bestandteile ihrer Religion kann man auch heute noch in den Kulturen der Region wiederfinden. Grundlage war die Verehrung der Elemente, besonders des Feuers und des Wassers, und ein tiefer Wunsch, diese »rein« zu halten. Zu ihren Ritualen gehörten Libationen und Tieropfer, vor allem von Stieren.

Zoroaster war ein gesalbter Priester dieser früheren Religion, doch er verspürte eine geradezu biblische Berufung, als Prophet zu wirken. Wie man in den »Gesängen«, den Gathas,[8] lesen kann, hatte er im Alter von dreißig Jahren eine Vision, in der er Ahura Mazda traf, den höchsten Gott des iranischen Pantheon. Da sein eigenes Volk ihn nicht zu schätzen wußte, ging Zoroaster an den Hof eines Nachbarkönigs namens Vischtaspa und bekehrte ihn zu seiner neuen Religion. Laut Bennett hießen schon die Priester der alten Religion vor Zoroaster *Magier*, und sie waren es, die den neuen Propheten anerkannten.

»Die *Magier* waren Mitglieder einer Kaste oder Klasse, die in Zentralasien seit der Zeit vor Zarathustra bestand. Sie erkannten Zarathustra an, als er an den Hof König Vischtaspas, des baktrischen Königs von Choresmien, kam. Zwei Magier erhielten die Aufgabe, Zarathustras Beglaubigungen zu prüfen, und stellten fest, daß seine Einweihung über alles hinausging, wovon sie selbst unterrichtet waren. Auf ihren Rat hin wurde der König bekehrt.«[9]

Die Religion, die Zoroaster verkündete und die die persischen Könige sich nun zu eigen machten, bedeutete eine radikale Abkehr von den früheren Kulten, denn er lehrte, daß die Welt zwar von Gott geschaffen sei, aber als Schlachtfeld für Gut und Böse diene. Der Gute Gott, Ahura Mazda (oder Ohrmazd in späteren Texten), existierte als ewiges Licht und als Zeit. Sein Widersacher jedoch, Angra Manju (später Ahriman genannt), der Geist der Dunkelheit und alles Bösen, existierte ebenfalls, wenn auch nur als Möglichkeit. Als Ohrmazd erkannte, welche Gefahr das Böse für die Reinheit seines ewigen Wesens darstellte, entwickelte er eine Falle, um Ahriman darin zu fangen und zu zerstören.

Diese Falle ist unsere Welt, die, weil sie Raum und Zeit unterworfen ist, den Widersacher zwingen sollte, sich offen zu zeigen. Ohrmazd wußte, daß der böse Ahriman versuchen würde, die Welt zu zerstören, aber anders als sein Gegner konnte er über die Zeit hinaus sehen und wußte, daß der Teufel sich bei diesem Versuch in Zeit und Raum verfangen würde. Obwohl also das Böse durchaus einige frühe Siege erringt und dadurch Leiden in der Welt hervorruft, wird es auf lange Sicht doch geschlagen werden, und das Gute wird triumphieren.

In der zoroastrischen Tradition heißt der erste Mann, das Pendant zum biblischen Adam, Gayomart. Er wurde zusammen mit dem Himmelsstier und der ersten Pflanze am sechsten Tag geschaffen. Ahriman reagierte auf Ohrmazds Herausforderung, indem er diesen ersten Schöpfungen des Lebens den Todesatem einhauchte. Doch obwohl sie selbst zugrunde gingen, gaben sie ihren Samen tausendfach weiter; aus dem Stier entstanden alle anderen Tiere, aus der Pflanze alle anderen Pflanzen und aus dem Mann die menschliche Rasse. Obwohl Ahriman also den Tod in die Welt gebracht hatte, konnte er das Leben selbst nicht zerstören. Die Schlacht zwischen Gott und Teufel, Gut und Böse, Leben und Tod sollte kein Ende finden.

Nach Meinung des Religionsgründers Zoroaster hatte die Menschheit eine besondere Rolle in diesem langwierigen Krieg gegen das Böse zu spielen: Ihre Seele war das bevorzugte Schlachtfeld der beiden Mächte. Ohrmazd wußte seit Anbeginn der Zeiten, daß Ahriman den Menschen zur Sünde verlocken und daran sterben lassen werde. Doch obwohl der Mensch auf kurze Sicht unausweichlich seine Unschuld verlöre, würde er sich schließlich doch seines göttlichen Ursprungs erinnern und als Gottes Werkzeug in der Welt agieren. Für einen gläubigen Zoroaster-Anhänger übertrafen das Leben, das Wirken und die Lehren des Propheten alles, was zuvor geschehen war, und lieferten die Bezugspunkte für ein ethisches Leben. Er wartete auf Sauschjants[10] Erscheinung am Ende der Zeiten, wenn der Teufel ein für alle Mal vernichtet, das Böse gebannt und die Welt wieder in Ordnung gebracht wäre. Bis dahin befolgte ein gläubiger Mann die von Zoroaster niedergelegten Regeln, kämpfte für das Gute und versuchte vor allem, sich und seine Welt rein zu halten.

Ungefähr zweihundertfünfzig Jahre lang wurden die weisen Magier den religiösen Bedürfnissen ihres Volkes gerecht, doch der Eroberungszug Alexanders des Großen verursachte schließlich 334 v. Chr. enormen Aufruhr überall im damaligen persischen Großreich. Zu der Zeit, als die Weisen dem Evangelium zufolge nach Bethlehem reisten, um die Geburt Jesu mitzuerleben, war der Zoroastrismus als Religion kurz vor dem Erlöschen. Sein späteres Wiederaufleben und sein goldenes Zeitalter unter den persischen Sassaniden lagen damals noch in weiter Ferne.

Im 1. Jahrhundert v. Chr. gehörte fast ganz Mesopotamien zum Partherreich,[11] das nicht so zentralistisch organisiert war wie das Achämenidenreich vor Alexanders Eroberung oder das spätere Sassanidenreich (etwa 224–651 n. Chr.). Bevor die Römer das Gebiet kontrollierten, genossen die Menschen zahlreicher Kleinstaaten in der Osttürkei und in Mesopotamien eine beträchtliche religiöse wie politische Freiheit. In diesem günstigen Umfeld blühten viele lokale Kulte auf, vor allem der des Mithras, eines Gottes, den die Arier[12] lange vor der Geburt des Zoroaster verehrten. Die Existenz dieser Kulte war der Anlaß für mich zu vermuten, daß die Weisen des Evangeliums nicht direkt aus Persien kamen, sondern viel eher aus einem Randgebiet des Partherreiches, aus Mesopotamien. Ich wollte mehr über Mithras und seine Verbindungen zum Christentum erfahren.

Mithras, der Held

Als J. G. Bennett 1953 den Schrein von Scheich Adi besuchte, hoffte er dort mehr zu finden als nur ein altes Grab. Er ging davon aus, daß die Jesiden altes Wissen besessen hatten und Gurdjieff sich dieses zu eigen gemacht hatte. Gurdjieff selbst erwähnt die Jesiden in *Begegnungen mit bemerkenswerten Menschen*; er hatte als Augenzeuge miterlebt, daß ein Jeside, um den man einen Kreis auf dem Boden zieht, diesen Fleck aus eigenem Willen nicht verlassen kann. Der Kreis wird zum Käfig, aus dem er trotz aller Anstrengungen nicht entkommen kann.

»Eine seltsame Macht, die unvergleichlich größer ist als seine eigene normale Kraft, hält ihn gefangen ...

Ein Yezide, der mit Gewalt aus dem Kreis herausgezogen wird, fällt sogleich in einen Zustand der Katalepsie, der sofort wieder aufhört, wenn man ihn in den Kreis zurückbringt. Und wenn er, aus dem Kreis herausgezogen, in diesem kataleptischen Zustand bleibt, so kehrt er, wie wir feststellten, erst nach dreizehn oder einundzwanzig Stunden in seinen normalen Zustand zurück.

Es gibt kein anderes Mittel, ihn in den normalen Zustand zu bringen, jedenfalls vermochten meine Freunde und ich es nicht, obwohl wir alle Methoden kannten, die der heutigen Wissenschaft über Hypnose zur Befreiung von Katalepsie zur Verfügung stehen. Nur ihre Priester konnten dies tun durch kurze Beschwörungsformeln.«[13]

Wenn Bennett gehofft hatte, ähnliche Phänomene zu Gesicht zu bekommen, so wurde er enttäuscht. Entweder hatten seine Gastgeber in Scheich Adi gerade nicht das Bedürfnis, sich in irgendwelchen Kreisen aufzuhalten, oder sie verweigerten sich dieser Art esoterischer Vorführungen, was wahrscheinlicher ist. Doch unabhängig davon, was Bennett wohl über die Jesiden und ihren seltsamen Kult gedacht haben mag, unglücklicherweise machte er von ihrem Angebot keinen Gebrauch, sie zu besuchen, eine Weile bei ihnen zu bleiben und sich in ihre Mysterien einführen zu lassen. Er konnte später nur sagen, daß sie seiner Überzeugung nach die letzten Menschen seien, deren Kulte mit ihrer Verbindung zur Antike Anklänge an das frühe Christentum erahnen ließen.

»Ihr Kult ist ein Durcheinander aus sabäischen, christlichen und islamischen Traditionen – wahrscheinlich übernahmen sie von Zeit zu Zeit die verschiedensten Legenden, um ihre Überzeugungen mit den gerade aktuellen Religionen ihrer Umgebung zu verknüpfen. Die Jesiden sind vielleicht auch mit dem alten Mithraskult verbunden. Wenn wir die Symbole an der Außenseite des Heiligtums von Scheich Adi mit denen am Tempel von Hatra[14] vergleichen, können wir die Schlange wiedererkennen und vielleicht auch den Skorpion.«[15]

Der Mithraskult wird allgemein als ein häretischer Seitenzweig des Zoroastrismus betrachtet, doch das ist eindeutig eine unzulässige Vereinfachung. Die Beziehung zwischen den beiden Religionen ist in Wirklichkeit sehr viel komplizierter und spiegelt quasi die zwischen Christentum und Islam wider. In mancher Hinsicht ist der Islam eine reformierte Fassung des Christentums. Außerdem ist er aber auch ein radikaler Rückgriff auf die alttestamentliche Art, sich Gott zu nähern, indem man sich im täglichen Leben seinem Willen unterwirft. So war auch der Mithraskult in vieler Hinsicht ein Rückgriff auf die Vergangenheit vor Zoroaster.

In der persischen, arischen Tradition, die Zoroasters Reformation vorausging, gab es schon einen Mithras,[16] der zusammen mit Varuna und Indra eine wichtige Göttertrias bildete. Er war eng verbunden mit den Vorstellungen von Gerechtigkeit und wurde als Zeuge bei Gottesurteilen angerufen, bei denen der Angeklagte einen schmalen Gang zwischen zwei glühenden Scheiterhaufen entlanglaufen mußte. Mithras wurde mit der Zeit immer mehr mit dem Element Feuer in Verbindung gebracht, und er entwickelte sich – beinahe wie der christliche Erzengel Michael, mit dem man ihn vielleicht vergleichen kann – zu einer Sonnengottheit. Er personifizierte die brennende Hitze der Sonne ebenso wie ihr Licht. Damit war Mithras auf einer exoterischen oder alltäglichen Ebene der Lehre ein Sonnengott, Hüter der Verträge und Personifikation des abstrakten Werts Gerechtigkeit.

Doch davon fühlten sich seine römischen Anhänger nicht angezogen: Für sie war er die Personifikation des archetypischen Helden. Sein Kult, der sich im 1. und 2. Jahrhundert n. Chr. wie ein Lauffeuer im ganzen Römischen Reich verbreitete, war persönlicher als der klassische Zoroastrismus. Für die Griechen und Römer war Mithras eine heroische, anthropomorphe Gottheit, die sie mit Herkules ebenso gleichsetzen konnten wie mit den Sonnengöttern Apollon und Helios.[17]

Leider sind nur wenige Schriften über den römischen Mithraskult überliefert, aber immerhin gibt es noch zahlreiche Reliefs und Statuen, die uns die Inhalte des Kultes in groben Zügen vermitteln. Der zentrale Mythos weist eindeutig Verbindungen zu den zoroastrischen wie auch den biblischen Schöpfungsmythen auf. Mithras ist wie Gayomart ein göttliches Kind. Er wird auf einem Felsen nahe einem heiligen Strom unter einem Baum geboren.[18] Aber er ist auch ein »Adam«, der von der Frucht des Baumes ißt und aus den Blättern Kleidung fertigt. Wie Joseph Campbell, der große Mythograph, kommentiert, ist mit seinem Biß in die Frucht aber keine Sünde verbunden.

»Im persischen Heiland Mithra sind die zwei Adams vereint;[19] denn in seine Ableistung der Taten des zeitlich-irdischen Lebens spielte keine Sünde, kein Fall mit hinein. Mit seinem Messer schnitt der Knabe die Früchte des Baumes ab und machte sich aus seinen Blättern Kleider; abermals wie Adam – aber ohne Sünde. Und es gibt eine weitere Szene, die ihn zeigt, wie er Pfeile auf einen Felsen schießt, aus dem Wasser quillt und einen knienden Betenden erfrischt. Wir besitzen den dazugehörigen Mythos nicht, aber das Bild ist mit der Episode verglichen worden, wo Mose in der Wüste mit seinem Stab Wasser aus dem Felsen schlägt (Ex 17,6). Mose jedoch sündigte, denn er schlug zweimal und bekam folglich den Eintritt in das Gelobte Land verwehrt – so wie Adam sündigte und das Paradies verwehrt bekam. Doch der Heiland Mithra aß die

Frucht des Mutterbaumes und holte das Wasser des Lebens aus seinem Mutterfelsen – ohne Sünde.«[20]

Der bekannteste Teil der Mithraslegende ist mit dem Schicksal des himmlischen Stiers verbunden. Anders als in der zoroastrischen Schöpfungsgeschichte, in der dieser Urstier einfach durch die Machenschaften von Ahriman zu Tode kommt, wird er im Mithraskult geopfert. Aus nicht mehr nachvollziehbaren Gründen muß Mithras den Stier lebendig fangen und ihn auf den Schultern zurück in seine Höhle tragen. Hier opfert er ihn in einer berühmten Szene, die auf unzähligen Statuen und Stelen abgebildet ist. Dieses Ereignis ist überladen mit Symbolik:

»Der Urstier weidete auf einer Bergwiese, als der junge athletische Gott ihn bei den Hörnern packte und sich aufschwang. In wildem Galopp warf das Tier ihn alsbald ab, aber er hielt sich weiter an den Hörnern fest und ließ sich mitschleifen, bis das große Tier erschöpft zusammenbrach. Nun faßte er es an den Hinterbeinen, legte sie sich über seine Schultern, und es begann der sogenannte *Transitus*, die schwierige Aufgabe, den lebendigen Stier mit dem Kopf nach unten auf einem mit Hindernissen übersäten Weg in seine Höhle zu ziehen.

Diese qualvolle Probe des Helden ebenso wie des Stieres wurde zum Symbol sowohl für das menschliche Leid im allgemeinen als auch für die besonderen Prüfungen des Mysten auf seinem Erleuchtungsweg – entsprechend (wenn auch mit kaum vergleichbarer

Abb. 1 Mithrasstele, Vorderseite

Abb. 2 Mithrasstele, Rückseite

Kraftaufbietung) der Via crucis des späteren christlichen Kultes. Als er in seiner Höhle angelangt war, gab ein vom Sonnengott gesandter Rabe dem Heiland Bescheid, der Augenblick des Opfers sei gekommen, woraufhin dieser den Stier bei den Nüstern faßte und ihm das Messer in die Flanke stieß ...

Weizen sproß aus dem Rückenmark des Tieres und aus seinem Blut der Weinstock – sie gaben das Brot und den Wein für das sakramentale Mahl. Sein vom Mond gesammelter und geläuterter Same – wie im orthodoxen zoroastrischen Mythos – erzeugte die nützlichen Tiere, die dem Menschen dienstbar sind. Schließlich kamen noch die ... Tiere der göttlichen Mutter des Todes und der Wiedergeburt, um ihre diversen Aufgaben zu erfüllen: der Skorpion, der Hund und die Schlange.«[21]

Diese Beschreibung des Gottes, der den Urstier in seine Höhle schleppt und opfert, fand ihre Parallele ganz sicher auch in den Riten des Kultes. Vorstellbar ist etwa eine Art »Rodeo« mit tapferen jungen Männern, die mit den Stieren kämpfen, sie vielleicht sogar in eine Höhle ziehen, um sie dort zu opfern. Solche Stieropfer waren natürlich überall in der alten Welt üblich; die letzten Überbleibsel finden wir noch heute im spanischen Stierkampf.

In der Bibel ruft Mose den Zorn Gottes auf die Häupter der Israeliten nieder, als sie vor seinen Augen um das goldene Abbild eines Stieres tanzen und es als Gott verehren. Dieser Kult war keine eigene Erfindung, sondern eine Übernahme von den Ägyptern, die damals ebenfalls einen heiligen Stier namens Apis anbeteten.

Das Zentrum des ägyptischen Stierkultes war Memphis, und der Apisstier, von dem es immer nur einen gab, führte dort ein regelrechtes Luxusleben. Wenn er starb, wurde sein Körper mumifiziert und in einem riesigen Mausoleum, dem Serapeum in der Nähe des Königsfriedhofs von Sakkara, beigesetzt. 1850 entdeckte der berühmte französische Archäologe Auguste Mariette dieses labyrinthische Netz aus Katakomben, in denen die gewaltigen Sarkophage der mumifizierten Stiere stehen.

Mariette führte der Welt vor Augen, wie wichtig den Ägyptern der Apisstier gewesen war. Jeder dieser aus jeweils einem einzigen

Stück Granit geschnittenen Sarkophage ist drei Meter hoch, zwei Meter breit und vier Meter lang. Um die Macht des Kultes richtig einschätzen zu können, muß man sich klarmachen, wieviel Arbeit nötig war, um einen solchen Sarkophag zu behauen und zu bewegen – und es gibt Dutzende dieser Kolosse.

In Persien entwickelten sich die Dinge ganz anders. Über die indoiranischen Glaubensvorstellungen vor der Zeit Zoroasters ist nichts Genaues bekannt. Aber wir wissen, daß auch die Perser einen Stierkult hatten, bei dem diese Tiere geopfert wurden. Ursprünglich war ein Opfer ein sehr heiliger Akt und wurde nicht leichtfertig ausgeführt, aber zu der Zeit, als Zoroaster geboren wurde, also etwa um 630 v. Chr., hatte eine gewisse Dekadenz eingesetzt, und gewaltige Mengen von Stieren starben einen sinnlosen Tod. Die zoroastrische Reform der früheren, primitiven Religion im Iran, die um die Verehrung (oder zumindest Besänftigung) der Elemente und der Naturgeister kreiste, hatte weitreichende Folgen. Vor allem stellte sie die gesamte Praxis des Tieropfers in Frage, das nach Zoroaster keinen Platz in der Religion hatte.

Professor R. C. Zaehner erklärt dies folgendermaßen:

»So dämonisierte die zoroastrische Reform jene Klasse von Gottheiten, die *daeva* genannt wurden, und eliminierte die andere Klasse von Gottheiten, die bei den Iranern *ahura* und bei den Indern *asura* hießen, mit der einzigen Ausnahme des Ahura Mazda [des späteren Ohrmazd], der in den Status des einen wahren Gottes erhoben wurde, von dem alle anderen Gottheiten abstammten. Diesem Gott gegenüber stand Angra Manju [Ahriman], der zerstörerische Geist. Das Leben auf der Erde ist dargestellt als ein Kampf zwischen Ahura Mazda und den ihm dienenden Mächten auf der einen Seite und Angra Manju und seinen dämonischen Horden auf der anderen. Für Zoroaster war es ein sehr realer Kampf, da die Verehrer der *daevas* noch immer die Repräsentanten der traditionellen Religion waren, und sie identifizierte er ohne Ausnahme mit allem, was böse ist. Zu ihren Praktiken scheint ein Tieropfer gehört zu haben, bei dem ein Stier dargebracht wurde; diese Opferung greift Zoroaster mit Nachdruck an.«[22]

Wenn man davon ausgeht, daß Zoroaster selbst sich so rigoros gegen jedes Tieropfer aussprach, muß man sich doch fragen, warum gerade dieses Opfer im Mithraskult eine so wichtige Rolle spielt. Die Antwort liegt wohl darin, daß letzterer nicht, wie man allgemein annimmt und wie in jedem Handbuch zum Thema zu lesen ist, eine häretische Nebenform des Zoroastrismus war. Vielmehr ist zu vermuten, daß beide, allerdings mit einigen gegenseitigen Befruchtungen, derselben ursprünglichen Protoreligion entstammten, sich aber unterschiedlich entwickelten. Es gab, wie wir wissen, eine sehr alte arische Religion – einige Wissenschaftler datieren sie bis in die letzte Eiszeit zurück –, die überall im Mittleren Osten und in Nordindien lange vor der Zeit Zoroasters praktiziert wurde.[23] Die ältesten Hinweise auf die vedischen oder arischen Götter findet man allerdings nicht in Persien oder Indien, sondern in der heutigen Türkei.

Um 2200 v. Chr., wenn nicht schon früher, zog das Volk der Hurriter in einer der größten Wanderungsbewegungen der Geschichte aus dem Bergland um den Urmiasee hinunter in die fruchtbaren Ebenen Nordmesopotamiens. Wie die Perser waren auch die Hurriter Arier, und sie brachten eine damals neue Erfindung mit sich: den Streitwagen.

Dieses leichte und sehr wendige Fahrzeug hatte seine Ursprünge in den russischen Steppen; die Völker der alten Kulturen Ägyptens und Babylons hatten es noch nie zuvor gesehen. Mit dieser neuen Kriegsmaschine, dem antiken Gegenstück zum Panzer, konnten die Hurriter alle Widerstände überwinden und im Gebiet des heutigen Kurdistan das Königreich Mitanni errichten. Sie setzten ihre Eroberungen fort und hatten um 1800 v. Chr. den Persischen Golf erreicht.

Von dort aus zogen sie Richtung Westen nach Syrien und Palästina und vermischten sich mit den schon seßhaften Semiten dieser Region. In einem Vertrag aus der Zeit um 1400 v. Chr. zwischen Mitanni und seinen Nachbarn, den Hethitern, die vielleicht sogar mit den Hurritern verwandt waren, werden fünf arische Gottheiten erwähnt: Indra, Mitra (Mithras), Varuna und die beiden Aschwins. Der Gott Mithras war also schon lange vor der Ankunft Zoroasters in der Osttürkei bekannt.

Bennetts Vermutung, daß die Religion der Jesiden sich zumindest teilweise vom Mithraskult ableite, war für mich bei meiner Suche nach der Tradition der Weisen sehr wichtig. Der Mithraskult war ein Thema, mit dem ich mich im Laufe der Jahre immer intensiver beschäftigt hatte. Dabei hatte ich nicht nur festgestellt, daß diese Religion eine Quelle von Gurdjieffs Wissen war, sondern auch, daß sie die Entwicklung des frühen Christentums stark beeinflußt hatte. Es sieht sogar so aus, als sei selbst die »Mitra«, die charakteristische Kopfbedeckung des christlichen Bischofs, nach Mitra, einer Alternativschreibweise zu Mithras, benannt. Das ist eigentlich nicht verwunderlich, denn das aufstrebende Christentum übernahm von diesem Kult mehr als nur einen seltsamen Hut.

Die Christen hören es zwar nicht gerne, aber die Mithrasreligion und der römische Katholizismus weisen viele Parallelen auf: So ist etwa der 25. Dezember nicht nur der Termin des Weihnachtsfestes, sondern auch der Geburtstag des Mithras. Und verborgen in den Katakomben unter dem Vatikan gibt es sogar eine dem Mithras geweihte Kapelle. Der genaue Ablauf der Zeremonien, die in solchen unterirdischen Mithrasheiligtümern vollzogen wurden, ist uns zwar nicht bekannt, aber wir wissen genug, um sagen zu können, daß der Mithraskult einiges mit seinem späteren Rivalen, dem Christentum, gemein hatte.

Christus und Mithras

Als ich mich mit dem Thema beschäftigte, wurde mir klar, daß das Christentum dem Mithraskult einiges zu verdanken hat. Damals fand ich dafür keinen anderen Grund als die Tatsache, daß sowohl Christentum wie auch Mithrasreligion asiatische Kulte waren, die, so konnte man annehmen, gewisse Vorstellungen teilten. Doch als ich mich genauer mit diesen Dingen befaßte, merkte ich, daß das nicht alles war. Und nicht nur das – die Beschäftigung mit dem Mithraskult warf sogar ein ganz neues Licht auf gewisse »christliche« Zeremonien.

Der Mithraskult war – wie andere Kulte aus dem Mittleren

Osten – eng mit der Astrologie verbunden. Leider ist nur sehr wenig von den Schriften der Mithrasanhänger erhalten, aber durch das Studium der noch vorhandenen Reliefs aus ihren Heiligtümern können wir einiges lernen. Offenbar baute dieser Kult wie das moderne Freimaurertum auf der Vorstellung einer fortschreitenden Initiation auf. Der französische Wissenschaftler M. Layard spricht in seinem Artikel *Le Culte de Mithra* von zwölf dieser Weihestufen:

»Diese Grade sind in vier Stufen eingeteilt: Irdisch, Himmlisch, Feurig, Göttlich, denen wiederum jeweils drei Grade zugeschrieben werden. Die irdische Stufe umfaßt den Soldaten, den Löwen und den Stier. Die himmlische den Geier, den Strauß und den Raben. Die feurige den Greif, das Pferd, die Sonne. Die göttliche den Adler, den Sperber, den Vater der Väter.«[24]

Wie er auf alle diese Namen gekommen ist, bleibt sein Geheimnis, aber aus dem Bezug zu den vier Elementen und den drei Graden, die zu jedem Element gehören, wird klar, daß wir es hier mit einem Tierkreis zu tun haben. Nach Joseph Campbell repräsentierte der Tierkreis den unveränderlichen Hintergrund, vor dem sich die Planeten bewegten:

»In sämtlichen Religionen dieses Zeitalters stellte jetzt der Tierkreis die begrenzende, immerfort umlaufende Sphäre der raumzeitlichen Kausalität dar, in der der unbegrenzte Geist wirkt – unbewegt und doch allbewegend. Die Bahnen der sieben sichtbaren Himmelskörper – Mond, Merkur, Venus, Sonne, Mars, Jupiter und Saturn – stellte man sich als Schalen um die Erde vor, durch die die Seele zur Geburt herabgestiegen war.«[25]

Es gab sieben Grade oder Weihen, die man auf dem Weg zum Meister durchlaufen mußte, und diese Grade korrespondieren mit den sieben Planetenbahnen. Die erste Stufe wurde *Corax* (Rabe) genannt und symbolisierte die Bahn des Mondes. Die zweite war *Cryphias* (der verborgene Meister) und stand mit der Bahn des Merkur in Verbindung; die dritte war *Miles* (der Soldat), die Bahn der Venus; die vierte *Leo* (Löwe), die Bahn der Sonne; die fünfte *Perses* (der Perser), die Bahn des Mars; die sechste *Heliodromus* (der Bote der Sonne), die Bahn des Jupiter; die siebte und letzte schließlich war *Pater* (Vater), die Bahn des Saturn.

Über die mystische Bedeutung dieser Namen oder über den Ablauf der Weihezeremonien können wir nur spekulieren. Festzuhalten bleibt die Verbindung zur Astrologie und der Glaube, daß es möglich sei, die Himmelsleiter – über die Stufen der verschiedenen Planetenbahnen – zu erklimmen. Dies ist ein gängiges Konzept, das sich in vielen geheimen Überlieferungen findet; nicht zuletzt in der Kabbala, der Geheimlehre des jüdischen Glaubens.[26] Nach Aussage der Kabbala symbolisieren die Lichter des siebenarmigen jüdischen Leuchters, der Menora, die sieben Planeten oder »Wanderer« (inklusive Sonne und Mond).

Überall in der antiken Welt beobachteten Priester und Astrologen sorgfältig die Bewegungen der Planeten, weil man glaubte, daß sie das menschliche Schicksal lenkten und Männer und Frauen je nach ihren individuellen Anlagen mit astraler Kraft versorgten. Allerdings waren diese »Gaben«, die sich als angeborene Talente offenbarten, eine zweischneidige Sache: Sie konnten als Tugenden oder Laster erscheinen, je nachdem, wie man sie einsetzte.[27]

Selbstentwicklung auf der astralen oder Planetenebene bedeutete, daß man das eigene Sternbild erkannte, also feststellte, welche »Götter« oder Lichter im eigenen Charakter vorherrschten, und dann genügend Selbstdisziplin entwickelte, um den Einsatz dieser Kräfte so zu kontrollieren, daß sie sich positiv auswirkten. Allerdings bestand das eigentliche Ziel des Mithraskultes wie auch das von Bennetts Schule in Sherborne darin, dem Individuum beizubringen, wie es über diese Ebene hinauskommen kann. Die siebenstufige Initiationsleiter sollte die Seele von diesen Kräften befreien, die oft als siebenköpfiger Drachen dargestellt wurden. Dann, nach dem Tod, konnte die Seele das Sonnensystem ganz verlassen und in einen Himmel jenseits der Sterne eingehen. Campbell beschreibt es so:

»Der Einzelne hatte von jeder dieser Sphären eine bestimmte raumzeitliche Eigenschaft mitbekommen, die einerseits seinen Charakter mitbestimmte, aber andererseits eine Beschränkung bedeutete. Daher sollten die sieben Einweihungsstufen das schrittweise Hinausgehen des Geistes über die sieben Beschränkungen erleichtern, dessen krönender Abschluß das Eingehen in den eigenschaftslosen Zustand war.«[28]

Im Christentum gibt es ein ähnliches Konzept der planetaren oder astralen Welt als Quelle unserer Talente und Unzulänglichkeiten. Dies zeigt sich besonders deutlich in der Offenbarung, dem letzten Buch der Bibel. Hier sind die sieben Planeten als sieben Sterne dargestellt, die jemand, »der wie ein Mensch aussah«, in seiner Rechten hält. Sie sind verbunden mit sieben Leuchtern und sieben archetypischen Gemeinden:

»Der geheimnisvolle Sinn der sieben Sterne, die du auf meiner rechten Hand gesehen hast, und der sieben goldenen Leuchter ist: Die sieben Sterne sind die Engel der sieben Gemeinden, und die sieben Leuchter sind die sieben Gemeinden.«[29]

Jede der sieben Gemeinden Kleinasiens, an die sich der erste Teil der Offenbarung richtet, hat eine besondere Stärke, für die sie gepriesen wird, und eine Schwäche, die sie zur Sünde verführt. Wie der Mithraskult, sein großer Rivale im ersten und zweiten nachchristlichen Jahrhundert, bietet auch das Christentum mit den Sakramenten sieben Initiationsstufen an, um der Seele bei ihrem Ringen um Erlösung beizustehen. Die sieben Sakramente können als eine Art Leiter verstanden werden und korrespondieren zudem mit den Planetenbahnen. Wir haben die Taufe (Mond), die Buße (Merkur), die Ehe (Venus), die Eucharistie (Sonne), die Firmung (Mars), die Priesterweihe (Jupiter) und die Krankensalbung (Saturn).

Wenn man all diese Parallelen zwischen Christentum und Mithrasreligion bedenkt, ist man versucht zu glauben, daß letztere die Sternenreligion der Weisen gewesen sein muß. Allerdings gibt es andere Argumente, die gegen diese Annahme sprechen, nicht zuletzt die Tatsache, daß Weihnachten erst seit dem Jahr 353 auf ein Dekret des Papstes Liberius hin am 25. Dezember gefeiert wird. Bis dahin war das wichtigste Fest der Christenheit die Taufe Jesu am 6. Januar, und die Wahl dieses Datums für ein so wichtiges Fest hat ihre Wurzeln nicht in Persien oder Mesopotamien, sondern in Ägypten.

Der Äon und der Christos

In römischer Zeit gab es in der Hafenstadt Alexandria einen sehr großen Tempel, das Koreion. Hier wurde jedes Jahr am 6. Januar die Geburt des Äon gefeiert.[30] Wie man in den Schriften des heiligen Epiphanius (um 315–402) nachlesen kann, gab es dieses heidnische Fest des Äon noch zu seiner Zeit. Er schreibt:

»… in Alexandria, im sogenannten Koreion – einem riesigen Tempel, der ›Bezirk der Jungfrau‹ heißt – wachen sie die ganze Nacht über mit Liedern und Musik, die sie ihrem Götzenbild darbringen. Am Ende der Wache beim ersten Hahnenschrei steigen sie mit Lichtern in eine unterirdische Krypta und tragen eine hölzerne Statue herauf. Sie liegt nackt auf einer Bahre, mit dem goldenen Zeichen in Kreuzform auf ihrer Stirn und an beiden Händen zwei ähnliche Zeichen und an beiden Knien zwei andere, alle fünf ebenso aus Gold gemacht. Und sie tragen die Statue herum, umkreisen siebenmal[31] das Innerste des Tempels, begleitet von Flöten, Trommeln und Hymnen, und in einem Festzug tragen sie sie wieder hinunter unter die Erde. Und wenn sie nach der Bedeutung dieses Mysteriums gefragt werden, antworten sie: ›Heute, zu dieser Stunde, hat das Mädchen [Kore], das heißt die Jungfrau, den Äon geboren.‹«[32]

Dieser verblüffende Beleg für eine Verbindung zwischen einer Jungfrauengeburt und dem alten Weihnachtsfest, das wir im Westen heute als Epiphanias feiern, verweist auf das alte Ägypten als einen möglichen Ursprung der Legende der Heiligen Drei Könige. Das ist nicht so unwahrscheinlich, wie es auf den ersten Blick erscheint.

Zur Zeit Jesu war Alexandria wahrscheinlich die kultivierteste Stadt der Welt und die Heimat einer großen jüdischen Gemeinde. Auch ihr größter Philosoph war ein Jude, ein angesehener Bürger namens Philo (um 30 v. Chr.–45 n. Chr.), dessen Bruder Alexander Bankier der Cäsaren war. In Philos umfangreichen Schriften, einer der besterhaltenen zeitgenössischen Textkorpora, erzählt er uns viel über die Glaubenssätze und Praktiken der »Weisen« seiner Zeit. Dazu zählen auch die Weisen Persiens, »die durch ihre sorgfältige Erforschung der Werke der Natur zum Zwecke der Erkenntnis der Wahrheit, in ruhiger Stille und mit Hilfe von [mystischen] Bildern von durchdringender Klarheit eingeweiht werden in die Mysterien gottähnlicher Tugenden, und ihrerseits wieder [jene, die nach ihnen kommen] einweihen«.[33]

Aber Philo war nicht nur ein Beobachter exotischer Religionen, sondern auch gut vertraut mit einer Gemeinschaft von Mystikern, die sich »Therapeuten« nannten. Vielleicht gehörte er ihr sogar selbst an. Sie hatten ihr Zentrum im Süden Alexandrias, und vieles, was Philo über sie und ihren Glauben berichtet, erinnert an das Christentum.

Als Philosoph hatte Philo sehr viel mit Bennett und Mead gemein, der in seinem Buch *Thrice Greatest Hermes* Philos Werk aufs genaueste analysiert. Für Philo war es selbstverständlich, daß die Arbeit eines Philosophen außerhalb eines religiösen Rahmens keinen Bestand haben kann. Dieser Rahmen war eng mit der Idee der Weihe verbunden, die vor den Massen geheimgehalten wird, weil diese sie nicht verstehen würden. Also schreibt er:

»Diese Dinge bewahrt in euren Seelen, ihr Mysten, ihr, deren Ohren rein sind, als wahrhaft heilige Mysterien, und achtet darauf, daß ihr nicht von ihnen sprecht mit irgend jemandem, der vielleicht nicht eingeweiht ist, sondern behaltet sie tief in euren Herzen, bewacht euer Schatzhaus gut; nicht als ein Schatzhaus, in dem Gold und Silber gehortet sind, vergängliche Dinge, sondern als der allerschönste Besitz – das Wissen um den Grund [von allem] und um die Tugend und um das dritte, das Kind von beiden.«[34]

Diese Vorstellung, daß man den Uneingeweihten heilige Mysterien nicht enthüllen dürfe, findet auch im Matthäus-Evangelium Ausdruck: »Gebt das Heilige nicht den Hunden, und werft eure Perlen nicht den Schweinen vor, denn sie könnten sie mit ihren Füßen zertreten und sich umwenden und euch zerreißen.« Eines dieser großen Geheimnisse ist für Philo die Lehre vom Logos als Sohn Gottes. Er schreibt:

»Darüber hinaus lenkt [und beherrscht] Gott als Hirte und König mit Gesetz und Gerechtigkeit die Natur des Himmels, die Umläufe der Sonne und des Mondes, die Wechsel und Wanderungen der anderen Sterne – er überträgt Seiner eigenen rechten Vernunft

[Logos], Seinem erstgeborenen Sohn, die Verantwortung für die heilige Herde, als ob dieser der Statthalter des Großkönigs sei.«[35]

In seinem Kommentar zu dieser Stelle diskutiert Mead, inwieweit dieser »Himmelsmann« für Philo mit dem himmlischen Messias Gottes identisch ist. Er zitiert eine andere Passage, die mir, als ich sie damals las, überaus mysteriös erschien, die aber, wie ich später feststellte, der Schlüssel für die Antworten auf viele Fragen ist.

»Außerdem habe ich gehört, daß ein Gefährte des Mose ein solches Wort [logos] geäußert habe wie dieses ›Siehe Mensch, dessen Name Osten ist‹ – eine sehr seltsame Benennung, wenn man sich vorstellt, daß der Mensch aus Körper und Seele damit gemeint ist; aber wenn man ihn als jenen Geistigen Menschen nimmt, der sich in nichts vom göttlichen Bild unterscheidet, wird man zugeben, daß der Name Osten genau zutrifft.

Denn der Vater aller Dinge hat ihn als Seinen ältesten Sohn erstehen lassen, den er an anderer Stelle Seinen Erstgeborenen genannt hat und der, nachdem er gezeugt worden ist, in Nachahmung seines Herrn und in Betrachtung Seiner archetypischen Muster das Aussehen [der Dinge] formt.«[36]

Die Worte ähneln in bemerkenswerter Weise dem Anfang des Johannes-Evangeliums, der regelmäßiger Bestandteil der katholischen Liturgie ist:

»Im Anfang war das Wort *[logos]*, und das Wort war bei Gott, und das Wort war Gott. Im Anfang war es bei Gott. Alles ist durch das Wort geworden, und ohne das Wort wurde nichts, was geworden ist. In ihm war das Leben, und das Leben war das Licht der Menschen. Und das Licht leuchtet in der Finsternis, und die Finsternis hat es nicht erfaßt.«[37]

So ist in Philos Philosophie wie im Johannes-Evangelium der Sohn Gottes, also der ursprüngliche Logos, verantwortlich für die Erschaffung des sichtbaren Universums nach dem Bild und den archetypischen Strukturen, die ihm vom Vater vorgegeben waren. Das »Licht der Menschen«, das »in der Finsternis leuchtet«, ist natürlich die Sonne. Wie nun Jesus Christus, der Logos oder das Wort, das Fleisch geworden ist, mit der Sonne in Verbindung steht, ist eines der großen Mysterien der christlichen Esoterik. Philo zumindest spricht von einem »Stern der Sterne«, der im Mittelpunkt der Schöpfung steht und allen anderen Himmelskörpern, auch den sichtbaren Sternen, unserer Sonne, dem Mond und den Planeten, Licht gibt.

»[Dieses Licht] ist der [eine] Stern jenseits [aller] Himmel, die Quelle der Sterne, die mit den Sinnen erkennbar sind, der eine Stern, für den die Bezeichnung All-Glanz durchaus angemessen wäre und von dem die Sonne und der Mond und die übrigen Sterne, Wandel- wie Fixsterne, ihr Licht bekommen, jeder entsprechend seiner Stärke.«[38]

Man merkt schon an den oben angeführten Zitaten, daß Philo gern in Allegorien sprach – manchmal wird er dabei so kryptisch, daß man ihm nicht mehr folgen kann. Seinen Schriften ist jedoch eindeutig zu entnehmen, daß es in Alexandria eine Strömung im jüdischen Denken gab, die enge Beziehungen zu einer ägyptischen Weisheitsschule, der des Hermes Trismegistos, aufwies. Diese Schule hat das westliche Denken bis zur Renaissance und noch darüber hinaus stark beeinflußt. War Philos Vorstellung eines »Meistersterns«, der sein Licht auf alle anderen wirft, vielleicht mit der antiken ägyptischen Verehrung des Sirius verbunden, des hellsten Sterns am Himmel?

Wenn es so war, dann böte sich hier eine interessante Verbindung zwischen Ägypten und der Geschichte der Heiligen Drei Könige. Wie ich später herausfinden sollte, hatten die Schriften des Hermes nicht in Ägypten überlebt, sondern in Mesopotamien, dem Land, in dem Gurdjieff seine Sarmung-Bruderschaft suchte.

KAPITEL 4
HERMES TRISMEGISTOS

1986, zwölf Jahre nach Bennetts Tod, stieß ich auf eine alte Ausgabe eines sehr seltsamen Buches. Es waren die *Hermetica*, eine Sammlung antiker, aus dem Lateinischen und Griechischen übersetzter Schriften. Sie enthielten unter anderem eine Reihe von Traktaten oder *libelli*, die als *Poimandres* oder *Corpus Hermeticum* bekannt waren und in vieler Hinsicht den Dialogen Platons ähnelten. Diese Traktate waren aber ägyptischen Ursprungs und vermittelten nicht die Lehren des Sokrates, sondern des Hermes Trismegistos, hinter dem sich Thot, der ägyptische Gott der Weisheit, verbirgt.

1986 interessierte ich mich sehr für philosophische Alchimie. Im Zusammenhang mit der Astrologie hatte ich in meinem ersten Buch[1] schon darüber geschrieben. Ich hatte in alchimistischen Werken sehr viele Hinweise auf Hermes Trismegistos, den fiktiven Verfasser dieser Texte, gefunden, aber ich hatte nicht gewußt, daß es eine solche Werkauswahl des Meisters selbst gab. Bestimmung oder Schicksal – dieses Buch war der Schlüssel, nach dem ich so viele Jahre gesucht hatte, und es ließ mein Interesse an Ägypten wie auch an der verborgenen Schule der Meister wieder aufleben. Diese hermetischen Schriften lieferten außerdem viele Hinweise auf die wahre Identität von Gurdjieffs Quellen und zeigten mir, wo ich suchen mußte, wenn ich Spuren der Sterndeuter aus dem Evangelium finden wollte.

Man weiß nur wenig über die Ursprünge der *Hermetica*. Wahrscheinlich tauchten sie zum erstenmal in Alexandria zu Beginn der christlichen Zeit auf. Weil sie größtenteils in griechischer Sprache verfaßt sind und ihre Themen oft erkennbar denen Platons ähneln, taten moderne Wissenschaftler sie oft als »neuplatonisch« ab und erklärten sie damit einer ernsthaften Auseinandersetzung nicht für würdig. Doch das ist eine völlige Fehleinschätzung. Es ist zwar wahrscheinlich richtig, daß die Texte des *Corpus Hermeticum* ziemlich spät entstanden sind, und in ihrem Stil als Gespräche zwischen einem Meister (oft, aber nicht immer Hermes selbst) und einem oder mehreren Schülern ähneln sie den platonischen Dialogen. Aber die Lehren, die sie vermitteln, sind doch sehr viel älter.

Schon lange vor Platon und Sokrates betrachteten die alten Griechen die Ägypter als Hüter antiker Weisheit. Viele große griechische Philosophen reisten nach Ägypten, um dort in die geheimen Kulte der Isis und des Osiris eingeweiht zu werden. Für sie führte der Weg der Wahrheit nicht nach Katmandu wie später für die Hippies, sondern nach Saïs. Platon zufolge weihte die Priesterschaft dieser Stadt Solon (um 638–588 v. Chr.) in die Mysterien ein und erzählte ihm die Geschichte von Atlantis, die Platon später im *Timaios* und im *Kritias* wiedergeben sollte.

Herodot (um 484–425 v. Chr.), der »Vater der Geschichte«, besuchte den Tempel des Phönix in Annu, dem späteren Heliopolis, um 450 v. Chr. Der griechische Biograph Plutarch (46–120 n. Chr.) bereiste Ägypten und verwendete die Lehren der ägyptischen Priester bei seiner Darstellung der Geschichte von Isis und Osiris. Und auch Pythagoras (6. Jahrhundert v. Chr.) war, wie wir gesehen haben, ein Mitglied der ägyptischen Weisheitsschulen und entwickelte ganz sicher dort sein Interesse für die Geometrie, eine Erfindung der Ägypter. Wahrscheinlich übernahm er sogar den geometrischen Lehrsatz, der seinen Namen trägt, von ihnen!

Daß die Ägypter großen Wert darauf legten, alle Formen von Wissen schriftlich festzuhalten, ist mehr als ein Gerücht. Alexandria beherbergte in der antiken Welt die größte Bibliothek, bis die Römer sie in Flammen aufgehen ließen (um 47 v. Chr.). Hier waren Texte aus der ganzen damals bekannten Welt und natürlich aus Ägypten selbst versammelt. Ist es vielleicht möglich, daß nicht die ägyptischen Verfasser der *Hermetica* von Platon abgeschrieben haben, sondern daß umgekehrt Platon (oder vielmehr sein Lehrer Sokrates) einen Großteil seiner Philosophie aus ägyptischen Quellen schöpfte? Das soll nicht heißen, daß die Schriften des *Corpus Hermeticum* vor Platon entstanden sind, sondern vielmehr, daß beide auf eine gemeinsame Quelle zurückgehen, eine geheime

Lehre, die seit Urzeiten von ägyptischen Eingeweihten weitergegeben wurde.

Auch der Weg des *Corpus Hermeticum* in den Westen ist eine faszinierende Geschichte, die es wert ist, erzählt zu werden. In Ägypten, und vor allem in Alexandria, bildete sich sehr früh eine christliche Gemeinde. Das ist nicht verwunderlich, wenn man die große Zahl von Griechen, Juden und anderen Einwanderern betrachtet, die im Lande lebten, und dazu noch den lebhaften Austausch zwischen Ägypten und der Levante berücksichtigt. Die Christen wollten in dieser kosmopolitischen Region nicht provinziell wirken, und so nutzte die frühe Kirche Parallelen zwischen ihren eigenen Lehren und denen der antiken Mysterienkulte, um neue Gläubige anzuziehen. Dieser synkretistische Ansatz hatte zur Folge, daß sich in Ägypten eine eigene gnostisch-christliche Tradition entwickelte, die die Mysterien von Memphis ebenso einbezog wie die des Kalvarienberges.

Im 2. Jahrhundert n. Chr. aber erregte dieser weltoffene Ansatz das Mißfallen einer Kirche, deren Lehren sich allmählich zu Dogmen verfestigten. Die ägyptischen Gnostiker wurden von Kirchenvätern wie Irenäus verunglimpft und verfolgt, sobald das Christentum als Religion im Römischen Reich etabliert war. 390 n. Chr. verbot ein Edikt das Heidentum in Ägypten, und schon im Jahr zuvor hatten die Christen den wichtigen Serapis-Tempel in Alexandria übernommen und in eine Kirche umgewandelt. Der plündernde Mob verbrannte die heidnischen Bücher in der Tempelbibliothek – so auch das *Corpus Hermeticum*. Und als die Araber schließlich 641 n. Chr. Alexandria eroberten, bedeutete das die Zerstörung auch der letzten Bücher in den Bibliotheken. Man erzählt sogar, daß die öffentlichen Bäder der Stadt sechs Monate lang nur mit Büchern beheizt wurden.

In Anbetracht der vielen Bücher, die schon in früheren Jahrhunderten verlorengegangen waren, ist diese Geschichte zwar inzwischen ins Reich der Sage verbannt worden. Doch gibt es keinen Zweifel daran, daß Alexandria von dieser Zeit an seinem sicheren Ende entgegenging und die *Hermetica* völlig verschollen wären, wenn nicht ein anderes geschichtliches Ereignis dafür gesorgt hätte, daß sie außerhalb Ägyptens in der – ganz anderen – Umgebung Nordmesopotamiens erhalten geblieben wären.

Die Bibel erwähnt, daß Abraham (Abram), der Stammvater aller Hebräer, in einer Chaldäer-Stadt namens Ur geboren wurde. Von dort zogen er und seine Familie fort, um schließlich das Gelobte Land in Kanaan zu finden. Abrahams alter Vater Terach hatte den Anstoß zum ersten Teil dieser Reise gegeben, wie man im Buch Genesis nachlesen kann:

»Terach nahm seinen Sohn Abram, seinen Enkel Lot, den Sohn Harans, und seine Schwiegertochter Sarai [Sara], die Frau seines Sohnes Abram, und sie wanderten miteinander aus Ur in Chaldäa aus, um in das Land Kanaan zu ziehen. Als sie aber nach Harran kamen, siedelten sie sich dort an.

Die Lebenszeit Terachs betrug zweihundertfünf Jahre, dann starb Terach in Harran.«[2]

Heute liegt Harran, die Stadt, in der Terach begraben wurde, in der Südosttürkei, nur wenige Kilometer nördlich der syrischen Grenze, an einem kleinen Nebenarm des Flusses Balich, der wiederum ein Nebenfluß des mächtigen Euphrat ist. Jahrtausendelang war Harran eine große und wichtige Stadt, die die Handelsrouten von Ost nach West kontrollierte. Sie war mit einer kilometerlangen Stadtmauer befestigt und von offenen Feldern umgeben. Harran taucht in der Bibel noch einmal auf:

Abraham, der sich in Hebron niedergelassen hatte, schickte seinen Knecht dorthin, um eine Braut für seinen Sohn Isaak zu suchen. Der Knecht setzte sich an den Stadtbrunnen und machte mit Gott ab, daß die erste junge Frau, die seine Bitte um Wasser erfüllen und sogar anbieten würde, seinen Kamelen Wasser zu schöpfen, die Braut seines jungen Herrn sein sollte. Rebekka, Nahors Enkelin und damit Abrahams Großnichte, erfüllte seinen Wunsch. In der nächsten Generation wurde Jakob, der Sohn von Isaak und Rebekka, ebenfalls nach Harran geschickt, um sich dort eine Frau zu suchen. Schließlich arbeitete er dort vierzehn Jahre lang für seinen Onkel Laban, Rebekkas Bruder, und heiratete seine beiden Cousinen. So nahm die Stadt in der Bibel eine besondere Stellung als Abrahams Heimat ein, als der Ort, in dem seine weitere Familie lebte.

Dennoch war Harran keine jüdische Stadt im religiösen Sinne und wurde auch nie ganz christlich. Mit einer Hartnäckigkeit, die in der mittelalterlichen Welt ihresgleichen sucht, blieb die Bevölkerung älteren, heidnischen Überlieferungen treu. Bis zur Zerstörung der Stadt durch die Mongolen im Jahr 1259 n. Chr. verehrte die Mehrheit der Einwohner Sternengötter, und das wichtigste Kultgebäude war keine Kirche oder Synagoge, sondern der Tempel des mesopotamischen Mondgottes Sin. Durch eine seltsame Wendung der Geschichte sicherte diese Sturheit das Überleben der ägyptischen *Hermetica* im Dunklen Zeitalter und lieferte damit der europäischen Renaissance wertvolle Materialien.

Um ein Haar wäre es jedoch um diese Texte geschehen gewesen: Irgendwann zwischen 633 und 643 n. Chr. wurde Harran von den Arabern eingenommen. Wie schon zuvor, als die Bevölkerung zumindest nominell der christlichen Regierung des Byzantinischen Reiches unterstand, weigerten sich auch jetzt die meisten Einwohner, zu der neuen Religion der Machthaber überzutreten, und blieben Heiden – ein Privileg, das sie sich zweifellos mit Steuern teuer erkauften.

Es herrschte Friede, bis 830 n. Chr. der Kalif al-Mamun, der zehn Jahre zuvor auch die Öffnung der Großen Pyramide von Gise angeordnet hatte, auf einem Feldzug gegen die Byzantiner die Stadt besuchte. Er bemerkte die seltsame Kleidung vieler Einwohner und fragte sie, welcher religiösen Gruppe, die durch das Gesetz geschützt sei, sie denn angehörten. Sie antworteten, daß sie Harraner seien. Darauf fragte er, ob sie denn einer Buchreligion angehörten, ob sie Christen, Juden oder Magier seien. Das alles konnten sie nur verneinen. Auf die Frage, ob sie eine heilige Schrift und einen anerkannten Propheten hätten, antworteten sie ausweichend. Allmählich verlor der Kalif die Geduld und verkündete, daß er sie ohne Zögern als Ungläubige und Götzenverehrer hinrichten lassen werde, wenn sie bei seiner Rückkehr nicht entweder Muslime geworden seien oder sich einer anderen im Koran erwähnten Religion angeschlossen hätten.

Unter dem Eindruck dieser Drohung wurden viele Menschen in Harran Christen oder Muslime, einige blieben aber auch jetzt noch ihrem Glauben treu. Obwohl Kalif al-Mamun kurz darauf auf dem Feldzug starb, also nie zurückkam, um seine Drohung wahrzumachen, wurde den Einwohnern von Harran nach diesem Zwischenfall klar, wie gefährdet ihre Position war. Also verkündeten sie, sie seien Sabäer, ein Name, der als erlaubte Religion im Koran erwähnt wurde, und ihr Prophet sei eben jener Hermes Trismegistos, dessen Schriften sie in Form des *Corpus Hermeticum* bewahrten. Glücklicherweise wußte niemand, am allerwenigsten die Muslime, wer oder was die Sabäer waren, geschweige denn, an was sie glaubten. Und so genügte dieses Bekenntnis, um den Harranern den Schutz des Gesetzes zu sichern. Von da an waren die Sabäer von Harran eine anerkannte Gruppe mit einer eigenen Religion.

Viele, wenn nicht die meisten Harraner waren einfache Heiden, für die Religion wenig mehr bedeutete als die Beachtung der Tempelrituale. Es gab jedoch unter ihnen auch eine philosophisch interessierte Minderheit. Diese Gebildeten Männer waren so klug, eine anerkannte Sammlung von *Hermetica*, von Gesprächen des Hermes, ihr heiliges Buch zu nennen. Hermes setzten sie mit Idris, ihrem Namen für Henoch, gleich. Agathos Daimon, ein Name, der auch in den *Hermetica* erwähnt wird und eigentlich Osiris meint, erklärten sie zu Seth, dem dritten Sohn Adams. Mit diesem Arrangement waren alle zufrieden, und etwa zweihundert Jahre lang ließen die Muslime die Sabäer von Harran mehr oder weniger unbehelligt.

Einige Harraner zogen nach Bagdad und verbreiteten dort das neue Verständnis ihres Glaubens. Der Anführer dieser Gruppe, Thabit ibn Qurra, wurde ein bekannter Lehrer, der selbst Texte in Arabisch schrieb und viele andere aus dem Griechischen und Syrischen ins Arabische übersetzte. In den nächsten hundertfünfzig Jahren hatten die Sabäer als eigenständige Sekte eine privilegierte Stellung in der Bagdader Gesellschaft inne und machten die Araber mit antiker Weisheit vertraut.

Doch diese glückliche Zeit sollte nicht ewig dauern. Das goldene Zeitalter des Kalifats ging zu Ende, und das Reich, über das Kalifen wie al-Mansur, al-Raschid und al-Mamun geherrscht hatten, zerfiel. Die Kalifen von Bagdad verloren ihre Macht an die Provinzgouverneure und türkischen Generäle, die nur noch nominell ihre Vasallen waren. Mit dem Aufstieg der Bujiden als »Hausmeier« wurden sie vollends zum Spielball der politischen Kräfte. Mit der Zeit setzte sich auch die religiöse Orthodoxie gegen die liberalere Einstellung durch, die Gruppen wie den Sabäern eine Blüte ermöglicht hatte.

Dieser Prozeß beschleunigte sich noch, als die seldschukischen Türken auf »Einladung« des Kalifen 1055 Bagdad einnahmen und ihr Anführer Tughril Bey König des Ostens und Westens wurde. Zum Leidwesen der Sabäer waren die Seldschuken als Vertreter der sunnitischen Orthodoxie ganz und gar keine Freunde hermetischer Philosophen.

Inzwischen waren viele Traktate der *Hermetica* ins Arabische übersetzt worden, aber offenbar verstanden zumindest einige Sabäer, entweder in Bagdad oder in Harran selbst, noch Griechisch und besaßen Texte in der Originalsprache. Aus Angst vor Verfolgung zogen sie jetzt westwärts nach Konstantinopel, wo gerade eine Art platonischer Erneuerung unter dem großen Lehrer und späteren Staatsmann Michael Psellos einsetzte. Durch direkte oder indirekte Kontakte zu den sabäischen Flüchtlingen kam dieser in den Besitz einer Sammlung von *Hermetica*, die er abschrieb und unter Zufügung eigener Bemerkungen wieder in Umlauf brachte.[3] Jetzt sollte es etwa vierhundert Jahre dauern, bis die *Hermetica* erneut von sich reden machten, dieses Mal in Italien.

Hermes Trismegistos und die Renaissance in Florenz

Das wohl wichtigste und traumatischste Ereignis des ganzen 15. Jahrhunderts war, zumindest was den christlichen Westen betrifft, die Einnahme Konstantinopels durch die Türken im Jahr 1453. Wir können heute nur noch schwer nachvollziehen, was für einen Einschnitt diese Eroberung bedeutete, aber vielleicht ist der Einmarsch der Chinesen in Tibet 1950 in etwa damit vergleichbar.

Natürlich steuerte das Byzantinische Reich schon seit Jahrhunderten auf den endgültigen Niedergang zu. Nach der Niederlage bei

Manzikert im Jahr 1071 hatten die Byzantiner den Papst um die Hilfe des Westens gegen die türkische Bedrohung gebeten. Die darauffolgenden Kreuzzüge, die ganz und gar nicht den Vorstellungen des Ostreiches entsprachen, verringerten den Druck zumindest ein wenig. Doch 1453 waren die Kreuzfahrerstaaten und ihre Armeen schon lange wieder verschwunden, und das Heilige Land war erneut fest in islamischer Hand. Konstantinopel war nur noch ein schwacher Abglanz der einstigen Herrlichkeit, von allen Seiten umgaben feindliche Mächte die Stadt. Ohne das große Reich, das einst den Reichtum und die Stärke der Stadt begründet hatte, war das Ende als christlicher Vorposten unausweichlich.

Die Belagerung dauerte mehrere Wochen, und ihr Ende war brutal. Wie damals üblich wurde die Stadt drei Tage lang unbarmherzig geplündert, so daß schließlich selbst der Sultan, der sie erobert hatte, weinte und sagte: »Was für eine Stadt haben wir dem Raub und der Zerstörung anheimgegeben.« Kirchen wurden ihres Goldes beraubt, und wieder einmal gingen ganze Bibliotheken in Flammen auf, wie so oft bei solchen Gelegenheiten. Die überlebenden Griechen, etwa fünfzigtausend, wurden größtenteils in die Sklaverei verkauft. Nur wenigen schenkte der Sultan die Freiheit, und einige andere entkamen in den Westen. Viele dieser Flüchtlinge strandeten in Florenz, wo man sie herzlich willkommen hieß.

Wie das *Corpus Hermeticum* diese Katastrophe überstand, ist unklar, aber wahrscheinlich war es schon vor der Belagerung aus der Stadt gebracht worden. Jedenfalls war diese unschätzbare Sammlung hermetischer Schriften in Besitz jener Flüchtlinge, die heil im Westen ankamen.

1460 sandte Cosimo de' Medici, der Stadtherr von Florenz, einen Mönch namens Fra Lionardo del Pistoja nach Makedonien. Cosimo bemühte sich schon lange um den Ankauf von Werken griechischer Philosophen, und ihm mußte das Gerücht zu Ohren gekommen sein, daß ein wichtiges Manuskript auf dem Schwarzmarkt angeboten wurde. Pistoja sollte es erstehen. Bei seiner Rückkehr brachte er einen zumindest aus Sicht der Florentiner kostbaren Schatz mit: den vollständigen griechischen Text des *Corpus Hermeticum*.

Cosimo verstand kein Griechisch und wußte, daß er nicht mehr lange zu leben hatte. So befahl er seinem gelehrtesten Übersetzer Marsilio Ficino, sofort die Werke Platons, an denen er gerade arbeitete, beiseite zu legen und diese neue Aufgabe anzugehen.

Der Platonismus, oder besser der Neuplatonismus, war damals in Italien sehr in Mode. Auch die *Hermetica* wurden später dieser Richtung zugeordnet, doch das war nicht der einzige Grund für Cosimos Interesse. Wie alle damals glaubte auch er an ein verlorenes Goldenes Zeitalter, eine Zeit, in der die Menschheit erleuchteter gewesen war als zu seiner Zeit. In der Bibel konnte man lesen, daß Adam und die Patriarchen nach ihm oft direkt mit Gott sprachen. Anders als heute, da die neueste Meinung zu einem Thema als die beste überhaupt gilt, war es zu Cosimos Zeiten das ehrwürdige Alter einer Aussage, das sie besonders wertvoll machte. Wie guter Wein wurden auch die Philosophie und die Philosophen durch das Alter immer besser. Denn je älter der Philosoph, so glaubte man, um so näher war er dem Goldenen Zeitalter und damit der Quelle des wahren Wissens.

Nach diesem Maßstab waren also die Aussagen des Mose wertvoller als die Platons, der wiederum höhere Wertschätzung verdiente als Aristoteles, Seneca, Mark Aurel, Augustinus und so weiter. Hermes Trismegistos allerdings gehörte in eine ganz andere Kategorie. Er war der ägyptische Prophet und Gott Thot (Tehuti), der die mysteriösen Hieroglyphen erfunden und den alten Ägyptern solche Künste wie den Pyramidenbau beigebracht haben sollte. Darüber hinaus wurde er auch mit dem hebräischen Propheten Henoch gleichgesetzt, der in der Bibel zwar nur kurz als Vater Metuschelachs erwähnt wird und »seinen Weg mit Gott ging«, den frühen Kirchenvätern aber durch die Apokryphen wohlvertraut war. Tatsächlich wissen wir heute durch das Studium der Qumran-Rollen, daß das sogenannte »Henoch-Buch« bei den Essenern zur Zeit Jesu in hohem Ansehen stand.

Cosimos Überzeugung, die verlorenen Werke eines so ehrwürdigen Weisen in Händen zu halten, eines Mannes, der nur sieben Generationen von Adam entfernt war, muß ihn geradezu überwältigt haben: Nach den Maßstäben der gängigen Hierarchie überragte dieses Werk des Hermes nicht nur Platon, sondern auch Mose und sogar Abraham. Kein Wunder also, daß der Medici-Fürst Ficino drängte, dieses einmalige Buch in aller Eile zu übersetzen.

Obwohl heute nur noch wenige Wissenschaftler glauben, daß die *Hermetica*[4] in der Form, in der sie uns jetzt vorliegen, besonders alt sind, bleiben sie doch eine bedeutende Textsammlung. Ihr immenser Einfluß auf das Denken der Renaissance steht außer Frage, und sie haben eine emotionale Tiefe, an die andere Werke antiker Philosophie nicht heranreichen. Beinahe sicher waren die hermetischen Schriften – darunter auch der *Asclepius*, den Cosimo wohl schon in lateinischer Übersetzung besaß, und die *Kore Kosmu*, Teil einer anderen *Hermetica*-Sammlung, die unter dem Titel *Stobaios* überliefert ist – Vorlesungsnotizen einer esoterischen Schule, der Art von Schule, nach der Gurdjieff Ende des 19. Jahrhunderts suchte.

Cosimo konnte noch frühe Fassungen von Ficinos lateinischer Übersetzung des *Corpus Hermeticum* lesen, bevor er 1464 starb. Die Begeisterung des älteren Medici für das Projekt war allerdings nur der Anfang eines echten »Hermes-Fiebers«, das die Entwicklung der italienischen Renaissance stark beeinflußte. Die jungen Platoniker der Florentiner Akademie verschlangen geradezu die neue Übersetzung, die 1471 erschien. Pico della Mirandola verband die Lehren des Hermes mit Vorstellungen einer »christlichen Kabbala«[5] und schuf so eine neue, okkulte Philosophie oder »magia«. Diese geheime Strömung zieht sich, wie die bekannte Historikerin Dame Frances Yates darlegt, durch die Kunst und Wissenschaft des 16., 17. und 18. Jahrhunderts.

Die Sprache dieses Okkultismus war die Astrologie, die damals wie heute eine ihrer periodisch auftretenden Renaissancen erlebte. Es entwickelte sich eine ganze Wissenschaft der Korrespondenzen, eine »Naturmagie«, die Pflanzen, Kräuter, Steine, Symbole und Charaktereigenschaften zu den Planeten in Beziehung setzte. Diese Ideen wurden in Büchern von »Magiern« wie Cornelius Agrippa und Dr. John Dee veröffentlicht, und sie formten die Basis einer subtilen Sprache kunstvoller Anspielungen.

So stehen zum Beispiel die drei Grazien, die auf Gemälden wie *Primavera* von Botticelli tanzen, für die günstigen Einflüsse der Sonne und der Planeten Jupiter und Venus.[6] Das wohl bekannteste und einflußreichste hermetische Zeugnis überhaupt war ein kurzer, geheimnisvoller Text mit dem Titel *Die Smaragdtafel des Hermes Trismegistos*, der in Kurzform die hermetische Philosophie in bezug auf die Alchimie darstellt. Er beginnt folgendermaßen:

»In Wahrheit, gewiß und ohne Zweifel:

Das Untere ist gleich dem Oberen und das Obere gleich dem Unteren, zu wirken die Wunder eines Dinges.«[7]

Laut Ouspensky erwähnte Gurdjieff in seinen Zirkeln in St. Petersburg und Moskau diesen Text häufig. Er zitierte gern einen späteren Vers über die philosophische Alchimie als Grundlage seiner eigenen Lehren: »Du sollst die Erde vom Feuer trennen, das Feine vom Groben.« Damit war er im eigentlichen Sinne ein »Mann der Renaissance«, ein Lehrer in der Tradition von Ficino und Pico della Mirandola.

Überflüssig zu sagen, daß die Wiederentdeckung der hermetischen Philosophie und der mit ihr verbundenen magischen Wissenschaften Astrologie, Numerologie und Weissagung nicht nach jedermanns Geschmack war. Die Kirche duldete sie zwar unter den Päpsten Leo X. und Clemens VII., beide Enkel Cosimos und an der Florentiner Akademie ausgebildet. Aber es gab immer auch erbitterte Gegner. So bewegte sich Giordano Bruno, ein früherer Dominikaner und Wanderprediger für die hermetische Philosophie, politisch wie theologisch auf einem schmalen Grat. Wenn er in Deutschland oder England geblieben wäre, wo er Freunde hatte und die Inquisition von der Reformation abgelöst worden war, wäre er der Verfolgung vielleicht entkommen; doch im Jahr 1591 machte er den fatalen Fehler, nach Italien zurückzukehren. Noch nicht einmal ein Jahr später saß er in Venedig im Gefängnis. Ein früherer Sympathisant hatte ihn an die Inquisition ausgeliefert und der verräterischen Verbindung mit Heinrich von Navarra bezichtigt, der damals König von Frankreich und noch Protestant war.

Die katholische Kirche litt immer noch unter der Demütigung durch die Reformation und dem Verlust Nordeuropas. Zudem stellten die Niederlage der spanischen Armada gegen England im Jahr 1588 und der Aufstieg des Hauses Navarra in Frankreich eine ernsthafte Gefahr für die Kontrolle der Päpste über Italien dar. Ein Jahrhundert früher wäre Bruno vielleicht als harmloser Exzentriker durchgegangen, doch jetzt herrschten rauhere Sitten. Die Kirche kämpfte gegen alles, was ihre Autorität noch weiter zu unterminieren drohte. Zu Brunos Verbrechen zählte unter anderem die Überzeugung, daß das christliche Symbol des Kreuzes seinen Ursprung nicht in der Kreuzigung Jesu habe, sondern in einem viel älteren Symbol, der *crux ansata* oder dem *anch* der Ägypter. Frances Yates zitiert dazu aus Quellen der venezianischen Inquisition:

»Besonders wichtig in den neuen Texten des *Sommario* sind die Hinweise darauf, daß Bruno das Kreuz als ein im Grunde ägyptisches heiliges Zeichen betrachtete. Ein Mitgefangener berichtet, Bruno habe gesagt, daß das Kreuz, an dem Christus gekreuzigt wurde, nicht die Form gehabt habe, die auf christlichen Altären zu sehen sei. Diese Kreuzesform sei vielmehr das auf der Brust der Göttin Isis dargestellte Zeichen, das die Christen den Ägyptern ›gestohlen‹ hätten. Auf eine inquisitorische Frage hin gab Bruno zu, er habe gesagt, daß die Form des Kreuzes Christi sich von der Art, wie es normalerweise ›gezeichnet‹ werde, unterscheide, und fügte diese bedeutsamen Worte hinzu:

›Ich glaube, ich habe bei Marsilio Ficino gelesen, daß die Bedeutung und Heiligkeit dieses Charakters (*carattere*, womit er das Kreuz meinte) sehr viel älter ist als die Zeit der Fleischwerdung unseres Herrn und daß es in der Zeit bekannt war, in der die Religion der Ägypter ihre Blütezeit erlebte, etwa zur Zeit des Mose, und daß dieses Zeichen auf der Brust des Serapis befestigt war.‹«[8]

Solche Ideen hatten Bruno vielleicht das Wohlwollen von Königin Elisabeth I. sichern können, als er England 1583 besuchte, aber sie machten keinen guten Eindruck auf seine Inquisitoren. Er verbrachte weitere neun Jahre im Kerker und wurde schließlich am 17. Februar 1600 auf dem Campo de' Fiori in Rom als Häretiker auf dem Scheiterhaufen verbrannt. Er war einer der letzten hermetischen Philosophen, die ihre Ideen öffentlich propagierten. Von da an ging die Bewegung in den Untergrund.

In England galt Elisabeth, die »Faerie Queen«, als die lebende Verkörperung der Isis. Um sie herum entstand ein Kult, der die ägyptische Religion als Gegengewicht zur päpstlichen Autorität aufgriff. Elisabeth erkannte die Bedeutung von Archetypen und setzte dieses Wissen erfolgreich ein, indem sie im Herzen ihres Volkes den Platz einnahm, den zuvor die Jungfrau Maria besetzt hatte. Zeit ihres Lebens schützte sie hermetisch inspirierte Philosophen wie Dr. John Dee.

Doch mit ihrem Tod im Jahr 1603 und der Thronbesteigung James' I. änderte sich das politische Klima. Der neue König hatte etwas gegen Astrologie und Magie, ja, er betrachtete sie mit Abscheu. Dee, der jetzt nicht mehr unter königlichem Schutz stand, starb 1608 in Armut. Sein Tod war zugleich das Ende eines Zeitalters.

Doch damit nicht genug. Der König und seine Anhänger, die einen makellosen Protestantismus ohne jede ägyptische Zutat wollten, erkannten, daß dies nur möglich war, wenn die *Hermetica* selbst in Mißkredit gerieten. Sie fanden einen willigen Helfer in einem gewissen Isaac Casaubon, dem brillantesten Gräzisten seiner Zeit. Mit Hilfe einer sorgfältigen Analyse der ursprünglichen hermetischen Texte und eines Vergleichs mit anderen griechischen Schriften verschiedener Epochen konnte er das *Corpus Hermeticum* datieren: Es war mitnichten ein Werk aus grauer Vorzeit, aus einer Epoche vor Methusalem, sondern, wie er feststellte, wahrscheinlich ein Produkt der ersten nachchristlichen Jahrhunderte.

Diese erschütternde Enthüllung gab all jenen Auftrieb, die in den *Hermetica* nichts als aufgewärmten Platonismus sehen wollten, mit Anleihen aus der Bibel versetzt und in einen ägyptischen Rahmen gepreßt. Jetzt konnte man behaupten, daß die unbekannten Autoren sowohl des griechischen *Corpus Hermeticum* als auch des lateinischen *Asclepius* im 2. und 3. Jahrhundert in Alexandria gelebt hatten und Heiden gewesen waren, die das erstarkende Christentum zurückdrängen wollten. Diese Einschätzung entwickelte sich schnell zur herrschenden akademischen Meinung.

Die *Hermetica* wurden zu einem Kuriosum herabgestuft, mit dem sich nur Gelehrte beschäftigten, um den Auswirkungen der neuplatonischen Philosophie nachzuspüren. Diese auch heute noch gängige Meinung faßte Walter Scott in der Einleitung zu seiner Übersetzung aus dem Jahre 1924, die mir jetzt vorliegt, gut zusammen:

»Von was für Menschen und unter welchen Umständen wurden unsere *Hermetica* geschrieben? Diese Frage kann wie folgt beantwortet werden: Es gab in Ägypten unter römischer Herrschaft Männer, die eine gewisse Ausbildung in griechischer Philosophie und besonders im Platonismus ihrer Zeit erhalten hatten, die sich aber nicht damit zufriedengaben, die festgelegten Dogmen der orthodoxen philosophischen Schulen einfach zu akzeptieren und wiederzugeben. Deshalb versuchten sie, auf der Basis der platonischen Lehre eine philosophische Religion aufzubauen, die ihren Bedürfnissen besser entsprach. Ammonius Saccas, der ägyptische Lehrer des Ägypters Plotin, muß ein solcher Mann gewesen sein; und es gab andere wie ihn. Diese Männer konkurrierten nicht offen mit den etablierten philosophischen Schulen und versuchten auch nicht, selbst eine neue Schule zu gründen. Aber hier und da sammelte einer dieser ›Gottsucher‹ ganz im stillen eine kleine Gruppe von Schülern um sich und versuchte ihnen die Wahrheit zu vermitteln, in der er für sich das Heil gefunden hatte. Die Lehren wurden in diesen kleinen Gruppen wohl vor allem mündlich vermittelt, nicht auf der Basis geschriebener Texte. Wahrscheinlich waren es private und intensive Gespräche zwischen dem Lehrer und einem einzigen Schüler oder höchstens zwei oder drei Schülern gleichzeitig. Ab und zu jedoch hielt vielleicht der Lehrer die Grundzüge eines Gesprächs, in dem ein besonders wichtiger Punkt erklärt worden war, schriftlich fest. Oder ein Schüler schrieb nach einem solchen Gespräch mit seinem Lehrer alles auf, woran er sich erinnern konnte. Und einmal aufgeschrieben, wanderten diese Texte innerhalb der Gruppe von Hand zu Hand und dann von Gruppe zu Gruppe.

... zunächst einmal könnte man fragen, ob es in den *Hermetica* irgend etwas gibt, das aus der ursprünglichen ägyptischen Religion stammt. Soweit es die definitiven Lehraussagen betrifft, so sind es nur sehr wenige ... Der ägyptische Anteil an der hermetischen Lehre bleibt doch vergleichbar gering. Der Großteil entstammt ohne Frage der griechischen Philosophie.«[9]

Beim Lesen dieser Einleitung verblüffte mich die Ähnlichkeit zwischen der Art von esoterischer Schule, die Scott hier beschrieb, und Ouspenskys Erzählungen über die Vorträge Gurdjieffs in Moskau. Dennoch verstand ich nicht, warum er so sicher war, daß diese ägyptischen Meister vor allem unter dem Einfluß der griechischen Philosophie standen. Die Griechen, besonders Platon, mögen die Gattung des schriftlich festgehaltenen philosophischen Dialogs weiterentwickelt haben, aber die wichtigsten Ideen dieser Philosophie sind unzweifelhaft ägyptisch.

Scott erwähnt die Übersetzung der *Hermetica* von G. R. S. Mead aus dem Jahr 1906 unter dem Titel *Thrice Greatest Hermes* nicht, wahrscheinlich wegen der theosophischen Orientierung seines Vorgängers. Mead war ein Experte für die Schriften der frühen Kirche und beherrschte wie Scott ausgezeichnet Griechisch und Latein. Wir wissen nicht, ob die beiden sich je kennenlernten, aber es wäre sicher interessant gewesen, sie über die *Hermetica* diskutieren zu hören. Anders als Scott glaubte Mead nicht, daß die *Hermetica* neuplatonische Fälschungen seien, sondern hatte wie ich den Eindruck, daß sie die letzten Überreste einer ursprünglich ägyptischen Tradition darstellten. Mead, der sich der tieferen Bedeutung der *Hermetica* vielleicht stärker bewußt war als Scott, zitierte zu ihrer Verteidigung einen Artikel eines Franzosen namens Artaud:

»Wir haben von Champollion dem Jüngeren gehört, er sei ganz eindeutig der Meinung, daß die Bücher des Hermes Trismegistos tatsächlich die antike ägyptische Lehre enthielten. Deren Spuren könnten aus den Hieroglyphen abgelesen werden, welche die Monumente Ägyptens überziehen. Zudem, wenn diese Fragmente selbst untersucht werden, finden wir in ihnen sogar eine Theologie, die hinreichend übereinstimmt mit den Lehren, wie sie Plato in seinem *Timaios* wiedergibt. Diese Lehren sind völlig anders als jene der anderen Schulen Griechenlands, und Plato muß sie daher, wie man glaubt, aus den Tempeln Ägyptens mitgebracht haben, als er dorthin ging, um sich mit ihren Priestern zu unterhalten.«[10]

Mead ging der Argumentation nach, durchforstete die Arbeiten vieler deutscher Kommentatoren und setzte sich mit verschiedenen Scheinargumenten auseinander, die in der Vergangenheit herangezogen worden waren, um die *Hermetica* in Mißkredit zu bringen. Schließlich kam er zu dem Schluß, daß diese Texte einen enormen Wert besäßen.

»Je länger man die besten dieser mystischen Gespräche studiert, dabei alle Vorurteile außer acht läßt und versucht, sich in die Verfasser hineinzuversetzen, desto mehr wird man sich bewußt, daß man sich der Schwelle dessen nähert, was das wahre Adyton[11] in den Mysterientraditionen des Altertums gewesen sein mag. Unzählige Hinweise lassen große und unendliche Weisheit jenseits dieser Schwelle erahnen. Unter diesen wertvollen Dingen sei nur das Erkennen des Schlüssels zur ägyptischen Weisheit genannt, die Interpretation der Apokalypse im Licht der sonnenklaren Epopteia des mit dem Verstande zu erfassenden Kosmos.

Solche erhabenen Geheimnisse haben eine Kraft und Schönheit, die auch die schlechteste Überlieferung der Texte durch unwissende Hände nicht völlig verbergen kann. Sie sind für jene, die Augen haben, um zu sehen, und Ohren, um zu hören, immer noch erkennbar, auch wenn sie nur noch in die Lumpen ihrer einst prächtigen Kleider gehüllt sind.«[12]

Mead hatte recht. Die *Hermetica* sind wirklich eine außergewöhnliche Textsammlung. Als ich sie zum erstenmal las, war ich vor allem davon fasziniert, wie zutiefst persönlich und modern sie wirkten. Ihre Philosophie war nicht abstrakt wie die eines Platon oder Aristoteles, sondern bezog sich auf eine reale, aber geheime, uralte Initiationstradition. Das philosophische Streitgespräch war für sie keine offene Diskussion, sondern der Prozeß, in dem ein Meister seinen Schülern das notwendige Wissen für ihre eigene religiöse Entwicklung nahebrachte. Die *Hermetica* lehrten, daß das wichtigste Ziel im Leben das Erreichen persönlicher *gnosis* sei, also das Wissen um göttliche Dinge.

Offenbar diente alles andere nur der Vorbereitung auf diesen Moment der Erleuchtung – wenn der Student selbst die göttliche Wahrheit der *gnosis* erfaßte. Nach Aussage der *Hermetica* hatte der Gott Hermes, der Gründer der Schule, als erster diesen Punkt erreicht.

»Und solange der Baumeister des Alls es nicht anders wollte, war das All in Unkenntnis befangen. Als er aber entschieden hatte, sich selbst in seinem Wesen zu offenbaren, erfüllte er die Götter mit Sehnsucht (nach ihm) und schenkte ihrem Denken mehr von dem Licht, das er in seinem Inneren besaß, damit sie ihn zunächst zu suchen wünschten, dann zu finden begehrten und dann auch in der Lage seien, Erfolg damit zu haben.

Dies hätte, mein bewunderungswürdiger Sohn Horus,[13] nicht mit einem sterblichen Sproß geschehen können, denn den gab es noch nicht; sondern es geschah einer Seele, die in besonderer Beziehung zu den Mysterien des Himmels stand. So war es Hermes, der alles erkannte. Er sah das All, und als er es gesehen hatte, begriff er es, und als er es begriffen hatte, war er in der Lage, es zu offenbaren und kundzutun. Und was er erkannt hatte, schrieb er nieder, und nachdem er es niedergeschrieben hatte, verbarg er es und verschwieg das meiste aus Vorsicht, anstatt es auszusprechen, damit alle späteren Zeiten der Welt es suchten.«[14]

Wie dies geschah, wird im ersten Buch des *Corpus Hermeticum*, im *Poimandres* (»Menschenhirt«), beschrieben. Die *Gnosis* wurde Hermes enthüllt, als er eine Art außerkörperliches Erlebnis hatte.

»Als ich einmal in Gedanken über das Seiende war und mein Denken sich in große Höhen erhob, während meine sinnlichen Wahrnehmungen ausgeschaltet waren wie bei Menschen, die wegen Übersättigung an Speisen oder körperlicher Ermüdung von Schlaf überwältigt sind, da glaubte ich, eine übergroße Gestalt von unermeßlicher Größe riefe meinen Namen und sagte zu mir: ›Was willst du hören und sehen und im Geiste begreifen und erkennen?‹ Ich sage: ›Wer bist denn du?‹ Er antwortet: ›Ich bin Poimandres, der Geist, der die höchste Macht hat ...‹ Ich entgegne: ›Ich möchte das Seiende begreifen und seine Natur verstehen und Gott erkennen. Wie [gerne]‹, sagte ich, ›möchte ich darüber hören!‹ Er erwidert mir: ›Behalte alles in deinem Sinn, was du begreifen willst, und ich werde es dich lehren.‹«[15]

Das Kapitel beschreibt weiter, wie Gott das Universum aus einem Urstoff schuf, aus dem er auch Seelen formte. Offenbar lebten diese reinen Seelen ursprünglich mit Gott in der höchsten Sphäre, sozusagen in einer Region der Schöpfung jenseits von Zeit, Raum und dem Einfluß der Planeten:

»Der Geist aber, der Vater von allem, der Leben und Licht ist, gebar einen ›Menschen‹, der ihm gleich ist; den gewann er lieb, denn es war sein eigener Sohn. Er war nämlich wunderschön und das Abbild des Vaters. Denn in Wahrheit liebte sogar Gott [in ihm] seine eigene Gestalt und übergab ihm alle seine Schöpfungen.«[16]

Doch der Mensch langweilte sich und wurde ruhelos. Er wollte selbst Schöpfer sein. Nach Aussage des *Poimandres* war es dieser Wunsch, der unausweichlich zum »Fall« des Menschen und zur Inkarnation der Seelen als Männer und Frauen führte. Die Beschreibung des Falls ähnelt dem in der Genesis, doch hat die Geschichte, wie sie hier erzählt wird, eine tiefere Symbolik.

»Und als der ›Mensch‹ die Schöpfung des Demiurgen im Feuer betrachtete, wollte er auch selbst Schöpfer sein, und es wurde ihm vom Vater erlaubt. Als er nun in die Himmelssphäre des Demiurgen kam, um alle Macht zu erhalten, betrachtete er die Schöpfungen seines Bruders; die aber wurden von Liebe zu ihm erfaßt, und jeder gab ihm Anteil an seiner eigenen Machtstellung; und er begriff ihr Wesen, und nachdem er an ihrer Natur Anteil erhalten hatte, wollte er die Grenze der Kreise aufbrechen und erkennen, was der, der sich über dem Feuer befindet, vermag.

Und er, der alle Macht über den Kosmos der sterblichen und vernunftlosen Lebewesen besaß, beugte sich durch die harmonische Struktur der Himmelssphären, zerriß die äußere Hülle und zeigte dann der unteren Natur die schöne Gestalt Gottes. Ihn sah die Natur in seiner überwältigenden Schönheit im Besitz aller Kräfte der Verwalter, ihn, der die Gestalt Gottes trug, und sie lächelte in Liebe und Verlangen; denn sie erblickte das Bild der überaus schönen Gestalt des ›Menschen‹ im Wasser und seinen Schatten auf der Erde. Der aber sah die ihm gleiche Gestalt in der Natur, wurde von Liebe erfaßt und wollte dort wohnen. Und mit dem Willen geschah zugleich die Tat, und er nahm Wohnung in der vernunftlosen Gestalt. Die Natur empfing den Liebhaber und umfing ihn ganz, und sie vereinten sich; denn sie waren Liebende.«[17]

Es überrascht nicht, daß die biblische Geschichte von Adam und Eva ähnlich klingt, denn Mose, der die ersten fünf Bücher der Bibel geschrieben haben soll, ist der Sage nach auch in der Weisheit der Ägypter geschult worden. Das kann nur heißen, daß er in die hermetische Überlieferung eingeweiht wurde und sich mit einem Schöpfungsmythos befaßte, der dem des *Poimandres* ähnelte.

Doch die Geschichte, wie Mose sie im Buch Genesis erzählt, nimmt eine patriarchale Wendung. Der Fall des göttlichen Adam wird nicht den Verlockungen der Natur zugeschrieben, sondern einer Frau, Eva. Als ich erfuhr, daß Adam das hebräische Wort für »Mensch« ist und Eva »Mutter aller Dinge« heißt, wurde mir auch klar, daß in der Genesis-Geschichte eine verderbte Fassung dieses ägyptischen Schöpfungsmythos steckt. Ich war fasziniert von der Tiefe der Lehren im *Poimandres* und davon, daß sein Schöpfungsmythos so viel bedeutungsreicher wirkte als die Genesis.

Nachdem die Anziehungskraft der Natur auf den Menschen beschrieben ist, wird im *Poimandres* weiter von dessen Schicksal berichtet:

»Und deswegen ist im Gegensatz zu allen [anderen] Lebewesen auf der Erde der Mensch zweifachen Wesens: sterblich wegen seines Körpers, unsterblich aber wegen des wesenhaften Menschen. Denn obwohl er unsterblich ist und im Besitz der Macht über alles, erleidet er Sterbliches als Untertan des Schicksals. Er steht über der Sphärenstruktur und ist doch ein Sklave der Himmelssphären.«[18]

Das wäre das Schicksal der Menschen in alle Ewigkeit, wenn die Götter nicht eingreifen würden. In einem späteren *Hermeticum* namens *Kore Kosmu* oder »Jungfrau der Welt« wird gelehrt, wie die Erde selbst den Himmel um Hilfe bat, weil die Menschheit die Welt mit ihren unaufhörlichen Kriegen und Freveltaten beschmutzt hatte.

»Danach kam die Erde voller Trauer an die Reihe ... und begann so zu reden: ›König, Vorsteher und Herr der himmlischen Kreisbahnen, Führer und Vater von uns Elementen ..., auf mir befindet sich eine Menge unvernünftiger und gottloser Unmenschen. Ich gebe allen Dingen der Natur Raum; denn ich bin es, die, wie du es befohlen hast, alles trägt, und nehme sogar das Hingemordete in mich auf; jetzt aber werde ich unwürdig behandelt. Deine irdische Welt ist mit allem erfüllt, aber sie kennt keinen Gott. In allem handeln sie gesetzwidrig, weil es nichts für sie gibt, was sie fürchten müßten, und mit jeder erdenklich bösen Arglist stürzen sie sich, Herr, auf meinen Nacken; ganz zugrunde gerichtet bin ich, von den Säften der Leichname getränkt. Daher will ich, Herr, da ich gezwungen bin, auch Unwürdigen Raum zu geben, neben all denen, die ich dulde, auch Gott Raum geben. Schenke der Erde, wenn auch nicht dich selbst – denn dich vermag ich nicht aufzunehmen –, eine heilige Emanation von dir.‹«[19]

Als Antwort auf ihr Gebet schickte der Vatergott Atum seinen Urenkel Osiris zusammen mit dessen Frau Isis, um die Zivilisation zu bringen: die Weltanschauung, mit der die Menschheit einen Zustand der Heiligkeit zurückgewinnen und dadurch schließlich wieder ihre Freiheit von der stofflichen Welt zurückerobern würde.

»Gott aber erfüllte das All mit dem durch seine Worte geheiligten Klang seiner Stimme: ›... es ist in euch schon eine weitere Emanation meiner Natur, nämlich derjenige, der ein frommer Aufseher allen Geschehens sein wird, ein unbeeinflußbarer, Furcht erregender Richter, nicht nur unter den Lebenden, sondern auch ein rächender Herrscher der unter die Erde Hinabgeschiedenen. Und jedem Menschen wird, solange sein Geschlecht besteht, ein verdienter Lohn folgen ...‹

Und daraufhin sagte Horus: ›Mutter, wie kam die Erde nun zu dem Glück, Gottes Emanation zu erhalten?‹

Und Isis antwortete: ›Ich muß es zurückweisen, von diesem Werden zu erzählen. Denn es ist mir nicht erlaubt, über den Ursprung deines Geschlechts zu berichten, gewaltiger Horus, damit nicht später einmal die Kenntnis vom Werden der unsterblichen Götter zu den Menschen gelangt. Nur soviel, daß der göttliche Monarch, der kunstfertige Schöpfer des Alls, für eine kurze Zeit dem Kosmos deinen Vater Osiris geschenkt hat und die große Göttin Isis, damit sie dem Kosmos, dem es noch an allem fehlte, zu Hilfe kämen.

Sie haben das Leben mit Leben erfüllt.

Sie haben das unzivilisierte gegenseitige Morden beendet.

Sie haben den göttlichen Vorfahren Heiligtümer und Opfer geweiht.

Sie haben den Sterblichen Gesetze und Nahrung und ein schützendes Dach geschenkt ...

Sie allein lernten von Hermes die geheime Gesetzgebung Gottes und führten alle Künste, Wissenschaften und kulturellen Betätigungen bei den Menschen ein und wurden ihre Gesetzgeber ...

Sie machten, weil sie die körperliche Vergänglichkeit begriffen, das [Können] der Propheten in allem vollkommen, damit der Prophet, wenn er zu den Göttern seine Hände erheben wird, über nichts von dem, was ist, in Unkenntnis bleibt, damit Philosophie und Magie die Seele nähren, die Medizin aber den Körper rettet, wenn ihm etwas zustößt.

Nachdem Osiris und ich, mein Sohn, das alles getan hatten, sahen wir, daß die Welt nun ganz mit allem ausgestattet war, und wurden schließlich von den Himmelsbewohnern zurückgefordert.«[20]

Als ich dies las, wurde mir klar, daß die alte Osiris-Religion Ägyptens erstaunlich viel mit dem Christentum gemein hatte. Beide Religionen sprechen nicht nur davon, daß die Menschheit aus ihrem sündhaften Tun errettet werden muß, sondern auch davon, daß Gott seine »Emanation« oder seinen Samen schickt, um eine Veränderung in die Welt zu bringen. Als ich die große Bedeutung dieser Texte erkannte, dachte ich, es sei Zeit für eine neue Veröffentlichung, eine Edition, die einer breiten Öffentlichkeit zugänglicher sein sollte als die übertrieben wissenschaftliche Übersetzung Scotts, die ich besaß.

Also machte ich mich daran, seinen Band neu herauszugeben, den Text zu glätten und vieles auszuräumen, was ein flüssiges Lesen behinderte. Da die Menschen diese Dokumente mit Begeisterung lesen sollten und nicht in der distanziert objektiven Art von Wissenschaftlern, versah ich das Buch mit einem eigenen Vorwort, in dem ich die Aufmerksamkeit der Leser auf den esoterischen Wert der Texte lenkte. Natürlich hoffte ich, daß das Buch ein Erfolg werden und das Interesse am ganzen Thema der hermetischen Philosophie neu beleben würde. Doch als ich schließlich diese neue Edition im Mai 1992 auf den Markt brachte, hatte ich keine Ahnung, daß sie mich in das größte Abenteuer meines bisherigen Lebens führen würde.

KAPITEL 5
DAS GEHEIMNIS DES ORION

Etwa fünf Monate nach der Neuausgabe der *Hermetica* war ich zufällig in meiner Vertriebsagentur in Bath, weil sie dort ein Problem mit ihrem Computersystem hatten. Plötzlich klingelte das Telefon, und jemand wollte mich sprechen. Mir fiel natürlich zuerst meine Frau ein, denn wer sonst wußte, daß ich gerade an diesem Tag bei Ashgrove war. Sofort dachte ich an irgendwelche Probleme mit dem Auto oder andere Schwierigkeiten, die sie zu einem Notruf während der Arbeitszeit veranlaßt haben könnten. Doch dann hörte ich eine unbekannte Männerstimme am anderen Ende der Leitung.

Der Anrufer war ein gewisser Robert Bauval, ein belgisch-alexandrinischer Bauingenieur, der während einer von Nassers ausländerfeindlichen Säuberungsaktionen aus Ägypten ausgewiesen worden war und jetzt in England lebte. Wie sich zeigte, hatte er schon einige Zeit nach Scotts Übersetzung der *Hermetica* gesucht, doch in allen Buchhandlungen nur erfahren, das Buch sei vergriffen. Schließlich hatte er eine oder zwei Wochen vor seinem Anruf zufällig eine etwas altmodische Buchhandlung in Oxford besucht. Die Buchhändler dort hatten zu ihrer eigenen Überraschung meine neue Edition bei Solos Press auf ihrem Mikrofiche entdeckt. Bauval hatte sofort zwei Exemplare bestellt, und sie waren tatsächlich ein paar Tage später eingetroffen.

Der Grund für seinen Anruf sei mein Vorwort mit den Hinweisen auf eine Verbindung zwischen der alexandrinischen Schule des Hermes Trismegistos und den Pyramiden der IV. Dynastie, erklärte er. Er interessiere sich sehr dafür und habe ein bislang unveröffentlichtes Buch darüber geschrieben. Wir redeten etwa eineinhalb Stunden und sprachen über so verschiedene Themen wie das Werk von Dame Frances Yates, den Streit um die Bedeutung der Pyramiden, die Osiris-Religion und die astronomischen Verhältnisse im Sternzeichen Orion. Er fragte, ob ich sein Buch im Hinblick auf eine Veröffentlichung einmal ansehen wolle, und ein paar Tage später hielt ich es in den Händen.

Das Werk stellte weitreichende Bezüge her und enthüllte außergewöhnliche Gedankengänge. Ich war es gewohnt, seltsame Manuskripte zu sichten. Manchmal hatte ich sogar den Eindruck, die Welt sei voller heimlicher Exzentriker, die die bizarrsten Theorien produzierten in dem Irrglauben, sie würden jemals einen Verleger dafür finden.

Dieser Autor jedoch, der von seiner Sache eindeutig überzeugt war, war aber kein Exzentriker. Was er zum Thema Pyramiden zu sagen hatte, war völlig unorthodox, aber gut durchdacht und mit genauesten Forschungen untermauert, die Jahre in Anspruch genommen haben mußten. Obwohl das Buch zu weit ausholte und der Stil zu akademisch war, um eine größere Leserschaft anzusprechen, glaubte ich doch, daß man einen Bestseller daraus machen konnte. Wir verabredeten deshalb ein Treffen, und eine oder zwei Wochen später stand ich vor seiner Tür.

Robert Bauval war Mitte vierzig, schlank und lebhaft wie viele Menschen aus den Mittelmeerländern. Er war viel gereist, hatte in Afrika und im Mittleren Osten gelebt und an einigen der gewaltigsten Bauprojekte dieses Jahrhunderts mitgewirkt. Seine ägyptische Herkunft zusammen mit seinem Wissen und seiner Erfahrung um die praktische Seite des Bauens hatten ihn veranlaßt, sich mit den gängigen Theorien über den Zweck der Pyramiden von Gise auseinanderzusetzen. Seinem Eindruck nach waren diese Bauten so exakt ausgeführt, daß sie kaum nur individuelle Gräber mächtiger Pharaonen sein konnten, wie es die gängige wissenschaftliche Meinung wollte.

Mit dem Auge des Baumeisters sah er, daß mehr dahinterstekken mußte. Zwar waren die Pyramiden irdene Gräber, doch ihre Position und Größe folgten einem übergeordneten Plan. Wie dieser Plan genau aussah und warum man ihn so präzise ausgeführt hatte, war auf den ersten Blick nicht ersichtlich. Bauval war aber entschlossen, es herauszufinden, denn inzwischen war er überzeugt, daß hier ein großes Geheimnis darauf wartete, gelöst zu werden.

Zunächst war sein Interesse für die Pyramiden nur ein Hobby, doch im Laufe der Jahre wurde es immer mehr zu einer Leidenschaft, die ihn ständig beschäftigte. Er hatte inzwischen ein großartiges Puzzle zusammengesetzt und festgestellt, daß die Pyramiden der IV. Dynastie in Gise die Sterne repräsentierten, die wir heute als den Gürtel des Orion kennen. Andere Pyramiden, die etwa zur gleichen Zeit entstanden, symbolisierten weitere Nachbarsterne, während die Ägypter ihre Lebensader, den Nil, als ein irdisches Gegenstück zur Milchstraße auffaßten.

Dieses Konzept war so neu und verblüffend, daß die meisten Wissenschaftler, denen er davon erzählte, es sofort ablehnten. Doch Bauval konnte seine Schlüsse mit weiteren Daten untermauern: So fand er in den Pyramidentexten, dem weltweit ältesten Korpus religiöser Schriften, Hinweise, daß die Pharaonen glaubten, sie würden nach ihrem Tod als Sterne im Orion wiedergeboren. Auf den Wänden späterer Gräber und den Schlußsteinen der Pyramiden waren viele Abbildungen des Orion zu finden. Und die Ägyptologie hatte sicher belegt, daß dieses Sternbild mit dem Totengott Osiris gleichgesetzt wurde.

Doch damit nicht genug: Schon 1964 hatte man herausgefunden, daß ein Luftschacht in der Großen Pyramide zu deren Bauzeit genau auf die Kulmination des Orion-Gürtels[1] ausgerichtet war. Dies alles konnte kein Zufall sein. Es zeigte vielmehr, daß noch einmal ganz neu über die Sternenreligion der Ägypter nachgedacht werden mußte.

Wir saßen in Roberts Küche, und er bombardierte mich mit Fakten, Zahlen und Daten, ohne einmal Luft zu holen. Mir rauchte der Kopf, als ich schließlich sechs Stunden später nach Hause fuhr. Was er zu sagen hatte, war so außergewöhnlich und wichtig, daß es, komme, was da wolle, veröffentlicht werden mußte. Mir war auch bewußt, daß dies für uns beide eine Sache unserer Bestimmung war. Manchmal weiß man so etwas einfach. Robert war wie eine Bombe mit einer kritischen Masse Uran, die jeden Augenblick explodieren konnte. Es war meine Pflicht, dafür zu sorgen, daß dieses Material kontrolliert hochging. Und wir beide mußten uns darum kümmern, daß die freigesetzte Energie, die durch diese radioaktiven Ideen entstand, ein möglichst großes Publikum erreichte.

In den folgenden Wochen arbeiteten wir eng zusammen. Wir beschlossen, gemeinsam ein Buch mit dem Titel *Das Geheimnis des Orion* zu schreiben. Doch das Schicksal hatte noch mehr Asse im Ärmel, und wir wurden in Ereignisse verwickelt, die mit der Entdeckung einer »Geheimtür« in der Großen Pyramide zu tun hatten.[2] Man überzeugte uns davon, daß es besser sei, das Buch nicht selbst zu verlegen, sondern es bei einem großen Verlag herauszubringen. Das war, wie sich herausstellte, ein kluger Rat. Denn nach der Ausstrahlung einer BBC-Dokumentation mit dem Titel *The Great Pyramid – Gateway to the Stars* und nach nur etwa vierzehn Monaten, nachdem Robert und ich zum erstenmal miteinander telefoniert hatten, stand *Das Geheimnis des Orion* an der Spitze der englischen Bestsellerliste.

Harran und die Weisen

Während wir an *Das Geheimnis des Orion* arbeiteten, ja eigentlich schon von Beginn unserer Bekanntschaft an, diskutierten Robert und ich auch über die Heiligen Drei Könige. Wir glaubten beide nicht, daß der im Matthäus-Evangelium beschriebene Stern eine Supernova gewesen war. Viel wahrscheinlicher erschien uns, daß es Sirius gewesen war, der hellste Stern am Himmel. Er wurde im ganzen Nahen Osten verehrt, und die Ägypter brachten ihn eng mit der Geburt eines Königs in Verbindung.

Matthäus verfaßte sein Evangelium eine Generation nach den beschriebenen Ereignissen, und seine Leser waren überwiegend Heiden, keine Juden. Er mußte den Ägyptern, Griechen, Syrern und anderen beweisen, daß sein Messias, der Jesus seines Evangeliums, nicht einfach ein weiterer jüdischer Prophet war, sondern der Retter der Welt. Er brauchte gute Referenzen, und dazu gehörte, den Messias mit Sirius, dem Königsstern der Isis und des Horus, in Verbindung zu bringen.

Der Sothis-Kalender der Ägypter basierte auf den Bewegungen

des Sirius, den sie »Spdt« nannten, was die Griechen mit Sothis übersetzten. Er war mit ihrer beliebtesten Göttin Isis und deren Sohn Horus verbunden, den sie der Legende nach auf wundersame Weise aus dem Samen ihres toten Ehemannes Osiris empfangen hatte. Die Ägypter glaubten, daß alle ihre Pharaonen, solange sie lebten, Inkarnationen des Horus seien. Nach ihrem Tod durchliefen sie eine Reihe von Ritualen, darunter die Mumifizierung, und wurden so in einen »Osiris« verwandelt. Sie stiegen in den Himmel auf und wurden ein Stern im Sternbild Orion. Als Teil des Bestattungsrituals mußte Isis einen neuen Horus »gebären«. Auch hier spielten der Sirius und, wie wir glaubten, die Große Pyramide eine Rolle.

Isis als Mutter war eine beliebte Darstellung im alten Ägypten. Jedem, der sich mit dem Thema beschäftigt, wird bald klar, daß das Symbol der Isis, die verwitwete Mutter mit dem göttlichen Kind Horus, in die christliche Ikonographie als die Jungfrau Maria mit dem Jesuskind eingegangen ist. Es gibt zahllose Figurinen von Isis mit dem kleinen Horus, der an einer ihrer Brüste trinkt oder – esoterischer – auf ihrem Schoß sitzt und ihr einen Finger auf die Lippen legt, eine Geste, die heißen soll: »Bewahre das Geheimnis«.

Mit dem Aufkommen des Christentums wurde Isis, die nicht nur in Ägypten, sondern im ganzen Römischen Reich eine beliebte Muttergottheit war, zu Maria, der Himmelskönigin. Marias Beiname *stella maris*, »Meerstern«, verrät noch die Ursprünge ihres Kultes. Das »Meer« ist nicht das Mittelmeer, sondern der Ozean über uns, der Himmel. Der »Meerstern« war und ist der Sirius, der hellste Stern unseres Himmels, der jahrtausendelang als Stern der Isis gegolten hat. Und selbst den blauen Mantel der Isis hat Maria »geerbt«.

Die Vorstellung, daß Sterndeuter der Bahn des Sirius folgten, war sicher keine Erfindung des Matthäus. Über Mesopotamien ist der Himmel fast immer klar, und die Karawanen reisten meist bei Nacht. Alle Völker des Nahen Ostens waren erfahrene Astronomen, und um Weihnachten herum ging der Sirius bei Sonnenuntergang auf und kurz vor der Morgendämmerung unter. Für jeden, der seine Bewegungen kannte, war er der ideale Leitstern. Wenn man sich alle diese Beziehungen, astronomische wie religiöse, vor Augen hält, kann man sich gut vorstellen, daß die Geschichte des Matthäus über einen Stern, der die Weisen leitete, in Ägypten sofort Anklang fand.

Es blieb allerdings die Frage, ob diese Geschichte, so durchdacht sie zweifellos ist, auf einem tatsächlichen Ereignis gründete. Besuchten echte Sterndeuter aus dem Osten die Krippe in Bethlehem, wie man es auf unzähligen Weihnachtspostkarten sehen kann? Ich glaube, daß sie es taten und daß sie Abgesandte einer geheimen, in Mesopotamien und Persien aktiven Schule waren. Doch den ersten Beleg dafür fand ich weder in Palästina noch in Mesopotamien – sondern in Ägypten, dem Land, aus dem Mose sein Volk herausführte und zu dem die Weisen meiner Überzeugung nach ebenfalls Beziehungen unterhielten.

Der Tempel des Phönix

Im Mai 1993 reisten Robert und ich zusammen mit meiner Frau Dee nach Ägypten, um einige letzte Recherchen abzuschließen und Fotos für unser Buch zu sammeln. Wir nutzten die Gelegenheit auch zu einem Besuch in Heliopolis, das heute ein ganz gewöhnlicher Vorort Kairos ist. Vor fünftausend Jahren aber war es das spirituelle Herz Ägyptens. Unter dem Namen Annu (das On der Bibel) war Heliopolis, die »Stadt der Sonne«, dem Göttervater Atum geweiht. Obwohl Atum wie der christliche Vatergott als die unsichtbare Kraft hinter der Schöpfung galt, wurde er hier in der Gestalt des Atum-Re, der untergehenden Sonne, angebetet. Heliopolis entstand auf einem Hügel über dem Nil. Als Wohnsitz des Göttervaters hatte es eine ähnliche Bedeutung für die Ägypter wie später der Berg Sinai für die Israeliten. Im Altertum standen viele Tempel auf dem Hügel von Heliopolis, die verschiedenen jeweils populären Schulen und Kulten als Zentrum dienten.

Wir konzentrierten uns auf den bedeutendsten unter ihnen: den Tempel des Atum. Diese vielleicht älteste religiöse Stätte Ägyptens beherbergte einst eine steinerne Säule, die dem Vatergott geweiht war. In der ägyptischen Mythologie schuf Atum das Universum aus seinem eigenen Samen. Seine Säule war ein Proto-Obelisk, der wahrscheinlich ähnliche Assoziationen weckte wie der Altarstein, den der hebräische Patriarch Jakob später aufstellte, und repräsentierte offenbar Atums Phallus. Im selben Tempel wurde auch der sogenannte Benben-Stein aufbewahrt. Er stand wahrscheinlich auf der Säule und war wohl entweder glänzend poliert oder mit Gold überzogen; jedenfalls glitzerte er im Sonnenlicht.

In *Das Geheimnis des Orion* gehen Robert und ich Hinweisen nach, die den Benben von Heliopolis mit einem Meteoritenkult in Verbindung brachten, der einst in ganz Ägypten und im Nahen Osten weit verbreitet gewesen war. Leider ließen es der Umfang und die archäologische Ausrichtung des Buches nicht zu, eher esoterischen Ideen über die Symbolik des Benben-Steins auf den Grund zu gehen. Irgendwann im Zeitalter der Pyramiden (um 2700–2180 v. Chr.) ging er verloren. Robert Bauval glaubte, daß der Pharao Chufu (Cheops) ihn in der Großen Pyramide versteckt hielt, weil er entweder um die Sicherheit des Steines fürchtete oder dessen Kräfte bis in alle Ewigkeit für sich behalten wollte. Genau werden wir es vielleicht nie wissen, aber immerhin wurde 1993 eine zugemauerte Öffnung entdeckt, die in eine verborgene Kammer führt und Roberts Hypothese stützen könnte.

Der Bau der Großen Pyramiden in Gise und Dahschur durch die Pharaonen der IV. Dynastie, Snofru, Chufu, Chafre (Chephren) und Menkaure (Mykerinos), war ein gewaltiges Unternehmen – nichts weniger als die Erschaffung eines Himmels auf Erden. Allerdings hatte das Heraushauen, Bearbeiten und Verlegen von Millionen Tonnen Kalkstein nicht nur die wirtschaftlichen Ressourcen Ägyptens, sondern auch die Leidensfähigkeit der Bevölkerung aufs äußerste strapaziert. Nach dem Tod von Menkaure kam es offenbar zu einer Rebellion, und die Macht ging auf eine neue Dynastie über.

Die Pharaonen der V. Dynastie, von denen drei Söhne einer Priesterin aus Heliopolis gewesen sein sollen, gaben sich mit kleineren Pyramiden zufrieden. Sie sind heute nur noch als Steinhaufen erkennbar. Unas, der letzte Pharao dieser Dynastie, ließ seine Pyramide auf dem ursprünglichen Königsfriedhof in Sakkara errichten, ganz in der Nähe des Grabes von Djoser. Dieser Pharao der III. Dynastie hatte mit seiner revolutionären Stufenpyramide den Anfang gemacht. In einer Hinsicht unterscheidet sich Unas' Pyramide von allen früheren: Seine Priester beschrifteten die Innenwände der Grabkammern mit Hieroglyphen. Diese »Pyramidentexte« bilden das weltweit älteste Korpus religiöser Schriften. Sie erzählen uns viel über den Königskult der Pharaonen und über ihren Glauben, nach dem Tod zu den Sternen zu reisen.

Die Macht ging auf die VI. Dynastie über, und auch diese Pharaonen bauten Pyramiden in Sakkara, die meist ebenfalls mit Hieroglyphentexten verziert sind. Am Ende der VI. Dynastie gegen 2180 v. Chr. erschütterte offenbar eine Revolution das pharaonische Ägypten. Das Goldene Zeitalter des Pyramidenbaus ging abrupt zu Ende, und die ägyptische Kultur erlebte einen raschen Niedergang. Pyramiden, Tempel und Gräber wurden ausgeraubt, das Land versank in ein »dunkles Zeitalter«, das die Historiker als Erste Zwischenzeit bezeichnen. In dieser turbulenten Epoche kamen und gingen viele Pharaonen und Dynastien, von denen man nur wenig weiß. Erst mit der XII. Dynastie um 1990 v. Chr. setzte eine Renaissance ein, und Ägypten gewann sein Selbstvertrauen zurück. Ein Pharao dieser Dynastie, Sesostris I. (Senusert I.), machte sich daran, den Atum-Tempel in Heliopolis zu restaurieren, und es war größtenteils sein Werk, das wir uns ansehen wollten.

Nach dem Tod des letzten Pharao der XII. Dynastie um 1786 v. Chr. versank Ägypten in ein weiteres dunkles Zeitalter. Diesmal war allerdings keine Revolution schuld daran, sondern die Invasion der Hyksos, eines mysteriösen Volkes. Diese Fremden, manchmal auch als »Hirtenkönige« oder »Seevölker« bezeichnet, kontrollierten das Land etwa zweihundert Jahre lang. Es wird viel darüber diskutiert, wer sie waren und woher sie kamen. Nach den Reliefs zu urteilen, die sie zurückließen, waren sie semitischer Herkunft und stammten wahrscheinlich aus Syrien und der Südosttürkei.

Aus biblischer Sicht ist das sehr interessant, denn falls die Geschichte von Abrahams Wanderschaft und der anschließenden Ansiedlung der Kinder Israels in Ägypten einen wahren Kern hat, dann muß sie etwa in diese Zeit fallen. Die Datierung paßt zur Chronologie des Matthäus. Zu Beginn seines Evangeliums führt er die Genealogie Josefs, des Adoptivvaters Jesu, auf und schließt mit der Feststellung:

»Im ganzen sind es also von Abraham bis David vierzehn Generationen, von David bis zur Babylonischen Gefangenschaft vierzehn Generationen und von der Babylonischen Gefangenschaft bis zu Christus vierzehn Generationen.«[3]

Da wir den Fall Jerusalems und den Beginn des jüdischen Exils in Babylon auf das Jahr 586 v. Chr. und die Geburt Jesu wahrscheinlich auf 7 v. Chr. datieren können, ist es eine einfache Rechenaufgabe, festzustellen, daß bei Matthäus eine Generation fast vierzig Jahre umfaßt. Wenn man von der Geburt Jesu aus 42 solcher Generationen zurückgeht, kommt man auf die Zeit um 1684 v. Chr. als den Beginn der Generation Abrahams. Dies ist in der Zweiten Zwischenzeit, der Zeit der Hyksos-Invasion in Ägypten.

Damals wurde das Land von fremden Königen regiert, und einer von ihnen könnte durchaus der Pharao gewesen sein, dem gegenüber Abram (Abraham) seine Frau Sarai als seine Schwester ausgab:

»Als über das Land eine Hungersnot kam, zog Abram nach Ägypten hinab, um dort zu bleiben; denn die Hungersnot lastete schwer auf dem Land. Als er sich Ägypten näherte, sagte er zu seiner Frau Sarai: ›Ich weiß, du bist eine schöne Frau. Wenn dich die Ägypter sehen, werden sie sagen: Das ist seine Frau!, und sie werden mich erschlagen, dich aber am Leben lassen. Sag doch, du seiest meine Schwester, damit es mir deinetwegen gut geht und ich um deinetwillen am Leben bleibe.‹

Als Abram nach Ägypten kam, sahen die Ägypter, daß die Frau sehr schön war. Die Beamten des Pharao sahen sie und rühmten sie vor dem Pharao. Da holte man die Frau in den Palast des Pharao. Er behandelte Abram ihretwegen gut: Abram bekam Schafe und Ziegen, Rinder und Esel, Knechte und Mägde, Eselinnen und Kamele.

Als aber der Herr wegen Sarai, der Frau Abrams, den Pharao und sein Haus mit schweren Plagen schlug, ließ der Pharao Abram rufen und sagte: ›Was hast du mir da angetan? Warum hast du mir nicht gesagt, daß sie deine Frau ist? Warum hast du behauptet, sie sei deine Schwester, so daß ich sie mir zur Frau nahm? Nun, da hast du deine Frau wieder, nimm sie, und geh!‹ Dann ordnete der Pharao seinetwegen Leute ab, die ihn, seine Frau und alles, was ihm gehörte, fortgeleiten sollten.«[4]

Diese wahrscheinlich apokryphe Geschichte läßt die Ägypter in einem besseren Licht erscheinen als Abraham, der sich nicht nur feige hinter den Rockschößen Sarais versteckt, sondern ungerührt auch noch Geschenke annimmt, während sie ihre Ehre verliert. Josef, Abrahams Urenkel, ergeht es da sehr viel besser. Er kommt als Sklave ins Land und steigt, wie die Bibel erzählt, zum Wesir über ganz Ägypten auf, nachdem er die Träume des Pharao richtig gedeutet hat. Noch heute ist in Ägypten der Glaube weit verbreitet, daß er den Kanal Bahr Yussef angelegt habe, der den Nil mit dem Moerissee (Birkat Qaroun) verbindet und weite Landstriche im Fajum bewässert. Um seine Stellung als höchster Beamter zu stärken, heiratet Josef die Tochter des Hohenpriesters von On (Heliopolis), der höchstwahrscheinlich königlichen Geblüts war.

»Der Pharao sagte zu Josef: ›Ich bin der Pharao, aber ohne dich soll niemand seine Hand oder seinen Fuß regen in ganz Ägypten.‹ Der Pharao verlieh Josef den Namen Zafenat-Paneach und gab ihm Asenat, die Tochter Potiferas, des Priesters von On, zur Frau.«[5]

Asenat schenkt Josef später zwei Söhne, Manasse und Efraim, die von ihrem Großvater Jakob (Israel) besonders gesegnet werden, obwohl sie halb ägyptischer Abstammung sind. Jakob nimmt sie in seine Familie auf, gleichberechtigt mit ihren Onkeln. Ihr ältester Onkel, Ruben, hatte Schande über sich gebracht, indem er mit Bilha, der Konkubine seines Vaters, schlief.

»... und ließ Jakob melden: ›Dein Sohn Josef ist zu dir gekommen.‹ Israel nahm sich zusammen und setzte sich im Bett auf. Dann sagte Jakob zu Josef: ›Gott, der Allmächtige, ist mir zu Lus in Kanaan erschienen und hat mich gesegnet. Er hat zu mir gesagt: Ich mache dich fruchtbar und vermehre dich, ich mache dich zu einer Schar von Völkern und gebe dieses Land deinen Nachkommen zu ewigem Besitz. Jetzt sollen deine beiden Söhne, die dir in Ägypten geboren wurden, bevor ich zu dir nach Ägypten kam, mir gehören. Efraim und Manasse sollen mir soviel gelten wie Ruben und Simeon.‹«[6]

Dann beklagt Jakob Josef gegenüber den Tod seiner Lieblingsfrau Rahel, der Mutter Josefs, auf dem Weg nach Bethlehem:

»Als ich aus Paddan-Aram[7] kam, starb mir unterwegs Rahel in Kanaan; nur noch ein kleines Stück war es bis Efrata. Ich begrub sie dort auf dem Weg nach Efrata, das jetzt Bethlehem heißt.«[8]

Offenbar starb die schöne Rahel, für deren Hand Jakob vierzehn Jahre lang bei seinem Onkel in Harran gearbeitet hatte, bei der Geburt von Josefs einzigem echtem Bruder Benjamin. Er war der jüngste Sohn Israels und derjenige, dem Josef so übel mitspielte, bevor er sich seinen Brüdern zu erkennen gab. Josef versteckte seinen eigenen Silberbecher in Benjamins Kornsäcken, so daß Benjamin ihn stahl, ohne es zu wissen. Die ganze Gruppe mußte umkehren, als der Diebstahl von den ägyptischen Wachen bemerkt wurde. Josef wollte offensichtlich prüfen, ob seine Halbbrüder, die ihn früher betrogen hatten, auch Benjamin im Stich lassen würden. Sie taten es nicht, und Juda, der Josef einst für zwanzig Silberstücke verkauft hatte, bot sogar seine eigene Freiheit für die des Jungen an. Also nahm Josef sie in Freuden wieder auf, und der Pharao belohnte sie später mit Grundbesitz in Ägypten.

Als ich um die Ruinen des Phönix-Tempels mit seinem gewaltigen Obelisken aus der Zeit Sesostris' I. (Tafel 11) herumging, fragte ich mich, welchen Eindruck dieses Bauwerk wohl auf Josef gemacht haben mochte. Ich stellte mir vor, wie er die Phönix-Legende mit seinem Schwiegervater diskutierte, der als Hohepriester hier den Titel »Oberster der Gläubigen« trug. Als Wesir von ganz Ägypten, als der Mann, ohne dessen Erlaubnis »niemand seine Hand oder seinen Fuß regen [durfte] in ganz Ägypten«, war Josef wahrscheinlich für den Unterhalt von Heiligtümern wie dem Phönix-Tempel verantwortlich. Er wird den glänzenden Obelisken gesehen haben und sich zweifellos auch erklärt haben lassen, was er symbolisieren sollte.

Die Hyksos residierten vor allem im Deltagebiet und übten nur eine nominelle Kontrolle über Oberägypten aus. Allmählich bauten die Einheimischen eine neue ägyptische Machtbasis um die Stadt Theben (Luxor) auf, und die Unabhängigkeitsbewegung gewann an Stärke. Die Hyksoszeit fand um 1567 v. Chr. ihr Ende, als dieses fremde Volk schließlich von der neuen aufstrebenden Macht besiegt und das Neue Reich geschaffen wurde. Mit ihrer Niederlage wurden die verbliebenen Hyksos und wohl auch die Israeliten zu Sklaven.

Im Neuen Reich erreichte Ägypten seine größte weltliche Macht unter dem kriegerischen Pharao Thutmosis III. Er griff seine Nachbarn an, führte seine Armee in den Norden bis nach Karkemisch am Euphrat und dehnte das ägyptische Reich bis in den Nahen Osten, auch nach Palästina, aus. Obwohl die Hauptstadt Ägyptens jetzt nicht mehr Memphis, sondern das weiter südlich gelegene Theben war, wurde der Tempelbezirk von Heliopolis neu gestaltet. Um seine Siege zu feiern und dem Sonnengott Atum-Re zu danken, stattete Thutmosis seinen Tempel mit wenigstens vier Obelisken aus.

Der größte von ihnen, mit 32,25 Metern der höchste jemals errichtete Obelisk überhaupt, wurde unter Konstantin dem Großen von den Römern abtransportiert und steht heute in Rom auf der Piazza San Giovanni in Laterano. Ein zweiter wurde 390 n. Chr. von dem byzantinischen Kaiser Theodosius nach Konstantinopel gebracht und auf einer Marmorbasis im Hippodrom aufgestellt. Dort steht er bis heute ohne sichtbare Umweltschäden, während die Basis stark angegriffen ist. Mit den letzten beiden Obelisken, die fälschlich als »Nadeln der Kleopatra« bezeichnet werden, schmückte der römische Kaiser Augustus das Caesareum, einen Tempel in Alexandria. Sie wurden Ende der siebziger Jahre des 19. Jahrhunderts nach London bzw. New York gebracht und stehen jetzt am Themse-Ufer und im Central Park.

Das Neue Reich war in vieler Hinsicht die glänzendste Epoche Ägyptens. Es hinterließ uns wertvolle Gemälde in den Tälern der Könige und der Königinnen, die gewaltigen Tempel von Luxor und Karnak, ganz zu schweigen vom Grab des jungen Königs Tutanchamun. Ramses II. errichtete überall im Land riesige Statuen von sich, darunter auch die gewaltige, heute umgestürzte Figur in Memphis, der Hauptstadt des Alten Reiches. Einer der Obelisken, die ursprünglich vor dem Amun-Tempel in Luxor standen, erhebt sich nun mitten in Paris und markiert den Platz, auf dem während der Französischen Revolution die Guillotine aufgestellt war. Falls Ramses II. auch in Heliopolis Obelisken aufstellen ließ, sind sie schon lange verschwunden. Heute jedenfalls ragt der Obelisk Sesostris' I. aus dem Mittleren Reich in einsamer Pracht wie schon vor Anbruch des Neuen Reiches empor.

Wann genau Mose und die Israeliten aus Ägypten auszogen und das Rote Meer durchquerten, ist aus ägyptischen Quellen nicht zu erfahren. Wenn wir die aus dem Matthäus-Evangelium abgeleitete Generationenlänge von grob vierzig Jahren veranschlagen und annehmen, daß Nachschon, Sohn des Amminadab und Vater Salmons, mit Nachschon, dem Schwiegervater Aarons,[9] gleichzusetzen ist, dann können wir sagen, daß der Exodus acht Generationen oder ungefähr 320 Jahre nach Abraham stattfand. Damit kommen wir auf die Zeit um 1364 v. Chr., als im Neuen Reich die XVIII. Dynastie regierte.

Vielleicht vollzog sich der Exodus wirklich, wie viele Menschen glauben, in der unruhigen Zeit nach dem Tod des berühmten Pharaos Echnaton. Er verlegte die Hauptstadt von Theben an einen neugegründeten Ort, das heutige Tell el-Amarna, und führte einen monotheistischen Kult der Sonnenscheibe, Aton genannt, anstelle der älteren Götterkulte ein. Dem Experiment war kein Erfolg beschieden, und nach seinem Tod sah sich sein Erbe Tutanchamun gezwungen, nach Theben zurückzukehren und die alte Religion wieder in ihre Rechte einzusetzen. Tutanchamun starb noch als junger Mann.

Ihm folgten auf dem Thron zunächst ein General namens Haremhab und dann einer der größten Herrscher Ägyptens, Sethos I. Obwohl heute von Grabräubern furchtbar zerstört, gilt dessen sorgfältig ausgemaltes Grab im Tal der Könige als eine der größten künstlerischen Leistungen aller Zeiten. Die Deckenbemalung zeigt Sternbilder wie das der Nilpferdgöttin Thoëris, die einen Ankerpfosten hält, und beweist damit, daß die Sternenreligion des Alten Reiches auch tausend Jahre nach dem Bau der Pyramiden noch lebendig war. Die alte Weisheit Ägyptens war nicht in Vergessenheit geraten.

Die biblische Geschichte von Mose im Schilfrohr, die dem Exodus vorausgeht, zeigt Parallelen zur älteren Legende von Horus, dem Sohn der Isis. Auch er mußte sich in den Papyrussümpfen der Deltamarschen verstecken, um nicht von seinem bösartigen Onkel Seth ermordet zu werden. Mose wird vom Pharao bedroht, der wie Seth ein grausamer Tyrann ist. Um das Anwachsen der hebräischen Bevölkerung zu kontrollieren, hat der Pharao angeordnet, alle männlichen hebräischen Neugeborenen bei der Geburt zu töten. Dieses Edikt will Moses Mutter umgehen, als sie ihn in einem Korb im Schilf des Nilufers aussetzt:

»Ein Mann aus einer levitischen Familie ging hin und nahm eine Frau aus dem gleichen Stamm. Sie wurde schwanger und gebar einen Sohn. Weil sie sah, daß es ein schönes Kind war, verbarg sie es drei Monate lang. Als sie es nicht mehr verborgen halten konnte, nahm sie ein Binsenkästchen, dichtete es mit Pech und Teer ab, legte den Knaben hinein und setzte ihn am Nilufer im Schilf aus. Seine Schwester blieb in der Nähe stehen, um zu sehen, was mit ihm geschehen würde.

Die Tochter des Pharao kam herab, um im Nil zu baden. Ihre Dienerinnen gingen unterdessen am Nilufer auf und ab. Auf einmal sah sie im Schilf das Kästchen und ließ es durch ihre Magd holen. Als sie es öffnete und hineinsah, lag ein weinendes Kind darin. Sie bekam Mitleid mit ihm, und sie sagte: ›Das ist ein Hebräerkind.‹ Da sagte seine Schwester zur Tochter des Pharao: ›Soll ich zu den Hebräerinnen gehen und dir eine Amme rufen, damit sie dir das Kind stillt?‹ Die Tochter des Pharao antwortete ihr: ›Ja, geh!‹ Das Mädchen ging und rief die Mutter des Knaben herbei. Die Tochter des Pharao sagte zu ihr: ›Nimm das Kind mit, und still es mir! Ich werde dich dafür entlohnen.‹ Die Frau nahm das Kind zu sich und stillte es. Als der Knabe größer geworden war, brachte sie ihn der Tochter des Pharao. Diese nahm ihn als Sohn an, nannte ihn Mose und sagte: ›Ich habe ihn aus dem Wasser gezogen.‹«[10]

Wie Isis schützt auch die Tochter des Pharao das Kind, bis es alt genug ist, um die Machthaber herauszufordern und – wie Horus – die Herrschaft des Gesetzes bei seinem Volk wieder einzusetzen. Die biblische Erzählung will offensichtlich darauf hinweisen, daß in diesem Sinne Mose der legitime, von Gott auserwählte Pharao war. Er mußte, wie der Sohn der Isis, die Demütigung ertragen, zwischen den Binsen verborgen zu werden, bis er schließlich im Namen Gottes den Pharao herausfordern und die Freiheit seines Volkes zurückerobern konnte.

Wie jeder Bibelleser weiß, währte diese Freiheit nicht lange. Innerhalb weniger Jahrhunderte wurde aus dem mächtigen Nationalstaat Israel ein geteiltes Königreich, das aus einem Nordreich der zehn Stämme mit der Hauptstadt Samaria bestand und einem Südreich der zwei Stämme Benjamin und Juda um das alte Zentrum Jerusalem. Bedrängt von den Großmächten Ägypten auf der einen und Assyrien, später Babylonien, auf der anderen Seite, konnten diese Kleinstaaten nicht lange überleben. Die zehn Stämme Israels, die das Königreich Samaria bildeten, wurden von den Assyrern gefangengenommen und nach Asien umgesiedelt:

»Der König von Assur fiel über das ganze Land her, rückte gegen Samaria vor und belagerte es drei Jahre lang. Im neunten Jahr Hoscheas[11] eroberte er die Stadt, verschleppte die Israeliten nach Assur und siedelte sie in Halach, am Habor, einem Fluß von Gosan, und in den Städten der Meder an.«[12]

Die Städte der Meder lagen südlich des Kaspischen Meeres im Nordwesten des heutigen Iran. Gosan dagegen war der Heimat der jetzt versklavten Israeliten viel näher. Es war ein Gebiet in Nordmesopotamien, bewässert durch einen Zufluß des Euphrat namens Habor. Die zehn »verlorenen Stämme« Israels, darunter die von Efraim und Manasse, den Söhnen Josefs, verschwinden hier aus der Erzählung der Bibel. Von ihrem Schicksal wird nur noch im 1. Buch der Chroniken berichtet:

»Darum erweckte der Gott Israels den Geist Puls, des Königs von Assur, das heißt den Geist Tiglat-Pilesers, des Königs von Assur. Dieser führte die Rubeniter, die Gaditer und den halben Stamm Manasse in die Verbannung und brachte sie nach Halach, an den Habor, nach Hara und an den Fluß von Gosan. Dort sind sie bis zum heutigen Tag.«[13]

Nach der Bibelkonkordanz von Young könnte Hara mit Harran, der antiken Stadt, in der Abrahams Vater begraben wurde, identisch sein. Sie liegt am Balich, einem anderen Nebenfluß des Euphrat, und wurde damals ebenfalls von den Assyrern beherrscht.

»Hara ... Die Lage des Ortes ist nicht bekannt, wenn man ihn nicht mit Harran oder Charran gleichsetzt, der Stadt in Mesopotamien, die Abraham von Ur kommend besuchte. Harran hieß im Altertum *Carrhae.* Wir können also vielleicht annehmen, daß ein Teil der Israeliten von Pul und Tiglat-Pileser nach *Harran* am *Balich* verbannt wurde ...«[14]

Die genaue Lage von Halach ist nicht gesichert. Ein noch nicht freigelegter Erdhügel namens *Gla* am Zusammenfluß von Habor und Djerudjer könnte die Überreste Halachs bergen.

Nachdem also die zehn Stämme Nordisraels verloren waren, konzentriert sich die Bibel allein auf das Schicksal ihrer südlichen Verwandten. Sie sind hauptsächlich Nachkommen der beiden Stämme Juda und Benjamin und werden von jetzt an als Juden bezeichnet. Schon die Assyrer machten auch im Südreich einige Gefangene, aber erst die Babylonier vertrieben die Juden 586 v. Chr. endgültig aus Jerusalem, plünderten den Tempel und brannten ihn zusammen mit dem Großteil der Stadt nieder.

Die gesamte Bevölkerung wurde in die Gefangenschaft nach Babylon geführt – mit Ausnahme der ärmsten Bauern, die als »Weingärtner und Ackerbauern« zurückblieben. Dies ist aber noch nicht das Ende der Geschichte, denn unter den Zurückgelassenen entbrannte ein kurzer Bürgerkrieg. Trotz der Warnungen des Propheten Jeremia beschlossen die Überlebenden, nach Ägypten zu fliehen, um dem Joch der Babylonier zu entgehen. Aber natürlich waren sie, wie Jeremia vorausgesagt hatte, auch dort nicht sicher. Denn Ägypten war das nächste Angriffsziel Nebukadnezzars. Unter den furchtbaren Prophezeiungen Jeremias findet sich auch eine über den Tempel von Heliopolis:

»Er wird an die Tempel der Götter Ägyptens Feuer legen und die Götter verbrennen oder wegführen. Er wird das Land Ägypten ablausen, wie ein Hirt sein Gewand ablaust; danach wird er unbehelligt abziehen. Er wird die spitzen Säulen des Sonnentempels in Ägypten zertrümmern und die Tempel der Götter Ägyptens in Brand stecken.«[15]

Die Babylonier fielen wahrscheinlich um 580 v. Chr. in Ägypten ein. Ob der Atum-Tempel tatsächlich geplündert wurde, ist nicht überliefert, aber durchaus anzunehmen.

539 v. Chr. eroberten die vereinten Armeen der Meder und Perser unter Führung von Kyros dem Großen Babylon. Kyros gilt als der König, der die Juden aus der Babylonischen Gefangenschaft befreite und sie nach Hause zurückkehren ließ, um den Tempel von Jerusalem wiederaufzubauen. 525 v. Chr. kontrollierten die Perser schon große Teile Asiens, darunter auch Westanatolien, und dehnten ihr Reich weiter nach Westen aus. Mit phönizischen und griechischen Söldnern marschierte Kyros' Sohn Kambyses erfolgreich in Ägypten ein. Wenn er sich damit zufriedengegeben hätte, das Land auszuplündern und Tribute zu fordern, hätte man ihn wahrscheinlich nicht als schlimmer empfunden als jeden anderen Eroberer vor ihm. Doch Kambyses stieß die Ägypter vor den Kopf, indem er den heiligen Apisstier in Memphis tötete.

Die Ägypter hielten diese Stiere, von denen es jeweils immer nur einen gab, in hohen Ehren und bedachten sie mit großem Luxus. Die Stiere galten als Inkarnationen des Osiris und wurden nach ihrem Tod einbalsamiert und in riesigen Sarkophagen im Serapeum beigesetzt, einer weitläufigen unterirdischen Nekropole in Sakkara. Für die Perser war dies reiner Aberglaube. Kambyses wollte wohl beweisen, daß er jetzt Herr im Hause war und machen konnte, was er wollte. Doch angeblich verfluchten ihn die Ägypter für seinen Übergriff auf den Apisstier. So wunderten sie sich nicht, als Kambyses plötzlich wahnsinnig wurde und Selbstmord beging.

Das erste persische Reich überlebte trotz seiner Machtfülle nicht sehr lange. Im Frühling 334 v. Chr. marschierte Alexander der Große mit einer Armee von dreißig- bis vierzigtausend Mann in Kleinasien ein. In Gordion, der Hauptstadt Phrygiens, löste er das Rätsel des Gordischen Knotens, indem er ihn einfach mit seinem Schwert durchschlug. Im nächsten Jahr überquerte er das Taurus-Gebirge, zog durch die Kilikische Pforte und schlug die Perser nahe Issos. Nach einem Marsch durch Syrien und Phönizien erreichte er Ägypten im Jahr 332 v. Chr.

Anders als Kambyses hatte er großen Respekt vor der ägyptischen Religion und wollte sogar selbst als Sohn eines Gottes anerkannt werden. Denn seine Mutter Olympias hatte ihm erzählt, daß er geboren worden sei, nachdem Zeus, den die Griechen mit dem ägyptischen Gott Ammon gleichsetzten, ihr Gewalt angetan hatte. Also benahm er sich in Ägypten sehr anständig, opferte den Göttern in Memphis und unternahm seine berühmte Pilgerreise in das Kultzentrum Ammons, die Oase Siwa.

Alexanders Tod in Babylon im noch jungen Alter von dreiunddreißig Jahren beendete die glänzendste militärische Karriere aller Zeiten. Wir können nur spekulieren, wie er selbst und die Welt sich entwickelt hätten, wenn er älter geworden wäre. So jedenfalls zerfiel sein Riesenreich, das sich vom östlichen Mittelmeer bis nach Nordindien erstreckte. Es wurde unter seinen Generälen aufgeteilt. Ägypten fiel dem Ptolemaios zu, der eine eigene Dynastie in der neuen Hauptstadt Alexandria gründete. Diese Dynastie herrschte dreihundert Jahre mit wechselndem Glück über Ägypten.

Währenddessen wurden Palästina und Syrien von Seleukos erobert, einem anderen General Alexanders, der ebenfalls eine Dynastie gründete: die Seleukiden.

Erst im Jahr 30 v. Chr., nach der Seeschlacht bei Actium, marschierte Octavianus Caesar, der spätere erste römische Kaiser Augustus, in Ägypten ein. Kleopatra, die letzte Ptolemäerin, beging Selbstmord, nachdem ihr Liebhaber Marcus Antonius sich in sein Schwert gestürzt hatte. Die lange Linie der Pharaonen, die bis auf die 1. Dynastie in der Zeit um 3100 v. Chr. zurückging, fand ihr Ende. Ägypten war nicht länger eine unabhängige Macht, sondern eine von einem Statthalter regierte Provinz des Römischen Reiches. Dies bedeutete allerdings nicht, daß die Römer die ruhmreiche Vergangenheit des Landes völlig mißachteten. Im Gegenteil, sie erlaubten den Ägyptern, weiterhin ihre Götter, besonders Serapis (eine späte Form des Osiris) und seine Gefährtin Isis, zu verehren. Diese Götter waren so beliebt, daß sie auch unter den Römern zahlreiche Anhänger fanden und ihre Kulte überall im Reich aufblühten. Bald gab es selbst in Köln und Paris Isis-Tempel.

Unterdessen gelang es den Juden, wenigstens eine Zeitlang das

Joch der Fremdherrschaft abzuwerfen. Unter dem Makkabäerführer Judas ben Mattathias erhoben sie sich gegen ihren seleukidischen Herrscher Antiochos IV. Er hatte sie gegen sich aufgebracht, als er die Beschneidung verbot, ihre Gesetze abschaffte und heidnische Kultformen im Tempel förderte. Sein größtes Verbrechen aber war die Opferung eines Schweins auf dem Hochaltar, für viele der »unheilvolle Greuel«, vor dem der Prophet Daniel gewarnt hatte:

»Kittäische Schiffe greifen ihn an,[16] und er kehrt eingeschüchtert um. Nun wendet er seine Wut gegen den Heiligen Bund und handelt entsprechend. Dann kehrt er heim und erkennt jene an, die den Heiligen Bund verlassen. Er stellt Streitkräfte auf, die das Heiligtum auf der Burg entweihen, das tägliche Opfer abschaffen und den unheilvollen Greuel aufstellen.«[17]

Der jüdische Unabhängigkeitskrieg dauerte über eine Generation lang an. Die seleukidische Garnison verschwand schließlich 141 v. Chr. aus Jerusalem. Die Makkabäer oder Hasmonäer, wie sie oft genannt werden, versuchten das Amt des Hohenpriesters und des Monarchen zu vereinen, hatten damit aber nur teilweise Erfolg. Obwohl sie fast das gesamte Gebiet, das die historischen Königreiche Israel und Juda umfaßt hatte, eroberten, zusammen mit dem Ostufer von Jordan und Totem Meer, bekamen sie die Opposition der Pharisäer zu spüren, die ihnen den Anspruch auf das Amt des Hohenpriesters streitig machten. Diese Streitigkeiten führten schließlich zum Fall der Hasmonäer und zur Usurpation des Throns durch den Idumäer Antipater, der offiziell als Berater von Johannes Hyrkanos II. fungierte.[18]

Inzwischen war das Schicksal Judäas untrennbar mit dem des Römischen Reiches verbunden. Als Antipater starb, setzte Marcus Antonius dessen Söhne Herodes und Phasael als Staatsoberhäupter ein. Hyrkanos mußte abdanken. Der römische Senat bestätigte den Dynastienwechsel 40 v. Chr., als er Herodes zum König von Judäa ernannte. Herodes selbst legitimierte seinen Anspruch zumindest seiner eigenen Meinung nach, indem er eine Prinzessin namens Mariamne, die letzte Hasmonäerin, zur zweiten Frau nahm. Ihren Bruder Aristobulos setzte er zunächst als Hohenpriester ein, ließ ihn jedoch 35 v. Chr. aus Furcht vor dessen wachsender Popularität ermorden.

31 v. Chr., nach der Schlacht bei Actium, bestätigte Octavianus den Titel des Herodes. Dieser war zwar zunächst ein Verbündeter des Marcus Antonius gewesen, hatte sich später jedoch auf die Seite der Gegner Kleopatras geschlagen. Herodes war sich somit der Unterstützung der Römer sicher und ergriff die Gelegenheit, Hyrkanos endgültig zu beseitigen.

Seine Untertanen haßten und fürchteten ihn und betrachteten ihn als fremden Usurpatoren. Sein Mißtrauen, das sich gegen alle und jeden richtete, brachte ihn dazu, auch Mariamne und ihre beiden gemeinsamen Söhne zu töten. Selbst auf seinem Totenbett fühlte er sich nicht völlig sicher und ließ seinen ältesten Sohn Antipater, der Berichten zufolge gegen ihn intrigierte, noch fünf Tage vor seinem eigenen Tod hinrichten.

Wenn man seinen Ruf als einer der berüchtigtsten Diktatoren der Geschichte bedenkt, kann man verstehen, daß es der Heiligen Familie ratsam schien, aus Judäa zu fliehen. Hätte Herodes von der Geburt eines Kindes mit einem auch nur annähernd legitimen Anspruch auf den Thron gehört, hätte er es sofort töten lassen.

Auf seinem Weg nach Rom, wo er sich seinen Anspruch auf den Thron bestätigen ließ, besuchte Herodes auch Ägypten und dessen Königin Kleopatra. Es ist unwahrscheinlich, daß er den Nil hinauf nach Heliopolis reiste. Sonst hätte er sich zweifellos – wie Kambyses, Alexander und Augustus vor ihm – über die fremde Schönheit der Obelisken, der rätselhaften Nadeln des Sonnengottes, gewundert.

Heliopolis und der Baum der Heiligen Jungfrau

Wir fuhren mit dem Auto nach Heliopolis. Durch ein Tor gelangten wir in einen kleinen Park, den letzten Rest des einstigen heiligen Bezirks. Ein häßlicher Drahtzaun trennte ihn von den umgebenden Feldern und Wohnblöcken. Der Tempel selbst, oder zumindest seine Überreste, sahen eher aus wie ein leeres Schwimmbecken, das ich mir gut mit Wasser gefüllt und mit einem Springbrunnen in der Mitte vorstellen konnte. Es war schwer zu glauben, daß dieses ganz schlichte Gebäude einmal der wichtigste Tempel Ägyptens gewesen sein sollte. Aber schließlich mußte man sich vor Augen halten, daß dies fünftausend Jahre her gewesen war – in fünf Jahrtausenden kann eine Menge passieren.

Vor uns erhob sich ein riesiger Obelisk über dem Tempel, und eine Tafel informierte uns, daß er um 1940 v. Chr. von Sesostris I. aufgestellt worden sei. Heute steht er allein, ein stummer Zeuge der früheren Größe Annus, aber einst war er umgeben von einem ganzen Wald von Obelisken und von großartigen Gebäuden.

Zunächst waren wir ein bißchen enttäuscht von den Ruinen des antiken Heliopolis. Dann jedoch stolperten wir zufällig über etwas, das sich als sehr wichtig für die Geschichte der Heiligen Drei Könige erwies: eine christliche Kirche namens Materiya.

Ägypten war eines der ersten christianisierten Länder der Welt. Die große kosmopolitische Gemeinde in Alexandria, wo Griechen mit Juden, Syrern, Römern und anderen zusammentrafen, war ein idealer Nährboden für den neuen Glauben. Als auf Befehl des Kaisers Theodosius das Christentum Staatsreligion des Römischen Reiches wurde, war Alexandria schon ein wichtiges Patriarchat. Die Schließung der heidnischen Tempel stärkte die Macht der Kirche noch einmal, doch ihre alles beherrschende Position im ägyptischen Leben sollte nicht von langer Dauer sein.

640 n. Chr. fiel eine muslimische arabische Armee unter dem Kommando eines Generals namens 'Amr ins Land ein. Im Juli schlug sie die Byzantiner bei Heliopolis und begann mit der Belagerung der Feste Babylon, des heutigen Kairo. Am 6. April 641, einem Karfreitag, ergab sich die Garnison, und 'Amr konnte nordwärts auf Alexandria vorrücken. Der Patriarch Pkauchios, der vielleicht sogar selbst ein heimlicher Muslim war, verriet die Stadt und übergab sie kampflos. So ging dem Christentum in nicht viel mehr als einem Jahr und mit nur minimaler Gegenwehr eine der reichsten Provinzen des Römischen Reiches verloren. In sehr kurzer Zeit wurde Ägypten durch Einwanderung und durch Übertritte zum Islam ein mehrheitlich muslimisches Land. Die Christen bildeten nur noch eine schwindende Minderheit.

Ein paar Tage vor unserem Ausflug nach Heliopolis hatten wir die griechisch-orthodoxe Bischofskirche und die sogenannte »hängende Kirche« St. Georg besucht, die über dem ägyptischen Babylon stand. Die Kirchen waren großartig, aber wir stellten entsetzt fest, daß der Friedhof in jüngster Zeit Vandalen und Räubern zum Opfer gefallen war. Viele Gräber, darunter auch einige ziemlich neue, waren ausgeplündert, die Knochen der Verstorbenen lagen verstreut auf dem Boden. Wir wußten natürlich, daß die Grabräuberei in Ägypten schon vor der Zeit der ersten Pharaonen praktiziert worden war. Dennoch war es ein Schock, moderne Gräber, von denen einige noch die Bilder ihrer Eigentümer trugen, so zerstört zu sehen. Der Anblick der umgestürzten Kreuze und weißen Knochen machte uns nachdenklich. Plötzlich wurde uns klar, wie verletzlich die Zivilisation ist und zu welchen Taten die Armut die Menschen bringen kann.

Was mich allerdings mehr interessierte als der pietätlose Umgang mit den Toten, war das Schicksal der Lebenden. Ich war mir sicher, daß die koptischen Christen geheimes Wissen über die Ursprünge des Christentums und seine Verbindungen mit dem alten Ägypten vor der Zeit Christi bewahrten. Ich wußte zwar nicht, wie dieses Wissen beschaffen sein würde, aber ich war überzeugt, daß im Herzen dieses Mysteriums die Geschichte der Flucht nach Ägypten stehen würde.

»Als die Sterndeuter wieder gegangen waren, erschien dem Josef im Traum ein Engel des Herrn und sagte: ›Steh auf, nimm das Kind und seine Mutter, und flieh nach Ägypten; dort bleibe, bis ich dir etwas anderes auftrage; denn Herodes wird das Kind suchen, um es zu töten.‹ Da stand Josef in der Nacht auf und floh mit dem Kind und dessen Mutter nach Ägypten. Dort blieb er bis zum Tod des Herodes. Denn es sollte sich erfüllen, was der Herr durch den Propheten gesagt hat: ›Aus Ägypten habe ich meinen Sohn gerufen.‹«[19]

Natürlich ist diese Geschichte bei den ägyptischen Christen besonders beliebt, und in der Georgskirche hatten wir Gemälde gesehen, die das Ereignis feierten. Obwohl über diese Reise nichts weiter gesagt wird, bleibt doch festzuhalten, daß sie nach Aussage der Evangelien der einzige Aufenthalt Jesu außerhalb des Heiligen

Landes war, und die Ägypter sind sehr stolz auf diese Tatsache. Bei unseren Gesprächen mit dem Klerus der Bischofskirche erfuhren wir von einer lokalen Überlieferung, die besagt, daß die Heilige Familie sich nach ihrer Ankunft in Ägypten eine Zeitlang in Heliopolis aufhielt, bevor sie ins weiter südlich gelegene Assiut zog, wo sie mehrere Jahre lang lebte. In Heliopolis stand eine Kirche, die Materiya, an der Stelle, wo Maria und Josef mit Jesus gewohnt hatten.

Unsere Neugier war geweckt. Wir beschlossen, nach dieser Kirche zu suchen, wenn sich die Gelegenheit ergab. Wir verließen den Obelisken des Sesostris und fuhren den kurzen Weg zurück, hinein in die – für Kairoer Verhältnisse – wohlhabenden Vorstädte. Viele Bewohner des heutigen Heliopolis sind koptische Christen.

Wie die Griechen und Armenier stehen sie in dem Ruf, gute Geschäftsleute zu sein. Vielleicht wirkten die Läden und Häuser deshalb ein wenig anders als im übrigen Kairo. Außerdem war ein stärkerer französischer Einfluß spürbar. Das Zentrum verströmte einen gewissen Belle-Époque-Glanz, und so sah Heliopolis fast ein bißchen aus wie Marseille. Inmitten dieser florierenden Gemeinde fanden wir, was wir suchten, die Kirche der Materiya. (Tafel 13)

Wir durchschritten die äußeren Tore und fanden uns vor einem kleinen, gelben Gebäude wieder. Es war umgeben von einem friedlichen Garten mit Kakteen, Palmen und anderen exotischen Pflanzen, die allen Lärm und Staub von der Kirche fernhielten. Das Gebäude war nur etwa hundert Jahre alt und von Franzosen erbaut worden. Über den beiden Eingangstüren lasen wir eine lateinische Inschrift: »SANCTAE FAMILIAE IN AEGYPTO EXSULI«. Die Innenwände der Kirche waren mit sechs großen Wandgemälden geschmückt, auf denen die Geschichte der Flucht erzählt wurde. Unter dem ersten links neben der Tür stand geschrieben: *»Massacre des Innocents«*. Es illustrierte eine Geschichte aus dem Matthäus-Evangelium:

»Als Herodes merkte, daß ihn die Sterndeuter getäuscht hatten, wurde er sehr zornig, und er ließ in Bethlehem und der ganzen Umgebung alle Knaben bis zum Alter von zwei Jahren töten, genau der Zeit entsprechend, die er von den Sterndeutern erfahren hatte.

Damals erfüllte sich, was durch den Propheten Jeremia gesagt worden ist: Ein Geschrei war in Rama zu hören, lautes Weinen und

Klagen: Rahel weinte um ihre Kinder und wollte sich nicht trösten lassen, denn sie waren dahin.«[20]

Das Bild zeigte Soldaten, die den grausamen Befehl des Herodes ausführten, während die Mütter der getöteten Kinder in Tränen aufgelöst zuschauten. Rahel, die Lieblingsfrau Jakobs, ist in gewissem Sinne die Patronin Bethlehems, weil sie auf dem Weg dorthin bei einer Geburt starb. Natürlich beklagt sie den Tod der unschuldigen Kinder, aber auch den Stamm Benjamin. Er bildete ja – als Nachkommen ihres jüngsten Sohnes – die Hälfte der jüdischen Nation, die sich jedoch nach dem anderen Stamm Juda nannte.

Rätselhafterweise erleidet sie das gleiche Schicksal wie die Jungfrau Maria. Ihr erstgeborener Sohn Josef wurde auf Vorschlag Judas hin von seinen Brüdern für zwanzig Silberstücke an die Ismaeliten verkauft. Später wird Jesus von einem anderen »Juda« – Judas Iskariot – für dreißig Silberstücke genauso an seine Feinde verraten. Rahel scheint dies zu ahnen. Es ist vielleicht der eigentliche Sinn ihrer Klage und auch der Grund, warum Matthäus sie an dieser Stelle erwähnt.

Das zweite Wandgemälde zeigt Josef und Maria in getrennten Betten in einem aus Steinen gemauerten Keller. Josef wird von einem Engel geweckt, der ihm rät, nach Ägypten zu fliehen. (Tafel 15) Die Ausführung des Bildes ist sehr bewegend. Der Engel ist so durchscheinend gemalt, daß man durch ihn hindurch die Wand des Kellers sehen kann. Das dritte Gemälde, das letzte zu den Ereignissen in Judäa, zeigt Josef mit einem Esel, auf dem Maria und ihr Kind sitzen. Hinter ihnen sind die Mauern Bethlehems zu sehen, vor ihnen erstreckt sich die erbarmungslose Wüste, die sie auf dem Weg nach Ägypten durchqueren müssen.

Der Gang durch das Kirchenschiff ist ein symbolischer Zug durch den Sinai, denn das nächste Gemälde auf der rechten Seite in der Nähe des Altars zeigt die Heilige Familie bei einer Rast am Nil. Maria sitzt auf einer verfallenden Sphinx, weitere Sphingen bilden eine lange Reihe. Einige Vögel haben sich zu ihren Füßen niedergelassen. Sie stillt das Jesuskind, während Josef in einiger Entfernung den Esel am Nilufer tränkt. Die Sphingen stehen offenbar für das Rätsel Ägypten, ein Land, das schon vor der Geburt Abrahams auf eine lange Vergangenheit zurückblicken konnte. Vielleicht will dieses Gemälde uns zeigen, daß Ägypten sowohl Ruheplatz als auch Nährquelle für den jungen Messias ist. Und daß seine Mutter, wie Isis so viele Jahrtausende zuvor, hier Zuflucht für sich selbst und ihr Neugeborenes findet.

Das nächste Bild geht auf eine lokale Legende zurück und ist zumindest für die Materiya das wichtigste überhaupt. Nahe der Kirche in einem kleinen Hof steht eine alte Sykomore. Sie wird heute mit Krücken gestützt, da sie ohne solche Hilfsmittel das Gewicht ihrer altehrwürdigen Glieder nicht mehr tragen könnte. (Tafel 17) Ich hatte mir diesen Baum angeschaut, bevor ich die Kirche betrat. Der Wächter ließ nicht zu, daß ich Videoaufnahmen machte, aber meinen Fotoapparat durfte ich zücken. Da ich kein Arabisch verstehe, konnte er mir nichts über dieses Naturdenkmal erzählen, aber er wies auf einen Steintrog mit Wasser. Er ist, wie ich später entdeckte, ein zentraler Bestandteil der Legende. Sie berichtet, daß Maria und Josef entweder unter diesem Baum rasteten oder ihn selbst pflanzten. Die Geschichte steht in einem alten gnostischen Evangelium, das von einem gewissen Henry Sike im Jahr 1697 erstmals übersetzt und veröffentlicht wurde:

»Von dort aus kamen sie zu jenem Sykomoren-Baum, der heute Matarea heißt; und in Matarea ließ der Herr Jesus eine Quelle entspringen, in der die Jungfrau Maria seinen Mantel wusch; und in jenem Land wird ein Balsam hergestellt – oder er wächst dort – aus dem Schweiß, der dort von unserem Herrn Jesus herabrann.«[21]

Offensichtlich wollte mir der alte Wächter eben jenen Wassertrog zeigen, in dem Maria den Mantel gewaschen hatte. Die Verbindung zwischen der Materiya und einer Quelle ist keine Erfindung der Evangelisten. Der alte arabische Name von Heliopolis, *Ayin esh Shems*, bedeutet übersetzt »Sonnenquelle«. Er ist offenbar von dieser Legende abgeleitet, nach der Jesus in der Stadt der Sonne eine Quelle sprudeln ließ.

In *The Lost Books of the Bible* findet sich eine Fußnote, die die Geschichte des Baumes ein wenig genauer beleuchtet:

»Cheminitius aus Stipulensis, der es von Petrus Martyr, dem Bischof von Alexandria, im 3. Jahrhundert erfahren hat, sagt, daß der

Ort in Ägypten, wo Christus in der Verbannung war, heute Matarea heißt, etwa zehn Meilen jenseits von Kairo; daß die Einwohner ständig eine Lampe zur Erinnerung daran brennen lassen; und daß es dort einen Garten mit Bäumen gibt, die einen Balsam liefern und die Christus als Junge gepflanzt hat.«[22]

Das Kirchengemälde von diesem Ereignis (Tafel 16) zeigt eine sehr genaue Abbildung des alten Baumes, wie er heute aussieht, mit Maria und Josef in seinem Schatten. Sie wirken entspannt. Vermutlich sind sie erleichtert, daß ihre lange Reise bald zu Ende ist und sie in Sicherheit sind.

Dennoch wurde ich das Gefühl nicht los, daß noch mehr hinter dieser Geschichte steckte. Ich vermutete eine esoterische Bedeutung über die Verbindung von Jesus zu einem heilenden Balsam hinaus, der wahrscheinlich aus dem Saft einer solchen Sykomore gewonnen werden konnte. In vorchristlichen Zeiten war die Sykomore der Hathor geweiht. Die Göttin wird oft als Kuh dargestellt, die sich in den Zweigen des Baumes verbirgt. Wie Nut, die Mutter des Osiris, war auch Hathor eine Himmelsgöttin. Jeden Tag gebar sie einen Sohn namens Ihy, der für die aufgehende Sonne stand.

»Es war allerdings noch die Geschichte einer anderen Muttergöttin überliefert, die wahrscheinlich im Alten Reich nicht wahrgenommen oder unterdrückt wurde, aber in den Sargtexten auftauchte ... Den Himmlischen Ozean stellte man sich als eine ›große Flut‹ vor – an einigen Orten verehrt in Form einer Kuh, deren sternengesprenkelter Bauch den Himmel formte ... Hathor ist das Gesicht des Himmels und der Tiefe, die Frau, die in einem Wäldchen am Ende der Welt wohnt. Ihr Sohn ist Ihy, das Kind, das jeden Tag im Morgengrauen als die neue Sonne aus seiner Mutter hervorkommt ...

Ihy ist das Licht-Kind, ein Symbol für das erste Auftauchen in seiner Frische und mit all seinen Möglichkeiten ... Die rosa Färbung des Morgenhimmels, sei es am ersten Morgen oder an jedem Tag, ist das Blut, das Hathor oder Isis – die Namen sind austauschbar – verliert, wenn sie ihren Sohn zur Welt bringt.«[23]

Die mythologische Verbindung zwischen Maria als Mutter Jesu und Hathor als Mutter der aufgehenden Sonne, die beide in einem

Sykomorenhain ausruhen, sprach die gnostischen Ägypter sicher an. Doch konnte noch eine weitere, geheimnisvollere Botschaft im Symbol des Marienbaumes verborgen sein?

In der Bibel symbolisieren Bäume die Familien, nicht zuletzt auch für das ursprüngliche Königshaus Israels. Dieser Stammbaum hat seinen Ursprung in Isai, dem Vater von König David. Er wurde symbolisch gefällt, als Jerusalem an die Babylonier fiel und die Söhne des letzten Königs von Juda, Zidkija, vor dessen Augen starben, bevor er selbst geblendet und in Ketten nach Babylon geführt wurde. Bei Jesaja findet sich eine messianische Prophezeiung über das neue Wachstum dieses Baumes: Aus seiner Wurzel wird ein neuer Schößling entspringen.

»Doch aus dem Baumstumpf Isais wächst ein Reis hervor, ein junger Trieb aus seinen Wurzeln bringt Frucht. Der Geist des Herrn läßt sich nieder auf ihm: der Geist der Weisheit und der Einsicht, der Geist des Rates und der Stärke, der Geist der Erkenntnis und der Gottesfurcht ... An jenem Tag wird es der Sproß aus der

Karte 2 Die Flucht nach Ägypten

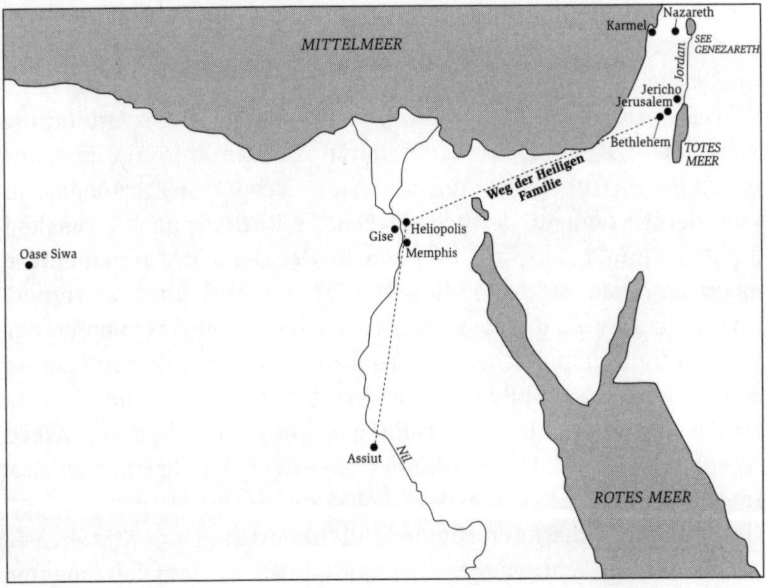

Wurzel Isais sein, der dasteht als Zeichen für die Nationen; die Völker suchen ihn auf; sein Wohnsitz ist prächtig.«[24]

Diese Prophezeiung haben die Christen immer auf Jesus bezogen, denn Isai war ein Vorfahre Josefs, wie auch Matthäus zu Beginn seines Evangeliums berichtet. Auch Paulus zitiert diese Prophezeiung mit ihrer positiven Botschaft für die heidnischen Völker in seinem Römerbrief, um die Heidenmission zu fördern.[25] Könnte es also sein, daß der Marienbaum das Königshaus Davids symbolisieren soll und Jesu Bestimmung, der neue Trieb aus dieser Wurzel zu sein? Das wäre durchaus eine Erklärung gewesen, aber sie stellte mich noch nicht völlig zufrieden.

Wenn die Materiya in der Nähe Jerusalems läge, wäre ein symbolischer Bezug zu Jesus als Verwandtem König Davids verständlicher. In meinen Augen repräsentierte die Sykomore den Familienstammbaum. Aber sie war sehr viel älter und stand mit Ägypten in Verbindung. Die Bezüge zu Rahel waren offenbar ein verborgener Hinweis darauf. Mit anderen Worten war es nicht der Stammbaum von Isai, sondern der seines Vorfahren Josef, des Patriarchen mit dem Ärmelrock. Für mich zeigte der Marienbaum, daß Jesus, indem er nach Heliopolis kam, zu einer sehr alten Verbindung Kontakt aufnahm. Sie war lange vor der Geburt Mose geknüpft worden und sollte sich auf ihn positiv auswirken.

Das sechste und letzte Wandgemälde führte diese Verbindung näher aus. (Tafel 14) Es zeigte Maria mit dem Kind auf dem Ritt durch einen Torbogen in die alte Stadt. Dies ist eine Szene, die in vielerlei Hinsicht auf den schicksalhaften Ritt Jesu nach Jerusalem am Palmsonntag anspielt. An der Seite des Gemäldes sind mehrere ägyptische Säulen abgebildet, eine kippt gerade um und verliert ihr Kapitell. Auch dies bezieht sich vielleicht auf Geschichten der nichtkanonischen Evangelien, nach denen die Ankunft Jesu in Ägypten die Götzenbilder zu Fall brachte. Offenbar symbolisierte sie das Ende einer Epoche, das Ende der antiken Welt, deren Wiege Ägypten war, und den Beginn der nächsten, der christlichen Ära. Im Hintergrund ist einsam der Obelisk des Sesostris zu sehen, dessen schmaler Schaft den Himmel durchbohrt.

Bei der Betrachtung dieses Bildes kam ich zu der Überzeugung, daß das Christentum, wie wir es kennen, enge Verbindungen zu den Mysterientraditionen der antiken Welt, besonders denen Ägyptens, haben muß. Wie oder warum sich diese Beziehung entwickelte, ist nicht klar. Aber sie hatte offensichtlich etwas mit dem Aufenthalt der Israeliten vor dem von Mose angeführten Exodus zu tun. Ich erkannte allmählich, daß ich unbedingt hinter die mythologische Rahmenerzählung des Alten Testaments blicken und das Symbol des Obelisken verstehen mußte. Nur so hatte ich eine Chance, dieses Mysterium zu entwirren.

Die persische Eroberung von 525 v. Chr. hatte Folgen, die weit über die Ermordung des Apisstiers hinausgingen: Ägypten wurde in ein gewaltiges Reich eingegliedert, das den größten Teil des Mittleren Ostens umfaßte, und öffnete sich ausländischen Reisenden. Einer von ihnen war der griechische Historiker Herodot, der um 450 v. Chr. den Tempel des Phönix besuchte. Dort sprach er mit den Priestern und erfuhr von ihnen die Legenden um den mythischen Vogel Bennu.

Dieser ägyptische Phönix (Tafel 12) hat die Hieroglyphenform eines Graureihers. Er erscheint auf Papyri häufig in Begleitung des Osiris, des Totengottes, dessen Seele er angeblich repräsentierte. Im ägyptischen Denken nahm er offenbar einen ähnlichen Platz ein wie der europäische Storch. Nach Aussage der Priester war er ein seltener Gast und tauchte nur alle fünfhundert Jahre auf. Er kam aus Arabien und trug den Leichnam seines Vaters mit sich. Der Körper war in einen Myrrheball gehüllt, den der Vogel dann im Tempel begrub.

Das Wort *bennu* ist etymologisch wohl verwandt mit dem semitischen Grundwort *ben* in der Bedeutung »Sohn von«. Nu oder Nut war die Himmelsgöttin im alten Ägypten. Die anthropomorphen Gottheiten in ihrer Begleitung, Osiris, Isis, Seth und Nephthys, galten als ihre Kinder. Und so könnte es sein, daß *bennu* einfach »Sohn der Nut« bedeutet. Das wäre eine zutreffende Bezeichnung für Osiris.

Nach Meinung des Ägyptologen R. T. Rundle Clark allerdings ist der Bennu als Verkörperung seiner Seele nicht nur eng mit Osiris verbunden, sondern repräsentiert auch das »Wort Gottes«, den

Logos. Sein Besuch im Tempel von Heliopolis läßt ein neues Weltalter oder Äon beginnen und ordnet so die Zeit. In diesem Sinn ist er ein Himmelsbote. Rundle Clark schreibt:

»Der Phönix verkörpert also den ursprünglichen Logos, das Wort oder die Schicksalsverkündung, die zwischen dem göttlichen Geist und den geschaffenen Dingen vermittelt ...

Grundlage aller ägyptischen Spekulation ist der Glaube, daß die Zeit aus sich wiederholenden Kreisläufen zusammengesetzt ist, die durch göttliche Macht festgelegt wurden: der Tag, die Woche mit zehn Tagen, der Monat, das Jahr – selbst längere Perioden von dreißig, vierhundert oder tausendvierhundertsechzig Jahren, bestimmt von den Konjunktionen von Sonne, Mond, Sternen und Nilschwemme. In gewissem Sinne hatte der Phönix, als er den ersten Schrei ausstieß, alle diese Kreisläufe in Bewegung gesetzt. Also war er der Patron der Zeiteinteilung, und sein Tempel in Heliopolis wurde zum Zentrum der Kalenderfestlegung.«[26]

Der Benben-Stein, der einst im Phönix-Tempel stand, sollte wohl das jeweilige »Ei« des Phönix symbolisieren. Vielleicht glaubte man auch, es sei tatsächlich das Ei, aus dem er hervorkommt. Die Schlußsteine oder Pyramidia auf den Spitzen der Pyramiden wurden ebenfalls *benben* genannt. Robert und mir war klar, daß sie symbolisch mit dem ursprünglichen Benben von Heliopolis in Verbindung standen. Und da die pyramidalen Spitzen der Obelisken ebenfalls *benben't* hießen, war dieses Symbol offenbar von weitreichender Bedeutung.

Die Pyramidenform nahm in der ägyptischen Religion anscheinend einen ähnlichen Platz ein wie das Kreuz im Christentum. Wie das Kreuz repräsentierte sie Tod und Auferstehung, das Wort Gottes, die Inkarnation eines Retters und die Geburt eines neuen Zeitalters. Wenn Jesus wirklich nach Heliopolis gekommen war, wie die Ägypter glauben, hatte er die Prophezeiungen der Juden erfüllt, die erwarteten, daß ihr Messias in Bethlehem zur Welt kam. Gleichermaßen waren dadurch auch die Weissagungen der Ägypter wahr geworden.

Wir verließen die Materiya und Heliopolis und kehrten ins Hotel zurück. Unsere Reise nach Ägypten war überaus erfolgreich gewesen, und wir waren zuversichtlich, daß *Das Geheimnis des Orion* ebenfalls ein großer Erfolg werden würde. Doch in Gedanken war ich schon viel weiter, nicht mehr in Ägypten, sondern in Mesopotamien. Ich rief mir wieder ins Gedächtnis, wie Gurdjieff irgendwo im heutigen Kurdistan die Karte eines »Ägypten vor der Versandung« gefunden und wie ihn diese Karte letztendlich zu einer geheimen Bruderschaft geführt hatte.

Allmählich glaubte ich, daß diese Bruderschaft etwas mit den Sterndeutern im Matthäus-Evangelium zu tun haben könnte. Um dieses Geheimnis genauer zu erforschen, durchstöberte ich meine Bibliothek nach weiteren Hinweisen. Es lief alles darauf hinaus, daß ich nur eins tun konnte: Ich mußte mich selbst auf den Weg machen und den Spuren Gurdjieffs und Bennetts folgen. Daraus sollte sich ein Abenteuer mit interessanten Folgen ergeben.

KAPITEL 6
AUF DER SUCHE NACH DER GEHEIMEN BRUDERSCHAFT

Die Arbeit am Orion-Projekt war anregend und spannend, und vor allem brachte sie mich dazu, intensiver über Ägypten und die Pyramiden nachzudenken. Zunächst war es nicht ganz leicht, sich an den Gedanken zu gewöhnen, daß die Pyramiden eine gigantische Sternenkarte bilden sollten. Und doch klang die Erklärung durchaus sinnvoll, und ich war sicher, daß Robert Bauval mit seinen Schlußfolgerungen zumindest in groben Zügen recht hatte.

Damals erinnerte ich mich an eine Stelle aus *Begegnungen mit bemerkenswerten Menschen*, in der es darum ging, daß Gurdjieff auf seinen Reisen eine Karte von »Ägypten vor der Versandung« gefunden habe. Ich überlegte mir, ob er vielleicht auch auf einen Zusammenhang zwischen dem Sternbild des Orion und der Anordnung der Pyramiden gestoßen war. Hatte er ein altes und geheimes Dokument aufgespürt, welches das Geheimnis dieser Beziehung zu den Sternen offenbarte? (Karte 3) Und falls es so war, woher stammte diese Karte und wo hatte er sie gefunden? Ich war neugierig geworden und beschloß, mich näher mit diesem Thema zu beschäftigen. Dafür wollte ich die Abschnitte über seine Reisen zu dieser Zeit noch einmal sehr sorgfältig lesen.

Beinahe sofort merkte ich, daß er zwar eine Spur für andere Suchende hinterließ, die ihm folgen wollten, daß diese Spur aber nicht so eindeutig war, wie sie mir zunächst erschien. Bennetts Annahmen, daß das geheime Tal von Izrumin[1] mit dem Tal von Scheich Adi gleichzusetzen sei, fand ich nicht gerade überzeugend. Schließlich kam Gurdjieff – zumindest seiner Darstellung nach – nie in Izrumin an. Seine Suche nach dem geheimen Kloster, das seiner Überzeugung nach einst dort gestanden hatte, fand mit Pogossians Spinnenbiß und der Notwendigkeit, ihn zu pflegen, ein vorzeitiges Ende. Wenn Gurdjieff auf die Jesiden als die Quelle seines Wissens über die Sarmung verweisen wollte, wie Bennett doch wohl annahm, hätte er dies meiner Meinung nach direkter und greifbarer getan. Tatsächlich sind seine Aussagen über die Jesiden alles andere als schmeichelhaft. Er deutet an, daß sie eine Art primitiven Zauber praktizierten, dem sie auch selbst ausgeliefert sein konnten.[2] Gurdjieff hatte sich also durchaus mit der Religion der Jesiden beschäftigt. Jedoch glaubte ich nicht, daß sie die wahre Quelle seines Wissens waren oder daß die heute lebenden Jesiden die Wächter der Tradition sind, die ihn so interessierte.

Auch Bennetts Suche nach den Erben der Sarmung bei den Sufi-Orden in Zentralasien war meiner Ansicht nach fehlgeleitet. Unzweifelhaft hatte Gurdjieff Sufi-*Tekke* besucht und dort viel über Atemtechniken und bestimmte heilige Tänze gelernt. Er brachte sie in den Westen und verkündete, sie kämen aus zentralasiatischen Derwisch-Klöstern. Seine Schriften deuteten auch ein gewisses Ge-

Karte 3 Mögliche Karte Ägyptens vor der Versandung, wie Gurdjieff sie gefunden haben könnte. Die sieben Pyramiden der IV. Dynastie stimmen mit den Sternen des Orion und der Hyaden überein.

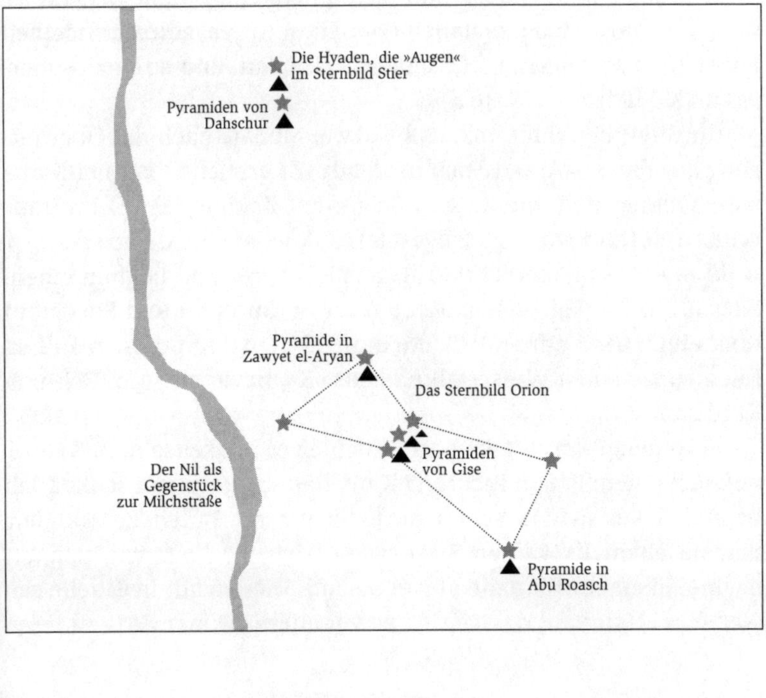

spür für Orte wie Buchara, Balich und Samarkand an, und er hatte offensichtlich viel über die geheimen Traditionen jener Städte gelernt.

Doch obwohl der Sufismus sicher antike Überlieferungen bewahrte und eine lange Geschichte vorzuweisen hatte, glaubte ich, daß er sich aus einer ganz anderen Traditionslinie heraus entwikkelt hatte. Diese Orden waren nicht die Nachkommen und Erben der Sarmung-Bruderschaft, die offenbar eng mit Ägypten und den Pyramiden verbunden war und nicht mit Baktrien und den blaugefliesten Torbögen der mongolischen Renaissance. Ich war sicher, daß Gurdjieff seine wichtigsten Einsichten nicht so weit weg von seiner eigenen Heimat, sondern im damaligen Osmanischen Reich gewonnen hatte.

Ich besorgte mir eine geeignete Karte vom Mittleren Osten, verglich sie mit den Angaben aus den *Begegnungen* und versuchte seine Reiseroute nachzuvollziehen. Meiner Meinung nach war Bennett fälschlicherweise in Scheich Adi gelandet, weil er Gurdjieffs beabsichtigter Reiseroute gefolgt war und nicht der, die er wirklich eingeschlagen hatte. Logisch wäre es gewesen, seinen Fußstapfen zu folgen, nicht seinem Reiseplan, und dann zu sehen, wohin sie führten. (Karte 4)

Gurdjieff berichtet uns, daß er zwei Monate nach der Überquerung des Flusses Arax (Aras) die Stadt »Z« erreichte. Bennett hatte sie – meiner Meinung nach richtig – mit Zakho (Sachu) im irakischen Teil Kurdistans gleichgesetzt. Zakho ist eine Grenzstadt, sowohl in der Nähe der Türkei als auch Syriens, und liegt an einem Nebenfluß des Tigris. Von hier aus zogen Gurdjieff und Pogossian über einen bestimmten Paß »Richtung Syrien«. Auf diesem Paß erreichten sie einen Wasserfall namens »K«, bevor sie sich Richtung Kurdistan wandten.

Bei einem Blick auf die Karte erschien es mir seltsam, daß Gurdjieff von einem Paß in Richtung Kurdistan sprach, denn schließlich befanden sie sich ja schon dort. Sich nach Syrien zu wenden, machte ebenfalls keinen Sinn, wenn sich ihr Ziel, wie Bennett dachte, in einem Tal nahe Mosul befand. Diese Stadt liegt sehr viel weiter am Unterlauf des Tigris und vor allem in einer ganz anderen

Richtung als Syrien. Mein Eindruck war, daß sie von Zakho aus nach Nordosten gegangen waren, flußaufwärts, nicht flußabwärts, im Tigristal entlang auf die Stadt Cizre zu. Genau hier, so sah ich auf meiner modernen Karte, war der Tigris gestaut worden. Dadurch hatte sich ein riesiger, vielfingriger See in den Tälern oberhalb des Staudamms gebildet. Ich konnte keinerlei Hinweise auf Wasserfälle in diesem Gebiet finden.

Der Tigris fließt hier jedoch schnell und über tiefe Strudel, und wahrscheinlich hatte es oberhalb von Cizre einen Wasserfall gegeben, bevor der Staudamm entstand. Auf meiner Karte fand ich sehr weit südöstlich von Zakho eine Stadt mit dem türkischen Namen Çukurca. Auf einer englischen Karte heißt sie Kirkuk. Wenn Cizre ebenfalls »Kizre« geschrieben werden konnte, dann war diese Stadt eindeutig Gurdjieffs Ort »K«, von wo aus er und sein Reisegefährte eine andere Richtung eingeschlagen hatten.

Der nächste Vorfall war der giftige Schlangenbiß. Wir wissen nicht, wo der Unfall geschah. Aber wir lesen, daß Gurdjieff und Pogossian daraufhin ihre Suche nach dem Tal von Izrumin aufgaben und statt dessen in eine Stadt namens »N« zogen. Sie wurden dort im Haus eines armenischen Priesters aufgenommen. Hier kopierten sie die antike Karte »Ägyptens vor der Versandung«. Ich konsultierte meine Karte und stieß auf die Stadt Nusaybin, eine sehr alte Siedlung an einem Zufluß des Habor (Chabor). Nusaybin liegt genau westlich von Cizre. Wenn Gurdjieff und Pogossian von Zakho aus Richtung Norden am Tigris entlang gezogen waren, hatten sie die Wasserfälle oberhalb von Cizre erreicht und sich dann nach Westen auf Nusaybin zu bewegt. Das paßte zur Reisebeschreibung und hieß vor allem, daß sie nie vorhatten, nach Mosul oder Scheich Adi zu gehen, wie Bennett es annahm.

Nach und nach kam ich zu der Überzeugung, daß Gurdjieff Nivssi mit Ninive und so mit Mosul gleichgesetzt hatte, um den oberflächlichen Leser auf eine falsche Fährte zu locken. Ich fand keinen Hinweis darauf, daß Mosul oder Ninive jemals Nivssi genannt worden wären. Allerdings konnte ich dem nicht an Ort und Stelle auf den Grund gehen, da Mosul heute im irakischen Teil Kurdistans liegt. Ich fand heraus, daß Nusaybin häufig auch Nisibis hieß – ein naheliegendes Anagramm für Nivissi – und daß die Stadt einst eine berühmte Akademie beherbergte.

Diese Einrichtung verdankte ihre Bedeutung und vielleicht auch ihre Entstehung einem Zwischenfall, der sich 449 n. Chr. in Edessa,[3] etwa hundertneunzig Kilometer weiter östlich, ereignete. Damals tobte in der Ostkirche ein Streit um die Natur der Göttlichkeit Christi: Die Dyophysiten vertraten im Grunde genommen die Ansicht, daß Jesus als Mensch geboren worden sei und sich dann mit Gott verbunden habe. Ihr extremster Vertreter war Nestorius (gest. um 451 n. Chr.), ein syrischer Geistlicher, der von 428 bis 431 Patriarch von Konstantinopel war.

Die Monophysiten[4] dagegen lehrten, daß Jesus als Gott geboren wurde, mit Gott eins ist, immer Gott war und immer Gott sein wird. Dies entspricht in etwa der orthodoxen Lehre der heutigen Kirche; der Dyophysitismus oder Nestorianismus wurde als Häresie unterdrückt. Als Strömung im Untergrund lebte er allerdings weiter, obwohl Nestorius selbst als Häretiker verurteilt und nach Oberägypten ins Exil verbannt wurde.

Mitte des 5. Jahrhunderts gab es in Edessa, einem der wichtigsten Bischofssitze der damaligen Welt, drei theologische Schulen: die armenische, die syrische und die persische. Letztere galt weltweit als eines der größten Zentren religiöser Lehre. Allerdings war sie beim örtlichen Bischof Cyrus wegen ihrer nestorianischen Lehre nicht besonders beliebt, und 389 n. Chr. schloß Kaiser Zeno sie auf dessen Betreiben hin. Die Lehrer wurden verbannt. Viele zogen über die Grenze ins damalige Persien und ließen sich in Nisibis nieder. Dort verstärkten sie entweder die ansässige Schule oder gründeten eigene. Da Nisibis im 2. Jahrhundert auch die wichtigste jüdische Gemeinde und Schule der Region beherbergte, kann man so gut wie sicher davon ausgehen, daß diese Stadt Gurdjieffs Nivssi war und daß sein abgelegenes Tal sich irgendwo in diesem Gebiet befindet.

Allmählich zeichnete sich also ein gewisses Muster ab. Im nördlichen Mesopotamien, nur vierzig Kilometer südlich von Edessa, lag die alte Stadt Harran. Sie war einst die Heimat des Patriarchen Abraham gewesen, und nach Auskunft der Bibel lag dort sein Vater

Terach begraben. In dieser Stadt wurden die *Hermetica* während des europäischen »Dunklen Zeitalters« aufbewahrt, bis Dschingis-Khan den Ort im 13. Jahrhundert zerstörte.

Wenn Gurdjieff tatsächlich eine Karte von »Ägypten vor der Versandung« im Haus eines Priesters in Nisibis gefunden hatte, dann gab es wahrscheinlich eine Verbindung zwischen dieser Karte und der persischen Schule, die seit 489 n. Chr. dort bestand. Diese Schule hatte ihre Ursprünge in Edessa und stand wahrscheinlich in Kontakt mit der in Harran. Daraus ergab sich ein ganz einfacher Schluß: Wenn ich nach Spuren von Gurdjieffs Sarmung-Bruderschaft suchen wollte, dann war dieses Gebiet im Norden Syriens ein guter Ausgangspunkt.

Noch etwas anderes hatte meine Aufmerksamkeit erregt: das untergegangene Königreich Kommagene nördlich von Edessa. Ich wußte, daß dort kurz vor Christi Geburt ein bemerkenswertes Monument errichtet worden war. Meiner Vermutung nach konnte

Karte 4 Gurdjieffs Reise von Ani aus, die zur Entdeckung einer Karte »Ägyptens vor der Versandung« in »N«, wahrscheinlich Nusaybin (Nisibis), führte

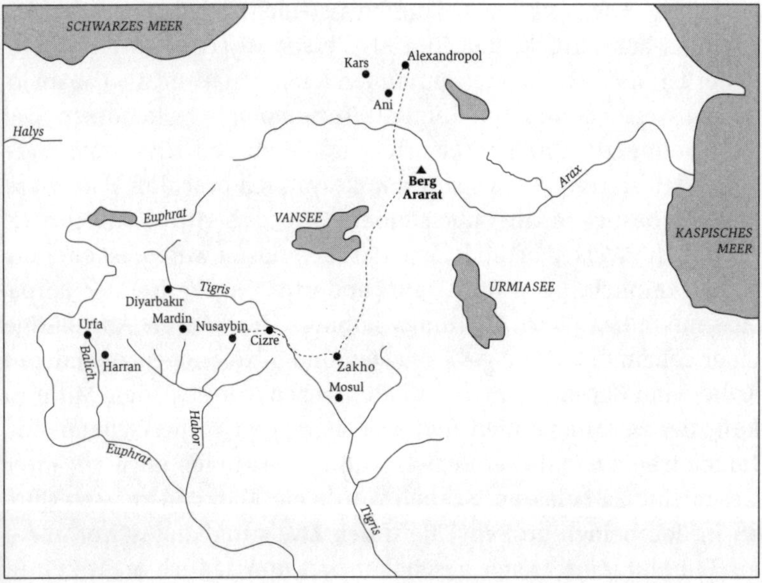

es mit der Geschichte der Weisen in Zusammenhang stehen. Ich wußte nichts Genaueres, aber offenbar barg dieses Monument, eine Art türkischer Pyramide, ein großes Geheimnis, das ich näher erforschen wollte. Ich vermutete auch, daß es etwas mit Gurdjieffs Sarmung-Bruderschaft zu tun haben könnte, obwohl ich keine Ahnung hatte, wie diese Verbindung ausgesehen haben könnte. Da Nusaybin, Harran und Kommagene in der Türkei lagen, waren sie einigermaßen gut zugänglich und erforschbar, anders als die Stätten im Irak. Es war also sinnvoll, sich dort einmal umzuschauen.

Das untergegangene Königreich Kommagene

Für mich bestand kein Zweifel daran, daß die Sterndeuter aus dem Matthäus-Evangelium mit Ägypten in Verbindung standen. Und doch blieb die Frage: Woher genau waren sie gekommen? Die Annahme, sie seien Perser gewesen, ist nicht sehr hilfreich. Denn zur Zeit Jesu gehörten ganz Mesopotamien und ein großer Teil Anatoliens zumindest nominell zum Partherreich und waren somit »persisch«. Die Sterndeuter mußten also nicht den ganzen Weg von Parthien aus zurücklegen, um als Perser zu gelten. Wahrscheinlicher ist, daß sie aus Mesopotamien kamen, daß sie also »babylonische Weise« waren, um Bennetts Terminologie zu benutzen. Die Verbindung zu Abraham ebenso wie die zu den *Hermetica* legte nahe, daß Harran ihr Ausgangspunkt war. Ich beschloß also, diese Stadt zu besuchen, aber auch andere Orte zu berücksichtigen.

Daß die Weisen orthodoxe persische Priester waren, ist eher unwahrscheinlich, denn im 1. Jahrhundert n. Chr. verfiel der Zoroastrismus allmählich. Allerdings könnten die Weisen Angehörige einer geheimen Schule gewesen sein und Beziehungen zu anderen Kulten und Bewegungen unterhalten haben, wie etwa dem Mithraskult, der in Ostanatolien und Mesopotamien vorherrschend war. Da ich wenig von dieser Region wußte, begann ich mich mit ihrer Geschichte zu befassen. Schnell wurde mir klar, daß zur Zeit Christi in den beiden großen Tälern des Zweistromlandes, vor allem am Euphrat, eine Menge geschehen war und daß ich mehr Zeit in meine Forschungen investieren mußte. Wie ich feststellte, beherbergte Mesopotamien damals einige interessante Sternenkulte, zu denen auch Sterndeuter gehörten. Einer der wichtigsten, zumindest einer, der viele Spuren hinterließ, war der Kult der Könige von Kommagene, eines kleinen Staates am oberen Euphrat. Könnte Kommagene die Heimat der Weisen gewesen sein? Auch diese Überlegung wollte ich im Gedächtnis behalten.

Kommagene war zwar oft von fremden Mächten erobert worden, besaß aber dennoch eine Vorgeschichte und Kultur, die bis auf die Zeit vor dem Aufstieg Assyriens zurückgingen. Kutmuhi (oder Kummuhu), so der assyrische Name, wurde erstmals von Adad-Nirari I. (um 1300 v. Chr.) eingenommen und blieb bis zum Untergang Assyriens im Jahr 612 v. Chr. ein Vasallenstaat. Wie man in der Bibel lesen kann, waren die Assyrer erbarmungslose Imperialisten. Sie bekriegten ihre Nachbarn oder forderten hohe Tribute als Gegenleistung für den Frieden. Um 1100 v. Chr., als Tiglat-Pileser I. den Thron bestieg, war Kutmuhi in eine Revolte verwickelt, die die Muschki (die Meschech der Bibel) angezettelt hatten. Der assyrische König schlug diesen Aufstand brutal nieder und rühmte sich seines Sieges auf einem Tonprisma, das heute im British Museum aufbewahrt wird:

»Zu Beginn meiner Herrschaft vertrauten zwanzigtausend Männer des Landes von Muschki und ihre fünf Könige ... auf ihre eigene Stärke und kamen herab und nahmen das Land Kutmuhi ein. Mit der Hilfe Assurs,[5] meines Herrn, sammelte ich meine Streitwagen und Truppen. Mit ihren zwanzigtausend Kriegern und fünf Königen kämpfte ich im Land Kutmuhi, und ich besiegte sie. Die Leichen ihrer Krieger schleuderte ich in der vernichtenden Schlacht zu Boden wie der Sturm[-Gott]. Ihr Blut ließ ich in den Tälern und auf den Hochflächen der Berge fließen. Ich schnitt ihnen die Köpfe ab und türmte sie außerhalb der Städte auf wie Kornhaufen. Ihre Beute, ihr Hab und Gut trug ich in unschätzbarer Menge davon. Ich nahm mit mir sechstausend [Männer], die Überreste ihrer Truppen, die vor meinen Waffen geflohen waren und meine Füße umschlungen hatten, und ich zählte sie zu den Einwohnern meines Landes.«[6]

Die Bewohner von Kommagene waren offensichtlich nicht nur Opfer, sondern auch aktiv an der Revolte beteiligt. Denn nachdem Tiglat-Pileser sich mit den ruchlosen Muschki befaßt hat, wendet er seine Aufmerksamkeit nun den Bewohnern von Kommagene und ihrer angemessenen Bestrafung zu.

»Damals zog ich auch gegen das Land Kutmuhi, das untreu war und Assur, meinem Herrn, Tribute und Steuern vorenthalten hatte. Ich eroberte das Land Kutmuhi in seiner Länge und Breite. Ihre Beute, ihr Hab und Gut trug ich davon. Ich brannte ihre Städte mit Feuer nieder, ich verwüstete und zerstörte sie. Der Rest des Volkes von Kutmuhi, der vor meinen Waffen geflohen war, setzte über in das Land von Scheresche [eine Stadt im Gebiet des heutigen Diyarbakır], das an den entfernten Ufern des Tigris liegt, und machte aus der Stadt eine Festung. Ich nahm meine Streitwagen und meine Krieger und bahnte mir meinen Weg über steile Berge und ihre beschwerlichen Pfade mit bronzenen Hacken, und ich machte eine Straße passierbar für den Durchzug meiner Streitwagen und Truppen. Ich setzte über den Tigris und eroberte die Stadt Scheresche, ihre Festung. Ich zerstreute ihre Krieger inmitten der Hügel – und ließ ihr Blut in den Tigris fließen und auf die Hochflächen der Berge.«[7]

Heute würde man Tiglat-Pileser und die meisten anderen assyrischen Könige als Kriegsverbrecher bezeichnen. Als ich die prahlerischen Berichte über seine Feldzüge gegen Kommagene und andere Länder las, hatte ich die Bilder aus dem Fernsehen vor Augen von Kurden, die der Herrscher über das moderne Assyrien, Saddam Hussein, aus ihren Dörfern in die Berge trieb. Die »Geschichte des Verbrechens« wiederholt sich offenbar ständig.

Tiglat-Pilesers Krieg muß die Kommagener eingeschüchtert haben, denn wenn das Land in den Berichten späterer assyrischer Könige auftaucht, so immer im Zusammenhang mit Tributzahlungen. Ein interessanter Eintrag, in dem es um einen Tribut an Salmanassar III. (um 857 v. Chr.) geht, findet sich in der sogenannten »Monolith-Inschrift« auf einer Stele aus Kurch, einer Stadt dreißig Kilometer südlich von Diyarbakır. Auch sie befindet sich heute im British Museum:

»Katazilu von Kummuhu – zwanzig Silberminen, dreihundert Zedernstämme jährlich habe ich [von ihm] erhalten.«[8]

Mit dem Fall der assyrischen Hauptstadt Ninive im Jahr 612 v. Chr. ging die Oberherrschaft über Kommagene zunächst auf die Babylonier und dann, nach dem Sieg des Kyros, auf das Perserreich über. Die weitere Geschichte Kommagenes ist eine der eigenartigsten Fußnoten zur Geschichte des Mittleren Ostens.

334 v. Chr. überquerte Alexander, damals nur König von Makedonien, den Hellespont und fiel in Kleinasien ein. In Gordion, der antiken Hauptstadt Phrygiens, besuchte er den Zeus-Tempel, in dem ein seltsamer Wagen aufbewahrt wurde. Der Legende nach hatte Zeus den Phrygern einst durch ein Orakel befohlen, den ersten Menschen, der in einem solchen Wagen zu seinem Tempel kam, zum König zu machen. Der Glückliche war ein Bauer namens Gordion, und er wurde tatsächlich zum König erklärt. Sein Wagen fand einen Platz im Tempel. Dieser Wagen war etwas ganz Besonderes, weil er durch ein seltsam verknotetes langes Stück Kornelkirschenrinde zusammengehalten wurde.

Eine weitere Prophezeiung sagte, daß derjenige, der diesen Knoten löste, Herr über ganz Asien werden würde. Wir wissen nichts über die vielen anderen, die an dieser Aufgabe gescheitert sein müssen, aber Alexander soll keine Zeit damit verschwendet haben, den Knoten zu entwirren, sondern soll ihn einfach mit seinem Schwert entzweigehauen haben. Die Prophezeiung erfüllte sich, und Alexander beherrschte später wirklich ganz Asien, eroberte Ägypten, Persien und drang sogar bis nach Indien vor. Obwohl er 323 v. Chr. mit nur dreiunddreißig Jahren starb und deshalb die Macht in seinem Reich nicht festigen konnte, hatten seine Eroberungen großen Einfluß auf die künftige Entwicklung der Region.

Nach seinem Tod wurde das Reich unter seinen Generälen aufgeteilt: Ptolemaios erhielt Ägypten, Antigonos den größten Teil Kleinasiens und Seleukos Babylonien, Persien und Nordostindien. In den Kriegen, die unausweichlich folgten, machte sich Seleukos auch noch zum Herrn über Syrien und gewann damit einen Zugang zum Mittelmeer. Die seleukidische Dynastie kontrollierte einige Jahrhunderte lang Syrien, Babylonien und den Westen Persiens, bevor sie unter dem Druck der Römer im Westen und der Parther im Osten zusammenbrach. Seleukos selbst gründete die Stadt Antiochia, benannt nach seinem Vater Antiochos. Sie liegt an der Mittelmeerküste in der Nähe von Issos, wo Alexander seine berühmte Schlacht gegen Dareios gewonnen hatte. Lange nachdem Babylonien und Persien untergegangen waren, sollte sich diese Stadt zur syrischen Hauptstadt und zum Mittelpunkt der hellenistischen Kultur in diesem Gebiet entwickeln.

Das Königreich des Antigonos weiter im Norden litt unter inneren Streitigkeiten und Einfällen der Gallier und löste sich ziemlich schnell auf. Kleinere Nachfolgestaaten entstanden, die sich höchstens formal den Königen von Makedonien, Persien oder Syrien unterstellten. Die wichtigsten dieser Reiche waren Pontos, ein Gebiet in Kappadokien östlich des Flusses Halys und südlich des Schwarzen Meeres, Galatien, das den gößten Teil Phrygiens einnahm, und Pergamon, ein Stadtstaat an der Küste. Mehrere Jahrhunderte lang blieb dieser Teil der Welt politisch sehr instabil, bis Pompeius schließlich auch hier die Pax Romana durchsetzte.

Doch die Situation hatte auch ihre Vorteile. Der Niedergang der Seleukiden bot vor allem Kommagene die Möglichkeit, erstmals seit den assyrischen Eroberungen, durch die sie mehrere Jahrhunderte zuvor unterworfen worden waren, unabhängig zu werden. Anfang des 3. Jahrhunderts v. Chr. baute ein König namens Samos die Militärmacht des Landes aus und errichtete eine Hauptstadt namens Samosata. Sein Sohn Arsames verlegte die Hauptstadt an einen geschützteren Platz weiter oben am Nymphenfluß, einem Nebenfluß des Euphrat, und nannte sie Arsameia am Nymphenfluß. Arsames war wie sein Vater immer noch Vasall der Seleukiden. Erst 162 v. Chr. revoltierte sein Enkel Ptolemaios und erklärte Kommagene für unabhängig. Dessen Sohn Samos II. wiederum schloß Frieden mit den Seleukiden und besiegelte ihn damit, daß sein Sohn und Nachfolger Mithridates (Mithridates I. Kallinikos) Laodike, die Tochter des syrischen Königs Antiochos VIII., heiratete. Aus dieser allem Anschein nach sehr glücklichen Ehe ging der berühmteste König von Kommagene, Antiochos I. Epiphanes, hervor, der irgendwann vor 69 v. Chr. den Thron bestieg.

König Antiochos nahm seine Religion, eine hellenisierte Form des Zoroastrismus, sehr ernst. Glücklicherweise hinterließ er zahlreiche griechische Inschriften, und so wissen wir ziemlich viel über den königlichen Kult, den er propagierte. Die Könige von Kommagene führten ihre Ursprünge auf das griechische wie auch auf das persische Königshaus zurück, wohl um ihre Autorität bei einer durchmischten Bevölkerung zu legitimieren. Entsprechend verehrten sie eine seltsame Mischung von allgemein anerkannten griechischen und persischen Gottheiten. Zudem war der königliche Kult eindeutig ein Sternenkult, die Götter verkörperten auch die Sonne, den Mond und die Planeten. Antiochos ließ viele Tempel und andere Denkmäler erbauen, darunter das sogenannte Hierothesion – heute eine echte Touristenattraktion. Es wurde 1883 zufällig bei einer Landvermessung entdeckt und zunächst von einer Gruppe deutscher Archäologen erforscht. Auch diesen Tempel wollte ich aufsuchen.

Ein Abenteuer im Lande Kummuhu

Im April 1994 fanden meine Frau Dee und ich endlich die Zeit, die Region Nordmesopotamien zu besuchen und dort nach den mysteriösen Sterndeutern des Evangeliums zu forschen. Der Flug in die Westtürkei war billig und problemlos. Die Schwierigkeiten begannen erst, als wir in den Südosten des Landes vordringen wollten. Die angespannte politische Lage erleichterte unser Vorhaben nicht gerade. Nur ein paar Wochen bevor wir uns auf den Weg machten, hatte die türkische Luftwaffe kurdische Dörfer um Cizre herum bombardiert. Wohlmeinende Türken, für die östlich von Ankara die Äußere Mongolei begann, warnten uns wiederholt davor, dieses Gebiet zu betreten.

Natürlich wußten wir, daß sie bis zu einem gewissen Grad recht hatten und daß es durchaus ein Risiko war, sich abseits der normalen Touristenpfade zu bewegen. Aber wir beschlossen, uns nicht so leicht abschrecken zu lassen. Das war allerdings nicht das einzige Problem. Da wir nicht mit einer Touristengruppe reisten, mußten wir zunächst ein geeignetes Transportmittel finden. Wir hatten nur wenig Zeit, und obwohl die türkischen Reisebusse billig und zuverlässig sind, konnten wir es uns nicht erlauben, tagelang durchs Land zu fahren. Also mußten wir fliegen. Wir fanden heraus, daß es zweimal die Woche einen Flug von Ankara nach Urfa gab, der Stadt, die Harran am nächsten ist. So buchten wir unsere Tickets für den Hin- und Rückflug. Wir ahnten noch nicht, auf was für ein Abenteuer wir uns damit einließen.

Die Kurden, die den Großteil der Bevölkerung in der Südosttürkei stellen, sind ein robustes, freundliches Volk. Unglücklicherweise gehörten sie zu den Verlierern bei den Verträgen, die die Alliierten und die Türken nach dem Ersten Weltkrieg abgeschlossen hatten: Das Osmanische Reich wurde zerschlagen, die kurdischen Siedlungsgebiete unter der Türkei, dem Iran, dem Irak und Syrien aufgeteilt. Heute hat das Kurdengebiet im Nordirak einen fast autonomen Status, der Bestand haben wird, solange amerikanische, britische und französische Kampfflugzeuge den Luftraum kontrollieren. Die Bombardierung kurdischer Dörfer durch die türkische Luftwaffe war angeblich als Vergeltungsschlag gegen kurdische Terroristen gedacht; doch in den Augen der Weltöffentlichkeit hatten die Türken die Verhältnismäßigkeit der Mittel nicht gewahrt. In der brisanten Atmosphäre, die in Nordmesopotamien nach dem Golfkrieg herrschte, wollte niemand den Status quo aufs Spiel setzen.

In dieser angespannten Lage hatten wir doch ein bißchen Bedenken, eine Region zu betreten, die im Fernsehen als Kriegsgebiet dargestellt wurde. Als wir landeten, öffneten ein paar Männer, die wir für Geheimdienstoffiziere hielten, ihre Sakkos, und darunter kamen Pistolenhalfter zum Vorschein. Mit der Nonchalance von Touristen, die ihren zollfreien Whisky vorzeigen, zogen sie ihre abgenutzten Maschinenpistolen und legten sie den Zollbeamten vor. Da niemand auch nur eine Miene verzog, nahmen wir an, daß so etwas hier ganz normal war. Unsere Sorge, daß wir ein Gebiet betraten, wo die Waffen Recht sprachen, wurde nicht geringer. Wir hätten uns aber keine Gedanken zu machen brauchen, denn unsere Ängste stellten sich als unbegründet heraus. Alle, die wir trafen,

Türken wie Kurden, waren ungeachtet ihrer gegenseitigen Animositäten sehr freundlich Fremden gegenüber.

Als wir in Urfa, der antiken Stadt Edessa, landeten, war es doch ein Schock, zu sehen, wie unterentwickelt dieser Teil der Türkei wirkte. Die meisten Frauen waren noch in traditionelle Kleidung gehüllt und gingen verschleiert. Viele Männer trugen Pluderhosen und die locker geschlungenen Turbane, die in dieser Region üblich sind. Sie hatten sie aber unpassenderweise meist nicht mit den traditionellen bunten Westen kombiniert, sondern mit abgetragenen Jacketts im westlichen Stil.

Wir nahmen den Flughafenbus ins Stadtzentrum. Urfa, oder vielmehr Şanlıurfa, wie es jetzt heißt,[9] erwies sich als eine seltsame Mischung aus mittelalterlichem Zentrum und wuchernden Vorstädten mit Hochhäusern im Stil der sechziger Jahre. Wir fuhren an einem bröckelnden Straßenzug nach dem anderen vorbei und atmeten Verfall. Vom Bus aus sahen wir viele Menschen, die sich auf den Bürgersteigen und in den Teehäusern drängten und entweder ihren Geschäften nachgingen oder sich einfach die Zeit vertrieben. Der Markt, an dem wir vorüberfuhren, nach Auskunft unseres Reiseführers der größte im Land nach dem Basar von Istanbul, war nicht mit touristischen Waren bestückt, sondern mit Dingen des täglichen Lebens: Nahrungsmittel, Gewürze, Töpfe und Pfannen, Kleidung.

Die sanitären Anlagen, zumindest in diesem Teil der Stadt, waren ganz offensichtlich primitiv. Gleich beim Aussteigen aus dem Bus umwehte uns der Geruch der Kanalisation. Aber immerhin war Urfa eine lebendige Metropole. Um uns herum sprachen die Menschen Türkisch, Arabisch, Kurdisch und wohl noch ein Dutzend weiterer östlicher Sprachen und Dialekte, die wir nicht unterscheiden konnten. Alle starrten uns interessiert an, als kämen wir von einem anderen Stern. In dieser Gegend sind Europäer wirklich selten, und wir waren genauso neu für sie wie sie für uns. Wir hatten keine Zeit, uns genauer umzuschauen, sondern wollten gleich weiter nach Adıyaman und von dort aus nach Kâhta, dem Tor zum untergegangenen Königreich Kommagene.

Karte 5 Die Königreiche Kommagene und Osrhoene

Wir bestiegen ein Dolmuş, das im Osten omnipräsente Minibus-Taxi, und schaukelten wenig später durch die mesopotamischen Ebenen. Bald wich die Wüste um Şanlıurfa grüneren Weiden, als wir uns den Vorgebirgen des Antitaurus näherten. Auf den Spitzen vieler Gipfel sahen wir alte Burgruinen, vielleicht Kreuzfahrerfestungen aus jener Zeit, als hier der Kampf zwischen Christentum und Islam tobte.

Jetzt wirkte alles friedlich. Bauern, darunter viele hell gekleidete Frauen, bestellten ihre Tabak-, Baumwoll-, Weizen- und Gemüsefelder. Die Männer sah man meist auf dem Traktor sitzen, während es den Kindern überlassen blieb, die kleinen Schaf- und Ziegenherden zu hüten. Es war eine wahrhaft biblische Umgebung, und bald überquerten wir den Euphrat, jahrhundertelang die Grenze zwischen dem Römischen Reich und dem Herrschaftsgebiet der Perser.

Doch der erste Augenschein kann trügen: In diesem Land hat sich viel getan. Entlang der Strecke sahen wir nagelneue Wegweiser zum jüngsten technischen Wunderwerk der Türkei: dem Atatürk Barajı oder Atatürk-Staudamm. Dieses gewaltige Bauwerk, das die Wasser des mächtigen Euphrat staut und verteilt, hätte selbst Tiglat-Pileser vor Neid erblassen lassen. Leider ist in den Fluten des riesigen Sees, der hinter dem Damm entstanden ist, neben anderen archäologischen Stätten der Region auch Samosata, die ursprüngliche Hauptstadt von Kommagene, untergegangen. Wir konnten nur seufzen und hoffen, daß die Vorteile die großen Einbußen für die einheimische Bevölkerung und die Natur aufwiegen und daß das Aufstauen eines solchen Stromes nicht allzu viele Probleme für die Anrainer mit sich bringt.

Adıyaman erwies sich als eine heruntergekommene Stadt mitten im Goldrausch. Ölfunde in der Umgebung hatten kurz zuvor einen lokalen, eher kurzlebigen wirtschaftlichen Aufschwung hervorgerufen. Er konnte allerdings nicht die Tatsache verdecken, daß die bisherige Hauptverdienstquelle, der Tourismus, aufgrund der negativen Berichterstattung über die kurdischen Unruhen völlig versiegt war. Immerhin bekamen wir deshalb ohne Probleme ein Zimmer im einzig akzeptablen Hotel des Ortes. Beim Frühstück am nächsten Tag bot uns ein freundlicher Handelsvertreter an, uns nach Kâhta mitzunehmen, dem Ausgangspunkt für Touren im Nationalpark Kommagene. Bald waren wir auf einer schmalen gepflasterten Piste unterwegs zum Nemrud Dağ, dem höchsten Gipfel in Kommagene und unserem Zielort.

Unsere Vermutung, daß die Touristen ausblieben, bestätigte unser Führer. Er war Kurde, der gebrochen Englisch sprach und ein Hotel am Ort leitete. Zumindest bedauerte er es zutiefst, daß fanatische Anhänger der PKK (Kurdische Arbeiterpartei) ein paar Monate zuvor einige Ausländer als Geiseln genommen hatten, um das Regime in Ankara durch die Bedrohung der lukrativen Tourismus-Industrie unter Druck zu setzen. Die Drohung hatte eine so durchschlagende Wirkung, daß das Hotel unseres Führers jetzt völlig leer stand und er dem Bankrott entgegensah. Deshalb war er natürlich sofort bereit, eine private, geführte Tour zu allen antiken Monumenten der Region zu organisieren, und mietete dazu einen Minibus.

Wir verließen Kâhta und fuhren mehrere Stunden lang immer bergauf, durch Dörfer mit vielen Kindern und zahllosen Hühnern, bis zur Spitze des Berges. Schließlich standen wir vor einem beeindruckenden Hügel aus weißem Kalkstein, der die sterblichen Überreste von Antiochos I. Epiphanes, dem wichtigsten unter Kommagenes Kleinkönigen, in sich birgt.

Der Tumulus oder Grabhügel, der in vieler Hinsicht einer Pyramide ähnelt, gehört zu den berühmtesten Denkmälern der Türkei. Die Einheimischen bezeichnen ihn gern als achtes Weltwunder. Er steht auf der Spitze des Nemrud Dağ, des höchsten Berges in diesem Gebiet, und ist aus faustgroßen Steinen erbaut, die zu einem großen Haufen aufgeschichtet sind. Der Aufstieg zum Fuß des Tumulus dauerte etwa fünfzehn Minuten, und wir waren völlig außer Atem, als wir ihn endlich erreichten: Wir wurden mit einer spektakulären Aussicht belohnt – überall um uns herum Berggipfel, so weit das Auge reichte. Doch wir waren nicht wegen der Aussicht gekommen, sondern wegen der Ansammlung von Kolossalstatuen, die seit zwei Jahrtausenden den Berg und den täglichen Lauf der Sonne bewachen.

Als wir um die Ecke bogen und die Ostterrasse betraten, standen wir plötzlich vor der ersten Gruppe von kopflosen Kolossen. (Tafel 18) Von Erdbeben enthauptet, liegen ihre Köpfe zu ihren Füßen, den Blick auf ewig in den Sonnenaufgang gerichtet. Die zentrale Figur der fünf sitzenden Götter ist Zeus, der Vater des griechischen Pantheon, den Antiochos mit Ohrmazd gleichsetzte. Die Statue des Zeus ist riesig. Als ich zu seinen Füßen stand, reichte ich ihm nicht einmal bis ans Knie, obwohl ich über einen Meter achtzig groß bin. (Tafel 19)

Ihm zur Linken sitzt die einzige Göttin der Gruppe. Einst dachte man, sie stelle die Göttin des Schicksals dar, die griechische Tyche oder persische Aschi. Heute aber nimmt man an, daß sie das fruchtbare Land Kommagene personifizierte. Ihr zur Linken wiederum sitzt Apollon-Helios, der eine phrygische Mütze trägt und mit dem Mithras des persischen Pantheon identifiziert wurde. Auf der rechten Seite von Zeus/Ohrmazd sitzt die jugendliche Gestalt des Antiochos selbst. Obwohl er ein bißchen kleiner ist als seine göttlichen Gefährten, glaubte er ganz offensichtlich, daß er im Tod, wenn schon nicht im Leben, zur Rechten des Vaters sitzen werde.

Rechts von Antiochos befindet sich eine Statue des Herakles, der in dieser Region besonders beliebt gewesen sein muß, wenn man nach der Häufigkeit urteilt, mit der er abgebildet wurde. Herakles wurde mit dem persischen Siegesgott Verethragna (Artagnes) gleichgesetzt. Diese fünf Götterbildnisse werden auf jeder Seite flankiert von Doppelstatuen eines Adlers und eines Löwen, den Wappentieren des Königshauses von Kommagene.

Vor den Statuen erstreckt sich eine ziemlich breite Terrasse, an deren Ostende sich eine Plattform erhebt, zu der mehrere Stufen hinaufführen. Sie ist quadratisch mit einer Seitenlänge von 13,5 Metern und war nach Auskunft unseres Reiseführers einmal ein zoroastrischer Feueraltar. Heute sieht sie eher aus wie ein Hubschrauberlandeplatz und wird auch manchmal als solcher genutzt. Auf der Nord- und Südseite der Terrasse und in einem fast rechten Winkel zu den Kolossalstatuen stehen Sockel, die einst eine Reihe von Reliefs trugen. Einige davon liegen noch in der Nähe verstreut. Es waren flache Platten mit den Bildern von persischen und griechischen Adligen, Antiochos' Vorfahren. Andere Reliefs zeigten den »Handschlag« oder die »Dexiosis«, eine beliebte Szene bei den Königen von Kommagene, die verdeutlichen sollte, daß sie mit ihren Göttern auf freundschaftlichem Fuße standen.

Der Gesamteindruck dieser Ostterrasse war überwältigend. Er wurde noch verstärkt durch die gewaltige Steinpyramide hinter den sitzenden Götterstatuen und die Aussicht auf das Panorama. Und doch war dieser kurze Blick auf die göttliche Majestät nur der Anfang. Wir folgten dem Pfad um die Nordseite des Tumulus herum und kamen zur Westterrasse. Dort thronte eine ähnliche Göttergruppe, wieder flankiert von Reliefs mit Darstellungen des händeschüttelnden Antiochos und seiner Vorfahren. Aber es gab auch einige auffallende Unterschiede: Der Feueraltar fehlte, und die Kolosse, die nicht viel kleiner waren als ihre östlichen Gegenstücke, standen in einer etwas anderen Reihenfolge. Diese Terrasse bot jedoch auch etwas Einzigartiges: einen astrologischen Fries, der das Sternbild Löwe darstellte. (Tafel 21)

Ich hatte darüber gelesen, und so war es ein überwältigendes Erlebnis für mich, ihn jetzt in natura zu sehen. Otto Neugebauer, ein berühmter Archäoastronom, hatte sich eingehend mit diesem Fries befaßt und festgestellt, daß er nicht nur ein Sternbild zeigte, sondern ein vollständiges Horoskop.

Es war sehr kalt, und auf der Westterrasse lagen auch Anfang Mai an geschützten Stellen noch Schneereste. Wir waren ganz allein auf dem Berg. Die völlige Stille wurde nur vom Wind unterbrochen, der durch die Ritzen der Kolossalstatuen pfiff. Die Wucht und die Eindringlichkeit der Götterstatuen sprachen durch die Jahrhunderte zu uns. Aber die Gefühle, die sie ausdrückten, waren nicht die, die man erwartet hätte.

Antiochos wirkte nicht wie ein kalter, unbarmherziger Egomane, obwohl doch schon die Tatsache, daß er seine Statue direkt zur Rechten des Zeus aufstellen ließ, eine gewisse Eitelkeit vermuten läßt. Ganz sicher mußte sein Volk Enormes leisten, um dieses beeindruckende Monument zu schaffen. Man kann sich kaum vorstellen, wieviel Mühe das Behauen und Aufstellen der großen Steinblöcke gemacht hatte. Aber die Arbeit am Tumulus, der mit seinen fünfzig Metern nicht viel kleiner ist als die Pyramide des Mykerinos,[10] war wahrscheinlich freiwillig.

Ich stellte mir Gruppen von Arbeitern vor, die die Kalksteinfelsen weiter unten am Berg abschlugen und große Brocken in kleine, handliche Bruchstücke zerteilten. In einem endlosen Strom müssen die Menschen mit Körben voller Steine auf dem Kopf langsam den Berg hinaufprozessiert sein, um ihre Ladung am Gipfel auf den wachsenden Haufen zu schütten. Wenn der so entstandene Tumulus wirklich Antiochos' letzte Ruhestätte sein sollte, wie die meisten Archäologen glauben, dann war es eine gute Idee gewesen, ihn aus Bruchsteinen zu bauen. Bisher hat niemand eine Grabkammer entdeckt, und wahrscheinlich wird man auch keine finden, solange man nicht den ganzen Haufen abträgt. Anders als die ägyptischen Pharaonen, die ihre sterblichen Überreste viel aufwendigeren Pyramiden anvertrauten, ruht Antiochos unter seinem Tumulus aus kleinen Felsbrocken in tiefstem Frieden.

Nach Auskunft der Inschriften, die er in die Rücken der Kolosse einmeißeln ließ, hatte er sein Hierothesion zu einem bestimmten Zweck gebaut. Es war nicht einfach nur als Grab angelegt, sondern als ein Ort, an dem er sein Volk zu religiösen Festen anläßlich seines Geburtstages oder seines Krönungstages versammeln konnte. Er war sich der Macht der Symbole genauso bewußt wie die Päpste und hatte einen Göttertempel auf dem Gipfel des örtlichen Äquivalents zum Olymp gebaut. Hier verehrten die Kommagener die Planetengötter und feierten die Mysterien des Sonnenaufgangs und -untergangs. Als höchster Punkt seines Reiches war der Gipfel symbolisch auch der dem Himmel nächste Ort, der Ort, an dem Götter und Menschen zusammenkommen konnten.

Und doch hatte ich den Eindruck, daß es hier um noch mehr ging als um ein raffiniert angelegtes Grab mit olympischem Anspruch. Die Anlage erinnerte an die ägyptischen Pyramiden. War dieser Komplex, wie Gise, ein »Legomonismus«, um bei Gurdjieffs Terminus zu bleiben? Bewahrte er eine geheime Botschaft für die Zukunft? Vieles wies darauf hin, nicht zuletzt das seltsame Löwen-Horoskop. Ich beschloß, mich nach der Reise näher damit zu befassen.

Wir fuhren den Nemrud Dağ auf derselben ausgefahrenen Straße hinab, auf der wir gekommen waren, und gelangten zu einem anderen großen Heiligtum in Kommagene, das heute den Namen Eski Kale, »Alte Festung«, trägt. Dort besichtigten wir die Überreste des wohl wichtigsten spirituellen Zentrums des antiken Kommagene. Dieser Ort war von der Hauptstadt Arsameia am Nymphenfluß aus sehr viel leichter zu erreichen und, anders als der Gipfel des Nemrud Dağ, das ganze Jahr über zugänglich. Wir fuhren auf einem steilen Pfad an einem Abhang entlang hinauf und genossen großartige Ausblicke über das Tal des Nymphenflusses. (Tafel 22)

Dann fanden wir ein zerbrochenes Relief: Antiochos gibt einem Gott, der als Apollon-Mithras identifiziert worden ist, die Hand. Etwas weiter oben am Berg befindet sich eine Höhle, die nach Meinung von Archäologen das Grab von Antiochos' Vater Mithridates I. gewesen sein könnte. Die Höhle selbst war nicht besonders interessant, wenn man von einem Stollen mit unbekannter Funktion absah, der vom rückwärtigen Teil aus nach unten führte. Doch genau vor der Höhle und am Rande der Böschung lagen Fragmente eines Reliefs, das offenbar Vater und Sohn darstellte, vielleicht ebenfalls bei der Begrüßung.

Wir verließen diese erste Höhle und fuhren weiter hinauf zum wichtigsten und besterhaltenen Heiligtum des Berges. Wieder stießen wir auf ein großes Relief, das einen König von Kommagene zeigt, entweder Mithridates oder Antiochos, der Herakles die Hand gibt. (Tafel 23) Wie auf den Reliefs vom Nemrud Dağ ist Herakles als kräftiger, nackter und bärtiger Mann mit einer großen Keule in der Linken dargestellt. Neben dem Relief ist eine griechische Inschrift in den Fels gemeißelt, die längste in Kleinasien. Sie erklärt, daß Antiochos diese Stätte zur Erinnerung an seinen Vater Mithridates baute und wie er dafür sorgte, daß jeden Monat Zeremonien ihm zu Ehren durchgeführt wurden. Unter der Inschrift sieht man den Eingang zu einem weiteren Stollen. (Tafel 24)

Dieser Tunnel, den deutsche Archäologen zwischen 1953 und 1956 freiräumten, ist hundertachtundfünfzig Meter lang und fällt in einem Winkel von fünfunddreißig Grad schräg ab. Wenn die Deutschen gehofft hatten, zur Belohnung für ihre Mühen am Ende des Ganges nach ägyptischem Vorbild das Grab des Mithridates zu finden, so wurden sie enttäuscht. Der Zweck des Tunnels bleibt ein Rätsel. Niemand weiß, wozu er diente, und die Annahme, er sei ein unvollendeter Fluchtweg aus der Burg oberhalb der Anlage gewesen, wurde bald fallengelassen.

Heute glaubt man, daß er bei irgendwelchen uns unbekannten Ritualen eine Rolle spielte. Als ich den Schacht untersuchte, war ich zugegebenermaßen irritiert. Aber ich erinnerte mich an *Das Geheimnis des Orion* und die rituelle Bedeutung der sogenannten Luftschächte der Großen Pyramide, die auf bestimmte Sterne ausgerichtet waren. Vielleicht war es hier in Arsameia ähnlich.

Wir stiegen den Berg wieder hinab und setzten uns in den Minibus. Die Landschaft war von einer Art magischer Schönheit, und wir stellten uns vor, daß Mithridates, Laodike und Antiochos in dieser Umgebung ein sehr angenehmes Leben geführt hatten. Auffallend war allerdings, daß große Bäume fehlten. Wenn die Kommagener den Assyrern heute einen Tribut von dreihundert Stämmen pro Jahr zahlen müßten, hätten sie Schwierigkeiten, überhaupt so viele Bäume zu finden. Der Verlust des Waldes hatte wie in so vielen anderen Regionen der Welt schlimme Folgen. Die Berge erodierten stark, und heute wachsen abseits der Flußufer fast nur noch Sträucher. Selbst diese werden regelmäßig abgeschnitten und dienen im Winter als Notfutter für die Ziegen. So besteht wenig Hoffnung, daß die Wälder, die einst die nackten Berge überzogen, wieder nachwachsen. Das alles wirkte sehr traurig und ganz anders als Bennetts Beschreibung des Tals von Scheich Adi, wo noch in den fünfziger Jahren die Bäume den dort einheimischen Jesiden heilig waren und nicht gefällt werden durften. Deshalb gab es dort viel Wald, der Schatten spendete, das Erdreich festhielt und das Tal verschönerte.

Wir verließen das Bergland und kamen an eine Brücke über den Cendere Suyu, einen Nebenfluß des Nymphenflusses. Diese eindrucksvolle Konstruktion, sieben Meter breit und hundertzwanzig Meter lang, wurde auf Befehl des römischen Kaisers Septimius Severus (193–211 n. Chr.) errichtet. An jedem Ende ließ er Doppelsäulen aufstellen, die einen für sich und seine Frau Julia Domna, die anderen für ihre beiden Söhne Caracalla und Geta.

Nach dem Tod des Severus gab es Streitigkeiten um die Thronfolge, und Caracalla ermordete Geta. Daraufhin wurde auch Getas Säule niedergerissen, und so stehen heute nur noch drei dieser Monumente. Die Brücke ist ein weiteres Beispiel dafür, wie Eitelkeit, Architektur und Politik ineinandergreifen. Dennoch spricht viel für die römische Ingenieurskunst, da die Brücke nach achtzehnhundert Jahren ständiger Benutzung immer noch intakt ist.

Bevor wir Kommagene verließen und uns auf den Rückweg nach Urfa machten, besuchten wir noch einen anderen bemerkenswerten Tumulus, der nach Meinung einiger Forscher die Begräbnisstätte der weiblichen Mitglieder des Königshauses gewesen war. Andere glauben, daß er für Rituale im Winter benutzt wurde, wenn die höher in den Bergen gelegenen Stätten nicht zugänglich waren. Man kann zumindest sagen, daß dieser Tumulus auch heute noch sehr beeindruckend wirkt, obwohl er mit seinen etwa fünfunddreißig Metern niedriger ist als der auf dem Gipfel des Nemrud Dağ. Zwar gibt es hier keine Kolossalstatuen, dafür aber eine Sammlung teilweise noch aufrecht stehender Säulen.

Sie waren ursprünglich als Dreiergruppen im gleichen Abstand zueinander jeweils auf der Süd-, Nordost- und Nordwestseite des Tumulus arrangiert. Man weiß nichts über ihre rituelle Bedeutung, aber vier von ihnen stehen noch heute. Auf einer von ihnen befindet sich eine Adlerstatue (die der Stätte ihren türkischen Namen Karakuş, »schwarzer Vogel«, gegeben hat), auf einer anderen ein kopfloser Löwe. Auf einer dritten wiederum ist eine Szene dargestellt, die wahrscheinlich eine Königin zeigt, die einem Gott die Hand schüttelt.

Nach der Begegnung mit all diesen seltsamen Monumenten einer untergegangenen Kultur begaben wir uns Richtung Kâhta. Es war schon spät, und wir wollten unbedingt nach Urfa zurück. Doch plötzlich zogen an dem bis dahin blauen, nur manchmal leicht bedeckten Himmel dunkle Wolken auf, und auf der Busfahrt von Adıyaman nach Urfa bekamen wir die ganze Wucht eines mesopotamischen Sturms zu spüren. Gewaltige Blitze zuckten über den

Himmel, und es schüttete wie aus Eimern. In kürzester Zeit stand die Straße völlig unter Wasser, als sei der Atatürk-Staudamm geborsten.

In Urfa hatte sich die am Vortag noch trockene und staubige Hauptstraße, die natürlich Atatürk Bulvarı hieß, in einen Fluß verwandelt. Es war ein unheilverheißender Beginn für den zweiten Teil unserer Reise, als wir, durchgefroren und völlig durchnäßt, in der einzig annehmbaren Herberge der Stadt Quartier nahmen: im Hotel Harran.

In jener Nacht war mir furchtbar übel. Ich hatte das freundliche Angebot unseres kurdischen Führers abgelehnt, seine gegrillten Paprika zu probieren. Während der ganzen Woche, die wir nun schon in der Türkei waren, hatte ich immer einen großen Bogen um Döner Kebabs gemacht. Ob es die frisch gebackene Pitta aus der Dorfbäckerei in der Nähe von Kâhta war oder das Quellwasser auf halber Höhe des Nemrud Dağ, vielleicht auch etwas nicht ganz so Frisches im Hotel in Adıyaman, werden wir nie erfahren. Aber ganz eindeutig war ich ziemlich krank. Dummerweise hatten wir unsere Medikamente, zusammen mit der Hälfte unserer Kleider, im Hotel nahe Fethiye gelassen, das wir für die Zeit nach unserer Rückkehr aus dem Osten gebucht hatten.

Es war Freitag abend, und alles, auch die Apotheke an der Ecke, machte gerade zu. Verzweifelt liefen wir hinunter, und ich versuchte zu erklären, was ich wollte, während der Apotheker ebenso verzweifelt versuchte, mich zu verstehen. Aber wir konnten uns einfach nicht verständlich machen. Schließlich verkaufte er uns zwei Medikamente, die sich als Tabletten gegen Magenverstimmung und Aspirin herausstellten. Das war nun wirklich nicht, was ich brauchte. Denn ich leide an Diabetes mellitus und benötige Insulin. Langsam wurde die Situation nicht nur unangenehm, sondern gefährlich. Da die Apotheken das Wochenende über geschlossen blieben und ich keine Möglichkeit fand, mir die notwendigen Medikamente zu besorgen, mußte ich meinen Blutzuckerspiegel richtig einstellen, ohne etwas im Magen zu haben. Noch schlimmer war jedoch, daß unser Rückflug nach Ankara und der Anschlußflug nach Fethiye bereits für den nächsten Dienstag gebucht waren.

Wir mußten diesen Flug nehmen, komme, was da wolle. Als der Sonntag und der Montag verstrichen, ohne daß es mir besser ging, war uns klar, daß wir keinen Blick auf Harran, ja vielleicht noch nicht einmal auf die nähere Umgebung von Urfa werfen würden.

An jenem Abend lag ich schon den dritten Tag im Bett und befand mich nahezu im Delirium. Ich halluzinierte wild, sah lebhafte Szenen mit riesigen Palästen, Kirchen und Burgen vor meinem inneren Auge. In diesem Traumzustand begrüßte mich ein Mann, offensichtlich ein Mönch. Er führte mich zu einer Wendeltreppe und zeigte mir, wie er sagte, die Wunder von Edessa. Diesen alten Namen von Urfa hatte ich beinahe schon vergessen. Die Treppe, das Geländer und vieles andere waren aus filigranem Schnitzwerk mit Perlmutteinlagen. Die Umgebung sah aus wie der Bagdad Köşkü, der schönste Pavillon des Sultans im Topkapı-Palast von Istanbul, nur größer und noch überladener. So, erklärte der Mann, sei Edessa einst gewesen, eine von der ganzen Welt um ihre Großartigkeit beneidete Stadt.

Allmählich wurde mir klar, daß hinter den staubigen Straßen und den geborstenen Mauern ein Geheimnis verborgen lag, das ich aufklären mußte. Doch was es auch immer war, bei dieser Gelegenheit würde ich es sicher nicht mehr finden. Es schien, als hätte ich diese Reise unternommen, um Kommagene zu sehen. Der »Mönch« erklärte mir, daß die Tore von Edessa für mich jetzt verschlossen seien, daß ich aber finden würde, was ich suchte, wenn ich nächstes Jahr besser vorbereitet zurückkehrte.

Damit wachte ich auf oder kam wieder zu Sinnen – schweißgebadet, aber fieberfrei. Ich fühlte mich wie Parzival, der beim Anblick des Grals vergißt, die richtige Frage zu stellen, und deshalb nur einen kurzen Blick auf den zaubermächtigen Pokal erhascht. Ich sah wieder nur das schäbige Braun unserer Hotelzimmerwände und hörte das Rauschen des Verkehrs draußen. Wie ich später feststellen sollte, war der Vergleich mit dem Gral sehr treffend für das, was gerade vorgefallen war.

Am nächsten Tag fühlte ich mich wie neugeboren und konnte sogar etwas frühstücken, mein erstes Essen seit drei Tagen. Anschließend machten wir uns wieder zum Flughafen auf. Wir hatten keine Zeit gehabt, die Fischteiche Abrahams zu besichtigen, die Zitadelle, den Markt, die verfallene Johanneskirche oder ein anderes Wunder des antiken Edessa. Es war genau so, wie es der Mönch in meiner Phantasie gesagt hatte: In jenem Moment waren uns die Türen versperrt. Wir hatten eine der außergewöhnlichsten Städte der Welt besucht, und ich hatte das nicht einmal bemerkt, bevor es zu spät war.

Doch wie die Geschichte Galahads ihre Fortsetzung findet und er eine zweite Chance erhält, um seinen Fehler wiedergutzumachen, so würden auch wir Urfa noch einmal besuchen – komme, was da wolle. Und dann würde ich besser vorbereitet sein und dem Torwächter die richtigen Fragen stellen: Was ist dies für eine Stadt? Und wer ist ihr Hüter? Doch diese Fragen mußten noch warten. Zunächst einmal mußte ich das Rätsel um Kommagene und den seltsamen Götterkult des Antiochos lösen. Ich wußte nicht, wohin dies führen würde, aber ich hatte das Gefühl, daß es aufregend werden würde.

KAPITEL 7
DER LÖWE VON KOMMAGENE

Nach meiner Rückkehr aus Urfa hatte ich alle Hände voll zu tun. Aus Kommagene hatten wir zwei kleine Reiseführer mitgebracht, die einzigen Informationen auf Englisch, die wir über Antiochos und seine Monumente finden konnten. Dort wurde auch die Pionierarbeit von Otto Neugebauer zum Löwen-Horoskop erwähnt. Schon bei der Arbeit an *Das Geheimnis des Orion* war ich auf diesen Namen gestoßen: Neugebauer hatte zusammen mit seinem Kollegen Richard Parker viele Jahre lang an der Brown University auf Rhode Island gearbeitet, und beide waren ausgewiesene Fachleute auf dem Gebiet der ägyptischen Astronomie. Als erste hatten sie erkannt, daß die anthropomorphe *Sahu*-Gestalt, mit der viele Decken ägyptischer Gräber und die Schlußsteine der Pyramiden verziert sind, das Sternbild Orion darstellen sollte.[1] Deshalb interessierte ich mich für ihre Meinung zu Kommagene.

Die beste Quelle für solche Informationen war wohl das British Museum, und so kontaktierte ich ein paar Wochen später die Abteilung für westasiatische Altertümer und fragte, ob man mir dort weiterhelfen könne. Man verwies mich an eine Abteilungsleiterin, eine sehr hilfsbereite Dame namens Dominique Collon, die genau verstand, was ich suchte. Freundlicherweise bot sie mir Fotokopien eines Artikels von Neugebauer über griechische Horoskope (ihn hatte er dieses Mal mit dem Kollegen H.B. van Hoesen geschrieben) und eine nützliche Bibliographie mit anderen Quellen zu Kommagene an. Ich dankte ihr für ihre Bemühungen und wartete gespannt auf die Post.

Das Material war recht außergewöhnlich. Neugebauer und van Hoesen hatten die Sternkonstellation der Löwenstele am Hierothesion, die nach Meinung aller Wissenschaftler ein Horoskop darstellt, sorgfältig analysiert und auf einen Tag im Jahr 62 v. Chr. datiert. Der Körper des Löwen ist mit mehreren Sternen geschmückt, die anzeigen, daß er das gleichnamige Sternbild repräsentieren soll. Neugebauer sagte dies eindeutig und verglich die Stele mit den sogenannten *Sternkonstellationen* des Eratosthenes:

»Daß der Löwe das gleichnamige Sternbild darstellen soll, kann man nicht bezweifeln. Denn die neunzehn Sterne, die auf oder neben dem Körper des Löwen angebracht sind, stimmen sehr genau mit den Positionen der neunzehn Sterne überein, die in den sogenannten *Sternkonstellationen* des Eratosthenes zu diesem Sternbild gezählt werden.«[2]

Die Verbindung mit Eratosthenes (um 276 bis um 194 v. Chr.) war sehr interessant. Die größte Leistung dieses genialen Wissenschaftlers und Autors aus Alexandria war die Berechnung des Erdumfangs. Als er hörte, daß die Sonne zur Zeit der Sommersonnenwende in Syene, einer Stadt auf dem Wendekreis des Krebses, mittags in einen Brunnen schien, ohne einen Schatten zu werfen, maß er den Winkel der Sonne am Mittag desselben Tages in Alexandria. Da man wußte, daß die Entfernung zwischen Syene und Alexandria fünftausend Stadien betrug, errechnete er, daß dies dem Fünfzigstel eines großen Kreises entsprach und daß der Erdumfang damit zweihundertfünfzigtausend Stadien betragen mußte.[3] Später korrigierte er den Wert auf zweihundertzweiundfünfzigtausend Stadien.

Neugebauers Feststellung, daß die auf der Löwenfigur dargestellten Sterne dem Sternenatlas des Eratosthenes entsprachen, führte zu der Vermutung, daß der Bildhauer, wer immer er auch gewesen sein mochte, dieses Buch kannte. Das ist durchaus nicht unwahrscheinlich, wenn man bedenkt, daß sich das Königshaus von Kommagene auf griechische Vorfahren berief. Später entdeckte ich, daß diese Annahme sicherlich richtig war und noch weitere überraschende Implikationen hatte.

Neugebauer und van Hoesen besprachen auch die drei größeren, feiner ausgearbeiteten Sterne über dem Rücken des Löwen. Auf dem Relief sind sie mit den Namen Jupiter, Merkur und Mars beschriftet, wobei ersterer dem Kopf des Löwen am nächsten steht. Der wichtigste Hinweis jedoch ist nach Einschätzung der Autoren die Mondsichel am Hals des Löwen. Denn während die Sterne und der Löwe noch als reine Symbole der königlichen Macht oder der wichtigsten Schutzgötter gedeutet werden können, hat der Mond normalerweise keine Verbindung mit dem Sternbild Löwe. Seine Darstellung auf dem Löwenrelief weist darauf hin, daß die ganze Stele als Horoskop zu lesen war.

Das Sternbild Löwe nahm die drei Planeten und den Mond bei sich auf. Die Anzahl der möglichen Daten, an denen sich eine solche Konstellation am Himmel gezeigt haben könnte, ist nicht so groß, wie man denkt. Der Jupiter bewegt sich sehr langsam; aufgrund seiner langen Umlaufzeit steht er nur alle zwölf Jahre im Sternbild Löwe. Merkur ist jährlich zu sehen, Mars dagegen ist langsamer und kreuzt den Löwen nur alle zwei Jahre für etwa zwei Monate. Der Mond braucht nur 29½ Tage für einen vollen Lauf durch den Tierkreis. Er steht also jeweils nur etwa 2½ Tage im Löwen. Indem sie alle diese Faktoren zusammennahmen und den Himmel über Kommagene im entsprechenden Zeitraum rekonstruierten, konnten Neugebauer und van Hoesen fünf mögliche Daten festlegen, die zu dem Horoskop paßten:

a) 15. Juli –108
b) 16. Juli –97
c) 7. Juli –61
d) 4. August –61
e) 13. Juli –48.[4]

Da das Löwen-Horoskop weder die Sonne noch die Planeten Venus und Saturn zeigt, können a), d) und e) ausgeschlossen werden. Übrig bleiben der 16. Juli –97 und der 7. Juli –61. Da das Horoskop wahrscheinlich mit der Krönung des Antiochos in Zusammenhang stand, kann –97 als zu frühes Datum außer acht gelassen werden. Übrig bleibt nur c), nach gregorianischer statt astronomischer Zeitrechnung der 7. Juli 62 v. Chr.

Die Interpretation dieses Datums ist allerdings nicht so einfach, wie man auf den ersten Blick annehmen könnte. Historische Zeugnisse belegen, daß Antiochos schon 69 v. Chr. König von Kommagene war, als der römische General Lucullus ihn zur Übergabe seines Reiches zwang. Wenn das Löwen-Horoskop einen Krönungstag bezeichnet, dann muß es der seiner Neueinsetzung sein. Die Autoren verweisen dabei auf die Tatsache, daß die Römer Antiochos nach der Neuordnung des Ostens durch Pompeius wieder in sein Amt einsetzten und sein kleines Königreich als Pufferstaat bestehen ließen. Sie behaupteten, diese Wiedereinsetzung des Antiochos sei das Bezugsdatum des Horoskops und der Anlaß für größere Feiern gewesen.

Ich las ihre detaillierten Angaben, prüfte sie mit Hilfe eines Computers und des Skyglobe-Simulationsprogramms nach und stellte fest, daß sie mit dem Datum im Jahr 62 v. Chr. wahrscheinlich recht hatten. Doch war nicht der 7., sondern der 6. Juli meiner Ansicht nach passender, denn an diesem Tag stand der Mond wirklich unter dem »Kopf« des Sternbildes Löwe, statt weiter unten an seinem »Körper«.

Allerdings konnte ich mir nicht vorstellen, daß Antiochos den Wunsch verspürt hatte, die Einmischung der Römer in die inneren Angelegenheiten von Kommagene zu feiern. Noch weniger Wert legte er sicher darauf, aller Welt zu verkünden, daß er seinen Thron, auf dem er schon viele Jahre gesessen hatte, dem Pompeius verdankte – immer vorausgesetzt, daß dies tatsächlich der Fall war. Das Hierothesion mußte eine tiefere Bedeutung haben. Ich war immer noch davon überzeugt, daß es eine esoterische Botschaft enthielt, ein großes, in Stein gehauenes Geheimnis. Der erste Ort, an dem man nach diesem verborgenen Code suchen mußte, waren natürlich die Statuen selbst. So vertiefte ich mich wieder in die Reiseführer und meine Videoaufnahmen, um irgendwelche Hinweise zu entdecken.

Ich betrachtete die Westterrasse, auf der das Löwen-Horoskop steht, und zählte die Statuen. Es waren insgesamt fünf ohne die Adler- und Löwen-Paare. Die Statuen werden als Zeus-Ohrmazd, Ares-Herkules-Artagnes, Apollon-Helios-Mithras-Hermes, Kommagene und Antiochos bezeichnet. Die ersten beiden konnte man eindeutig mit Jupiter und Mars gleichsetzen, aber die dritte bereitete Probleme. In Antiochos' Augen war es sicher sinnvoll, Apollon mit Helios und Mithras zu identifizieren, denn alle drei waren mit der Sonne verbundene Lichtgötter. Aber Hermes paßte ganz und gar nicht dazu. In der griechischen Mythologie war er der Gott der

Straßen, der Schrift, der Mathematik und der Medizin. Sein Planet war nicht die Sonne, sondern der Merkur, der ja auch seinen lateinischen Namen trägt.

Warum, so fragte ich mich, hatte Antiochos einen so offensichtlichen Fehler gemacht? Warum verwechselte er Hermes mit dem Sonnengott? Und dann war da noch die Göttin Kommagene. War sie einfach der Geist des Landes, oder sollte man auch sie als einen Himmelskörper betrachten? In diesem Fall gab es nur zwei Kandidaten: Venus und der Mond. Da der Mond im Löwen-Horoskop auftaucht, die Venus aber nicht, glaubte ich, daß dieser Himmelskörper mit Kommagene verbunden war. Das war auch deshalb überzeugend, weil den Mond in der Mythologie nicht nur mit der weiblichen Seite des Lebens, sondern auch mit dem Wasser in Verbindung gebracht wird. Ich hatte selbst gesehen, wie sehr Kommagene von seinen Flüssen beherrscht wird, die im Sommer friedlich und ruhig dahinplätschern, sich zu anderen Zeiten aber in reißende Ströme verwandeln können. Wenn die Schneeschmelze im Antitaurus mit starken Regenfällen zusammentrifft, kann nicht nur der Euphrat über die Ufer treten, sondern auch seine kleineren Nebenflüsse. Kein Wunder also, daß die Einwohner von Kommagene den Mond verehrten und ihn gnädig zu stimmen suchten.

Wenn man annahm, daß die Statue der Kommagene den Mond symbolisierte, dann war offensichtlich, daß Antiochos den Merkur

Abb. 3 Horoskop für den 6. Juli 62 v. Chr. vom Standpunkt Arsameia aus

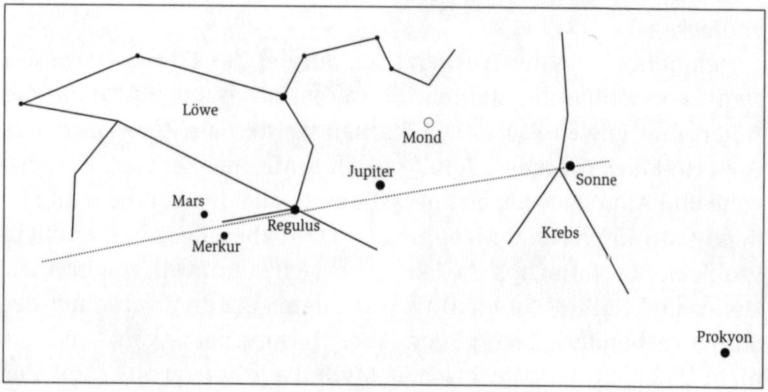

repräsentierte – und nicht der Sonnengott Apollon-Mithras. Dies war vermutlich das verborgene Geheimnis der Statuen: Sie alle repräsentierten Himmelskörper, und zwar eben jene, die auch auf dem Löwen-Horoskop zu finden waren, unter Hinzufügung der Sonne.

Um dies zu untermauern, betrachtete ich die Anordnung der Statuen auf ihren Thronen. Sie ist auf der Ost- und Westterrasse unterschiedlich. Da alle Statuen ihre Köpfe verloren haben, herrscht auch unter den Fachleuten Uneinigkeit über die genaue Reihenfolge. Doch nach Akugurkal und anderen Wissenschaftlern mit Ausnahme von Dörner sitzen auf der Westterrasse, wenn man vor den Statuen steht, Apollon, Kommagene, Zeus, Antiochos und Herakles in dieser Abfolge. Von hinten gesehen, also vom Tumulus aus, unter dem Antiochos wahrscheinlich begraben liegt, ist dies genau die Anordnung von Sonne, Mond und Planeten am 6. Juli 62 v. Chr.

Und doch blieb die Frage: Warum hatte Antiochos diesen Tag ausgewählt, und was sollte er bedeuten? Die Gründe für den Bau

Abb. 4 Die Westterrasse des Hierothesions des Antiochos I. Epiphanes von Kommagene, von oben gesehen. Die Anordnung entspricht dem Datum des 6. Juli 62 v. Chr.

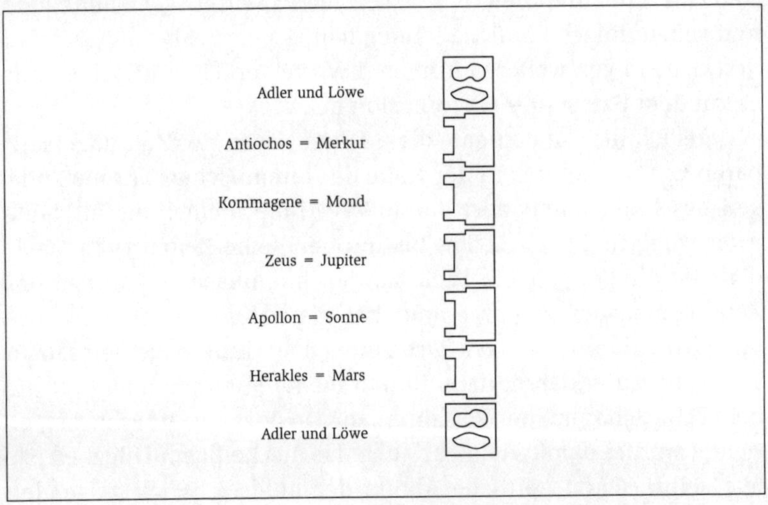

des Hierothesions ließen sich wohl am ehesten in den Texten finden, die den zukünftigen Generationen seine Absichten erklären sollten. Ich beschloß, mir diese Texte noch einmal anzusehen.

Schriften für ein neues Zeitalter

Glücklicherweise hinterließ Antiochos eine große Zahl Inschriften wie einige ägyptische Pharaonen, mit denen man ihn vergleichen kann. Die wichtigsten sind auf den Rückseiten der Kolosse auf dem Nemrud Dağ verewigt und wurden 1883 von zwei türkischen Gelehrten übersetzt: Osman Hamdi Bey, dem Direktor des Osmanischen Reichsmuseums, und Osgan Efendi von der Fakultät der Schönen Künste. Diese Inschriften zeigen, daß Antiochos kein Tyrann war, sondern ein äußerst religiöser Mensch, der sich selbst als Schützling der Götter sah. Er schreibt:

»Ich glaubte, die Frömmigkeit sei nicht nur der für uns Menschen sicherste Besitz unter allen Gütern, sondern auch die süßeste Freude, und eben dieses Urteil hatte ich als Ursache sowohl meiner glücklichen Macht wie ihres gesegneten Gebrauchs. Mein ganzes Leben hindurch stand ich vor den Bürgern meines Reiches so da als einer, der die Frömmigkeit für seine treueste Schutzwehr und seine unnachahmliche Wonne hält.«

Nach einigen weiteren frommen Worten erklärt Antiochos, was er mit dem Bau seines Hierothesion bezweckt:

»Als ich die Fundamente dieses dem Nagen der Zeit unzersetzbaren Grabheiligtums in der Nähe der himmlischen Throne zu legen beschloß, damit dort die äußere Hülle meines bis ins hohe Alter wohlerhaltenen Leibes bis in unendliche Zeiten ruhe, nachdem sie die gottgeliebte Seele zu den himmlischen Thronen des Zeus Oromasdes emporgesandt hat, da nahm ich mir auch das noch vor, diesen heiligen Ort zum allen Göttern gemeinsamen Thronsitz zu erklären, damit durch meine Fürsorge nicht nur die heldische Schar meiner Vorfahren, die Du dort vor Dir erblickst, errichtet werde; damit vielmehr auch das auf heiligem Hügel errichtete selbst schon göttliche Abbild der huldreich sich zeigenden

Götter diesen gleichfalls nicht mehr verlassen daliegenden Ort als Zeugen meiner vor den Göttern geübten Frömmigkeit habe.

So errichtete ich, wie Du siehst, diese den Göttern wahrhaft würdigen Bilder: die des Zeus Oromasdes, des Apollon Mithras Helios Hermes, des Artagnes Herakles Ares und der Allnährenden Kommagene – meiner Heimat ...«

Nun führt Antiochos aus, er habe eine spezielle Priesterschaft eingesetzt »mit Gewändern der persischen Art«, um die Opfer zu vollziehen, und Land auf Ewigkeit gestiftet, um ihre Dienste zu finanzieren. Dann setzt er seinen Geburtstag am 16. Audnaios und seinen Krönungstag am 10. Loos als neue Festtage ein, die ad aeternam gefeiert werden sollten. Dies wird auf dem Sockel der Zeus-Statue genauer festgelegt:

»So heiligte ich den Tag der Geburt meines Leibes, den sechzehnten Audnaios, und den Tag meiner Krönung, den zehnten Loos, der Offenbarung der großen Götter, die sich mir als die Ursache glücklicher Herrschaft erwies und als der Grund allgemeinen Wohlergehens für das ganze Reich. Daß die Opfer noch reichhaltiger seien und die Festgelage noch großartiger, weihte ich darüber hinaus zwei weitere Tage, jeden von ihnen als jährlich zu begehendes Fest. Doch die Volksmenge des Reiches teilte ich für die Versammlungen, Festzusammenkünfte und Opferfeiern nach Dörfern und Städten ein und bestimmte, die Feiern an den zunächst gelegenen Kultplätzen zu begehen, so wie sie für einen jeden in der Nachbarschaft am günstigsten zu erreichen sind. Ich bestimmte, daß die übrige Zeit hindurch allmonatlich die den genannten entsprechenden Tage von den Priestern stets feierlich begangen werden, nämlich zur Feier meiner Geburt der sechzehnte, zur Feier der Annahme des Diadems der zehnte.«[5]

Neugebauer und van Hoesen waren der Meinung, daß das Löwen-Horoskop den Festtag des 10. Loos repräsentierte und daß die sitzenden Götter auf der Westterrasse diesen Tag symbolisieren sollten. Dabei gingen sie davon aus, daß der von Antiochos benutzte Kalender mit dem der späteren römischen Provinz Asia übereinstimmte, in dem der Monat Audnaios in den Dezember und Januar und der Monat Loos in die Zeit der Sommersonnenwende fiel:

»Und schließlich muß hier die Frage des Kalenders behandelt werden. Wir wissen, daß der Zeitpunkt in die Nähe des Juli fallen muß, denn wenn der Merkur im Löwen steht, muß auch die Sonne im oder in der Nähe des Löwen sein. Andererseits wissen wir, daß Antiochos am 16. Audnaios geboren wurde und seine Krönung am 10. Loos stattfand. Wie Puchstein feststellte, kann das Horoskop nicht für den Geburtstag erstellt worden sein, denn der Audnaios des römischen Kalenders der Provinz Asia [das Küstengebiet der Westtürkei] entspricht grob gesagt dem Monat Dezember … Man muß das Datum des 10. Loos, den Krönungstag, als Datum des Horoskops ansehen, denn der Loos korrespondiert in etwa mit dem Monat Juli, wie es das Horoskop verlangt.«

Ich stimmte ihnen zwar zu, daß die Westterrasse mit ihrem symbolischen Datum auf der Löwenstele und in der Anordnung der Statuen ein Datum im Juli anzeigte, aber ihre Argumente überzeugten mich doch nicht ganz. Ich konsultierte die *Encyclopaedia Britannica,* oft eine wahre Fundgrube an Informationen, und fand einen Eintrag unter dem Stichwort »Kalender«, der mir sehr interessant erschien:

»Ebenso wichtig für die späte Zeit ist der makedonische Kalender mit ursprünglich zwölf Mondmonaten namens Dios, Apellaios, Audynaios, Peritios, Dystros, Xanthikos, Artemisios, Daisios, Panemos, Loios, Gorpiaios, Hyerberetaios. Etwa zu Beginn unserer Zeitrechnung wurde dieser Kalender, der in Kleinasien und Syrien allgemein gebräuchlich war, dem Julianischen angepaßt.«

Da Kommagene bis 17 n. Chr. nicht zum Römischen Reich gehörte und bis zu Pompeius' Neuordnung im Jahr 62 v. Chr. nicht einmal ein Klientelstaat war, muß man wohl davon ausgehen, daß zu Antiochos' Zeiten der makedonische Kalender der Kommagener noch nach dem Mond ausgerichtet war. Da ein Jahr mit zwölf Monden à 29½ Tagen nur dreihundertvierundfünfzig Tage zählt, ist es 11¼ Tage kürzer als das Sonnenjahr mit seinen 365¼ Tagen. Deshalb verschiebt sich der Beginn eines jeden Monats jedes Jahr um 11¼ Tage nach hinten, wenn man nicht regelnd eingreift, etwa durch Zwischenmonate.

Daher kann man Puchsteins »Bemerkung« zum Monat Audnaios

getrost übergehen. Er muß nicht im Dezember gelegen haben, sondern kann wie der muslimische Ramadan – und aus denselben Gründen – zu jedem beliebigen Zeitpunkt im Jahr begonnen haben, jeweils abhängig davon, welches Jahr man betrachtet.

Als mir dies klarwurde, war ich fest davon überzeugt, daß zumindest die Ostterrasse mit Antiochos' Geburtstag in Verbindung stand. Die Reihenfolge der Statuen unterscheidet sich von der im Westen, aber noch immer sind dieselben Planeten daran beteiligt. Wenn man vor ihnen steht, sieht man von links nach rechts folgende Götter: Antiochos, Kommagene, Zeus, Apollon und Herakles. Ich vermutete, daß Antiochos' Geburtstag vielleicht um Neugebauers Datum b) gelegen haben dürfte, also um den 16. Juli 98 v. Chr. Wenn man nicht mehr von der Voraussetzung ausging, daß der Monat Audnaios unbedingt mitten im Winter begann, war diese Annahme durchaus möglich. Wir wissen, daß Antiochos im Jahr 69 v. Chr. bereits (und wahrscheinlich schon längere Zeit) König war. Wir wissen auch, daß er als alter Mann zwischen 35 und

Abb. 5 Die Ostterrasse des Hierothesions des Antiochos I. Epiphanes von Kommagene, von oben gesehen. Die Anordnung entspricht dem Datum des 13. Juli 98 v. Chr.

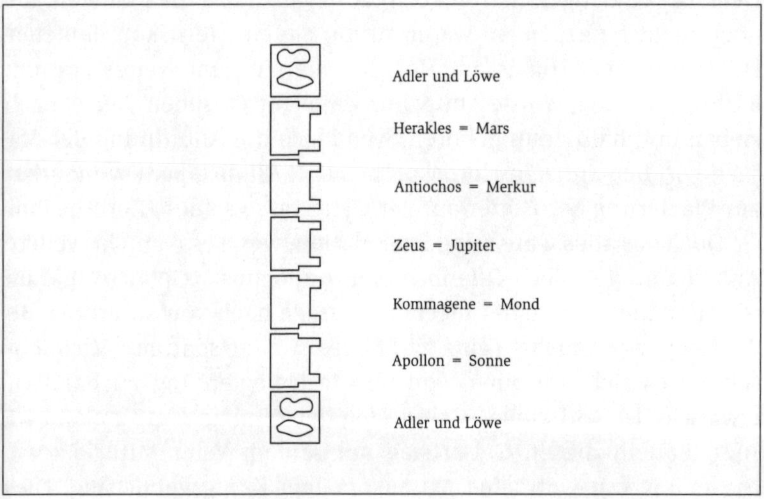

31 v. Chr. starb. Ein Geburtstag im Jahr 98 v. Chr. fügt sich sehr gut in dieses Zahlengerüst ein.

Mit Hilfe des astrologischen Simulationsprogramms wanderte ich noch einmal durch die Jahrhunderte zurück. Ich stellte fest, daß nicht der 16., sondern der 13. Juli das wahrscheinlichste Datum war. An diesem Tag standen die dargestellten Planeten in der richtigen Reihenfolge am Himmel, wenn man sie vom Tumulus aus betrachtete. Noch verblüffender war das Horoskop für diesen Tag: Darauf konnte man wirklich stolz sein. Antiochos hatte ein sogenanntes »Stellium« in seinem Horoskop. Seine Geburtssonne stand in exakter Konjunktion mit Mars und Jupiter im Zeichen des Krebses, aber im Sternbild des Löwen.[6] Nur etwa elf Grad vor dieser Gruppe standen Merkur und Mond, die selbst eine Konjunktion mit dem Krebs bildeten.[7] Es ist ein überaus prägnantes Horoskop, wie jeder Astrologe bestätigen wird. Es läßt auf ein Individuum mit großem Charisma, Ehrgeiz, Wohlwollen und Heimatliebe schließen, wobei eine Tendenz zur Eitelkeit nicht zu leugnen ist.

Nach allem, was wir aus dieser zeitlichen Entfernung sagen können, ist es eine überaus treffende Beschreibung des Antiochos. Die Planeten Venus und Saturn fehlen in seinem Horoskop. Wahrscheinlich standen sie unter dem Horizont, als er geboren wurde. Denn die damaligen Astrologen ignorierten meist die Planeten, die noch nicht aufgegangen waren, wenn sie ein Horoskop deuteten. Da Saturn um 7 Uhr 15 am Morgen unterging und Venus erst um 8 Uhr 30 aufging, wurde Antiochos vielleicht zwischen Viertel nach sieben und halb neun geboren, wenn sich die Anordnung der Statuen wirklich auf sein Horoskop bezieht. All dies paßt wunderbar zur Plazierung der Götter auf der Ostterrasse seines Hierothesion.

Doch das alles wäre reine Spekulation, wenn es da nicht weitere Anhaltspunkte gäbe. Offenbar war Antiochos' »Geburtstag« am 16. Audnaios, der seiner eigenen Aussage nach von so großer Bedeutung war, nicht sein wirkliches Geburtsdatum. Vielmehr scheint es sich um einen von ihm festgelegten Tag zu handeln, etwa wie der »offizielle« Geburtstag der Königin von England im Juni. Er teilt diesen Geburtstag mit seinem Vater Mithridates I. Dieser Tag war wohl eine Art allgemeiner Königsgeburtstag. Dies bestätigt eine lange Inschrift in einer Felswand in Arsameia, die die Pflichten seiner Priester im Detail beschreibt:

»... Ich habe Statuen meiner väterlichen Ahnen sowie Götterbilder im Verein mit meinen eigenen Darstellungen, die Gestalt und Lebensstellung in lebensnaher Abformung zeigen, zur ewigen Erinnerung aufgestellt. Und ich teilte einen Priester, den ich für die erbliche Abfolge seines Geschlechts ernannte, und eine Dienerschaft von Hierodulen in dem Umfange, wie es sich für königliche Huld gehört, zu gleichen Teilen dem Kulte meines Vaters und der berechtigten Teilhabe meines eigenen Gedenkens zu. Ich ordnete an, daß die Opfer und die Kultversammlungen und der Geburtstag meines Vaters sowie mein eigener auf demselben Tag des Monats liegen sollen und dieser Tag mit einem gemeinsamen Fest der Bürger begangen werden soll.«[8]

Abb. 6 Horoskop für Antiochos I. Epiphanes von Kommagene, ausgehend von der Statuenanordnung auf der Ostterrasse

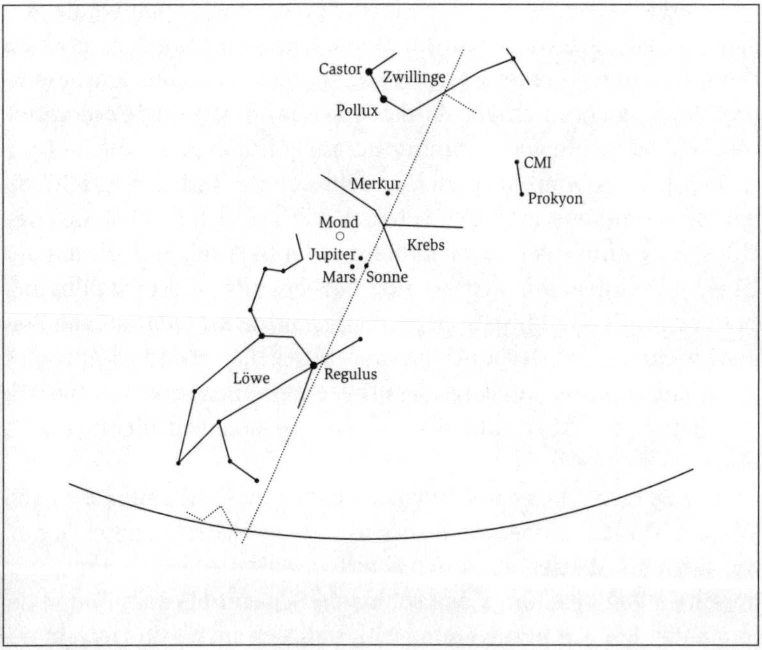

Ich setzte mich wieder an den Computer und bemerkte etwas sehr Seltsames. Wenn wir davon ausgehen, daß der 13. Juli Antiochos' wirklicher Geburtstag war (was zu der Reihenfolge der Statuen passen würde), dann wurde der König bei Neumond geboren. Wenn Antiochos aber nach einem lunaren Kalender rechnete, konnte dies beim besten Willen nicht der 16. eines Monats sein. Der 16. war grundsätzlich ein Tag kurz nach Vollmond. Wenn wir aber 16 Tage von einem 29. aus zählen, dann steht nicht nur der Mond am richtigen Platz, sondern auch die Sonne hat sich in eine Konjunktion mit dem Herzen des Sternbildes Löwe, dem Stern Regulus, bewegt. Könnte Antiochos' wirklicher Geburtstag am 13. Juli 98 v. Chr. in jenem Jahr auf den 1. Audnaios im Mondkalender gefallen sein, so daß dieses zweite Datum, sein »offizieller« Geburtstag, am 16. Audnaios gefeiert wurde?

Bis zu unserer zweiten Reise nach Kommagene im Oktober 1995 fand ich darauf keine Antwort.[9] Wir hatten uns dieses Mal das Ziel gesetzt, den seltsamen Schacht in der Felswand von Arsameia zu erkunden. Vor unserem ersten Besuch hatten wir noch nichts von seiner Existenz gewußt, sonst hätten wir sicher schon damals einen Kompaß mitgenommen. Nach meiner Rückkehr fand ich heraus, daß der Schacht in einem Winkel von fünfunddreißig Grad abfiel, und ich versuchte am Computer herauszufinden, auf welche Himmelsgegend er wohl ausgerichtet sein könnte. Dabei ging ich von der Annahme aus, daß der Schacht wie zwei »Luftschächte« der Großen Pyramide genau nach Süden orientiert sei. Sehr zu meiner Überraschung stellte sich heraus, daß er unter dieser Bedingung präzise auf den Kulminationspunkt des Sirius für die fragliche Zeit ausgerichtet war. Dee und ich waren begeistert und konnten es gar nicht erwarten, unsere Hypothese bei einem zweiten Besuch zu überprüfen. Aber natürlich war die Wirklichkeit nicht ganz so einfach.

Der Schacht wies ganz und gar nicht nach Süden, sondern nach Westen. Die Annahme, er sei auf Sirius ausgerichtet, mußte verworfen werden. Aber es war offensichtlich, daß die Sonne zumindest an einem Tag des Jahres den schmalen Schacht bis zum Boden beleuchtete. Ich war etwas enttäuscht, daß sich meine so vielversprechende Hypothese in Luft aufgelöst hatte. Und so dauerte es eine Weile, bis ich die wirkliche Ausrichtung am Computer herausfand.

Dieses Mal richtete ich den Cursor auf fünfunddreißig Grad und nach Westen aus. Ich ließ den Himmel Minute für Minute kreisen, um zu sehen, wann die Sonne in einer Linie mit dem Schacht stehen würde und der Boden beleuchtet wäre. Zu meinem größten Erstaunen war es der 29. Juli, genau der Tag, den Antiochos, wie ich annahm, zu seinem (und seines Vaters) offiziellem Geburtstag erklärt hatte. An diesem Tag trat die Sonne in Konjunktion mit dem hellsten Stern im Löwen, dem Regulus oder »kleinen König«, und schien am Nachmittag in den Schacht hinein. Das alles konnte kein Zufall sein; der königliche Geburtstag am 16. Audnaios mußte auf den 29. Juli gefallen sein.

Dies war zwar eine aufregende Entdeckung, aber noch lange nicht das Ende der Geschichte. Als ich den 29. Juli von der Zeit am Nachmittag, zu der die Sonne eine Linie mit dem Schacht bildete, bis zum Sonnenaufgang zurückverfolgte, erlebte ich noch eine Überraschung. An genau diesem Tag fand auch ein anderes Ereignis statt, das den Ägyptern besonders vertraut gewesen war: der heliakische Aufgang des Sirius. Sirius, der siebzig Tage lang unsichtbar gewesen war, erschien also zum erstenmal wieder in der Morgendämmerung. Mit diesem Tag begann das ägyptische Jahr, denn er markierte die Geburt des Horus, des Sonnenkönigs.

Diese Entdeckung hatte erstaunliche Implikationen. Sie bedeutete, daß Antiochos diesen tiefen Schacht nicht als Fluchtweg aus der Burg von Arsameia oder als Grab seines Vaters Mithridates angelegt hatte, sondern als Instrument zur Etablierung eines neuen Kalenders. Er verband den Jahresbeginn, der bisher auf den Bewegungen des Mondes basierte, mit dem Sothis-(Sirius-)Kreislauf, den die Ägypter lange als Basis ihres Kalenders benutzt hatten. Für das gewöhnliche Volk, das nicht in die Mysterien eingeweiht war, verlegte er nur seinen Geburtstag und ehrte die Götter, beides Handlungen, die für Könige nichts Ungewöhnliches waren. Tatsächlich jedoch praktizierte er nicht nur eine sehr esoterische Form der Astrologie, sondern legte gleichzeitig auch das Fundament für eine bedeutsame Kalenderreform.

Jetzt sah ich auch das Hierothesion mit ganz anderen Augen. Die ganze Anlage, die heute natürlich nicht mehr vollständig erhalten ist, hatte eine tiefere symbolische Bedeutung. Schon lange weiß man, daß die Figurenreihen auf den Stelen an der Nord- und Südseite der Terrassen die Vorfahren des Antiochos darstellen sollten.

Nach Friedrich Karl Dörner, der sich viele Jahre lang mit ihnen beschäftigt hat, repräsentieren die Figuren auf der »väterlichen« Seite die persische Abstammungslinie von Dareios I. (522–486 v. Chr.) über Könige wie Xerxes bis hin zur Prinzessin Rhodogune. Die »mütterliche« Seite ist griechisch und geht von Alexander dem Großen aus über Seleukos I. Nikator (der eigentlich der Sohn eines anderen Antiochos, eines Generals von Alexanders Vater Philipp, war), über die Dynastie der Seleukiden bis zu Antiochos' eigenem

Abb. 7 Die Ausrichtung des Schachts in Arsameia auf den Regulus am »offiziellen« Geburtstag der Könige von Kommagene, dem 29. Juli

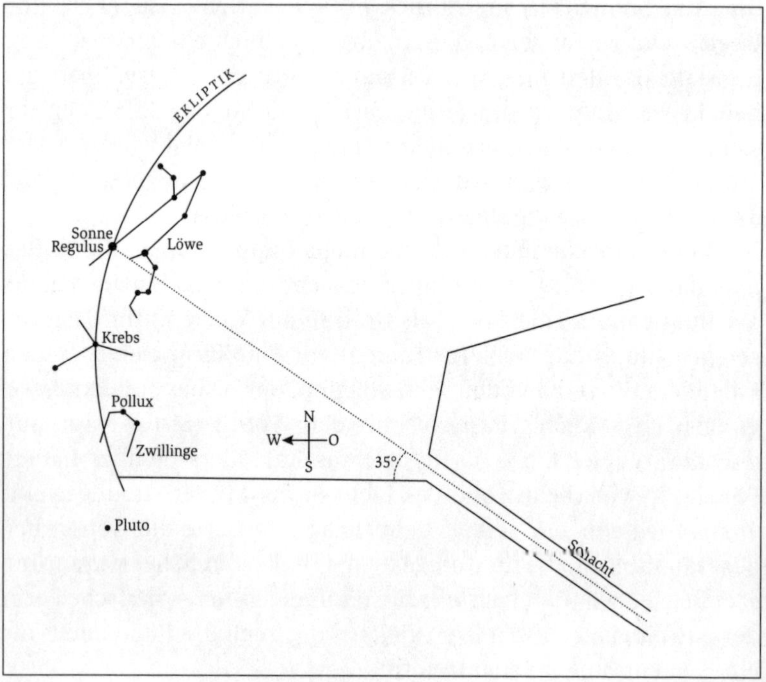

Vater Mithridates I. Kallinikos, der Laodike, die Tochter des Seleukidenkönigs Antiochos VIII., geheiratet hatte. Die Reihen enden mit einem Fries, auf dem Antiochos selbst dargestellt ist. Er sagte die Wahrheit, als er in Arsameia schrieb:

»Ich habe Statuen meiner väterlichen Ahnen sowie Götterbilder im Verein mit meinen eigenen Darstellungen, die Gestalt und Lebensstellung in lebensnaher Abformung zeigen, zur ewigen Erinnerung aufgestellt.«[10]

Dies warf auch Licht auf die heraldischen Adler- und Löwenskulpturen, die paarweise die sitzenden Statuen der Götter einrahmen. Vielleicht repräsentieren die Löwen die persische und die Adler die griechische Linie. In einer esoterischen Betrachtungsweise könnte es aber auch so sein, daß diese Tiere wie die Götter Himmelskörper darstellen, der Löwe den Regulus und der Adler den Sirius, die gemeinsam den neuen König hervorbringen.

Das Ausheben eines tiefen Schachtes zur Sonnenbeobachtung an einem bestimmten Tag untermauert auch Neugebauers und van Hoesens Vermutung, daß das Sternenmuster des Löwen-Reliefs eine Skizze des Eratosthenes zum Vorbild hatte. Wahrscheinlich kannte Antiochos dessen Experiment, bei dem der Brunnenschacht in Syene eine so wichtige Rolle gespielt hatte. Diese Idee paßte er an den Breitengrad des Nemrud Dağ an, indem er einen Schacht mit einem gewissen Winkel konstruierte, der dieselbe Funktion einer schattenlosen Röhre an einem bestimmten Tag im Jahr erfüllte. Diese Verbindung nach Alexandria zusammen mit der Übernahme des Datums, das in der ägyptischen Vorstellungswelt eng mit der Geburt des Horus verknüpft ist, legt nahe, daß Antiochos die hermetische Tradition kannte, wenn er auch nicht voll in sie eingeweiht war.

Einen weiteren Beweis dafür liefern die verschiedenen »Handschlag«-Stelen. Auf die Astronomie bezogen könnten sie Konjunktionen der Planeten symbolisieren. Wahrscheinlicher ist jedoch eine hermetische Interpretation, ausgehend von der Vorstellung, daß die Seele durch die Göttersphären auf die Erde herabsteigt und von jedem Gott Geschenke erhält. Sie müssen nach Aussage der hermetischen Schriften beim Tod zurückgegeben werden. Antiochos gibt jedem Geburtsgott, also jedem Planetengott, der bei seiner Geburt über dem Horizont stand, die Hand. Das bedeutet, daß er die Götter grüßt und ihnen ihre Geschenke zurückgibt. Diese Lehre ist im *Poimandres* ausführlich dargelegt:

»›Schön hast du mich in allem belehrt, mein Geist, wie ich es wollte; berichte mir aber auch noch von dem Aufstieg, den es zu erklimmen gilt!‹ Darauf antwortete Poimandres: ›Zuerst überantwortest du, wenn sich der materielle Mensch auflöst, den Körper selber der Verwandlung, und das Aussehen, was du hattest, verschwindet. Und deine Wesensart übergibst du dem Dämon als etwas, das ohne Wirkung geblieben ist. Und die Wahrnehmungen des Körpers kehren zu ihren Quellen zurück, vereinzeln sich und setzen sich dann wieder zu neuen Wirksamkeiten zusammen. Und Leiden-

Abb. 8 Der östliche Himmel bei Sonnenaufgang am »offiziellen« Geburtstag der Löwen-Könige von Kommagene

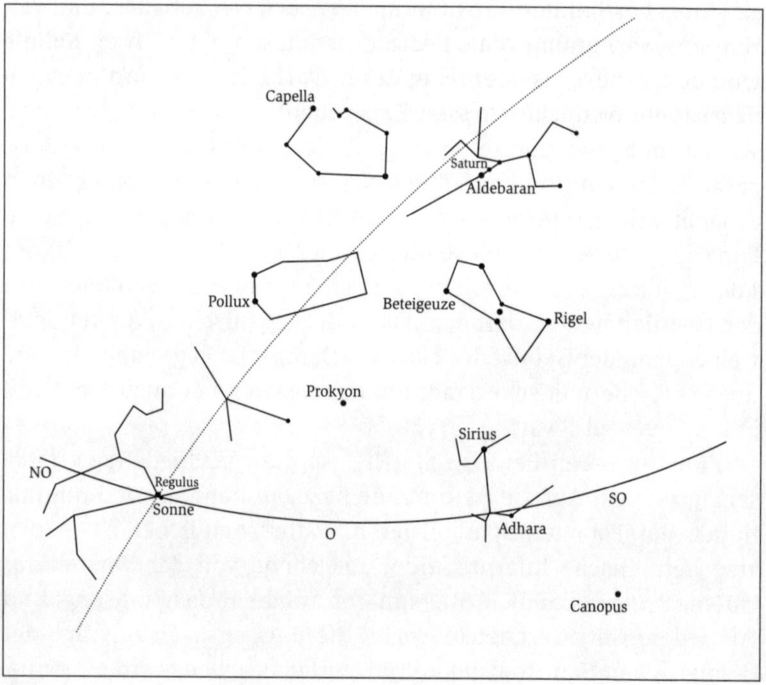

schaft(en) und Begierde(n) gehen in die vernunftlose Natur. Und auf diese Weise steigt er (der innere Mensch) schließlich nach oben durch die Himmelsharmonie, und der ersten Zone (Mond) gibt er die Kraft des Wachsens und die Anlage des Verfallens, der zweiten (Merkur) das Mittel zum Bösen, die List, die ohne Wirkung geblieben ist, und der dritten Zone (Venus) den Betrug aus Begierde, da ebenfalls ohne Wirkung, und der vierten (Sonne) die Herrscherpose, auf deren Vorteil er verzichtete, der fünften (Mars) den gottlosen Eifer und den tollkühnen Frevelmut, der sechsten (Jupiter) die schlechte Gier nach Reichtum, die ohne Wirkung geblieben ist, und der siebten Zone (Saturn) die hinterlistige Lüge. Und dann, befreit von den Wirkungen der Himmelsharmonie, kommt er (der innere Mensch) in die achte Natur und hat (nur noch) sein eigenes geistiges Vermögen...«[11]

Nachdem er die Leiter der Sphären bis in den höchsten Himmel emporgestiegen ist, kann er jetzt den Olymp betreten, den sein weißer Tumulus symbolisiert. Daß der Olymp über den Planetensphären schwebt, erklären auch die *Hermetica*: »Sieben weit umherirrende Sterne kreisen entlang der Schwelle zum Olymp, und mit ihnen zieht ohne Unterlaß die Ewigkeit.«[12]

Indem er seinen Grabtumulus über die sitzenden Götter hinausragen läßt, verkündet Antiochos der Welt, daß er sich über die Sphären erheben und den Olymp selbst betreten will, der symbolisch jenseits der Planetenwelten im höchsten Himmel steht. Er war kein Megalomane, der aus Angeberei Kolossalstatuen errichten ließ, sondern ein Eingeweihter mit einer Botschaft. Wie die ägyptischen Pharaonen machte er aus seinem Grab ein Buch, in dem spätere Generationen lesen sollten.

Der Held der Welt

Ich verließ den Tumulus auf dem Nemrud Dağ und besuchte die andere große archäologische Stätte in Kommagene, die Stadt Arsameia. Hier warteten weitere Überraschungen auf mich. Die dortigen Ruinen müssen einmal einen bedeutenden Komplex um die Öffnung des Schachtes herum gebildet haben. Das auffälligste Einzelstück unter ihnen war das beinahe vollständig erhaltene Relief eines kommagenischen Königs. Antiochos oder sein Vater Mithridates I. – welcher von beiden, war nicht auszumachen – schüttelt Herakles (oder Hercules, wie er mit seinem bekannteren lateinischen Namen heißt) die Hand.

Am Hierothesion wird Herakles offenbar mit dem Planeten Mars identifiziert, und der »Handschlag« sollte darstellen, daß die Seele des Königs nach seinem Tod durch die Sphären wieder emporsteigt. Aber ich hatte das Gefühl, daß sich mehr dahinter verbarg. Wenn der Königskult von Kommagene irgendwelche Ähnlichkeiten mit dem Mithraskult hatte, dann mußte er auch wenigstens sieben Stufen der Initiation haben. Die in höhere Stufen eingeweihten Mitglieder eines inneren Kreises, wie etwa Antiochos selbst, besitzen dadurch auch weitreichendere Kenntnisse als das normale Volk.

Abb. 9 Traditionelle Darstellung der Planetenbahnen, des Tierkreises und der Himmelssphären

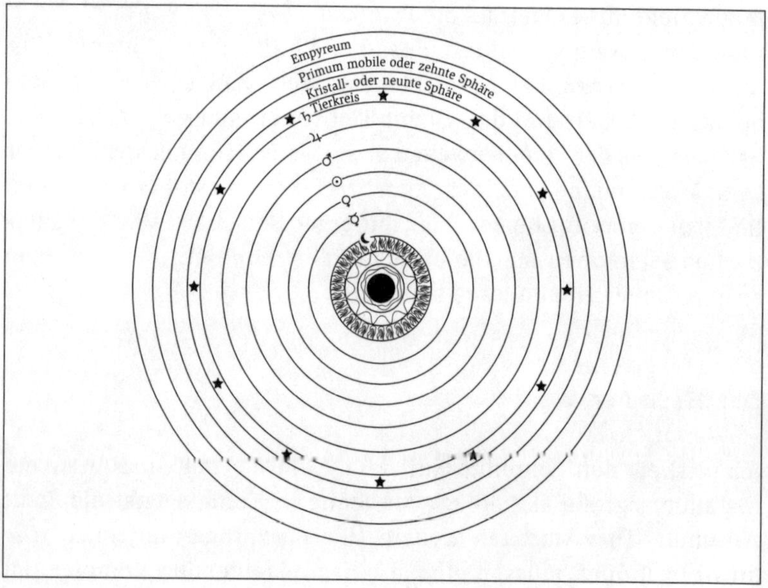

In einer dieser esoterischen Lehren ging es wohl um den Gott Herakles, dessen Bild und »Handschlag« hier überall zu sehen waren. Natürlich konnte man ihn seiner Stärke und Kampfkraft wegen mit Ares, dem Kriegsgott, gleichsetzen. Aber Herakles war kein so einfacher Charakter. Er war der beliebteste griechische Heros, eine Art *Superman*, dessen Kult überall im makedonischen Reich gefeiert wurde. Mir schien es, daß mehr dahinterstecken mußte, und so beschloß ich, mich intensiver mit seinem Mythos zu beschäftigen.

Herakles war wie viele andere Helden ein göttlicher Zwilling. Sein Vater war der Sage nach Zeus, der sich zu Alkmene, der Frau des Königs von Tiryns,[13] hingezogen fühlte und in Gestalt ihres Ehemannes Amphytrion mit ihr schlief. Sie gebar Zwillinge: Iphikles, den sterblichen Sohn des Amphytrion, und Zeus' Sohn Herakles. Doch leider war der Ehebruch des Göttervaters auf dem Olymp nicht unbemerkt geblieben. Zeus' Ehefrau, die Göttin Hera, schäumte vor Wut. Sie wurde zur erklärten Widersacherin des jungen Herakles. Als die Kinder erst acht Monate alt waren, schickte sie ihnen zwei giftige Schlangen in die Wiege. Iphikles sah sie zuerst und schrie. Herakles aber, auch in diesem zarten Alter schon völlig unerschrocken, ergriff beide und erwürgte sie. Auf das Geschrei des Iphikles hin stürzten Amphytrion und Alkmene ins Zimmer. Als sie Herakles mit den beiden Schlangen in seinen Händen sahen, erkannten sie in ihm den Sohn des Zeus.

Trotz seiner übernatürlichen Stärke verlief das Leben des Herakles tragisch. Seine erste Frau Megara war die Tochter Kreons, des Königs von Theben. Bei Kreons Tod war Herakles nicht im Lande, und ein Euböer namens Lykos bemächtigte sich des Throns. Sofort plante Lykos die Ermordung von Megara und ihren drei Söhnen, den rechtmäßigen Erben. Doch Herakles kehrte unerwartet in die Stadt zurück. Mit dem Usurpator machte er kurzen Prozeß. Bei den darauffolgenden Feierlichkeiten jedoch ließ Hera ihn dem Wahn verfallen, und Herakles tötete seine Söhne und ihre Mutter, die sie zu schützen suchte. Er befragte das Orakel von Delphi und erhielt die Antwort, daß er zur Buße nach Tiryns gehen und alle Aufgaben erledigen müsse, die ihm sein erbittertster Feind, Eurystheus, der König von Argos, auferlegte.

Dieser wies ihm einige besonders schwere und gefährliche Aufgaben zu, in der Hoffnung, Herakles werde dabei versagen. Herakles mußte die sogenannten zwölf Arbeiten vollbringen: 1. die Tötung des Nemeischen Löwen; 2. die Tötung der Lernäischen Hydra; 3. den Fang der Keryneischen Hirschkuh; 4. den Fang des Erymanthischen Ebers; 5. die Reinigung der Augiasställe; 6. die Vertreibung der Stymphalischen Vögel; 7. den Fang des Kretischen Stiers; 8. den Raub der Stuten des Diomedes; 9. den Raub des Amazonengürtels; 10. den Raub der Rinder des Genjoneus; 11. den Raub der goldenen Äpfel der Hesperiden; 12. den Fang des dreiköpfigen Höllenhundes Kerberos.

Natürlich erledigte Herakles all diese Aufgaben mit Bravour und vollbrachte nebenher noch andere Heldentaten. Danach war er frei. Er heiratete wieder, diesmal eine Schönheit namens Deianeira. Als ein Zentaur namens Nessos sie eines Tages zu verführen versuchte, erschoß Herakles ihn mit einem Pfeil, den er zuvor in das giftige Blut der Lernäischen Hydra getaucht hatte. Damit war aber auch sein eigenes Schicksal besiegelt. Denn sterbend gebot Nessos Deianeira, sein Blut aufzufangen und es als Liebeszauber zu verwenden. Ohne daß Herakles davon wußte, gehorchte Deianeira.

Einige Zeit später gewann Herakles bei einem Wettbewerb im Bogenschießen eine Frau namens Iole. Als Deianeira befürchtete, Herakles' Zuneigung an Iole zu verlieren, tauchte sie sein Hemd in dieses Blut. Als Herakles das Hemd anzog, verbrannte es ihn; im Todeskampf riß er sich mit dem Gewand auch die Haut vom Leib. Deianeira erkannte den Betrug des Zentauren und erhängte sich. Herakles, der wußte, daß dies sein vorherbestimmtes Ende war, ließ einen Scheiterhaufen für sich errichten. Als sein Körper dort verbrannte, schoß ein Blitz heraus und stieg hinauf in den Olymp. Dort wurde Herakles zum Gott und versöhnte sich schließlich mit Hera. Aus Stolz auf seinen Sohn benannte Zeus ein Sternbild nach ihm.

Schon als ich den Herakles-Mythos in diesen groben Zügen las, wurden mir einige Dinge sofort klar. Ganz offensichtlich standen die zwölf Arbeiten mit dem Lauf der Sonne durch die zwölf Zeichen des Tierkreises in Verbindung. Einige Zeichen waren leicht zuzuordnen. Der Nemeische Löwe war ein Hinweis auf das gleichnamige Sternzeichen.[14] Der Kretische Stier und Hippolyte, die jungfräuliche Königin der Amazonen, mußten Stier und Jungfrau sein. Die Hydra mit ihrem giftigen Blut war wahrscheinlich der Skorpion und der Zentaur, der ihm den Tod brachte, der Schütze. Die Reihenfolge der Arbeiten und die Sternzeichen, die sie symbolisierten, stimmten nicht genau überein. Ich hatte jedoch keinen Zweifel daran, daß der Kreislauf der zwölf Arbeiten den Lauf des Jahres darstellte.

In ähnlicher Form markierten auch die Geburt und der Tod des Herakles die beiden Sonnenwenden. Er und Iphikles waren Zwillinge, von denen nur einer unsterblich war. Dies war ein klarer Hinweis auf die göttlichen Zwillinge oder Dioskuren. Auch bei diesen beiden wurde nur einer, Pollux (oder Polydeukes), als Gott geboren, obwohl er später seine Unsterblichkeit mit seinem Bruder Castor teilte. In griechischer Zeit befand sich die Sonne zur Sommersonnenwende eindeutig im Zeichen der Zwillinge.[15] Zur Wintersonnenwende stand sie zwischen den Sternbildern Steinbock und Schütze.[16] So »tötete« der zentaurische Schütze die Sonne (oder ließ sie verglühen) am letzten Tag vor ihrer Wiedergeburt: dem ersten Tag des neuen Kreislaufs.

All diese Verbindungen legten nahe, daß Herakles, solange er lebte, ein Sonnen- und kein Kriegsgott gewesen war. Er wurde mit der Geburt und dem Tod des Lichts in Verbindung gebracht, mit dem Jahreskreis und den »Arbeiten« der zwölf Sternzeichen. Darin sah ich klare Parallelen zwischen ihm und dem persischen Gott Mithras. Beide waren Halbgötter, die zur Erde geschickt wurden, beide mußten beinahe unmögliche Aufgaben bewältigen, und beide wurden an einer Sonnenwende »geboren«.[17]

Die Verbindung zwischen Mithras und der Astrologie ergibt sich aus den vielen Darstellungen, auf denen er den Himmelsstier opfert. Dabei steht der Gott mit ausgestrecktem rechtem Bein da und drückt das rechte Hinterbein des Stiers zu Boden. Mit seinem anderen Bein kniet er halb auf dem Rücken des todgeweihten Tieres. Er faßt es mit der Linken an den Nüstern und stößt ihm mit der Rechten das Messer in die Flanke. Blut, manchmal als Weizenähren dargestellt, fließt aus der Wunde an der Seite des Stiers und wird von einem Hund aufgeleckt. Auch eine Schlange züngelt herauf, um sich ihren Teil zu sichern, während ein Skorpion die schweren Hoden des Stiers angreift.

Dutzende von Reliefs mit der Darstellung des grausigen Vorgangs sind in ganz Europa gefunden worden. Ein besonders gut erhaltenes Exemplar war in den römischen Galerien des British Museum zu sehen. Andere Versionen zeigen zu den oben beschriebenen Details auch zwei kleine Akolythen hinter dem Stier, von denen einer Mithras hilft, das Tier hinunterzudrücken. Auf einer Stele, die heute im Pariser Louvre ausgestellt ist (Abb. 4, S. 169), wachen der Sonnengott Helios und die Mondgöttin Selene über die Szene. Sie billigen das Opfer offenbar. Denn auf der Rückseite der Stele sieht man Helios, der Mithras die nötige Macht verleiht, um die Schlange zu bändigen. Sie ist das Symbol für die niedere Natur des Menschen. Die Szenen sind eindeutig eng mit dem Kult verbunden und müssen sich auf einen Aspekt der Initiation beziehen. Für den zufälligen Betrachter ist besonders auffällig, daß über dieser Szene, noch auf demselben Bild, Mithras an der Seite von Helios dargestellt ist. Wie der Sonnengott selbst trägt er einen langen Amtsstab, den er in der linken Armbeuge hält.

Die astrologische Symbolik hinter all diesen Szenen ist unmißverständlich. Der Himmelsstier steht sicher für das gleichnamige Sternbild. Der Skorpion, der die Symbole seiner Potenz, seiner Macht angreift, ist das in Opposition stehende Sternzeichen. Denn wie der Stier für den Frühling, für die Zeit der Fruchtbarkeit und der Geburt steht, so symbolisiert der Skorpion den Herbst, den Tod und den Rückzug der Naturkräfte. Die beiden Akolythen sind eindeutig die Zwillinge, die dem Stier im Tierkreis folgen. Übrig bleiben also Mithras und sein Hund. Der Gott steht augenscheinlich nicht nur für das Licht der Sonne, sondern auch für das Sternbild Orion. Sein Hund ist der Begleiter des Orion, das Sternbild Großer

Hund (Canis maior), dessen heller Stern Sirius in der zoroastrischen Tradition die Erleuchtung symbolisiert.

Die Gleichsetzung des Orion mit Mithras hat Implikationen für das »echte« Sternbild Herkules.[18] Auf dem »Handschlag«-Relief in Arsameia trägt der König (Antiochos oder Mithridates I.) einen langen Stab in der linken Armbeuge, genau wie Mithras auf der Stele im Louvre. Er ist in sein wahrscheinlich festlichstes Gewand gekleidet. Und er trägt eine aufwendig gearbeitete Krone, aus der fünf Federn wie Sonnenstrahlen emporragen, eine Weste mit einem komplizierten Muster aus Diamanten und Sternen und darunter eine Tunika, die zwischen den Beinen mit einer Art Kordel vom Gürtel aus gerafft ist und seine Hosenbeine zeigt. Von der rechten Hüfte hängt ein Zeremonialdolch herab. Die Scheide ist mit fünf Löwenköpfen verziert, die vielleicht symbolisieren sollen, daß sein offizieller Geburtstag im Zeichen des Löwen, des fünften Tierkreiszeichens, liegt.

Die ganze Symbolik dieser königlichen Figur weist eindeutig auf die Gleichsetzung des Königtums mit dem Sonnengott hin. Sie soll ausdrücken, daß der König – wie der Held Mithras nach seiner »Himmelfahrt« – mit der Autorität des Sonnengottes ausgestattet ist. Ich las aus diesem Relief heraus, daß er ein »Sohn der Sonne« war, um einen Titel zu verwenden, den die ägyptischen Pharaonen trugen. Warum aber gab der König Herakles die Hand? Außerdem kann Herakles mit Mithras und Orion gleichgesetzt werden.

Noch einmal betrachtete ich mit Hilfe der Software die Himmelsregion, auf die der Schacht der Pyramide ausgerichtet war. Ich wußte schon, daß er auf die Konjunktion der Sonne mit dem Regulus hinwies, aber ich wollte noch prüfen, wie die Sterne am zweiten Punkt der Ekliptik genau über dem Schacht standen.[19] Zu meiner Verwunderung stellte sich heraus, daß die Sonne an diesem Tag direkt über dem ausgestreckten Arm des Orion stand. Sie schüttelte dem Sternbild und damit dem Mithras-Herakles buchstäblich die Hand. (Abb. 10) Dies also war die tiefere Bedeutung des Reliefs. Und ich hatte jetzt noch ein drittes wichtiges Datum gefunden: den 26. Mai.

Die Symbolik war verblüffend. Das Monument wurde zu Ehren

von Antiochos' totem Vater Mithridates gebaut. Wenn das Datum des 29. Juli den offiziellen Geburtstag symbolisierte, mußte der 26. Mai der offizielle Todestag sein. Im alten Ägypten galt der Pharao zu Lebzeiten als Verkörperung des Sonnengottes. Er war der lebende Horus, der Sohn der Sonne. In Kommagene hatte der König parallel dazu einen offiziellen Geburtstag als Apollon-Mithras, der das griechisch-persische Äquivalent zum Horus darstellte.

Nach dem Tod eines ägyptischen Pharaos wurden seine sterblichen Überreste mumifiziert und verschiedene Rituale vollzogen, damit seine Seele zum Totengott Osiris gelangen konnte, der, wie man glaubte, im Sternbild Orion residierte. All dies ist aus dem *Totenbuch* ebenso leicht ablesbar wie aus der Architektur der Pyramiden, die im Alten Reich als eine Art Startrampe für die Reise der Seele zu den Göttern dienen sollten.[20] Die Verbindung zwischen dem Schacht in Arsameia und dem Orion verweist anscheinend auf eine ähnliche Lehre. Die Könige von Kommagene wollten wie die

Abb. 10 Der Schacht war am 26. Mai 62 v. Chr. genau auf die Sonne ausgerichtet, die dem Orion »die Hand schüttelt«.

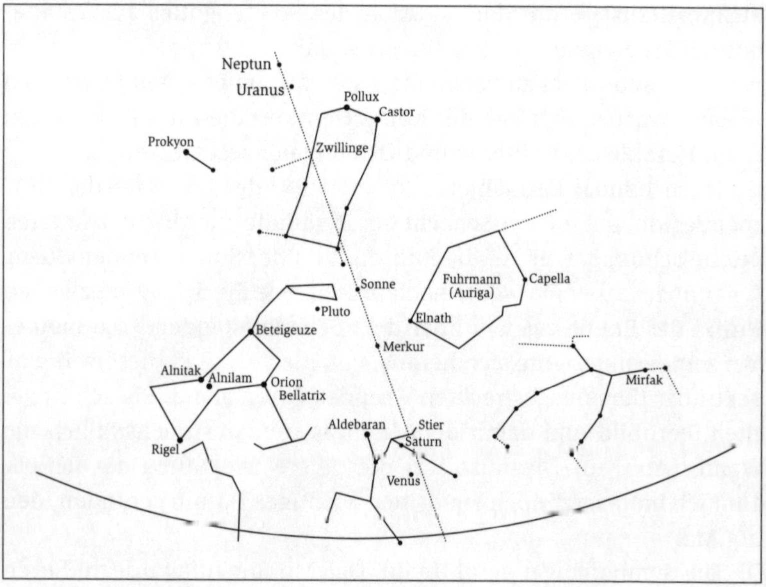

ägyptischen Pharaonen nach ihrem Tod zu den Sternen des Orion emporgetragen werden.

Vielleicht war dieser Schacht in den Bergen von Kommagene wie der südliche Luftschacht der Königskammer der Großen Pyramide von Gise eine Art »Super-Kanone«. Sie sollte die Seele des Mithridates in den Himmel befördern, wo er Herakles begrüßen und ihm in seinem himmlischen Heim im Orion Gesellschaft leisten würde.

Dieser oder ein ähnlicher Ablauf scheint in der Vorstellungswelt des Antiochos verankert, und wahrscheinlich wurde auch seine Seele mit dieser »Kanone« »emporgeschossen«, als seine Zeit gekommen war und bevor sein Körper den Nemrud Dağ hinauf in seinen Hierothesion getragen wurde. Sein Olymp lag also, wenn alle unsere Annahmen richtig sind, wie der ägyptische »Himmel« *Duat* in dem Himmelsgebiet des Orion-Sternbildes.

Wie ein ägyptischer Pharao erbaute er sich eine Pyramide für seine sterblichen Überreste und hoffte, Zeus-Ohrmazd im Himmel Gesellschaft leisten zu dürfen. Am östlichen Ende seines Grabmonuments ist sein Geburtshoroskop dargestellt, um seine Geburtsgötter zu ehren. Skulpturen seiner berühmten Vorfahren sind neben ihm aufgereiht, wie er sie zweifellos auch nach seinem Tod vorzufinden hoffte. Im Westen des Monuments grüßt er die Götter, vielleicht, weil sie ihm den Thron erhalten hatten. Am 6. Juli 62 v. Chr. (dem 10. Loos), dem Tag, der im Löwen-Horoskop dargestellt ist, wurde offenbar eine Art Krönungszeremonie vollzogen. Anders als Neugebauer glaube ich nicht, daß sie in direkter Beziehung zu seiner Wiedereinsetzung durch Pompeius stand. Wie wir noch sehen werden, handelte es sich wohl eher um eine Art Initiation, die mit dem esoterischen Element seiner Religion zu tun hatte. Interessanterweise befanden sich die Planeten seiner Geburtsgötter zum erstenmal seit seiner Geburt wieder in der gleichen, königlichen Region des Himmels – im Sternbild des Löwen. Wieder sind seine Vorfahren ihm zur Seite aufgereiht und erweisen den Göttern die Ehre.

Im Mittelpunkt des Monuments steht sein Tumulus, der den Olymp repräsentiert, den obersten Gipfel des Himmels, der über den lenkenden Planeten der unteren Sphären steht. Irgendwo in diesem Hügel aus Kalksteinschotter, wahrscheinlich ziemlich weit oben, ist er begraben. Vielleicht wurden auch nur seine Knochen hier beigesetzt.[21]

Ich rief mir nun in Erinnerung, was Bennett über die Sarman-Bruderschaft geschrieben hatte. Ihr Name lege nämlich nahe, daß sie die »wichtigsten Verwalter der Überlieferung« seien, der »Ewigen Philosophie«, die von Generation zu Generation von »eingeweihten Wesen« weitergegeben würde. Mir war klar, wie genau diese Beschreibung zu Antiochos paßte. Er erhob nicht nur Anspruch auf eine Abstammung von den persischen Königen, sondern stammte tatsächlich aus einer sehr »erlesenen Familie oder Rasse«. So besaß er ein wichtiges »Erbstück«, nämlich eben jene »Ewige Philosophie«.

Als ich das Löwen-Horoskop vom 6. Juli 62 v. Chr. betrachtete, fand ich noch etwas, das mich vollends von der Verbindung zwischen Kommagene und Gurdjieffs Sarmung-Bruderschaft überzeugte. An jenem Tag steht die Sonne, die sich mitten im Sternbild Krebs befindet, direkt unter einem Sternenhaufen, der schon immer als »Bienenkorb« bekannt war. Da das Wort Sarman (Sarmung in Gurdjieffs armenischem Dialekt) im Altpersischen nicht nur »diejenigen, die die Lehren des Zoroaster bewahren«, sondern auch »Biene« bedeutet, ist es doch offensichtlich, daß im Jahr 62 v. Chr. der »Korb«, der Ort, an dem sich die »Bienen« versammelten, Kommagene war.

Offenbar traf sich am 6. Juli des Jahres eine Gruppe »weiser Männer« am Hof des Antiochos in Kommagene. Sie hatten viel zu besprechen, nicht zuletzt sicher auch die Bedrohung der zoroastrischen Tradition durch das unablässige Vordringen Roms nach Anatolien und Mesopotamien. Zu der Versammlung gehörten wahrscheinlich auch einige Könige der Nachbarterritorien. Antiochos wurde meiner Vermutung nach zum Führer der Bruderschaft, einer Art Freimaurerloge, gewählt und gekrönt. Für diese Wahl, nicht die Wiedereinsetzung durch Pompeius, steht das Löwen-Horoskop.

Antiochos wurde beauftragt, die zoroastrische Tradition zu bewahren, indem er ihre Verbindungen zum griechischen und damit zum römischen Pantheon aufzeigte. Deshalb gab er den Göttern zwei Namen, in Griechisch und Persisch, und schuf jenen seltsamen Synkretismus, der zur Staatsreligion von Kommagene wurde. Man erhoffte sich davon, daß die Römer, selbst wenn sie ganz Mesopotamien eroberten, der Bevölkerung weiterhin ihre Religion lassen würden, da sie nicht allzu fremd auf sie wirkte. Tatsächlich übernahmen die Römer diese neue Religion sogar – mit einigen leichten Veränderungen –, und der Mithraskult verbreitete sich im ganzen Reich, bis nach Britannien und Germanien. Wieviel sie von seiner esoterischen Bedeutung verstanden, ist sicher fraglich. Aber der Kult war eine moralische Kraft im Leben der römischen Legionen und bereitete in gewisser Weise auch den Grund für die größere Offenbarung des Christentums.

Ob Antiochos diese Entwicklung vorhersah, weiß man nicht. In Form seiner Monumente ließ er allerdings eine Botschaft zurück, einen »Legomonismus«, wie Gurdjieff es genannt hätte. Offenbar wollte er uns sagen, daß er ein hermetischer Gelehrter war, der sein ganzes Leben lang danach strebte, ein guter Herrscher zu sein. Seine letzten Worte in Arsameia bilden einen dazu passenden Grabspruch:

»Alle aber, die rein sind von ungerechtem Leben, aber voller Eifer auf heilige Werke, sollen getrost auf das Antlitz der Götter schauen und den glücklichen Spuren der Seligen folgen.«[22]

Wenn man dies gelesen und sein einstmals offenbar glückliches Königreich besucht hat, muß man Respekt vor dem Mann empfinden, der nur etwa dreißig Jahre vor Jesu Geburt starb. Er war zweifellos selbst ein Weiser, und es ist ganz und gar nicht unwahrscheinlich, daß zumindest einer von Matthäus' Sterndeutern aus dem kleinen Königreich Kommagene kam.

Nachdem ich wenigstens einen Teil des Geheimnisses um Kommagene gelüftet zu haben glaubte, konnte ich meine Aufmerksamkeit nun wieder Urfa/Edessa zuwenden. Ich konnte nicht ahnen, daß ich auch dort über seltsame Geheimnisse stolpern sollte.

KAPITEL 8
DIE STADT DER PATRIARCHEN

Einst war Urfa eine schöne Stadt, das »Auge Mesopotamiens«. Sie liegt auf einem felsigen Nordausläufer des Antitaurus in der Nähe des Daisan, eines Nebenflusses des Balich, der wiederum in den mächtigen Euphrat mündet. Damals war Urfa eine Station an den Handelsstraßen, die das ferne Indien mit Alexandria, Antiochia und Konstantinopel verbanden. Doch genügen diese Faktoren allein noch nicht, um Urfas Vorrangstellung vor den Nachbarstädten zu erklären. Die Stadt hatte zwei weitere strategische Vorzüge, die sie zur idealen Festung und Hauptstadt machten: ein fruchtbares Hinterland und nie versiegende Quellen unter der Zitadelle, so daß man selbst einer längeren Belagerung standhalten konnte.

Anders als bei dem nächsten Nachbarn Harran fehlt für Urfa jede Erwähnung in assyrischen Texten. Dennoch bestehen kaum Zweifel daran, daß dieser so überaus günstige Platz schon in der Bronzezeit und womöglich noch viel früher besiedelt war. Lokale Legenden erzählen davon, daß die Stadt schon vom biblischen Nimrod, dem Sohn Kuschs und Urenkel Noachs (Noahs), gegründet worden sei, weshalb die Zitadelle manchmal als der »Thron Nimrods« bezeichnet wird. Nimrod war, wie wir in der Genesis lesen können, »ein tüchtiger Jäger vor dem Herrn«. Er wird in der Türkei oft mit alten Ruinen in Verbindung gebracht, besonders mit höhergelegenen Stätten wie dem Nemrud Dağ in Kommagene. Nimrod war der Patriarch der Babylonier und Assyrer. Er soll der Bibel zufolge die Städte Babel, Erech, Akkad und Ninive gegründet haben, um nur einige zu nennen. Und nach Meinung der heutigen Bewohner sollte auch Urfa in dieser Aufzählung nicht fehlen.

Wir wissen wenig von Urfas Vergangenheit als assyrische oder prä-assyrische Stadt, aber wir sind ganz sicher, daß Seleukos sie im Jahr 302 v. Chr. neu gründete und mit einem neuen, griechischen Namen versah: »Antiochia Kallirhoë«, »Antiochia bei dem schönen

1 Anbetung der Heiligen Drei Könige (Dijon, Herzogspalast)

2 Die Kaiser Konstantin und Justinian überreichen der Jungfrau Maria Geschenke (Istanbul, Hagia Sophia)

3 Der Schrein der Heiligen Drei Könige im Dom zu Köln

4 *(rechts) Die Taufe Jesu*, Piero della Francesca, um 1450 (London, National Gallery)
5 *(unten)* Das *Wilton-Diptychon*, um 1395 (London, National Gallery)

6 Die Pyramiden von Gise

7 Die Große Sphinx von Gise

8 Chephren, umfangen von einem Falken (Horus)

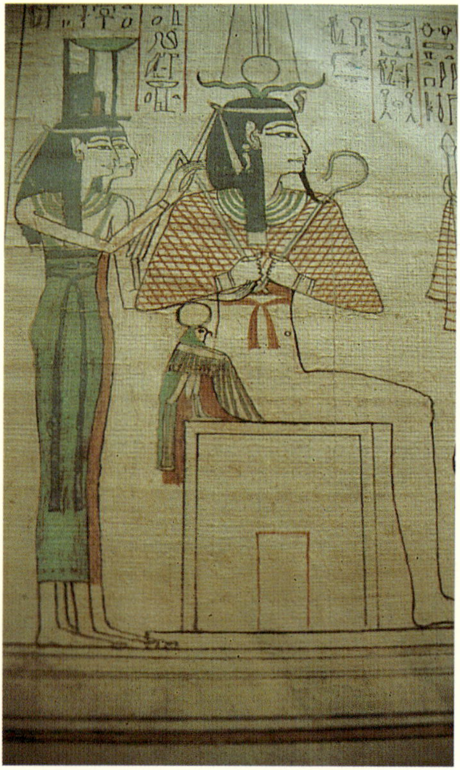

9 *(oben)* Falkenköpfige Sphinx
10 Osiris (Orion) mit Isis (Sirius) und Nephthys (Prokyon) als Dienerinnen

11 Obelisk aus der Zeit Sesostris' I. in Heliopolis

12 *(oben links)* Der ägyptische Phönix oder »Bennu«-Vogel

13 *(oben rechts)* Die Kirche der Materiya in Heliopolis

14 Ankunft der Heiligen Familie in Heliopolis

15 Der Engel weckt Josef. Materiya-Kirche

16 Maria und der Baum. Materiya-Kirche

17 Der »Jungfrauenbaum« heute. Heliopolis

18 *(oben)* Das Hierothesion des Antiochos I. Epiphanes. Ostterrasse

19 Der Autor vor dem Thron des Zeus. Ostterrasse

20 *(oben)* Die herabgefallenen Köpfe der Götter. Hierothesion des Antiochos I. Epiphanes. Westterrasse

21 Löwen-Horoskop mit Doppelstatuen von Löwe und Adler. Westterrasse

22 Arsameia
am Nymphenfluß

23 »Handschlag«-
Relief im Felsland von
Arsameia

24 Der Autor
mißt den Winkel des
Schafts im Felsen

25 *(oben)* Die »Aladinslampe«
26 *(links)* Römische Münze aus der Zeit Justinians I. aus Edessa
27 *(rechts) Die hl. Veronika mit dem Schweißtuch*, Fra Filippo Lippi, um 1420 (London, National Gallery)

28 *(oben)* Die korinthischen Säulen in Edessa

29 Die Zitadelle von Edessa mit den Säulen, von unten gesehen

30 *(oben)* Die Abrahamshöhle in Urfa
31 Der Teich Abrahams, Urfa

32 Der Perserturm, Urfa

33 Die Burg von Harran

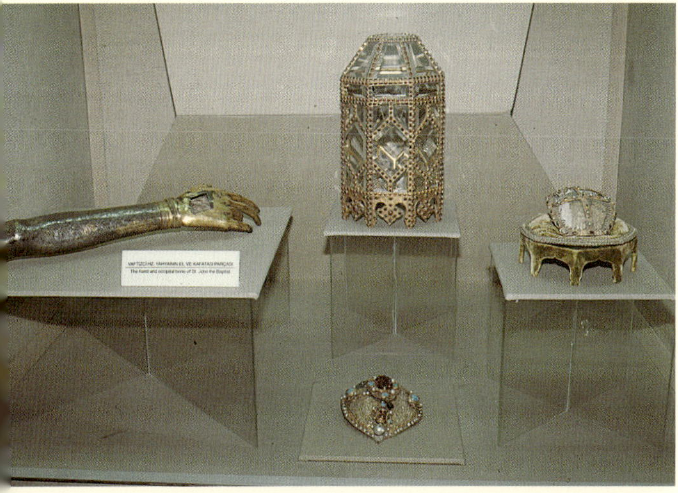

34 Reliquien Johannes' des Täufers (Istanbul, Topkapı-Museum)

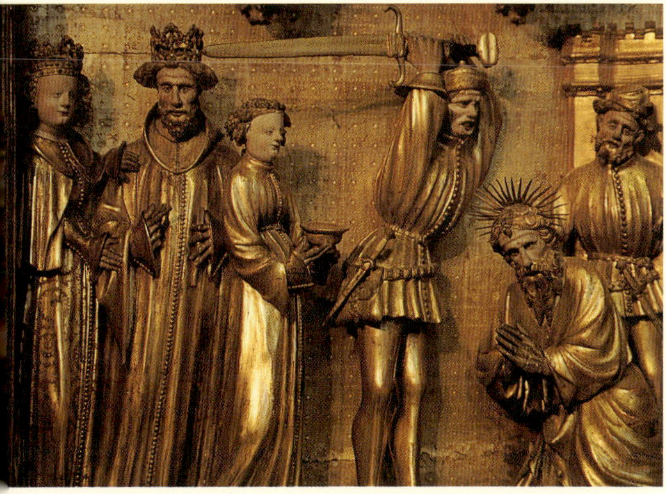

35 Die Enthauptung Johannes' des Täufers (Dijon, Herzogspalast)

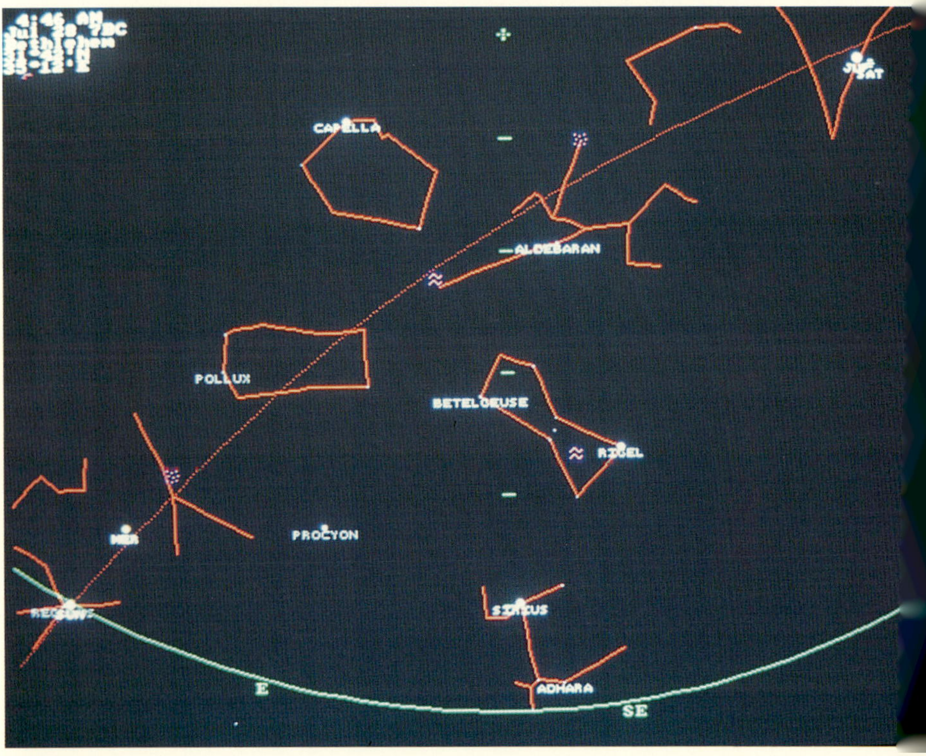
4:46 AM
CAPELLA
ALDEBARAN
POLLUX
BETELGEUSE
RIGEL
PROCYON
MER
SIRIUS
ADHARA
SAT
E
SE

linke Seite:
36 *(oben)* Die *Anbetung der Könige* mit richtiger Position der Sterne von Bengt Alfredson
37 *(unten)* Der Morgenhimmel bei Jesu Geburt, am 29. Juli 7 v. Chr.

38 *(oben) Mariä Verkündigung,* Fra Filippo Lippi, um 1450 (London, National Gallery)
39 *(links)* Der »Lächelnde Engel« an der Kathedrale von Reims
40 *(rechts)* Schützen-Statue auf einem Giebel der Kathedrale von Reims

41 Himmlische Lilien in der ägyptischen Unterwelt

42 *(rechts)* Maat überwacht das »Wiegen des Herzens«

43 *(oben)* Die *Fleur-de-Lys*
44 *(rechts)* Horus wird als Kind von einem Falken geschützt

fließenden Wasser«. Der Name ist ganz offensichtlich eine Anspielung auf die Quellen, die aus Höhlen unter der Zitadelle entspringen und die berühmten Fischteiche Urfas speisen. Bekannter wurde die Stadt unter dem Namen Edessa, den sie vielleicht griechischen Einwanderern aus der makedonischen Hauptstadt verdankt, vielleicht aber auch einer hellenisierten Namensform des Flusses Daisan, der in einem Bogen durch den Ort floß.[1] Die einheimische nichtgriechische Bevölkerung dagegen nannte ihre Stadt Orhay – und Urfa, der heutige Name, ist von diesem Wort abgeleitet.

Edessa-Orhay blieb nicht lange unter seleukidischer Herrschaft. 130 v. Chr. besiegten die Parther die Armee des Antiochos Sidetes. Es war die letzte Auseinandersetzung mit den Seleukiden – sie versuchten nie wieder, die Kontrolle über Gebiete östlich des Euphrat zu gewinnen. Nach Aussage syrischer Chroniken hatte kurz zuvor, etwa 132 oder 131 v. Chr., die Dynastie der Aryu[2] den Thron von Edessa bestiegen. Diese Könige, oder besser Phylarchen, waren nabatäischer, also arabischer Abstammung.[3] Ihrer Dynastie gelang es, sich auch in politisch schwierigen Zeiten in dieser äußerst instabilen Region an der Macht zu halten. Obwohl der Großteil der öffentlichen Geschäfte in Griechisch abgewickelt wurde, war die Muttersprache der Aryu Altsyrisch. Es wird in einer anderen Schrift geschrieben, ist aber eine Nebenform des Aramäischen, der Sprache Syriens und Palästinas zur Zeit Jesu.

Mit dem Rückzug der Seleukiden aus den Gebieten östlich des Euphrat konnten die Phylarchen, von denen die meisten Abgar genannt wurden, ihre Herrschaft über die Stadt Edessa (Orhay) und das dazugehörige Fürstentum festigen. Wie sein Nachbar Kommagene war auch Osrhoene, so der Name des Staates, ein Puffer zwischen Parthien im Osten und den Seleukiden bzw. später dem römischen Syrien im Westen. Die Abgars versuchten die Interessen beider Seiten auszubalancieren, indem sie sie gegeneinander ausspielten. Das gestaltete sich nicht immer einfach, besonders dann nicht, wenn eine der beiden Großmächte ihren Einflußbereich vergrößern wollte.

In vieler Hinsicht ähnelte die frühe Entwicklung Osrhoenes derjenigen Kommagenes. Als die Römer Tigranes von Armenien

69 v. Chr. besiegten, stand der König von Edessa ebenso wie Antiochos von Kommagene auf der Seite der Verlierer. Und Abgar II., wahrscheinlich ein Sohn des besiegten Königs, wurde 62 v. Chr. wie sein Nachbar Antiochos als Herrscher über sein Territorium bestätigt. Tigranes, Antiochos und Abgar hatten vieles gemeinsam. Alle drei waren Könige, weil das makedonische Erbe auseinandergebrochen war. Alle waren mögliche Handelspartner der Parther, mußten aber auch die wachsende militärische Bedrohung durch Rom im Auge behalten. Das hatte schon Pontus und Syrien westlich des Euphrat geschluckt. Die Niederlagen des Mithridates und seiner Verbündeten, zunächst gegen Lucullus und dann gegen Pompeius, hatten gezeigt, daß militärischer Widerstand gegen ein endgültig zur Großmacht aufgestiegenes Reich zwecklos war. Den Kleinfürsten blieb kaum eine andere Wahl, als Roms Bedingungen zu akzeptieren – zumindest so lange, wie die Parther ihnen nicht zu Hilfe kamen.

Die Gnadenfrist für die Staaten, die als Puffer fungierten, währte allerdings nicht lange. Im November 55 v. Chr. unternahm der römische Triumvir Crassus, der zusammen mit Pompeius und Julius Cäsar die politische Szene beherrschte, einen Feldzug in den Osten. Er war neidisch auf die Siege des Lucullus und Pompeius und auf die gewaltige Kriegsbeute, die Lucullus nach Rom gebracht hatte. Obwohl die Parther den Römern keinen Grund dafür geliefert hatten, war Crassus wild entschlossen, einen Krieg vom Zaun zu brechen, um sein Ansehen zu steigern. Auch Cäsar, der dritte Triumvir, hatte neue Gebiete für die römische Republik und damit Ruhm und Ehre für sich gewonnen, und Crassus brauchte eigene Siege, um zu zeigen, daß er seinen Partnern ebenbürtig war.

Nach seiner Ankunft in Syrien marschierte er Richtung Osten und verbrachte den Großteil des folgenden Sommers damit, die Vorratskeller Mesopotamiens zu plündern und zu verwüsten. Nachdem er den Winter in Syrien verbracht und den Jerusalemer Tempel geplündert hatte, setzte er im nächsten Jahr noch einmal mit sieben Legionen, insgesamt fünfunddreißigtausend Fußsoldaten und viertausend Reitern, über den Euphrat. Er wurde von Abgar, dem Phylarchen von Edessa, freundlich begrüßt. Abgar gab sich freundlich, obwohl er sicher nicht begeistert davon war, daß sein Fürstentum, wie Syrien auch, westlich des Euphrat dem Römischen Reich als Provinz angeschlossen werden sollte. Crassus fehlte sowohl das Charisma als auch das militärische Genie des Pompeius – Eigenschaften, die Respekt einflößten und die Demütigung, von Pompeius »wiedereingesetzt« zu werden, zumindest

Karte 6 Der Nahe Osten zur Zeit Jesu

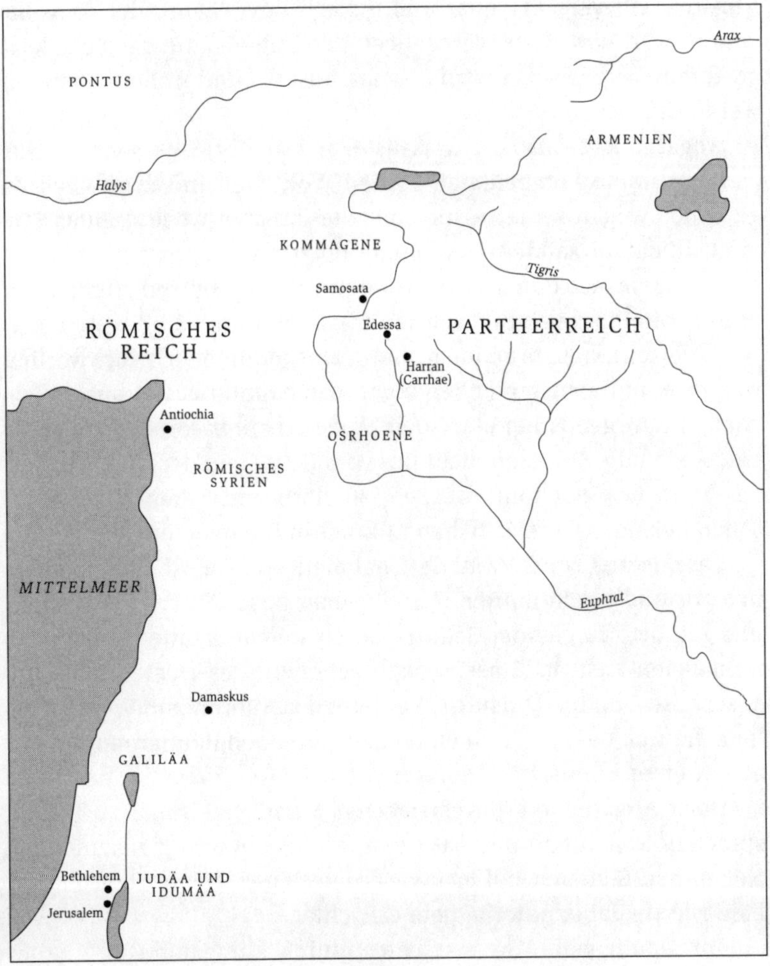

milderten. In den Augen Abgars war Crassus ein schmieriger römischer Plutokrat, der alles, was er in die Finger bekam, in die eigene Tasche steckte. Unter diesen Umständen war die Treue des Phylarchen natürlich nicht von Dauer. Er tat, was er tun mußte, und lockte die Römer in eine Falle. Plutarch erzählt die Geschichte folgendermaßen:

»Während Crassus diese Vorschläge noch erwog und überdachte, kommt zu ihm ein arabischer Stammeshäuptling namens Abgaros, ein verschlagener und hinterlistiger Mann, der dazu bestimmt war, von allen Werkzeugen des Unheils, die das Schicksal zu ihrem Verderben anwandte, das böseste und unheilvollste zu werden ...

Abgaros kam also zu Crassus – er war übrigens sehr redegewandt –, lobte Pompeius als seinen Wohltäter und pries Crassus glücklich wegen seiner Armee, tadelte ihn aber wegen seiner Säumigkeit, daß er zaudere und immer noch rüste ...

Nachdem also damals Abgaros den Crassus überredet hatte, zog er ihn vom Flusse ab und führte ihn mitten durch die Ebene einen Weg, der anfänglich bequem und leicht, dann aber beschwerlich war, da er in tiefen Sand überging und in baumlose, wasserlose Flächen, die nirgends bei einer dem Auge erkennbaren Grenze endeten, so daß die Soldaten nicht nur vom Durst und der Mühseligkeit des Marsches erschöpft wurden, sondern auch alles, was sie zu sehen bekamen, untröstlichen Mißmut in ihnen erzeugte ...

Cassius und seine Freunde ... nahmen sich den Abgaros persönlich vor und beschimpften ihn: ›Welcher böse Dämon hat dich zu uns geführt, du elender Schuft? Durch welche Zaubertränke oder Gaukeleien hast du Crassus dazu gebracht, das Heer in eine unabsehbare, endlose Wüste ins Verderben zu führen und Wege zu gehen, die sich besser für einen nomadisierenden Räuberhauptmann als für einen römischen Feldherrn schicken?‹

Doch Abgaros, ein durchtriebener Mann, fiel ihnen zu Füßen, sprach ihnen Mut zu und bat sie, nur noch ein wenig auszuhalten. Neben den Soldaten lief er her, leistete ihnen kleine Dienste und hänselte sie dabei unter lautem Gelächter:

›Ihr glaubt wohl, ihr marschiert durch Kampanien und haltet

immerfort nach Quellen und Bächen und Schatten Ausschau und natürlich nach Bädern und Wirtshäusern? Ihr habt wohl vergessen, daß ihr durch das Grenzland zwischen Arabern und Assyrern zieht?‹

So trieb Abgaros seinen Spott mit den Römern, und ehe es noch offenkundig wurde, daß er sie betrog, ritt er davon, nicht ohne Wissen des Crassus, dem er auch noch dies weisgemacht hatte, daß er Unheil und Verwirrung unter die Feinde bringen werde.«[4]

Inzwischen hatten die Parther mobil gemacht. Sie hatten zwar den Status quo nach Pompeius' Neuordnung des Ostens grundsätzlich anerkannt, schauten aber nicht ruhig zu, als Rom ihre Westprovinzen annektierte. Für sie war es nur noch eine Frage der Zeit, daß römische Armeen bald auch vor ihren eigenen Stadttoren stehen würden. Unter der Leitung ihres Generals Surenas, wahrscheinlich mit Billigung Abgars, betraten sie jetzt die Szene. Ihre Streitkräfte bestanden, anders als die römischen Legionen, nur aus Bogenschützen zu Pferde. Sie umzingelten Crassus' Männer und ließen einen Pfeilregen auf die Köpfe der Römer niedergehen. Als die römische Kavallerie einen Gegenangriff startete, zogen sie sich einfach zurück und schossen noch im Davonsprengen auf ihre Verfolger (der sogenannte parthische Schuß).

Schließlich war die römische Kavallerie in die Flucht geschlagen und vernichtet. Die Fußsoldaten fanden sich völlig ungeschützt in der offenen Ebene. Bei Anbruch der Nacht suchten die stark dezimierten römischen Truppen Zuflucht hinter den Mauern der alten Stadt Harran, die sie Carrhae nannten. Sie blieben auch noch den nächsten Tag und versuchten in der darauffolgenden Nacht, sich zum Euphrat durchzuschlagen. Doch die Entfernung war groß, und bei Morgengrauen waren sie wieder dem mörderischen Pfeilregen der Parther ausgesetzt. Die Armee wurde in Roms schwerster Niederlage völlig aufgerieben. Crassus selbst fand während der Übergabeverhandlungen den Tod.

Die Schlacht bei Carrhae hinterließ bei den Römern einen tiefen Eindruck. Sie hatte ihnen die demütigendste Niederlage seit Cannae im Jahr 216 v. Chr. eingebracht, als der karthagische General Hannibal fast die gesamte römische Armee ausgelöscht hatte.

Einen Großteil der Schuld trug ganz eindeutig der militärisch inkompetente Crassus. Die Ebene um Harran ist nicht die lebensfeindliche Wüste, die Plutarch aus ihr macht, das Wasser ist dort nicht knapp, am allerwenigsten im Mai, wenn das Land gerade grün wird. Die Römer waren der Art Kriegführung der Parther nicht gewachsen. Selbst Julius Cäsar, ein fähigerer General als Crassus, hätte seine Schwierigkeiten gehabt, aus einer solchen Falle wieder herauszukommen.

Als direkte Folge von Carrhae nahmen die Römer ihre Ambitionen auf Mesopotamien zurück und gaben dem kleinen Königreich Osrhoene damit Raum zum Atmen. Aus Sicht der Römer war Abgar ein listiger aramäischer Phylarch, ein verräterischer Schuft, der den tapferen, aber einfältigen Crassus und seine Männer in die Falle gelockt hatte. Aus seiner eigenen Perspektive und aus Sicht der Menschen, deren Interessen er vertrat, war Abgar unzweifelhaft ein Held, der die Römer erfolgreich gegen die Parther ausgespielt und zumindest für einige Zeit den Bestand der quasi unabhängigen Fürstentümer Nordmesopotamiens gesichert hatte. Er hatte hoch gepokert und so wenigstens dieses Spiel gewonnen.

Erst hundertsiebenundsechzig Jahre später, im Jahr 114 n. Chr., wurde Edessa wieder von der eisernen Faust der Römer bedroht. Dieses Mal war es Kaiser Trajan, der die »Ostfrage« lösen wollte. Der Phylarch Abgar VII. schickte einen Boten mit wertvollen Geschenken und Freundschaftsbekundungen von Edessa nach Antiochia. Erst fünf Jahre zuvor hatte er sein Königreich von den Parthern »gekauft«. Ganz offensichtlich war es eine teure Angelegenheit, von zwei Großreichen eingeschlossen zu sein. Trajan annektierte das Nachbarfürstentum Anthemusia mit seiner Hauptstadt Batnae und machte sich dann wieder an seine eigentliche Aufgabe: Er fiel in Parthien ein und eroberte die Hauptstadt Ktesiphon. Ein Aufstand in Nordmesopotamien, auch in Edessa, ließ ihn kehrtmachen, und bald war er erneut Herr der Stadt, deren König im allgemeinen Aufruhr gestorben war.

Trajans Siege waren kurzlebig. Unter ihm erreichte das Römische Reich seine größte Ausdehnung, aber viele Gegenden waren nicht befriedet. Außerdem waren die Finanzen knapp, um alle annektierten Gebiete wirksam zu kontrollieren. Sein Nachfolger Hadrian sah die Lage im Osten pragmatischer und beschloß, alle Gebietsgewinne östlich des Euphrat aufzugeben und sich mit dem Feind zu verständigen. Kurzzeitig saß ein parthischer Prinz auf dem Thron von Edessa, doch 123 n. Chr. wurde mit Ma'nu VIII. die alte Linie der Abgars wieder eingesetzt.

Unglücklicherweise gingen die Parther nur eine Generation später selbst in die Offensive, setzten über den Euphrat und griffen Syrien an. Ma'nu suchte nun Hilfe bei den Römern, nachdem man ihn zugunsten eines partherfreundlicheren Prätendenten abgesetzt hatte. 165 n. Chr. zogen die Römer wieder in Edessa ein, nachdem die Bürger der Stadt die parthischen Besatzer ermordet und die Stadttore geöffnet hatten. Ma'nu wurde wieder eingesetzt und erhielt den Ehrentitel *Philorhomaios*, »Freund Roms«.

Dreißig Jahre später brachen Unruhen aus, als ein weiterer Abgar Nisibis belagerte, das damals unter römischem Schutz stand. Der Plan schlug fehl. Abgar mußte sich mit seinen Verbündeten zurückziehen, und doch schaffte er es, sich bei Kaiser Septimius Severus einzuschmeicheln. Er bekam sogar seinen Thron zurück. Seine neu beschworene Loyalität konnte er unter Beweis stellen, als die Parther 197 n. Chr. Nisibis belagerten. Diesmal unterstützte Abgar die Römer und versorgte sie mit gut ausgebildeten Bogenschützen. Seine Treue zahlte sich aus: Nachdem die Römer einen leichten Sieg errungen hatten, luden sie den »König der Könige« zu einem luxuriösen Aufenthalt in Rom ein.

Dieser Abgar VIII., mit dem Beinamen »der Große«, starb wahrscheinlich um 212 n. Chr. Sein Sohn trat noch unangefochten die Nachfolge an, aber die großen Tage des unabhängigen Edessa waren gezählt. Anerkannte Historiker wie J. B. Segal gehen davon aus, daß die Übernahme des Christentums als Staatsreligion in die Zeit der Herrschaft dieses Fürsten fiel. 213 n. Chr. wurde Edessa *colonia*. Seine Könige saßen zwar noch bis etwa 240 n. Chr. auf ihrem angestammten Thron, doch sie hatten nichts mehr zu sagen. Bald wurde die Stadt dem Römischen und später dem Byzantinischen Reich eingegliedert, bis das erste muslimische Reich auf den Plan trat.

Der Brief Abgars und das Jesusbild

Nicht wegen seiner heiligen Fischteiche oder seiner strategisch günstigen Lage hat Edessa Eingang in die Geschichtsbücher gefunden. Im ersten Jahrtausend war die Stadt bei der ganzen Christenheit berühmt als die heilige Stätte des Mandylion, eines wunderbaren Abbildes Jesu Christi.

Der Legende zufolge hatte König Abgar V. von den Wundern gehört, die Jesus in Galiläa vollbrachte, und auch von seinen Heilkräften. Als Abgar erfuhr, daß Jesus von den jüdischen Autoritäten nicht freundlich behandelt wurde, schrieb er ihm einen Brief, in dem er Jesus nach Edessa einlud. Die Antwort auf diesen Brief Abgars V. war später das einzige Schriftstück aus der Hand des Herrn, das die Kirche besaß. Aus diesem Grund wurde die Geschichte mit großer Ehrfurcht tradiert, und Abschriften des Briefes Jesu fanden sich in ganz Europa. Angeblich schickte Abgar einen Höfling namens Ananias (Hannan) mit seinem Brief nach Jerusalem. Er schrieb folgendes:

»Abgar Ukkama, der Fürst, entbietet Jesus, dem guten Heiland, der in Jerusalem erschienen ist, seinen Gruß. Ich habe von dir und deinen Heilungen Kunde erhalten und erfahren, daß diese ohne Arznei und Kräuter von dir gewirkt werden. Du machst nämlich, wie erzählt wird, Blinde sehend, Lahme gehend, Aussätzige rein, treibst unreine Geister und Dämonen aus, heilst die, welche schon lange von Krankheiten gequält werden, und erweckst Tote. Auf alle diese Nachrichten hin sagte ich mir: entweder bist du Gott und wirkst diese Wunder, weil du vom Himmel herabgestiegen bist, oder du bist, weil du dieses wirkst, der Sohn Gottes. Daher wende ich mich in diesem Brief an dich mit der Bitte, dich zu mir zu bemühen und mich von meinem Leiden zu heilen. Ich habe nämlich auch gehört, daß die Juden wider dich murren und dir Böses tun wollen. Ich habe eine sehr kleine, würdige Stadt, welche für uns beide ausreicht.«

Die Antwort Jesu, von demselben Boten übermittelt, ist höflich, aber negativ. Er kann nicht nach Edessa kommen, weil er seine Bestimmung zu erfüllen hat; aber er will Hilfe schicken. Er schreibt:

»Selig bist du, weil du an mich glaubst, ohne mich gesehen zu haben. Es ist nämlich über mich geschrieben, daß die, welche mich gesehen haben, nicht an mich glauben, und daß die, welche mich nicht gesehen haben, glauben und leben sollen. Bezüglich deiner schriftlichen Einladung, zu dir zu kommen, mußt du wissen: es ist notwendig, daß ich zuerst all das, wozu ich auf Erden gesandt worden bin, erfülle und dann, wenn es erfüllt ist, wieder zu dem zurückkehre, der mich gesandt hat. Nach der Himmelfahrt werde ich dir einen meiner Jünger senden, damit er dich von deinem Leiden heile und dir und den Deinigen das Leben verleihe.«[5]

Ob die Geschichte einen wahren Kern hat, ist ungewiß, aber die Briefe werden bei Eusebius zitiert, der Anfang des 4. Jahrhunderts Bischof von Caesarea in Palästina war. Er hat, so wird von ihm überliefert, die Geschichte im Stadtarchiv von Edessa gefunden. Wenn es sich auch um eine Fälschung handeln sollte, ist sie zumindest schon sehr alt. Sicher aber ist es vorstellbar, daß ein kranker König Jesus in der Hoffnung auf Heilung eine Botschaft schickte. Im Matthäus-Evangelium ist zu lesen, daß sich der Ruf Jesu in ganz Syrien verbreitete, wozu in einem weiteren geographischen Sinne auch Osrhoene gehörte.[6]

Der Legende nach sandte der Apostel Thomas nach der Kreuzigung und Auferstehung Jesu in Antwort auf Abgars Bitte einen der Siebzig,[7] einen Mann namens Thaddäus, zum König. Die Geschichte findet sich bei Eusebius:

»Nach der Himmelfahrt Jesu sandte Judas, der auch Thomas genannt wurde, den Apostel Thaddäus, einen der Siebzig, zu Abgar. Er kam und wohnte bei Tobias, dem Sohne des Tobias. Sobald man davon erfuhr, wurde dem Abgar mitgeteilt: ›Ein Apostel Jesu ist gekommen, wie er es dir im Brief angekündigt hatte.‹ Thaddäus begann nun, in der Kraft Gottes jede Krankheit und Schwachheit zu heilen, so daß sich alle verwunderten. Als Abgar von seinen herrlichen, wunderbaren Taten und den Heilungen hörte, da kam er auf die Vermutung, daß dieser es war, von dem Jesus im Brief gesagt hatte: ›Nach der Himmelfahrt werde ich dir einen meiner Jünger senden, damit er dich von deinem Leiden heile.‹ Er ließ daher den Tobias, bei dem jener wohnte, zu sich kommen und sprach zu ihm:

›Ich habe gehört, daß ein wundertätiger Mann zu dir gekommen ist und in deinem Hause wohnt. Führe ihn zu mir!‹ Tobias ging nun zu Thaddäus und sagte ihm: ›Der Fürst Abgar hat mich zu sich kommen lassen und mir befohlen, dich zu ihm zu führen, auf daß du ihn heilest.‹ Thaddäus erwiderte: ›Ich komme, denn mit Kraft bin ich zu ihm gesandt.‹ Am folgenden Tag in der Frühe machte sich Tobias auf, nahm den Thaddäus mit sich und ging zu Abgar. Als er kam, da zeigte sich sofort schon beim Eintreten dem Abgar in Gegenwart der umstehenden hohen Würdenträger ein deutliches Gesicht im Antlitz des Apostels Thaddäus. Kaum sah es Abgar, da fiel er vor Thaddäus nieder, und Staunen ergriff alle, welche es sahen. Das Gesicht allerdings sahen sie nicht, es erschien nur dem Abgar. Dieser fragte den Thaddäus: ›Bist du wirklich ein Jünger Jesu, des Sohnes Gottes, der mir gesagt hatte: Ich werde dir einen meiner Jünger senden, damit er dich heile und dir das Leben verleihe?‹ Thaddäus erwiderte: ›Weil du vertrauensvoll an den geglaubt hast, der mich gesandt hat, darum wurde ich zu dir geschickt. Und: wenn du an ihn glaubst, werden deinem Glauben entsprechend die Wünsche deines Herzens in Erfüllung gehen.‹ Abgar sagte zu ihm: ›Ich habe so sehr an ihn geglaubt, daß ich bereit gewesen wäre, mit einem Heere die Juden, welche ihn gekreuzigt hatten, niederzuhauen, wenn nicht die Herrschaft der Römer mich daran gehindert hätte.‹ Thaddäus entgegnete: ›Unser Herr hat den Willen seines Vaters erfüllt und ist dann zu seinem Vater aufgefahren.‹ Abgar sagte zu ihm: ›Auch ich habe an ihn und seinen Vater geglaubt.‹ Thaddäus sprach: ›Daher lege ich in seinem Namen meine Hände auf dich.‹ Nachdem er dies getan hatte, wurde Abgar sofort von seiner Krankheit und seinem Leiden geheilt …

Dies geschah im Jahr 340.«[8]

Die Geschichte von der Heilung Abgars und dem Einzug des Christentums in Edessa war in der frühen Kirche weithin bekannt. Abschriften der Briefe wanderten bis nach Spanien. Zu dieser Geschichte gehört allerdings eine weitere, sehr viel wichtigere Überlieferung: die Legende des Mandylion, des Bildes Jesu.

Ein syrischer Text mit dem Titel *Doctrina Addai*, Lehre des Addai, erzählt eine andere Version der Legende. Addai ist die syrische Form des Namens Thaddäus. Nach Aussage dieses Dokuments, das wahrscheinlich aus der Zeit um 400 n. Chr. stammt,[9] sandte Abgar, als er von Jesus hörte, zwei Höflinge und seinen Sekretär Hannan zum römischen Statthalter von Syrien. Von dort aus gingen sie nach Jerusalem, trafen Jesus und schrieben auf, was sie sahen, bevor sie nach Hause zurückkehrten. Hannan wurde daraufhin mit dem Brief zu Jesus zurückgeschickt, in dem Abgar ihm seine mißliche Lage erklärte und ihn nach Edessa einlud.

In dieser Fassung der Ereignisse ist der Sekretär Hannan nicht nur ein Gelehrter, sondern auch der Hofmaler. Er malt ein Gemälde von Jesus »in erlesenen Farben« und bringt es zusammen mit der Antwort Jesu zurück zu Abgar, der das Porträt »sehr ehrenvoll in einem Raum seines Palastes« aufhängt. Es fällt leicht, eine solche Geschichte als spätere Erfindung abzutun, doch nichts spricht dagegen, daß es sich tatsächlich so zugetragen hat. Abgar wollte sicher gern wissen, wie dieser Mann aussah, und konnte, da er krank war, nicht selbst nach Jerusalem reisen. Wir wissen durch erhaltene bemalte Sargdeckel aus jener Zeit, daß es damals sehr gute Maler gab. Wahrscheinlich hatte Abgar mindestens ein solches Talent an seinem Hof, und möglich, daß er ihn ausschickte, um Jesu Porträt zu malen.

Doch ob die Geschichte nun wahr ist oder nicht, das Bildnis Jesu in Edessa wurde weltberühmt. Mit der Zeit schmückte man die Legende in ihren Details weiter aus und veränderte sie. Professor Segal beschreibt das so:

»Im frühen 5. Jahrhundert spielte das Porträt kaum eine Rolle. Doch eine Analyse der späteren Erwähnungen zeigt, daß ihm mehr und mehr Heiligkeit zugesprochen wurde. In der frühesten Fassung war es das Werk des Malers Hannan, in späteren Darstellungen konnte es nur mit der Hilfe Jesu gemalt werden, und schließlich war es ganz das Werk Jesu. Inzwischen hatte sich das Bild zu einem Abdruck der Züge Jesu gewandelt, den er auf einem Tuch hinterlassen hatte, und es war göttlich geworden – ›nicht das Werk menschlicher Hände‹, wie es hieß, eine Phrase, die vielleicht erstmals im Jahr 569 auftauchte.«[10]

In anderen Überlieferungssträngen heißt es, das Mandylion –

eine Bezeichnung für ein Stück Stoff, das als Kopfbedeckung oder Halstuch verwendet wird – sei das Tuch gewesen, mit dem sich Jesus nach seiner Taufe im Jordan abtrocknete. Daraus entstand offenbar auch die Legende vom Schweißtuch, mit dem die heilige Veronika das Gesicht Jesu abwischte, als er auf seinem Weg zur Kreuzigung auf der Via Dolorosa anhielt. Dieses Tuch zeigte auf wundersame Weise die Züge Jesu. Obwohl dieses Wunder als sechste Station des Kreuzwegs gefeiert und überall auf der Welt in katholischen Kirchen bildlich dargestellt wird, gibt es keinen Beleg dafür, daß eine »heilige Veronika« je existierte. In den Evangelien wird sie nirgendwo erwähnt.

Da es viele Kopien des Mandylion gab und zumindest eine davon nach Rom gelangte, kann man davon ausgehen, daß das Schweißtuch der Veronika eine solche Nachbildung war. Wenn nun das Mandylion in Edessa ein echtes, von Abgars Sekretär Hannan gemaltes Porträt war, dann waren auch diese Kopien tatsächlich »wahre Abbilder« Jesu und somit durchaus verehrungswürdig.[11]

Der Fürst Abgar jedenfalls trat nach seiner wunderbaren Heilung pflichtschuldig zum Christentum über, und Edessa wurde so die erste wirklich christliche Stadt der Welt. Abgar konnte dies tun, ohne sich den Zorn Roms zuzuziehen, weil Edessa damals lediglich die Hauptstadt eines Pufferstaates war. Doch es ließ sich nicht verhindern, daß seine Nachfolger wieder vom christlichen Glauben abfielen. Nach seinem Tod im Jahr 50 n. Chr. trat sein ältester Sohn die Nachfolge an. Als auch dieser nur sieben Jahre später starb, übernahm Abgars zweiter Sohn, ein Feind des neuen Glaubens, als Ma'nu VI. bar Abgar die Herrschaft. Er setzte die alten heidnischen Götter wieder ein und verfolgte die Christen.

Denen gelang es aber dennoch, ihre wertvollsten Besitztümer, den Brief Jesu und das Mandylion, in den Mauern über einem Stadttor zu verstecken. Dort lagen sie unberührt fast drei Jahrhunderte lang. Die Stadt kehrte unterdessen unter Abgar VIII., dem Großen, irgendwann zwischen 177 und 212 n. Chr. zum christlichen Glauben zurück. Erst nach einer Überschwemmung 525 n. Chr., die das Stadttor schwer in Mitleidenschaft zog, kamen die kostbaren Schätze wieder ans Tageslicht.

Die Wiederentdeckung des Mandylion war das wichtigste Ereignis in der Geschichte des christlichen Edessa. Die Nachricht verbreitete sich rasch, und in kürzester Zeit wurde die Stadt, die schon lange wegen ihrer Verbindung zum Patriarchen Abraham und zu Ijob (Hiob)[12] Pilger angezogen hatte, zum Ziel großer Wallfahrtsströme. Damals gehörte Edessa zum Byzantinischen Reich und wurde allseits um seine wertvolle Reliquie beneidet. So dauerte es nicht lange, bis Byzanz, wie die Griechen Konstantinopel nannten, Anspruch auf das Tuch aus Edessa erhob.

Byzanz, die Erbin des Kaiserreiches

Während in Europa das Dunkle Zeitalter anbrach und Kultur nur in der Abgeschiedenheit der Klöster gefördert wurde, wuchs und gedieh mit Byzanz der östliche Teil des doppelköpfigen Römischen Reiches. Obwohl das Byzantinische Reich oft von außen angegriffen und immer wieder von inneren Unruhen erschüttert wurde, überdauerte es nach der Plünderung Roms im Jahr 410 noch ein weiteres Jahrtausend.

Während die barbarischen Vandalen, Sachsen, Westgoten und Hunnen die Überreste des Weströmischen Reiches hinwegfegten, erblühte im Osten mit seiner prächtigen Hauptstadt Konstantinopel eine hochentwickelte christliche Kultur. Ihre Kirchen und Paläste waren die größten der Welt, die Büchereien bewahrten unzählige Bücher, die Märkte boten die besten landwirtschaftlichen Erzeugnisse, die Menschen schmückten sich mit schönen Kleidern und hatten Muße, sich mit Philosophie zu beschäftigen. Kein Wunder also, daß die Menschen des Westens mit Ehrfurcht und mit ein wenig Neid auf dieses glitzernde Juwel schauten.

Wie so oft täuscht der erste Blick auch hier. Byzanz hatte viele Feinde, die an den Grenzen des Reiches nagten, und einen unversöhnlichen Widersacher, den Rom nie einnehmen konnte: Persien. Zwar hatte Alexander 331 v. Chr. Dareios besiegt und die griechische Kultur bis nach Indien getragen, doch sein Reich brach schnell in sich zusammen. Schon 224 n. Chr. war das persische Sassanidenreich wieder ein Faktor, mit dem man rechnen mußte. Die Perser waren sehr religiös, und die sassanidischen Könige belebten den Zoroastrismus neu. Es war die Religion ihrer Vorfahren, die nach dem Einfall Alexanders einen raschen Niedergang erlebt hatte. Jahrhundertelang führten das zoroastrische Persien und das christliche Byzanz Krieg um die Grenzgebiete in Armenien, Syrien und Obermesopotamien, ohne daß eine Seite einen abschließenden Sieg davontragen konnte.

Schließlich eröffnete der persische König Chosroes II. 610 n. Chr. eine großangelegte Offensive gegen Byzanz, das gerade mit schweren inneren Unruhen zu kämpfen hatte. Im Laufe eines Feldzuges, der insgesamt zwölf Jahre dauerte, überrannte Chosroes große Teile des Reiches, nahm Anatolien, Syrien, Ägypten und sogar Jerusalem ein. Die christlichen Einwohner der Heiligen Stadt, vielleicht sechzigtausend, wurden umgebracht. Die heiligste Reliquie der Christenheit, das Kreuz, an dem Jesus starb, wurde zusammen mit fünfunddreißigtausend Sklaven als Kriegsbeute nach Persien geschickt.

Die persische Armee ließ völlig verwüstete Landstriche zurück. Überall sah man geplünderte und niedergebrannte Kirchen. Unbeschädigt blieb allein die kleine Geburtskirche in Bethlehem, die die Angreifer schonten, weil auf einer Wandmalerei dort die Sterndeuter in persischer Kleidung den neugeborenen Heiland anbeten.

Doch auch dieser Krieg bedeutete noch lange nicht das Ende des Byzantinischen Reiches. Kaiser Herakleios versprach feierlich, die Mächte der Finsternis zu bekämpfen, das Kreuz zurückzubringen und die heiligen Stätten wiederzuerobern. Er begab sich auf einen Kreuzzug und schlug die Perser nach einem langen und grausamen Krieg schließlich im Dezember 627 bei Ninive. Chosroes wurde kurze Zeit später ermordet, und die Perser, selbst kriegsmüde, baten schließlich um Frieden.

Herakleios nahm das Heilige Kreuz, das den Christen im Osten wie im Westen so viel bedeutete, in Empfang und brachte es in einem feierlichen Zug nach Jerusalem zurück. Diese Ereignisse gruben sich tief in das Gedächtnis aller Christen ein. Als sich das Reich etwa vierhundertfünfzig Jahre später ähnlichen Gefahren ausgesetzt sah, besann man sich wieder auf die Rolle des Kreuzes als wirkmächtiges Zeichen im Krieg wie im Frieden.

Leider sollte der Jubel nach Herakleios' Sieg nur von kurzer Dauer sein. Beide Reiche hatten sich in ihrem Kampf der Giganten völlig verausgabt und nicht bemerkt, was weiter südlich in Arabien vor sich ging. Der Sage nach soll der Kaiser, gerade als er in Konstantinopel feierte und Glückwünsche der ganzen christlichen Welt entgegennahm, auch den Brief eines Arabers erhalten haben. Er bezeichnete sich selbst als Propheten Gottes und drängte den Kaiser, sich seinem neuen Glauben anzuschließen. Ähnliche Briefe gingen an den persischen Kaiser und den Statthalter von Ägypten, und man kann sich gut vorstellen, daß sie höhnisches Gelächter auslösten.

Doch alle drei Machthaber sollten bald merken, daß es hier nichts zu lachen gab, denn Mohammed war fest entschlossen, ihnen das Fest zu verderben. 632 n. Chr. kontrollierten muslimische Armeen schon ganz Arabien, und 645 herrschten Mohammeds Nachfolger nach einer Reihe von meisterhaft geführten Feldzügen über Palästina, Syrien und Ägypten. Sie machten hier nicht halt, sondern schoben die Grenzen des islamischen Gebiets in alle Richtungen immer weiter vor. 717 n. Chr., noch nicht einmal ein Jahrhundert, nachdem das Kreuz nach Jerusalem zurückgekehrt war, hatte sich ein großes islamisches Reich etabliert, das in Form eines Halbmondes Spanien, Nordafrika, Palästina, Mesopotamien, Persien und Nordindien umfaßte.

Das Christentum hatte sich inzwischen in jene Gebiete Europas, die weder heidnisch noch muslimisch waren, und nach Anatolien – die heutige Türkei – zurückgezogen. Das bedeutete jedoch nicht, daß es im neuen arabischen Reich plötzlich keine Christen mehr gab oder daß alle, die dort lebten, notgedrungen zum Islam übertreten mußten. Christen, Juden und Parsen, wie die Anhänger des Zoroastrismus sich nannten, durften als »Buchreligionen« ihren eigenen Glauben weiter praktizieren, solange sie spezielle Steuern bezahlten und nicht missionierten. Der Islam war keine so fremde Religion, wie es sich viele im Westen vorstellten, sondern in mancher Hinsicht so etwas wie eine Reformbewegung des Christentums, Mohammed ähnlich einem frühen protestantischen Fundamentalisten. Er wies zwar den in seinen Augen absurden Glauben der Christen zurück, daß Jesus der Sohn Gottes sei, aber er verehrte ihn als Propheten.

Den Christen fiel es schwer, sich mit dieser neuen politischen Situation abzufinden. Der Osten, der fruchtbare Boden, der das Christentum hervorgebracht hatte, war intellektueller geprägt als der Westen. Die meisten frühen Lehren waren aus Antiochia, Alexandria und Edessa gekommen, denn diese Stätten hatten eine lange philosophische Tradition, die bis in die Zeit vor Mose zurückging. Im Osten gab es außerdem zahlreiche kleine häretische Sekten wie die Nestorianer und Jakobiten, die in Europa, wo die römisch-katholische Kirche eine Art religiöses Monopol besaß, praktisch unbekannt waren. Unter dem Islam konnten diese Randkirchen ihre Traditionen ohne Einmischung der orthodoxen Autoritäten weiterführen, so daß für sie der Islam sogar ein Segen war.

Es gab allerdings keine Möglichkeit der Versöhnung zwischen den verschiedenen Kirchen, denn durch einen Zusammenschluß hätten sie Ängste bei den Arabern geweckt und all ihre historisch gewachsenen Privilegien aufs Spiel gesetzt. Nach den islamischen Eroberungszügen sanken diese Sekten also in eine Art Winterschlaf. Sie konnten weiter häretisch bleiben, solange sie ihre Häresien für sich behielten. Sie waren jetzt per definitionem esoterische Gesellschaften, die das Wissen und die Traditionen ihrer Sekten von Generation zu Generation weitergaben und diese Vorstellungen Außenstehenden nicht offen darlegten.

Die wichtigste Form des esoterischen Christentums, die lange Zeit von Päpsten wie von Kaisern in Acht und Bann getan worden war, wurde unter dem Oberbegriff Gnosis zusammengefaßt. Die orthodoxe katholische Kirche hatte diese Glaubensrichtung als offene Bewegung im 4. Jahrhundert erfolgreich unterdrückt, aber als Untergrundströmung, besonders in weltoffenen Zentren wie Alexandria und Edessa, lebte sie weiter. Genau an diesen Orten hatten die frühesten Kirchen ihre Wurzeln, in den Gemeinden der Juden, Essener und Griechen, die zuerst die Lehren der Apostel hörten. Es ist daher sehr wahrscheinlich, daß ein großer Teil dessen, was die lateinische Kirche als Häresie betrachtete, eigentlich Teil der frühen geheimen Lehren Jesu war. Die nichtorthodoxen Gemeinschaften des Ostens bewahrten die gnostischen Traditionen, Vorstellungen und Schriften, obwohl sie von den »Kirchenvätern« verfolgt wurden. Das Überdauern des Gnostizismus sollte für die weitere Entwicklung Europas von größter Bedeutung sein, als zur Zeit der Kreuzzüge die Franken auch in Nordmesopotamien Fuß faßten.

Unter den Städten Kleinasiens, die von Chosroes zunächst zerstört und dann von den muslimischen Arabern eingenommen wurden, war auch Antiochia, eine der wichtigsten Städte der Welt. Sie verdankte wie Alexandria in Ägypten ihre Entstehung den Eroberungen Alexanders des Großen. 307 v. Chr. wurde sie von Seleukos I. Nikator an einem Ort gegründet, von dem aus man die Handelsrouten zwischen Obermesopotamien, Ägypten, Palästina und Kleinasien kontrollieren konnte. Unter Antiochos I. gewann Antiochia an Bedeutung, wurde zur Hauptstadt des westlichen Teils des Seleukidenreiches und zur Residenz der Seleukidenkönige. Als prosperierende hellenistische Stadt war sie ebenso für ihre Künste wie für ihre entspannte Atmosphäre bekannt. Anders als bei ihrer zeitgenössischen Rivalin, dem ägyptischen Alexandria, lastete auf dieser Neugründung nicht das Gewicht einer jahrhundertealten Kultur. Sie hatte in gewisser Weise mehr Raum für Experimente. Antiochia nahm das Christentum enthusiastisch auf und wurde nach der Zerstörung Jerusalems im Jahr 70 n. Chr. die eigentliche Mutterstadt der Kirche.[13]

Erst beim Konzil von Nizäa 325 n. Chr. wurde auf Geheiß Konstantins des Großen ein Glaube festgelegt, dem die ganze Kirche folgen sollte. Zuvor hatte es unter den verschiedenen Kirchen viel Streit darum gegeben, was Orthodoxie sei. Selbst nach der Verkündung des Glaubensbekenntnisses des 1. Konzils von Nizäa waren diese Probleme noch lange nicht ausgeräumt. Wahrscheinlich ging dem Christentum zu dieser Zeit viel esoterisches Wissen verloren, besonders was die Verbindungen zu älteren Sternenreligionen betrifft. Diese Situation beschreibt William Kingsland, Professor der Astronomie und – wie Mead – Anthroposoph, sehr genau:

»Das Studium der christlichen Ursprünge ist ein umfassendes

und kontroverses Feld ..., aber es ist ganz deutlich, daß die wörtliche Auslegung dieser Erzählungen [der Bibel] sich der Tatsache verdankt, daß diejenigen, die schließlich die Kirchenkonzile dominierten und die Glaubensbekenntnisse formulierten, nicht in der Gnosis geschult waren. Sie waren vielmehr erbärmlich unwissend, nicht nur in bezug auf jene Gnosis, die ... all den Allegorien, Mythen und Sagen der christlichen wie den anderen antiken und vorchristlichen heiligen Schriften zugrunde liegt, sondern auch in bezug auf geographische, astronomische und anthropologische Tatsachen, die anderen Völkern schon Tausende von Jahren vor der christlichen Zeitrechnung durchaus bekannt waren. Wenn man diese Tatsache kennt – wie es die *initiierten* Kirchenväter taten, die allerdings von eben jenen, die die Glaubensbekenntnisse formulierten, *Häretiker* genannt wurden –, verändert sich die ganze Struktur der traditionellen Glaubensbekenntnisse völlig.«[14]

In der frühen Kirche repräsentierten Antiochia und Alexandria zwei gegensätzliche Ansichten über die Natur Christi und seine Mission. Die Schule in Antiochia betonte die menschliche im Unterschied zur göttlichen Natur Christi. Ihre Lehrer sahen im Menschen Jesus eher einen Vertreter als einen Heiland der menschlichen Rasse. Nach dieser Lehre wurde Jesus, obwohl von Gott mit reichen Geisteskräften ausgestattet, als Sterblicher geboren. Er erwarb erst im Laufe seines Lebens seine höheren Gaben und wurde damit göttlich – mit seiner Auferstehung von den Toten als Höhepunkt dieses Prozesses. Sein Sieg über den Tod, obwohl von immenser Bedeutung für die Menschheit, war keine Heilsgarantie für seine Anhänger. Die Menschen mußten selbst seinen Spuren folgen und mit Christi Hilfe das ewige Leben gewinnen. Dabei kam es vor allem auf die eigenen Anstrengungen an, und ohne diese Anstrengungen war persönliche Erlösung nicht möglich.

Die alexandrinische Schule dagegen betonte die göttliche Natur Jesu von Geburt an – Jesus war für sie die Inkarnation des Logos oder Äon. Dieses Denken war stark von der Erbschaft heidnischer Religionen beeinflußt, sowohl derer des alten Ägypten wie auch derer der neuplatonischen Schulen, etwa der »Therapeuten«, die sich auf die philosophische Tradition der Griechen beriefen. Die

Alexandriner wollten eine Christologie entwickeln, die mit der traditionellen Philosophie im Einklang stand, und legten deshalb die Bibel allegorisch aus. Für sie war der Mensch Jesus weniger wichtig als die Tatsache, daß er die Inkarnation der zweiten Person der Dreifaltigkeit war. Dabei stand die Göttlichkeit von Jesus Christus als Äon oder Logos[15] nie in Frage. Die Alexandriner liefen jedoch Gefahr, zumindest aus Sicht der Antiochener, die Bedeutung des historischen Menschen Jesus völlig zu vergessen.

Die Spannung zwischen diesen beiden diametral entgegengesetzten Denkschulen war eine treibende Kraft der Kirchenpolitik des 4. Jahrhunderts – oft zur Verblüffung der römischen Kirche, die anders als ihre griechischen Verwandten kaum an akademischer Theologie interessiert war, sondern sich mehr mit Machtfragen beschäftigte. Beide Schulen vertraten, obwohl es nicht immer ihrem Selbstverständnis entsprach, Aspekte derselben gnostischen Sicht des Christentums.

Ihre Unterschiede ließen sich auf verschiedene Einstellungen zurückführen: Die eine Schule betrachtete das Leben aus der Sicht des Menschen als geschaffenes, aber unvollendetes Wesen, und die andere konzentrierte sich auf das Ideal, den vollendeten Menschen vor dem Angesicht Gottes. Das Nizänum stand mit seiner sehr abstrakten Definition der Dreieinigkeit als einem Mysterium, das die Menschen nicht fassen können, der alexandrinischen Sicht nahe. Dies stellte die lateinische Kirche zufrieden, führte aber zu erheblichem Unmut in Antiochia und schließlich zu einem Schisma, als sich verschiedene häretische Bewegungen, etwa der Arianismus und der Nestorianismus, von der orthodoxen katholischen Kirche abspalteten.

Edessa wurde in diese Konflikte hineingezogen: Die persische, des Nestorianismus verdächtige Schule wurde geschlossen und ihre Lehrer nach Nisibis vertrieben. Das hatte allerdings nicht zur Folge, daß sich die übrigen Christen der Stadt angesichts der islamischen Bedrohung zusammenschlossen. Die Monophysiten waren in drei einander mißtrauende Sekten aufgeteilt: die melkitische oder orthodoxe griechische Kirche, die treu zum Kaiser stand, die Jakobiten, die größtenteils syrischer Nationalität und streng monophysitisch waren, und schließlich die Armenier. Jede Kirche hatte ihren eigenen Erzbischof oder Patriarchen, ihre eigene Bischofskirche – und jede hatte ihr eigenes Mandylion. Natürlich waren sie sich nicht einig darüber, wer das Original besaß, und es ist sogar möglich, daß alle drei nur Kopien waren.

Die Einnahme Nordmesopotamiens und auch Edessas durch die Araber im Jahr 639 n. Chr. hatte zur Folge, daß sich das Mandylion erneut außerhalb des Byzantinischen Reiches befand. 943 begannen die Byzantiner mit der Belagerung von Edessa und forderten die Übergabe des Mandylion im Austausch gegen muslimische Kriegsgefangene und eine Zahlung von zwölftausend Silberstükken an die Kirche.[16]

Während die Christen in Edessa ihre liebste Ikone nicht verlieren wollten, erkannten ihre muslimischen Herren durchaus die Vorteile eines Handels, bei dem ein Stück Stoff unbekannter Herkunft gegen die Freiheit mehrerer hundert Glaubensbrüder getauscht werden konnte. Nicht ohne leichten Druck ließen sich die Edessener dazu überreden, das Mandylion auszuliefern. Es wurde im Triumph nach Konstantinopel überführt, dort in der Hagia Sophia ausgestellt und schließlich zur sicheren Aufbewahrung in den Kaiserpalast gebracht. Obwohl sie der festen Überzeugung waren, das echte Tuch zu besitzen, ist es nicht unwahrscheinlich, daß die Byzantiner eine alte Kopie erhalten hatten.

Eines ist jedenfalls sicher: Die Edessener hätten sich nicht so ohne weiteres vom Original getrennt. Ein mit dem Mandylion verbundener Aberglaube besagte nämlich, daß sie, solange es in der Stadt war, durch Christus vor jeder Eroberung geschützt seien. Daß dieser Schutz versagt hatte, als die arabischen Muslime die Herrschaft übernahmen, tat dem Glauben keinen Abbruch. Und zweihundert Jahre später hätten die Edessener jede schützende Kraft gut gebrauchen können.

Wenn man überhaupt davon ausgehen will, daß das byzantinische Mandylion heute noch existiert, so ist zumindest sein Aufbewahrungsort unbekannt. Es gehörte bis zur Plünderung Konstantinopels 1204 während des Vierten Kreuzzugs zum kaiserlichen Schatz, gilt aber seitdem als verschollen. Vielleicht liegt es unerkannt in irgendeinem Schloß oder Museum oder an einem sicheren Ort im Vatikan. Die Theorie von Ian Wilson, nach der das Turiner Grabtuch und das Mandylion ein und dasselbe Stück Stoff sind, war immer zweifelhaft und kann heute als völlig widerlegt gelten, nachdem sich das Turiner Grabtuch als mittelalterliche Fälschung erwiesen hat.[17]

Das heißt aber nicht, daß auch das Mandylion eine Fälschung war. Einige andere Argumente, die Wilson in seinem Buch *Eine Spur von Jesus* vorbringt, sind immer noch gültig. Es ist, so sagt er, bemerkenswert, daß Christus erst nach der Wiederauffindung des Mandylion im Jahr 525 in der vertrauten Weise als Mann mit langem Haar und geteiltem Bart dargestellt wurde. Der Glaube, daß das Mandylion ein Originalporträt oder ein wahres Abbild gewesen sei, beruft sich nicht auf übernatürliche Kräfte und ist auch nicht von der Echtheit des Turiner Grabtuchs abhängig. Es ist durchaus möglich, daß Hannans Bild ein Porträt des Menschen Jesus war und immer noch als Archetyp zahlloser Ikonen und Gemälde weiterlebt. Und es gibt eine Chance, daß dieses Porträt Christi noch existiert.

Nachdem ich soviel Überraschendes aus Edessas Vergangenheit erfahren hatte, wollten Dee und ich der Stadt unbedingt einen zweiten Besuch abstatten. Ich erinnerte mich an die seltsame, traumähnliche Vision, die ich auf unserer ersten Reise während meiner Krankheit gehabt hatte, und an den Mönch, der mir gesagt hatte, daß diese Stadt Geheimnisse bewahre. Allmählich bekam ich eine Ahnung davon, welche Geheimnisse dies sein könnten. Ich vermutete sowohl eine Verbindung mit der Geschichte der drei Weisen als auch mit Gurdjieffs Sarman-Bruderschaft. Mit diesen Gedanken im Hinterkopf organisierten wir unsere Reise und machten uns noch einmal auf den Weg nach Nordmesopotamien.

KAPITEL 9
EINE GESCHICHTE VON ZWEI STÄDTEN

Nachdem ich Gurdjieffs Reiseroute genau nachvollzogen hatte, war ich mir sicher, daß er Edessa besucht hat. In *Begegnungen mit bemerkenswerten Menschen* erzählt er uns, daß er und sein Freund Pogossian weitere Abenteuer auf ihrem Weg nach Smyrna erlebten, nachdem sie die Karte »Ägypten vor der Versandung« im Haus des armenischen Priesters in »N« gefunden hatten. Urfa liegt auf dem Weg nach Smyrna, und in Anbetracht der hermetischen Verbindungen wollten sie sicher auch das nahe gelegene Harran besuchen. Ob Gurdjieff ins weiter nördlich gelegene Kommagene kam, ist weniger klar, aber da die Entdeckung von Antiochos' Hierothesion nur einige Jahre zuvor überall Aufsehen erregt hatte und Gurdjieff sich offensichtlich sehr für Ruinenstätten interessierte, ist auch das nicht unwahrscheinlich.

Wir waren bei dem Gedanken, nach Urfa zurückzukehren, ganz aufgeregt. Seit unserer letzten Reise im April 1994 hatte ich fast alles gelesen, was ich über die Stadt finden konnte. Ich wußte jetzt, daß die seltsame, traumartige Vision von Palästen und Kirchen, die die alte Stadt schmückten, nicht völlig aus der Luft gegriffen war. Edessa war einst wirklich das »Auge Mesopotamiens« gewesen. Und ich war sicher, daß es da noch irgendein großes Geheimnis gab, dem die Bücher nicht auf den Grund gingen. Dee und ich wollten uns selbst noch einmal in Urfa umschauen, sobald unsere Arbeit es zuließ, und so saßen wir im September 1995 wieder in einem Flugzeug Richtung Türkei. Diesmal war ich fest entschlossen, nicht krank zu werden oder bei der Suche zu versagen. Ich würde die richtigen Fragen stellen. Ich mußte unbedingt herausfinden, welches große Mysterium Urfa umgab und wie – oder ob – es mit der Legende der Heiligen Drei Könige zusammenhing.

Wir landeten wieder in Diyarbakır, der alten Festungsstadt am Tigris, hundertachtzig Kilometer nordöstlich von Urfa, und nahmen uns ein Taxi. Bald schaukelten wir durch eine öde Landschaft mit vereinzelten schwarzen Felsen und Gebüsch, das nur für die genügsamsten Schafe und Ziegen als Futter taugte. Ab und zu sah man in dieser Wildnis kleine grüne Flecken, wo Quellwasser es erlaubte, Tabak oder Baumwolle anzubauen. Meist jedoch fuhren wir durch eine Art Wüste; kein Baum, kein Strauch war zu sehen. Wieder war unser Fahrer ein Kurde, und während wir auf offener Strecke dahinfuhren, spielte er uns eine Kassette mit kurdischer Musik vor. Sobald wir uns allerdings einer Straßensperre näherten, und davon gab es mehrere auf unserer Strecke, zog er die Kassette hastig aus dem Rekorder und verbarg sie vor den forschenden Augen der Militärpolizei. Die Situation war unverändert angespannt, und wir waren froh, daß wir nicht allzu lange bleiben würden.

In Urfa ließen wir uns sofort zum Hotel Harran fahren, in dem ich im letzten Jahr solche Qualen gelitten hatte. Diesmal waren wir gut ausgerüstet, mit einem Arztkoffer, der einer Expedition in den Kongo alle Ehre gemacht hätte; glücklicherweise sollte er nicht zum Einsatz kommen. Nachdem wir Mustafa begrüßt hatten, der uns noch kannte und inzwischen zum Hotelmanager aufgestiegen war, machten wir uns sofort auf den Weg zum alten Markt. Irgendwie wirkten der Staub, die Gerüche, die Menschenmassen dieses Mal nicht mehr so fremd. Weil wir jetzt mehr von der Geschichte der Stadt wußten, erschien uns alles durchschaubarer. Während wir uns beim letztenmal fast völlig vom Leben um uns herum abgeschottet hatten und es deshalb nicht verstehen konnten, waren wir diesmal selbst ein Teil davon. In gewisser Weise war Urfa jetzt auch unsere Stadt, weil wir die Mühe auf uns genommen hatten, noch einmal zurückzukommen. Wir hatten nun das Recht, etwas über seine Geheimnisse zu erfahren.

Auf einem kleinen Hügel stießen wir auf die Ruinen eines einst sehr großen Gebäudes mit fast einem halben Hektar Grundfläche. Ein Teil davon war wohl bis vor kurzem noch als Moschee benutzt worden – türkis bemalte Wände wiesen darauf hin. Jetzt, ausgeräumt und ohne Dach, blieb nur noch eine leere Hülle. Die Überreste des Gebäudekomplexes lagen größtenteils unter dem jetzigen Bodenniveau, und obwohl der Raum in der Mitte als Lager für Baumaterial diente, gab es immer noch unterirdische Räume, die erkundet werden konnten. Diese Gänge mit ihren gotischen Bögen und Fenstern waren ganz offensichtlich sehr alt; wahrscheinlich stammten sie aus der Zeit der Kreuzfahrer, wenn nicht aus einer noch früheren Epoche. Konnte diese vernachlässigte Ruine einst eine von Edessas berühmten Kathedralen gewesen sein? Es gab keine Beweise dafür, und die Ruine wurde in keinem Reiseführer erwähnt, aber es sah ganz danach aus.

In der Nähe der »Kathedrale« führten zwei Brücken, eine davon wohl römisch, über das gerade trocken liegende Bett des Daisan. Obwohl sie auf beiden Seiten von riesigen Mietskasernen flankiert waren, wirkten diese greifbaren Überbleibsel untergegangener Reiche beeindruckend, nicht zuletzt wohl deshalb, weil sie immer noch in Gebrauch waren. Auf unserem Weg den Hügel hinab und auf die Zitadelle zu stießen wir auf weitere Relikte der Vergangenheit. Die Mauern der alten Johanneskirche waren von der Straße aus zu sehen. Ohne Dach, schutzlos den Elementen preisgegeben, offenbarten Säulen und gotische Fenster immer noch die frühere Funktion als Kirche, obwohl das Gebäude in späterer Zeit anscheinend als Wohnhaus oder Laden gedient hatte.

In der Nähe lagen verschiedene andere kleine Läden mit offener Front, wie es sie in Westeuropa überhaupt nicht mehr gibt. In einem davon machten drei kleine Jungen Siebe aus großen Blechdosen, indem sie mit Nägeln Löcher in den Boden der Dosen schlugen – gelungenes Recycling. Weiter unten, am Fuß des Hügels, begannen schon die ersten Stände des Basars, ein Gewirr von Straßen und Gassen wie aus Tausendundeiner Nacht. In einer Gasse fanden sich die Gemüsehändler, in einer anderen die Flickschuster, in der dritten die Schuhmacher und in der vierten die Juweliere. Ganz ähnlich mußte es schon vor tausend Jahren ausgesehen haben, und ich glaube, auch König Abgar der Große hätte sich hier noch zurechtgefunden. Erschöpft beschlossen wir, ins Hotel zurückzukehren und uns vor dem Abendessen frisch zu machen. Wir wollten uns Urfas wichtigste Sehenswürdigkeiten noch ein wenig aufsparen, um sie dann richtig genießen zu können.

Am nächsten Tag gingen wir direkt über den Markt zum Fuß der

Zitadelle, wo einst der Palast der Abgars lag. Nach Aussagen von Einheimischen ist »Urfa« eine Ableitung vom ursprünglichen Namen der Stadt, den sie trug, bevor die Griechen kamen und sie Edessa nannten. Sie beziehen den Namen auf eine Stadt namens »Ursu«, die in akkadischen, sumerischen und hethitischen Texten erwähnt wird, und behaupten, Ursu/Urfa sei das biblische Ur der Chaldäer. Dieser Überlieferung zufolge wurde der Patriarch Abraham in einer Höhle am Fuße der Zitadelle geboren. Heute ist diese Höhle (Tafel 30) eine wichtige Pilgerstätte für fromme Muslime, die nicht nur aus der Türkei, sondern auch aus Syrien, dem Irak und anderen Ländern hierher kommen.

Auch Dee und ich entrichteten einen kleinen Obolus für den Eintritt und stiegen in die Höhle hinab. Sie ist durch eine Trennwand geteilt, denn wie in muslimischen Ländern üblich, beteten Männer und Frauen getrennt. Ich ging durch den Eingang in die Männerhöhle – eine kleine Kammer mit schlechter Luft. Unten sah man ein Metallgitter, und jenseits davon, in Sicht-, aber nicht in Reichweite, erstreckte sich ein flacher Teich, der aus einer natürlichen Quelle gespeist wurde. Rechter Hand war ein Wasserhahn, an dem die Pilger Trinkwasser zapfen konnten, aber dies schien nicht der Hauptzweck der Pilgerfahrt zu sein. Die Männer, die ich sah, waren so eifrig dabei, sich zu Boden zu werfen und ihre Gebete zu sprechen, daß sie das Wasser ebenso ignorierten wie meinen Eintritt. Es war mir etwas peinlich, bei einer so privaten Zeremonie zu stören, und bald ging ich auf Zehenspitzen wieder nach draußen.

Dee hatte ähnliche Hemmungen gespürt. Außerdem war der Gebetsraum für die Frauen restlos überfüllt. Wie üblich kamen auf einen männlichen Pilger fünf weibliche, und da viele der Frauen kleine Kinder dabeihatten, gab es in dem engen Raum kaum Platz für alle, von den vorgeschriebenen Fußfällen ganz zu schweigen.

Nachdem wir Abraham pflichtschuldig unsere Reverenz erwiesen hatten (obwohl wir uns doch ein wenig wunderten, daß seine Mutter sich ausgerechnet eine so feuchte Höhle ausgesucht hatte, um ihn zur Welt zu bringen), machten wir uns auf den Weg zu den Fischteichen. Sie liegen in einem kleinen Park und gehören zum Schönsten, was Urfa zu bieten hat. Das Wasser stammt aus der

Quelle, die wir gerade gesehen hatten, und man könnte es durchaus trinken, wenn da nicht Tausende von zahmen Karpfen wären, die in großen Schwärmen umherschwimmen. Fliegende Händler verkaufen Futter an Pilger und andere Besucher, die es dann an die Fische verfüttern. Da die Karpfen heilig sind, werden sie nie gefangen und wachsen deshalb zu riesigen Tieren heran. Der Park liegt im Schatten von Platanen und ist deshalb ein angenehmer Ruheplatz. Während der Teich Abrahams (Tafel 31) von einer Moschee flankiert wird und der stillen Kontemplation vorbehalten ist, liegt am Ufer des benachbarten Zulha-Teiches ein Teegarten. Dort tranken wir zahllose Gläser Çay, fütterten die Fische und planten unsere nächsten Unternehmungen. Schließlich verließen wir den Teegarten und stiegen mit zwei jungen Führern zur Zitadelle hinauf. (Tafel 29)

Dieser imposanten Burg liegt die gesamte Stadt zu Füßen. Sie thront auf einem natürlichen Felsvorsprung und verfügt über eigene Brunnen, die sie ständig mit Wasser versorgen. Die glatten Wände der Mauern sind kaum zu erklimmen, und so ist es kein Wunder, daß die Zitadelle in der Vergangenheit vielen schweren Belagerungen standgehalten hat. Wie auch Graf Joscelin, der letzte fränkische Herrscher, feststellen mußte, konnte es eine gut versorgte Garnison hier sehr lange aushalten.

Auf dem Gipfel der Erhebung entdeckten wir verschiedene Ruinen, meist aus osmanischer oder seldschukischer Zeit, aber hier und dort gab es auch noch Spuren griechischer und römischer Gebäude. Im Westen befanden sich die Überreste eines Hauses, in dem verschiedene Steinblöcke mit korinthischen Ornamenten verbaut waren – Beleg für die Wiederverwendung historischer Bauteile. Die auffallendsten Relikte aus alter Zeit, derentwegen wir vor allem anderen den Berg hinaufstiegen, waren allerdings zwei bemerkenswert gut erhaltene Säulen. (Tafel 28)

Diese Säulen, jeweils fünfzehn Meter hoch, sind für das alte Urfa ein ähnliches Wahrzeichen wie die Tower Bridge für London. Eine von ihnen ist mit einer syrischen Inschrift versehen, die bezeugt, daß sie der Königin Schalmath geweiht waren. Sie war die Gattin Abgars des Großen, der 212 n. Chr. als letzter unabhängiger König starb, bevor die Römer die Stadt als *colonia* annektierten.

Damit sind die Säulen auf die Zeit Ende des 2., Anfang des 3. Jahrhunderts datiert. Im Jahr 201 n. Chr., unter der Regierung Abgars des Großen, wurde ein Großteil Urfas überschwemmt, und über zweitausend Menschen fielen den Fluten zum Opfer. Abgar befahl, in der Nähe des Flusses keine »Buden« (wahrscheinlich kleine Läden) mehr zu errichten, und ließ sich selbst einen neuen Palast auf dem Zitadellenhügel erbauen.

Dieser neue Palast entstand zusätzlich zu einem älteren am Fuße der Burg, der das heutige Gebiet der Fischteiche und Moscheen umfaßte. Der erste Palast beherbergte einen Tempel des Mondgottes Sin sowie ein Gebäude, das später als Perserturm bezeichnet wurde. (Tafel 32) Mündlichen Überlieferungen zufolge hieß er so, weil er zu dem Gebäude gehörte, in dem sich die berühmte »Schule der Perser« befand, bevor sie im Jahr 489 n. Chr. geschlossen und ihre Lehrer nach Nisibis vertrieben wurden.

Die Verbindung des Mondgottes mit den Quellen und Teichen Edessas ist durchaus naheliegend. In antiken Kulturen wurde der Mond mit Wasser in Verbindung gebracht, seien es Wolken, Regen, Flüsse oder das Meer. Der Ursprung der Quellen in den Höhlen unter dem Zitadellenberg muß schon immer ein großes Mysterium gewesen sein, denn anders als der unverläßliche Daisan trockneten sie nie aus, und ihr Wasser war süß und sauber. Aus diesem Grund wurden sie als Geschenk der Götter betrachtet, vor allem als Geschenk des Mondes, der über das Wasser herrschte. Ich glaubte jedoch, daß sich dahinter noch mehr verbarg – ein Verdacht, der sich verstärkte, als wir einige Tage später das berühmteste Heiligtum des Mondgottes, Harran, besuchten.

Wir ließen die Dunstschwaden und den Staub Urfas hinter uns und fuhren mit dem Taxi durch die nordmesopotamische Ebene. Anders als die Gebiete südlich von Diyarbakır besteht dieser Landstrich aus guter brauner Erde und ist überaus fruchtbar. Ein paar Tage zuvor hatten wir auf unserem Weg nach Kommagene[1] kurz angehalten und uns den Atatürk-Staudamm angeschaut.

Diese gigantische Betonmasse, erbaut mit amerikanischer Hilfe, staut den mächtigen Euphrat, flutet das Tal dahinter und hat so einen riesigen See entstehen lassen. Genauso wichtig wie die gewonnene Wasserkraft ist das Wasser selbst, das jetzt, durch Aquädukte geführt, die Felder um Harran bewässert. Das Ergebnis dieser Unternehmung ist mit Händen greifbar: Feldfrüchte, vor allem Baumwolle, wachsen heute genau dort, wo Crassus und seine Legionen einst dürsteten. Dieses Gebiet, das Jakob in der Bibel »Padan Aram« nennt, verwandelt sich in einen neuen Garten Eden, was zweifellos nicht nur Crassus, sondern auch Abraham überrascht hätte.

Welche Auswirkungen der Dammbau auf Syrien und Irak, beide Anrainerstaaten des Euphrat, haben wird, bleibt abzuwarten; vielleicht sind die Veränderungen nicht so einschneidend wie befürchtet. Das blühende Land um Harran jedenfalls beweist einmal mehr, wie wichtig Wasser für diese isolierte Stadt schon immer gewesen ist. Der nächste Fluß, der Balich, liegt etwa zehn Kilometer entfernt, und obwohl schon in der Antike ein Aquädukt gebaut wurde, erreichte die Stadt bestenfalls brackiges Wasser. Diese Versorgungsleitung konnte bei Belagerungen leicht abgeschnitten werden und machte Harran sehr viel verwundbarer als Edessa. Seine Einwohner mußten sich auf ihre Brunnen[2] verlassen, die in den heißen Sommermonaten allerdings oft austrockneten.

Dennoch beherbergte Harran seit undenklichen Zeiten das wichtigste Heiligtum des Mondgottes Sin. In assyrischer Zeit genoß die Stadt beinahe einzigartige Privilegien – sie war von allen Steuern befreit. Zudem waren die assyrischen Könige persönlich am Wohlergehen Harrans als heilige Stadt und Wohnstätte der Götter interessiert. Auf einem der Stiere von Chorsabad rühmt sich Sargon II., der Israel eroberte und die Samariter in die Sklaverei führte, daß Harran auf Wunsch von Anu und Adad, zwei der wichtigsten assyrischen Götter, unter seinem »schützenden Schatten« stehe.[3]

Zuvor hatte schon Salmanassar III., der auf dem berühmten »Schwarzen Obelisken«[4] erwähnt wird, einen Tempel für Sin in Harran gebaut. Dieses wohl sehr große und aufwendige Gebäude wurde von dem assyrischen König Assurbanipal (668–626 v. Chr.) restauriert. In der Aufzählung seiner ruhmreichen militärischen Erfolge hält er inne, um uns davon zu berichten:

»Damals stürzte Ehulhul, der Tempel des Sin in Harran, ein, den Salmanassar, Sohn des Assurnasirpal [ein König, der vor meiner Zeit gelebt hat], gebaut hatte – [die Fundamente] brachen ein, er war alt geworden, und seine Wände hatten nachgegeben. Ich stellte seine Ruinen wieder her und baute sein Fundament ..., das ganze Gebäude des Tempels errichtete ich bis zu einer Höhe von dreißig *tipki*. [Einen Anbau] dreihundertfünfzig [?] [Ellen] lang, zweiundsiebzig [breit], nach Osten ausgerichtet, fügte ich hinzu ...

Große Zedern, die auf dem Berg Libanon überaus hoch gewachsen waren, Zypressen[-stämme], deren Duft angenehm ist, die Adad [?] auf dem Berg Sirara schön [?] gemacht hatte, die die Könige der Meeresküste, meine Vasallen, gefällt ... und unter großen Mühen von ihren Bergen, einem schwer erreichbaren Gebiet, nach Harran transportiert hatten – damit baute ich das Dach von Ehulhul, der Heimstatt der Freude, und ... große Türblätter aus Zypressen faßte ich mit einem Silberband und setzte sie in seine Türen ein. Am Anfang meiner Herrschaft vollendete ich den Bau dieses ganzen glänzenden Tempels.«[5]

Die große Halle, Ehulhul, beherbergte offenbar ein Idol, das den Mondgott repräsentierte, da Assurbanipal später beschrieb, wie »ich die Hände Sins erfaßte und ihn mitten in den Jubel zog und ihn dazu brachte, seine Heimstatt in Besitz zu nehmen«.[6]

Wenn man heute die Ruinen Harrans besucht, findet man keine Spuren mehr von Ehulhul oder anderen assyrischen Bauten. Es ist allerdings wahrscheinlich, daß die Stadtmauer (Harrans auffälligste Sehenswürdigkeit) noch dieselbe ist, die auch der Kalif al-Mamun sah, als er von den Sabäern wissen wollte, welcher Religion sie angehörten. Im Schutz der Mauer – heute eher vor Sandstürmen als vor anrückenden Armeen – drängen sich jetzt zahllose Hütten und andere einfache Gebäude der arabischen Stadtbevölkerung. Die Einwohner sind keine Nachkommen der ursprünglichen Harraner, die die Stadt nach ihrer Zerstörung durch die Mongolen 1260 verließen, sondern Beduinen aus der Umgebung. Einige von ihnen führten uns bei unserem Besuch bereitwillig herum, zeigten uns die Überreste der Burg, eine Karawanserei und ein einst sicher sehr schönes Gebäude: die islamische Schule, die Medrese.

Als wir so in den staubigen Ruinen der alten Stadt herumspazierten, konnten wir sie uns kaum als geschäftige Metropole vorstellen, wenn auch schon der Umfang der Stadtmauer zeigte, wie bedeutend die Siedlung einst gewesen sein muß. Auf einem vorspringenden Hügel gelegen, von dem aus man die ganze Ebene überblickt, war Harran sicher; ein willkommener Zufluchtsort für Reisende, immer vorausgesetzt, die Brunnen lieferten Wasser. Man kann verstehen, daß Abrahams betagter Vater Terach seine Tage lieber hier beschließen wollte als auf dem Zug nach Kanaan. Der Gedanke an Hunderte von Kilometern öder Wüste bis zum östlichen Mittelmeer machte sicher auch dem entschlossensten Emigranten zu schaffen. Besser also, hierzubleiben, unter Menschen, die dieselbe Sprache sprachen und dieselben Götter verehrten, als sich ins Ungewisse zu stürzen.

Unsere Führer konnten dieses Gefühl gut nachvollziehen und zeigten uns den Ort, wo, wie sie sagten, Terach begraben lag. Dann führten sie uns jenseits der Stadtmauer zu genau dem Brunnen, an dem Rebekka den Knecht Abrahams traf. Jede Vorstellung von einem pittoresken alten gemauerten Brunnen mit Eimer und Kette verflüchtigte sich, als wir ihn zu Gesicht bekamen. Heute wirkt das Brunnenhaus aus Betonfertigteilen eher wie ein Bunker aus dem Zweiten Weltkrieg. Weitaus interessanter waren die Erzählungen unserer Führer über einen arabischen Kaufmann in Urfa, der eine seltsame Statuette in seinem Besitz habe, zu der er, wie sie sagten, sicher gerne unsere Meinung hören würde. In Harran gab es nichts weiter zu sehen, und so ließen wir uns die Adresse des Kaufmanns geben und fuhren nach Urfa zurück.

Am nächsten, wie immer strahlend sonnigen Tag gingen wir noch einmal hinunter zum Markt und suchten nach dem Stand des Arabers. Taktvoll fragten wir ihn nach der Statuette, und nach mehreren Gläsern Çay und einigem höflichen Geplänkel war er bereit, sie uns zu zeigen. Plötzlich verstand ich, wie Gurdjieff sich gefühlt haben mußte, als der armenische Priester in Nisibis ihm zum erstenmal die Karte »Ägyptens vor der Versandung« zeigte. Der Kaufmann packte die Statuette aus, und wir sahen eine zweifellos echte Antiquität vor uns. (Tafel 25)

Bei näherer Untersuchung stellte ich fest, daß sie aus einem harten Stein gefertigt war, ähnlich dem des Schwarzen Obelisken im British Museum. Die Form erinnerte an ein Stück Käse: ein Dreieck mit rundem Rücken. Das kleine Kunstwerk zeigte einen armlosen, bärtigen Mann, in spitz zulaufende Blätter gehüllt und mit einem Fischkopf statt Füßen ausgestattet. In Nabelhöhe war ein Loch von einem Zentimeter Durchmesser und vielleicht etwas größerer Tiefe in den Körper gebohrt. Zu diesem Loch führte ein kleiner Kanal, der von dem Fischkopf ausging und dessen Funktion zunächst nicht klar war. Unser Gastgeber vermutete, daß durch das Loch ein Lederstreifen oder Band gefädelt werden sollte, um die Statuette zu einem Anhänger zu machen. Ich war von dieser Erklärung nicht überzeugt.

Unser Gastgeber wollte unbedingt wissen, was die Statuette unserer Meinung nach darstellen sollte und vor allem, wieviel sie wohl wert war. Zum zweiten Punkt konnten wir ihm beim besten Willen nichts sagen, geschweige denn ein Angebot machen. Bei ihrer ungeklärten Herkunft und der hohen Wahrscheinlichkeit, daß der Kaufmann sie sich illegal beschafft hatte, wäre es eine große Dummheit gewesen, die kleine Statuette zu kaufen – obwohl ich große Lust dazu hatte. Immerhin war er damit einverstanden, daß Dee seinen Schatz fotografierte, und für diese Gefälligkeit wurde er mit einem Bakschisch großzügig belohnt.

Ein Foto der Statuette wollte ich unbedingt haben, denn ich war mir ziemlich sicher, daß ich eine assyrische Votivlampe vor mir hatte, die den Mondgott Sin darstellte. Im Profil sah das Objekt wie eine Mondsichel aus, und ich konnte mir vorstellen, daß es, wenn man einen Docht durch das Fischmaul in Richtung Nabel zog und ihn mit Olivenöl füllte, als kleine Lampe funktionieren würde. Deshalb glaubte ich unserem Gastgeber, als er behauptete, sie stamme aus Harran. Als Assurbanipal den Tempel erneuern ließ, mochte sie als sein Geschenk zum Tempelschatz hinzugekommen sein. Es war natürlich auch möglich, daß die Statuette noch älter war und aus der Zeit Salmanassars III. oder einer früheren Epoche stammte. Ohne andere, ähnliche Objekte und ohne den genauen Fundort war es nicht möglich, die Entstehungszeit genauer zu bestimmen.

In jener Nacht dachte ich lange über diese Begegnung nach. Irgendwie schien die kleine »Aladinslampe« wichtig für unsere Suche. Aber ich war mir nicht sicher, warum. Ich konnte nicht einschlafen, also stand ich auf und schritt unruhig auf und ab. Plötzlich fiel mir etwas ein: Die Statuette des Mondgottes paßte eigentlich viel besser zu Edessa als zu Harran. Der Kopf zeigte vielleicht den »Mann im Mond«, wie er auf die Zitadelle herabblickt, das Blätterkleid die Bäume darunter und der Fischkopf am Ende die Teiche mit ihren Karpfen. Wir wußten, daß es einen Tempel des Mondgottes in Edessa gegeben hatte, der über die Teiche wachte. Er lag in etwa dort, wo jetzt die Abdurrahman-Moschee steht. Die Könige von Edessa unterhielten ihn bis zum Ende der Regierung Abgars des Großen im Jahr 212 n.Chr., obwohl sie offiziell schon lange zum Christentum übergetreten waren.

Während andere Tempel niedergerissen oder zu Kirchen umfunktioniert wurden, diente dieses Gebäude weiterhin der alten Religion. Später zog die »Schule der Perser«, der selbst ihre Feinde großes Wissen bescheinigten, in seine Gemäuer. Ein Turm, der schon damals benutzt worden sein soll, steht bis auf den heutigen Tag zwischen den beiden Teichen. Als ich genauer darüber nachdachte, wurde mir auch klar, daß der Turm wahrscheinlich dazu diente, die Mondphasen zu beobachten – vielleicht mit Hilfe der Spiegelung in den Teichen zu Füßen des Turmes. Er hätte damit eine wichtige Aufgabe für ein Volk erfüllt, das nach einem Mondkalender lebte.

Der Mondgott war bedeutend, weil er für die Mesopotamier Wasser und damit Fruchtbarkeit symbolisierte. Darüber hinaus war er der Herr der Zeit und deshalb der wichtigste Botschafter des unsichtbaren Gottes, den sie Marilaha, »Herr über alles«, oder Be'elschamin, »Herr der Himmel«, nannten. Alle antiken Religionen, wie polytheistisch sie auf den ersten Blick auch wirken mögen, haben in ihrem Zentrum die eine Vorstellung: daß über und jenseits des sichtbaren Universums ein unsichtbarer Gott, der Ursprung alles Seienden, residiert. In Ägypten wurde er Atum oder Amun genannt, in Persien Ahura Mazda und in Mesopotamien Be'elschamin.

Doch weil es den Menschen schwerfällt, das Undenkbare zu denken und sich das Unvorstellbare vorzustellen, wird der unsichtbare Gott in einem Prozeß der Vergegenständlichung mit einem Himmelskörper identifiziert. In Ägypten war es die Sonne, so daß Atum als Atum-Re, die niedergehende Sonne, verehrt wurde. In Mesopotamien war es der Mond, und Sin bekam bald den Beinamen Marilaha verliehen. Der Sin-Tempel in Urfa/Edessa hatte deshalb eine ganz ähnliche Bedeutung für die Mesopotamier wie der Tempel des Atum-Re in Heliopolis für die Ägypter. Die Wanderung von Ur und das Begräbnis von Abrahams »Vater« in Harran verwiesen offenbar vor allem auf einen kulturellen Transfer. Wenn Abraham wirklich in Urfa, dem echten Ur der Chaldäer, geboren wurde, dann ist diese Stadt, nicht Harran, die ursprüngliche Heimat des Mondkultes. Wenn man die Quellen in Edessa und die Trockenheit von Harran bedenkt, ist das auch durchaus wahrscheinlich.

Plötzlich, vielleicht unter der Führung des »Lampengeistes«, begann ich zu verstehen, warum Edessa vor neunhundert Jahren beim Ersten Kreuzzug eine so wichtige Rolle gespielt hat.

Die Pilgerreise

Für die Christen im Westen bot die islamische Eroberung des Heiligen Landes neue Möglichkeiten, aber auch ernste praktische Probleme. Jahrhundertelang hatte es beträchtliche Auseinandersetzungen zwischen dem Papst, der sich als Nachfolger Petri und Kopf der gesamten Christenheit betrachtete, und den Patriarchen des Ostens gegeben, die sich und ihre Kirchen als eigenständige, gleichberechtigte Partner des Heiligen Stuhls sahen. Der Verlust von Syrien, Palästina und Ägypten an den Islam brachte Konstantinopel in Schwierigkeiten, gab aber Rom die Gelegenheit, sich als Schutzherr der Christen im Osten wie im Westen zu etablieren. Je mehr Macht und Einfluß die Patriarchen des Ostens einbüßten, desto mehr Autorität gewann der Papst. Dies drückte sich im Bau neuer Herbergen in Jerusalem ebenso aus wie in immer größeren Pilgerströmen aus dem Westen.

Die Sorge des Papstes und aller Christen im Westen galt vor allem dem freien Zugang der Pilger zu den heiligen Stätten. Von Anfang an hatten sich Menschen auf die Reise ins Heilige Land begeben, um die Orte zu besuchen, an denen Jesus gelebt und gewirkt hatte – Anziehungspunkte waren vor allem die Grabeskirche in Jerusalem und die Geburtskirche in Bethlehem. Mit dem Niedergang der byzantinischen Macht und dem Aufstieg des Heiligen Römischen Reiches unter Karl dem Großen im 8. Jahrhundert ergriff die lateinische Kirche die Gelegenheit und richtete neue katholische Herbergen in Jerusalem ein.

Die große Zeit der Pilgerreisen begann allerdings erst im 10. Jahrhundert, als die Lebensbedingungen in der Heimat sich besserten. Außerdem ermöglichte nun erst eine friedliche Einigung zwischen dem christlichen Byzantinischen Reich und der islamischen Welt einen freien Austausch mit Konstantinopel und dem Heiligen Land. Dieser glückliche Zustand sollte nur bis gegen Ende des 11. Jahrhunderts andauern, als das Ostreich von einem neuen Schicksalsschlag getroffen wurde.

Einige Zeit schon wurde Byzanz im Osten von neuen Nachbarn aus Zentralasien bedrängt. Diese Völker, die Turkmenen oder Türken, waren zum Islam konvertierte Nomaden, die zuletzt Persien überrannt hatten. Nun wollten sie ins Byzantinische Reich vordringen. Jahrhundertelang hatte Armenien als Pufferstaat zwischen dem eigentlichen Anatolien und den weniger entwickelten Gebieten jenseits des Arax gute Dienste geleistet. Doch die Situation für die Byzantiner wurde kritisch, als Persien an die Türken gefallen war, die ihre neue Hauptstadt in Isfahan etablierten. Mit der Anerkennung des seldschukischen Türkenführers Tughril durch den Kalifen von Bagdad als Verteidiger des sunnitischen Islam und König des Ostens und Westens erreichte die Krise ihren Höhepunkt.

1054 drangen die Türken weit nach Armenien vor, 1066 plünderten sie Caesarea, die Hauptstadt Kappadokiens. Kaiser Romanus befand sich in einer prekären Lage, die nicht zuletzt durch die Politik seines Vorgängers Konstantin X., der die Truppenstärke stark reduziert hatte, verschärft worden war. Dennoch mußte Romanus der türkischen Bedrohung entgegentreten. Mit einer größtenteils aus fränkischen, skandinavischen, normannischen und türkischen Söldnern bestehenden Truppe brach er im Frühling 1071 auf, die verlorenen Gebiete Armeniens zurückzuerobern. Am 26. August stand er bei Manzikert, einer Festung am südlichen Lauf des oberen Euphrat. Ihm gegenüber stand die seldschukische Armee unter ihrem Führer Alp Arslan, der eilig nach Norden gezogen war, um ihn abzufangen. Wenn es je Zweifel über den Ausgang dieser Schlacht gegeben haben sollte, so schwanden sie in dem Moment, als die türkischen Söldner des Kaisers Romanus zu den Standarten ihrer Landsleute überliefen und die westeuropäischen Soldaten sich weigerten, in eine Schlacht zu ziehen, deren Ausgang schon besiegelt war.

Erwartungsgemäß wurden Romanus und seine aus Griechen und Armeniern bestehenden Resttruppen in die Flucht geschlagen; er selbst wurde verwundet und gefangengenommen. Die Nachricht von dieser vernichtenden Niederlage durchfuhr die gesamte Christenheit wie ein Schock. Plötzlich wurde klar, daß das Römische Reich (denn als solches galt Byzanz noch immer) nicht mehr in der Lage war, sein Territorium zu verteidigen – angesichts der größten Bedrohung seit dem Aufkommen des Islam. Der Weg war frei für eine großangelegte türkische Einwanderung nach Anatolien, das in vielen Landstrichen durch eine kurzsichtige Umsiedlungspolitik weitgehend entvölkert worden war.

Doch die türkische Expansion war nicht auf Anatolien begrenzt. Seit 1055, als Tughril zum erstenmal Bagdad betreten hatte, war der Druck auf das Heilige Land stetig gewachsen. 1071 hatte ein Vasall Arp Arslans Jerusalem eingenommen, und die Eroberung von Damaskus, Aleppo und anderen syrischen Städten hatte sich angeschlossen. Obwohl die verbleibenden Christen der Region nicht verfolgt wurden, machten politische Instabilität und das Bandenunwesen in Anatolien den Pilgern ihre Reise schwer.

1073 erkannte der neue Kaiser Michael VII., daß er die Hilfe des Westens brauchte, wollte er der Bedrohung durch die Seldschuken begegnen. Deshalb schrieb er einen Brief an Papst Gregor VII., in dem er ihn zu seiner Wahl beglückwünschte, die kritische Lage seines Reiches schilderte und um Hilfe bat. Der Papst unterstützte die Bitte des byzantinischen Kaisers, weil er darin eine großartige Gelegenheit sah, die orthodoxen Kirchen mit sanftem Druck unter den Schutz und Schirm Roms zu bringen. Michael hatte nicht geahnt, daß sein Ruf nach Unterstützung zu einem der größten militärischen Unternehmen des Mittelalters führen sollte: zum Ersten Kreuzzug.

Ein Kreuzzug für das Heilige Land

Im November 1095 berief der nächste Papst, Urban II., ein Konzil nach Clermont ein. Hier legte er seinen Plan dar, die heiligen Stätten zurückzuerobern, und bat Freiwillige, an einem Kreuzzug in den Osten teilzunehmen. Die Reaktion war überwältigend! In kürzester Zeit machten sich verschiedene ungeordnete Armeen, größtenteils Franken und Normannen, auf den Weg nach Konstantinopel. Die Adligen, die diese Truppen befehligten, waren junge Männer französischer Aristokratenfamilien, abenteuerlustig und begierig nach Ruhm.

Die bekanntesten unter ihnen waren Gottfried von Bouillon, Herzog von Niederlothringen; sein Bruder Balduin, der spätere gekrönte König von Jerusalem; Raimund, Graf von Toulouse, in dessen Herrschaftsgebiet sich schon Häretiker, die Albingenser, aufhielten; Robert, Herzog der Normandie, der älteste Sohn Wilhelms des Eroberers; Bohemund, Graf von Tarent, und sein Neffe, der energische Tankred.

Die Edlen bildeten mit Hunderten anderen Rittern, Tausenden Gefolgsleuten und Unmengen von Pilgern mehrere Heere, die über den Balkan nach Konstantinopel marschierten. Dort schlossen sie sich zu einem großen Kriegszug zusammen. Sie wollten nicht nur Jerusalem zurückerobern, sondern sich auch eigene Fürstensitze und Herzogtümer schaffen.

Die Byzantiner selbst hatten zuvor auch schon zahllose Expeditionsheere gegen die Türken und andere Eindringlinge aufgestellt. Viele dieser Heere, wie etwa das des unglücklichen Romanus, bestanden zum Teil aus fränkischen, normannischen, angelsächsischen und anderen Söldnern. Dieses neue Unternehmen war anders, einerseits durch seine religiöse Intensität und andererseits aufgrund der Tatsache, daß es nicht der byzantinischen Führung unterstand. Nach einer Reise mit vielen Schwierigkeiten und Entbehrungen und nicht wenigen Verzögerungen erreichten die Kreuzfahrer Jerusalem schließlich am 7. Juni 1099.

Nachdem sie fünfzehn Monate gebraucht hatten, um Antiochia einzunehmen, waren sie nicht bereit, weitere Verzögerungen hinzunehmen, und begannen sofort mit der Belagerung. Am 17. Juli ergab sich die muslimische Garnison der Stadt, doch dadurch konnten sie ihr Leben nicht mehr retten. In einem der grausamsten Massaker der Geschichte erschlugen die Franken beinahe die gesamte muslimische und jüdische Bevölkerung und ließen nur die Christen am Leben, deren Entsetzen über das Erlebte groß gewesen sein muß. Auch diese Greueltat schockte die Welt, diesmal die muslimische, und bestimmte später den Umgang mit den Nachkommen der Kreuzfahrer. Vor diesem grauenhaften Ereignis hatten Jerusalems Christen, Juden und Muslime Seite an Seite in relativem Einvernehmen gelebt, doch nach diesem Holocaust gab es große Vorbehalte auf allen Seiten.

Dieser Erste und einzige erfolgreiche Kreuzzug hatte weitreichende Auswirkungen auf das europäische Denken. Jerusalem, »ethnisch gesäubert« von seinen jüdischen und muslimischen Einwohnern, war jetzt eine christliche Stadt und hatte bald auch einen christlichen König: Balduin I.

Die Sage vom Heiligen Gral

Von Anfang an zogen die Kreuzfahrer mit einem religiösen Eifer zu Felde, wie man ihn sonst eher mit den Kriegern des Islam verbindet. Sie waren davon überzeugt, einen Heiligen Krieg zu führen. Falls sie auf dem Schlachtfeld starben, wartete ein Platz im Himmel auf sie, da sie ja im Dienste ihrer Berufung fielen. Heute erscheint ein solches Denken naiv, aber damals galt es als völlig normal. Ein Grund dafür war das Aufkommen einer Mystik, die ihren Ausdruck bald auch in einer anderen wichtigen Tradition des Mittelalters finden würde: der religiösen Suche. Sie hatte ihre Ursprünge nicht in Byzanz, sondern im weit entfernten Britannien. Dort hatte der Sagenkreis um König Artus die Normannen, die das Land im Jahr 1066 unter Führung Wilhelms II. (des Roten) erobert hatten, in seinen Bann geschlagen.

1091 nahm Robert Fitzhammon, Graf von Glouchester und ein naher Verwandter Wilhelms des Eroberers, unerwartet die Burgen von South Glamorgan ein. Obwohl Wales damit noch lange nicht bezwungen war, erfreute dieser Erfolg Wilhelm II., den Bruder von Robert, dem Herzog der Normandie, und brachte Fitzhammon die Titel »Eroberer von Wales« und »Prinz von Glamorgan« ein. Anders als in England wurden die Normannen in Wales relativ freundlich aufgenommen und begannen in die führenden Familien des Gebiets einzuheiraten. Da viele selbst von den Bretonen Nordfrankreichs abstammten, lauschten sie fasziniert den Geschichten über die angelsächsische Invasion in Britannien. Dabei erfuhren sie auch, daß in dieser Zeit die Bretagne und die Normandie von Auswanderern aus Britannien besiedelt worden waren. Die Normannen erkannten, daß diese bretonische Verbindung ihnen eine Art legitimen Anspruch auf Britannien gab. Die walisischen Geschichten um König Artus, der im 6. Jahrhundert Britannien regierte, kamen dem normannischen Hof deshalb gerade recht. Genau wie Artus die Sachsen in der Schlacht von Badon hatte ihr eigener Herzog Wilhelm eine englische Armee bei Hastings geschlagen. Aus dieser Sicht hatte Wilhelm den britischen Thron nicht usurpiert, sondern ihn nur wieder in die richtigen Hände gebracht.

Die Normannen übernahmen auch mystische walisische Legenden über die Ereignisse nach der Kreuzigung Jesu. Verschiedenen Erzählungen zufolge hatte Josef von Arimathäa kurz nach der Auferstehung Jesu einen Becher nach Britannien gebracht, der als Heiliger Gral bezeichnet wurde und den Jesus beim letzten Abendmahl benutzt haben sollte. Diesem Becher wurden wunderwirkende Eigenschaften zugesprochen, und die Tatsache, daß die Briten ihn später verloren hatten, wurde als Ursache für den katastrophalen Untergang von Artus' Königreich angesehen.

Die Gralssage wurde in der Form, wie wir sie heute kennen, nicht vor der Mitte des 12. Jahrhunderts und damit etwa fünfzig Jahre nach dem Ersten Kreuzzug niedergeschrieben. Trotzdem war die Vorstellung der religiösen Suche schon 1097 eine motivierende Kraft für die fränkische Aristokratie. Andererseits wirkten aber auch die Erfahrungen des Kreuzzugs und seiner Folgen auf die Entwicklung des Artusmythos zurück.

Ein wichtiges Ereignis dieses Kreuzzugs fand in der Zeit der langen und grausamen Belagerung Antiochias statt: Unter dem Boden der St.-Peters-Kathedrale wurde eine Lanze gefunden, mit der, wie viele glaubten, Jesus an der Seite verwundet worden war.

Denn der Legende nach hatte ein Mann namens Peter Bartholomäus, der Diener eines provençalischen Pilgers namens Wilhelm Peter, eine Vision, in der er dem heiligen Andreas begegnete. Der Heilige führte ihn im Geiste in die Peterskirche, die damals noch in türkischer Hand war und als Moschee diente. Er zeigte ihm eine Stelle auf dem Fußboden der südlichen Kapelle. Dort, so erklärte er, liege die Lanze verborgen, mit der man Christus in die Seite gestochen habe. Bartholomäus bekam den Auftrag, die Geschichte dem Bischof von LePuy und Graf Raimund von Toulouse, seinem obersten Herrn, zu erzählen.

Peter Bartholomäus war durch diese hellseherische Wahrnehmung sehr verunsichert. Auch war er in Angst, wie die hohen Adligen es wohl aufnehmen würden, eine solche Geschichte von einem einfachen Bauern wie ihm zu erfahren. Deshalb wollte er zunächst nicht tun, was der Heilige von ihm verlangte. In weiteren Visionen bekam er jedoch immer wieder den Befehl dazu, und schließlich tat er, was der heilige Andreas ihm aufgetragen hatte. Die Stadt war inzwischen von den Christen erobert worden. Irgendwann grub man also an der angegebenen Stelle den Boden auf, und Bartholomäus konnte die Lanze aus der Erde bergen.

Später stellte sich heraus, daß diese Entdeckung zum Wendepunkt des bis dahin wenig erfolgreichen Kreuzzugs wurde. Peters Visionen und die Entdeckung der Lanze am angegebenen Ort gaben dem gerade ermattenden Kreuzfahrerheer neue Kraft. Die Franken belagerten die Türken und griffen eine entsandte Entlastungsarmee an. Dabei trugen sie die Lanze wie einen Talisman vor sich her und konnten trotz aller Schwierigkeiten den Sieg davontragen. Damit war die Echtheit der Lanze allgemein akzeptiert, nur die hartnäckigsten Skeptiker in den Reihen der Kreuzfahrer hatten noch ihre Zweifel.

Die Geschichte von der Lanze und Peter Bartholomäus zeigt, wie sehr der Kreuzzug selbst mystisch inspiriert war. Die Lanze des Longinus spielt auch in späteren Gralssagen eine wichtige Rolle. Es ist ebenfalls möglich, daß einige Kreuzfahrer es als Bestandteil ihrer Arbeit ansahen, aktiv nach anderen Paraphernalia der Kreuzigung zu suchen – so auch nach dem Gral. Dies ist meiner Überzeugung nach auch der Hauptgrund dafür, daß ein Trupp Ritter unter Balduin von Boulogne (der später der erste König von Jerusalem werden sollte) und Tankred, dem Neffen Bohemunds, das vor Antiochia stehende Hauptheer verließ. Sie zogen nach Osten, um Edessa zu erobern. Von dieser berühmten Stadt behauptete man, sie sei als erste zum Christentum übergetreten und habe eine besondere Bedeutung für die Gralssage. Darauf werden wir später noch zurückkommen.

Nach Konstantinopel und Antiochia war Edessa die drittgrößte christliche Stadt im Byzantinischen Reich. Durch ihre exponierte Lage an der Reichsgrenze in Nordmesopotamien war sie im besonderen Maß das Ziel von Angreifern. Der persische König Chosroes hatte sie 609 eingenommen, Herakleios sie 628 zurückgewonnen, nur um sie 639 wieder an die muslimischen Araber zu verlieren. Zur Zeit des Ersten Kreuzzugs war sie wieder von Christen besetzt und hatte einen armenischen Gouverneur namens Thoros. Er war nominell ein Vasall des byzantinischen Kaisers, hatte aber praktisch völlige Entscheidungsfreiheit. Seine Position war dennoch prekär, weil das kleine Fürstentum auf allen Seiten von feindlichen Muslimen umgeben war. Die Anwesenheit eines großen Kreuzfahrerheeres in der Region war für ihn deshalb ein Geschenk Gottes. Er war ein alter Mann ohne Nachkommen, deren Ansprüche er hätte beachten müssen. So war er nur allzu gern bereit, die Macht mit Balduin zu teilen, wenn die Franken dafür seine Stadt beschützten.

Mit diesem Vorschlag lud er die Kreuzfahrer nach Edessa ein. Balduin, Tankred (der später Prinz von Galiläa und Regent von Antiochia werden sollte) und ihre Ritter wurden in Edessa stürmisch begrüßt. In einer eigentümlichen Zeremonie mußte Balduin seine nackte Brust zunächst an der des Thoros und dann an der seiner Frau reiben und wurde anschließend als ihr Sohn und Erbe adoptiert. Kurze Zeit später fiel der Armenier Thoros dem wütenden Mob zum Opfer, und Balduin wurde Graf des so entstandenen ersten Kreuzfahrerstaates.

Man nahm lange an, die Kreuzzüge seien einfach ein Mittel gewesen, um den Ehrgeiz junger französischer Ritter mit ehrbaren Absichten zu bemänteln. Die Kreuzfahrer hätten doch nur darauf gebrannt, Fürstentümer und Herzogssitze für sich zu erschaffen. Dies entspricht nicht mehr dem Stand der historischen Forschung. Jonathan Riley-Smith, der Herausgeber der vor kurzem erschienenen *Oxford Illustrated History of the Crusades,* weist diese Sicht ausdrücklich zurück. Sie wurde früher vor allem von Steven Runciman, dem Autor der berühmten *Geschichte der Kreuzzüge,* vertreten. Riley-Smith schreibt:

»Die intellektuellen Entwicklungen [nach dem Zweiten Weltkrieg und den Nürnberger Prozessen] mögen die Menschen dazu angehalten haben, Kreuzfahrer mit mehr Einfühlungsvermögen zu betrachten. Die häufigsten Erklärungen für die Beteiligung so vieler Männer und Frauen an dieser Bewegung gehen aber immer noch dahin, daß es an ihrer mangelnden Kultiviertheit lag oder sie materielle Ziele verfolgten. Letztere Ansicht erhielt starke Unterstützung durch eine kluge, aber nur sehr selten zu belegende Annahme, daß Adelsfamilien Kreuzfahrer stellten, um ihr wirtschaftliches Überleben zu sichern ...

Tatsächlich fiel es schwer, ehrliche Männer und Frauen mit einer Ideologie in Verbindung zu bringen, die so abstoßend ist wie das Kreuzfahrertum; man glaubte lieber, daß sie zu naiv waren, um zu verstehen, was sie taten. Oder man behauptete, daß sie die Gier nach Land und Beute getrieben habe, was immer sie selbst auch gesagt haben mögen, obwohl die letztere Erklärung nur schwerlich aufrechtzuerhalten war. Jeder wußte, daß mittelalterliche Kriegszüge sehr teuer waren. Viele Erhebungen dazu lagen schon gedruckt vor, wurden aber wohl nicht gelesen. Sie belegten die finanziellen Opfer, die die Männer und ihre Familien auf sich nehmen mußten, um sich am Kreuzzug zu beteiligen.«[7]

Die Kreuzfahrerei war eine zeitraubende und teure Unternehmung, die dabei anfallenden Kosten waren im allgemeinen höher als alle materielle Beute, die man sich erhoffen konnte. Ganz zu schweigen davon, daß dieses Unternehmen allzuoft mit dem Tod endete. Die Kreuzfahrt war, zumindest in ihren frühen Tagen, im Grunde ein Bußakt. Sie verband den Waffendienst mit der Pilgerfahrt und sprach deshalb den Adel besonders an, bei dem die Erzählungen über König Artus und die Ritter seiner Tafelrunde sehr beliebt waren. Die Kreuzfahrt war eine Möglichkeit, ganz mit dem Roman zu verschmelzen, es Gawain, Lancelot und natürlich Artus selbst gleichzutun.

Je länger ich über Balduin und Edessa nachdachte, desto sicherer war ich mir, daß mehr dahinterstecken mußte. Denn für den Kreuzzug hatte Edessa nur geringen strategischen Wert, und die Verteidigung der Stadt strapazierte die knappen Ressourcen. Edessa lag auf der falschen Seite des Euphrat, der ein kaum zu überwindendes Hindernis darstellte, wenn es darum ging, Verstärkung zu erhalten. Außerdem war es auf allen Seiten von muslimischen Fürstentümern umgeben. Wenn man erst einmal in Edessa war, wurde ein Rückzug quasi unmöglich.

Wie Crassus in Carrhae 53 v. Chr. konnten auch die Franken wenig Schutz erwarten, sollten sie ihn benötigen. Aus militärischer Sicht wäre es klüger gewesen, eine Linie am Ostufer des Euphrat zu halten und Aleppo, Damaskus und andere Städte Syriens einzunehmen, statt die Kräfte an diesem entfernten Außenposten zu binden. Doch genau das tat Balduin. Daraus kann man schließen, daß ihn nicht so sehr politische als vielmehr religiöse Motive bewogen, in Edessa zu bleiben. Womöglich hat er etwas über die außergewöhnliche Geschichte der Stadt gewußt, und vielleicht hatte ihm Thoros noch etwas erzählt: daß das Mandylion noch in der Stadt war.

Der Heilige Gral mochte der Christenheit verlorengegangen sein – jetzt ging es darum, das edessenische Mandylion zu erhalten, ein genauso altes Kultobjekt, das den Christen in aller Welt ein Begriff war. Obwohl es wahrscheinlich nur ein einfaches, von Abgars Sekretär Hannan gemaltes Porträt Jesu war (und vielleicht immer noch ist), glaubte man im mittelalterlichen Europa, es sei entstanden, als Christus sich auf dem Weg zu seiner Kreuzigung das Gesicht mit einem Tuch abgewischt habe. Dieses Tuch war der einzige bekannte Gegenstand, der, wie man glaubte, mit dem Blut des Heilands getränkt war. Es war die bedeutsamste Reliquie (neben dem berühmten Becher des letzten Abendmahls, über dessen Verbleib alle rätselten). Außerdem glaubte man, es sei ein »wahres Abbild«, das Gesicht Gottes als Mensch, und deshalb aus eigenem Recht verehrungswürdig. In der religiös aufgeheizten Atmosphäre des ausgehenden 11. Jahrhunderts war das Mandylion ein unbezahlbarer Schatz – weitaus wertvoller als die Lanze des Longinus. Und für einen christlichen Ritter wäre die Wiederbeschaffung des Mandylion eine herausragende Leistung gewesen, die der Befreiung Jerusalems von den Ungläubigen gleichgekommen wäre.

So kann man annehmen, daß der Grund für die Kreuzfahrer, nach Edessa zu gehen, wahrscheinlich eher religiöser als weltlicher Art war. Um Balduin und Tankred dazu zu bringen, daß sie das Kreuzfahrerheer verließen und nach Edessa kamen, muß der Armenier Thoros ihnen schon eine bedeutende Belohnung versprochen haben. J. B. Segal berichtet, daß um 700 n. Chr. die Edessener, als sie ihre Steuern nicht aufbringen konnten, von einem gewissen Athanasios erpreßt worden seien, ihm das Mandylion als Pfand für fünfhundert Denare zu geben.[8]

Athanasios beauftragte einen talentierten Maler, eine Kopie herzustellen, die ausgezeichnet gelang. Diese Kopie gab er den Edessenern, als sie ihren Kredit zurückzahlten, das Original behielt er. Als frommer Jakobit[9] ließ er später mit Erlaubnis des Kalifen ein neues Baptisterium bauen, in dem er auch das Mandylion aufbewahrt haben soll.

Als die Byzantiner das Mandylion 943 n. Chr. gegen muslimische Kriegsgefangene eintauschten, wurden zumindest drei glaubwürdige »Mandylia« in Edessa verehrt – eines für jede große Glaubensgemeinschaft: Melkiten,[10] Jakobiten und Armenier. Wie das

Problem gelöst wurde, ist nicht ganz klar, aber offenbar gab es eine Art »Schönheitswettbewerb«. Die Byzantiner, sicher beraten von den mit ihnen befreundeten Melkiten, nahmen das Tuch, das sie als echt betrachteten, und gaben die anderen beiden zurück. Vielleicht wurden sie dabei betrogen oder entschieden sich für das falsche Bild. Ebenso können alle Mandylia, die sie gezeigt bekamen, ja alle, die öffentlich ausgestellt waren, Fälschungen gewesen sein, und das echte wurde sorgfältig verborgen. Schließlich hatte Athanasios womöglich nicht nur eine, sondern mehrere überzeugende Fälschungen herstellen lassen – und vielleicht hatte er selbst nicht einmal das echte Tuch vorliegen.

Die Wahrheit werden wir wohl nie erfahren, aber es ist wahrscheinlich, daß Thoros 1098 ein Mandylion besaß – vielleicht sogar das echte. Als Herrscher über die Stadt hatte er Zugang zu vielen Schätzen, die über die Jahrhunderte hinweg in der Stadt verborgen gehalten wurden. Balduin stellte später fest, daß sie von beträchtlichem Wert waren. Deshalb ist es nicht unwahrscheinlich, daß ein Mandylion darunter war. Doch selbst wenn Thoros das echte Tuch besaß, mußte er dessen Besitz streng geheimhalten. Die Armenier waren zwar die reichsten Einwohner Edessas, bildeten aber im Vergleich zu den Griechen und Syrern, die die Reliquie sicher für sich beansprucht hätten, eine Minderheit. Ganz gewiß konnte er das Tuch nicht öffentlich zur Schau stellen. Balduin könnte damit bestochen worden sein, daß er es sehen und wohl auch nach Thoros' Tod an sich nehmen durfte. Das wäre ein verlockendes Angebot gewesen, für das man einen Abstecher von Antiochia aus machen konnte.

Wie auch immer die Wahrheit aussah, sicher ist, daß das Mandylion zur Zeit des Ersten Kreuzzugs als heilige Reliquie verehrt wurde. Und so kann man das Mandylion, seine Verbindung zur Kreuzigung Jesu und den Glaube, daß es mit seinem Blut getränkt sei, in einer Linie mit der Gralssage sehen. Dieser Mythos hatte inzwischen eine ganz eigene Struktur entwickelt, die kaum noch mit den früheren walisischen Artusgeschichten übereinstimmte. Es ist gut möglich, daß Balduin auch hoffte, in Edessa mehr über den Verbleib des Grals und andere esoterische Fragen, die mit der Entstehung des Christentums zu tun hatten, zu erfahren.

Ohne es zu merken, waren wir also über die geheimnisvolle Gralsburg gestolpert. Der Legende nach steht der Gral unter dem Schutz eines Wächters, des sogenannten Fischerkönigs. Seine Burg muß der Held, Parzival oder Galahad, aufsuchen, um den Gral zu finden und mit seiner Hilfe die Ödnis Britanniens wieder in eine blühende Landschaft zu verwandeln. Der Fischerkönig ist ein alter Mann. Er wird zwar durch die Zauberkraft des Grals am Leben gehalten, aber er leidet an einer unheilbaren Wunde, die ihm unabsichtlich mit der heiligen Lanze zugefügt wurde. Er kann erst dann von seinem Leiden erlöst werden, wenn ein Ritter erscheint, der würdig ist, die Bürde der Sorge um den Gral zu tragen. Doch der Ritter muß nicht nur in der Burg erscheinen und den Gral sehen, er muß es auch wagen, die Frage zu stellen: »Was ist der Gral?« Erst dann wird sich das Geheimnis des Grals völlig enthüllen, und der Ritter kann die Verantwortung für den Gral übernehmen.

Der Gral selbst ist ein mystischer Gegenstand aus einer anderen Welt, der mit der Kreuzigung in Verbindung gebracht wird. Meist ist es der Becher des letzten Abendmahls, manchmal aber auch ein großer Teller oder eine Platte oder sogar ein wundertätiger Stein. Die Ursprungsgeschichte hatte viele Varianten, je nachdem, wer sie erzählte. Aber die wichtigsten Elemente sind eine Burg, ein alter Wächter, der sogenannte Fischerkönig, der selbst auch verwundet ist, ein wundertätiger Gegenstand, der durch das Blut Christi mit der Kreuzigung verbunden ist, und ein fahrender Ritter.

Da nun Edessa seit undenklichen Zeiten für seine Fischteiche berühmt war, war der König, der über die Stadt herrschte, in einem sehr realen Sinne ein »Fischerkönig«. Diese Könige hatten in der Vergangenheit meist den Namen Abgar getragen, was nach Professor Segal im Altsyrischen »der Lahme« und im Arabischen »mit einem Bruch« bedeutet.[11] Das Mandylion, für das Edessa berühmt war, sollte ja der Sage nach »nicht durch Menschenhand« entstanden sein, sondern durch Christus, der sein Gesicht an einem Tuch abwischte. Man glaubte daher, es sei mit seinem Blut getränkt. Und es sollte den ersten Abgar von seiner Lahmheit geheilt haben, als der Apostel Thaddäus es ihm zeigte.

Bei all diesen Annahmen ist der Schluß unvermeidlich: Die Abgars waren die Fischerkönige, das Mandylion war der Gral und Edessa war seine geheime Burg. Es gab wahrhaftig keinen geeigneteren Platz. Dies war schließlich die Stadt, in der der Sage nach Abraham, der Patriarch der Araber, Juden und Christen, geboren wurde. Sie war ebenso heilig wie Jerusalem, Bethlehem, Mekka oder jede andere heilige Stadt in der jüdischen, christlichen oder muslimischen Welt. Die »Aladinslampe«, die uns der arabische Kaufmann gezeigt hatte, stellte zwar wahrscheinlich den assyrischen Mondgott Sin dar. Sie war in meinen Augen aber auch ein Emblem für den Fischerkönig, der wiederum in gewissem Sinne mit Abraham gleichzusetzen war.

Als Chrétien de Troyes und Wolfram von Eschenbach ihre Fassungen der Gralssage um das 12. Jahrhundert niederschrieben, hatten die Christen Edessa schon ein weiteres Mal verloren. Die fränkische Grafschaft hatte zeit ihres Bestehens unter den regelmäßigen Angriffen der Türken zu leiden gehabt. Mit Imad ad-Din Zengi, dem Atabeg von Mosul, trat schließlich ein Führer auf den Plan, der die nötige Durchsetzungskraft und Charakterstärke besaß, um die Franken endgültig zu vertreiben.

Am 28. November 1144, als sich der damalige Graf Joscelin mit dem größten Teil seiner Truppen gerade westlich des Euphrat in Turbessel aufhielt, begann Zengi mit der Belagerung Edessas. Die Zivilisten und Geistlichen, die die Mauern bemannten, waren den türkischen Soldaten nicht gewachsen. Am Weihnachtsabend sprengten die Türken den Verteidigungsring. Die Armenier, Griechen und Syrer wurden geschont und erhielten die Erlaubnis, weiterhin in ihren Kirchen Gottesdienste zu feiern. Alle fränkischen Männer jedoch, die in der Stadt aufgegriffen werden konnten, wurden – vielleicht in Erinnerung an das Morden in Jerusalem vor fast einem halben Jahrhundert – zusammengetrieben und hingerichtet, ihre Frauen und Kinder versklavt und ihre Kirchen zerstört.

Nach weiteren Siegen zog sich Zengi als siegreicher Held nach Mosul zurück, der Kalif von Bagdad bestätigte ihn als König. Zengi konnte diese Ehre jedoch nur kurze Zeit genießen; im September

1146 ermordete ihn ein fränkischer Eunuch. Graf Joscelin wählte diesen Zeitpunkt für einen Gegenangriff. Er versuchte mit einer kleinen Truppe und der Hilfe der Christen, die in Edessa lebten, die Stadt einzunehmen. Die Zitadelle allerdings konnte er nicht bezwingen. Außerdem erreichte ein paar Tage später Zengis Sohn Nur ed-Din mit einer Armee zur Entlastung der verbliebenen türkischen Soldaten die Stadt.

Joscelin selbst gelang die Flucht, aber seine Armee wurde am Ufer des Euphrat aufgerieben. Die Flüchtlinge, die Joscelin begleiteten – Männer, Frauen und Kinder –, wurden hingemetzelt. Ohne die mäßigende Hand Zengis war Edessa dieses Mal einer Plünderung von assyrischen Ausmaßen preisgegeben. Als Strafe für ihren Verrat wurden die Christen, die das Massaker überlebt hatten, nackt auf die Sklavenmärkte von Mosul und Bagdad getrieben. Wer diesen Weg nicht schaffte, die Alten, die Jungen, die Schwachen und Lahmen, wurde sofort umgebracht. Edessa wurde nach Schätzen durchwühlt, die großen Kirchen als Ställe oder Kornlager benutzt oder abgerissen, um Platz für die Errichtung von Moscheen zu schaffen. Bald konnte man kaum noch erkennen, daß Edessa einst eine große christliche Stadt, das »Auge Mesopotamiens«, gewesen war. Sie war nicht viel mehr als eine Geisterstadt, eine Stätte der Ruinen und der gescheiterten Visionen. Edessa fiel in einen beinahe tausendjährigen Schlaf, und für ihre Einwohner blieben ihre außergewöhnlichen Geheimnisse in dieser Zeit verborgen.

Die Gralshüter

Balduin I., Graf von Edessa, blieb nicht lange in der Stadt. Denn nach der Einnahme Jerusalems im Jahr 1099 gab es lange Diskussionen darüber, von wem die Heilige Stadt verwaltet werden sollte. Nach langem Hin und Her beschloß man, Gottfried, dem Herzog von Niederlothringen, die Krone anzutragen. Er besaß sowohl die nötigen aristokratischen Referenzen wie auch die Bereitschaft, im Heiligen Land zu bleiben, obwohl die meisten anderen hohen Herren wieder nach Europa zurückgekehrt waren. Gottfried nahm zwar die Aufgabe an, lehnte aber die Königssalbung ab und wollte statt dessen als *Advocatus Sancti Sepulchri*, »Verteidiger des Heiligen Grabes«, bezeichnet werden. Wenn man bedenkt, daß die Kirche sich einem weltlichen Amt, das über ihren eigenen Autoritäten stand, widersetzt hätte, war dies wahrscheinlich ein kluger Schachzug. Doch Gottfrieds Regierungszeit, die von Schwäche sowohl gegenüber der Kirche als auch gegenüber mächtigen Vasallen wie Tankred geprägt war, sollte nicht lange dauern.

Am 18. Juli 1100, fast genau ein Jahr nach der Einnahme Jerusalems, starb er, wahrscheinlich an Typhus. Der Thron war wieder vakant, und man hatte schnell einen Nachfolger gefunden, der dieser Aufgabe gewachsen war: Gottfrieds Bruder Balduin. Anders als Gottfried hatte er keine Scheu, die heilige Krone anzunehmen, die nach Überzeugung vieler nur Christus zustand. So wurde er am 11. November als König von Jerusalem gesalbt. Seine Grafschaft Edessa wurde von seinem Vetter Balduin II. von Le Bourg verwaltet. Balduin I. war vermutlich ebenso überrascht wie alle anderen, daß man ihn zum König von Jerusalem machte, obwohl seine Benennung nicht völlig unverdient war. Steven Runciman beschreibt es so:

»Von allen großen Führern war es Balduin, der mittellose jüngere Sohn des Grafen von Boulogne, der schließlich triumphierte. Einer nach dem anderen waren seine Nebenbuhler ausgeschieden. Viele von ihnen, wie Robert von der Normandie, Robert von Flandern, Hugo von Vermandois und Stephan von Blois, waren ins Abendland zurückgekehrt ... Balduin aber hatte den rechten Zeitpunkt abgewartet und seine Gelegenheiten beim Schopf ergriffen. Von ihnen allen hatte er sich als der Fähigste, Geduldigste und Weitblickendste erwiesen. Ihm war der Lohn zuteil geworden; und die Zukunft sollte zeigen, daß er ihn verdiente. Seine glanzvolle Krönung war ein vielverheißender Abschluß der Geschichte des Ersten Kreuzzugs.«[12]

Balduin machte sich daran, sein neues Königreich zu sichern. Ein besonders drängendes Problem, mit dem Jerusalem immer wieder zu kämpfen hatte, war der Mangel an fränkischen Dienstleuten. Die Kreuzfahrer waren zwar bereit, im Osten zu kämpfen und dabei auch für Christus zu sterben, aber nur wenige wollten ihr ganzes Leben dort verbringen. Die meisten Adligen besaßen Ländereien und Familien in ihren Heimatländern. Nur wenige ließen sich überreden, sie aufzugeben und Vasallen Balduins zu werden. Er mußte einen Weg finden, um dieses Problem zu lösen. Balduin plante, den ersten militärischen Orden, die Tempelritter, ins Leben zu rufen.

Doch bevor diese Idee Wirklichkeit werden konnte, starb er am 2. April 1118. Auf dem Thron folgte ihm sein Vetter Balduin II., der mit der Verwaltung Edessas seine Gesellenjahre gut genutzt hatte. Kurz nach seiner Krönung soll ein gewisser Hugo von Payens, ein Adliger aus der Champagne, bei Balduin vorstellig geworden sein. Gemeinsam besprachen sie die Gründung des Templerordens, der ursprünglich »Arme Ritterschaft Christi« hieß.[13]

Später wurde der Orden zum größten und reichsten in ganz Europa, die ersten neun Jahre bestand er aber aus nur neun Rittern. Balduin erlaubte ihnen die Nutzung der Al-Aqsa-Moschee auf dem Tempelberg in Jerusalem, ein Privileg, das sonst niemandem eingeräumt wurde. Ihre Verbundenheit mit dem Tempelberg zeigte sich auch bei den Kirchen, die sie in Europa bauten. Sie waren nach dem Vorbild des Felsendoms fast immer als Rundkirchen angelegt.[14] Unter Balduin II. gewann der Templerorden an Größe und Einfluß. Wie sein Rivale, der Johanniterorden, galt er als unverzichtbar für die Sicherheit des Königreiches, obwohl er nicht dem König unterstand; seine Großmeister hatten die alleinige Autorität und Befehlsgewalt in allen inneren Angelegenheiten. Und so war es auch in Europa, wo der Orden ansässig war.

Durch Stiftungen wurde der Orden unglaublich reich. Er war erfolgreich – einem heutigen internationalen Konzern mit wirtschaftlichen Interessen gleich – im Bankgewerbe, in der Schiffahrt, im Tourismus, der Verteidigung und vielen anderen Bereichen. Da die Tempelritter nicht der Jurisdiktion der nationalen Könige unterstanden, weckten sie natürlich bald Begehrlichkeiten, besonders bei Philipp dem Schönen, dem französischen König. 1307 ließ Philipp alle Tempelritter in seinem Königreich verhaften und ihr Land für die Krone beschlagnahmen.

Auf Philipps Betreiben hin befahl der Papst den anderen gekrönten Häuptern Europas, dasselbe zu tun. Außer in Portugal, wo sich König Dionysios dem Befehl widersetzte, gehorchte man überall, wenn auch widerstrebend. Die Tempelritter wurden aufgrund überaus fadenscheiniger Beweise wegen Häresie und Gotteslästerung verurteilt. Die meisten von ihnen überlebten die Folterungen, mit denen man ihnen Geständnisse abpressen wollte. Der Großmeister Jacques de Molay und der Präzeptor der Normandie, Geoffrey de Charnay, jedoch wurden öffentlich auf dem Scheiterhaufen verbrannt.

Ein Hauptvorwurf gegen den Orden lautete, seine Mitglieder würden einen seltsamen Kopf anbeten. Ian Wilson hat in seiner faszinierenden Studie über das Turiner Grabtuch[15] herausgefunden, daß jener »Kopf« das gefaltete Grabtuch gewesen sein könnte. In seinem Buch *Eine Spur von Jesus* entwickelte er eine verschlungene Argumentation. Danach sei dieses Tuch, in das, wie viele glaubten, der Leichnam Christi gehüllt worden war, bevor man ihn in das Grab Josefs von Arimathäa legte, mit dem Mandylion identisch. Es sei wahrscheinlich 944 nach Konstantinopel gebracht und dort mit anderen kaiserlichen Schätzen aufbewahrt worden. Bei der Plünderung der Stadt durch die Soldaten des Vierten Kreuzzugs sei das Mandylion (das Grabtuch) dann in die Hände der Templer gefallen.

Leider ist seine an einigen Stellen wirklich überzeugend klingende Argumentation mittlerweile völlig hinfällig, da das Grabtuch mit Hilfe der Karbondatierung als mittelalterliche Fälschung entlarvt wurde.[16] Wilson hat jedoch wahrscheinlich recht, wenn er eine Verbindung zwischen dem Mandylion und den Tempelrittern annimmt. Falls Balduin ein Porträt Jesu (ein Mandylion) besaß, das er für echt hielt, dann muß er um dessen Sicherheit besorgt gewesen sein. Diesen Schatz in die Obhut eines elitären Ordens zu geben, der in vieler Hinsicht nach dem Vorbild der legendären Gralsritter organisiert war, wäre eine vernünftige Lösung gewesen. Die Templer waren also nicht, wie Wilson glaubte, im Besitz des Grabtuchs, aber sie bewahrten meiner Meinung nach einen Gral in Gestalt des Mandylion auf.

Allmählich begann ich zu verstehen, daß das wahre Geheimnis der Gralssage, wie man es im mittelalterlichen Frankreich und Deutschland verstand, wenig mit dem britischen König Artus zu tun hatte, sondern aus gnostischen christlichen Wurzeln gespeist wurde. Im Nahen Osten waren diese Traditionen zur Zeit des Ersten Kreuzzugs noch lebendig, und einige Kreuzfahrer kamen im Zuge ihres Unternehmens mit ihnen in Kontakt. Die Geschichte von der Suche der Ritter wurde wie die der Sterndeuter ein Deckmantel, unter dessen Schutz geheimes mystisches Wissen von Ost nach West weitergegeben wurde.

Antiochia, wo Peter Bartholomäus die Lanze des Longinus gefunden hatte, war ein Ausgangspunkt solcher Ideen. Doch im späten 11. Jahrhundert waren sie auch und vor allem in Nordmesopotamien noch sehr lebendig. Selbst nachdem die Länder des Ostens unter politisch wie religiös fremde Herrschaft geraten waren, erhielten sich einige Elemente des gnostischen Christentums. In alten Klöstern, Grotten und abgelegenen Tälern feierten die Menschen weiterhin Gottesdienste nach alter Liturgie und bewahrten sich so einen gewissen Kontakt zur Gnosis. Vielleicht war es eine Gruppe solcher Menschen, Nachkommen eines antiken Ordens, der Sarmung-Bruderschaft, auf die Gurdjieff im Gebiet von Nusaybin (Nisibis) irgendwann in den achtziger oder neunziger Jahren des 19. Jahrhunderts stieß.

Ich fand auf mehreren Münzen aus dem römischen Edessa, die man mir zeigte, Hinweise auf andere Geheimnisse, die wieder in den Westen gelangt waren. Sie belegten, daß zumindest einige Menschen noch lange nach dem Aufkommen des Christentums Wissen über die Sternenreligionen dieses Gebiets bewahrt hatten. Ich glaubte, daß ich mich auf der Spur der verschollenen »Schule der Perser« befand.

KAPITEL 10
DIE SÄULEN NIMRODS

Kurz nach dem Ersten Kreuzzug entstanden also zwei Ritterorden: der Templerorden, eng mit der Gralssage und wahrscheinlich auch mit dem Mandylion in Edessa verbunden, und – etwas früher schon – der heute noch existierende Johanniterorden. Die Johanniter wurden wie die Templer unglaublich reich und mächtig, wurden aber nicht mit der Schmach bedacht, der letztere zum Opfer fielen. Die Johanniter gründeten im Heiligen Land viele trutzige Burgen, wie etwa Krak des Chevaliers, Margat (Margatum) oder Belvoir. Nachdem sie vom Festland vertrieben worden waren, setzten sie sich zunächst auf Rhodos und später, nachdem die Türken sie 1522 nach einer sechsmonatigen Belagerung auch dort vertrieben hatten, auf Malta fest. Als der Templerorden 1314 aufgelöst wurde, erhielten die Johanniter zudem viele Ländereien ihres einstigen Rivalen.

Warum dieser Orden einem Heiligen geweiht ist, der weder zum Militär noch zur Krankenpflege irgendeine Verbindung aufwies, ist ungeklärt. Überhaupt ist die Rolle Johannes' des Täufers in der »Gemeinschaft der Heiligen« ziemlich geheimnisvoll. Traditionell steht er in der Hierarchie der Heiligen über allen Aposteln und direkt unter der Jungfrau Maria. Die meisten mittelalterlichen Kirchen hatten einen ihm geweihten Altar, und er wurde oft wie im Wilton-Diptychon in seinem groben härenen Gewand mit dem Lamm Christi in den Armen dargestellt.

Im Mittelalter gab es einen regen Kult um Johannes den Täufer. Ein Heiligtum mit seinen Reliquien stand in Damaskus. Ob sie echt waren, ist fraglich, aber man weiß aus der Bibel, daß er von seinen Jüngern beigesetzt wurde. Diese Reliquien, oder ein Teil von ihnen, wurden nach Edessa überführt und, wie Professor Segal annimmt, standesgemäß im großen Baptisterium aufbewahrt, das 369 bis 370 n. Chr. errichtet worden war.[1]

Vielleicht waren es diejenigen Knochen, die heute im Istanbuler Topkapı-Museum in einer Vitrine ausgestellt sind. Man kann darin, ganz in der Nähe von Mohammeds Mantel und Schwert, ein kleines Reliquiar bewundern, mit Edelsteinen verziert und eigens zur Aufbewahrung der Reliquie geschaffen, die jetzt neben ihm liegt – ein Stück vom Schädel Johannes' des Täufers. (Tafel 34) Daneben steht ein weiteres goldenes Reliquiar in Form eines rechten Arms. Es enthält, wie man annimmt, die Überreste des vielleicht verehrungswürdigsten Körperteils in der Geschichte: die Hand, die Christus taufte. In den Augen der Gläubigen hebt gerade dieser Akt den Heiligen an die Spitze der Hierarchie. Doch geht es hier vielleicht um noch mehr als nur eine einfache Taufe – und sei es auch die Jesu Christi.

Nach Aussage der Evangelien war Johannes der Vetter Jesu, der Sohn von Marias älterer Verwandter Elisabet und deren Mann Zacharias, eines Priesters im Tempel. Johannes bleibt eine rätselhafte Gestalt, ein ungehobelter Außenseiter, der den jüdischen Ältesten Vorhaltungen macht und durch seine Taufe Jesus den Weg bereitet. Als seine Mission beendet ist, fällt er den Intrigen von Herodias, der rachelüsternen Gattin des Herodes, zum Opfer. Sie sorgt dafür, daß ihre Tochter Salome Johannes' Kopf auf einem Teller überreicht bekommt. Dieses makabre Ereignis mitsamt seinem sinnlichen Vorspiel, dem Schleiertanz, hat die Phantasie der Christen durch die Jahrhunderte immer wieder gefesselt.

Trotz all dieser Informationen bleibt Johannes eine rätselhafte Gestalt, vielleicht die seltsamste im ganzen Neuen Testament. Warum dieser honig- und heuschreckenessende Asket höher stehen sollte als Paulus oder die Apostel Petrus und Johannes, erklärt die Kirche nicht. Bald sollte ich jedoch entdecken, daß dies kein Zufall war – die Vertreter der frühen Kirche wußten wahrscheinlich, was dahintersteckte. Und wie bei der Gralssage fand sich auch der Schlüssel zu diesem Geheimnis in Urfa.

Im 1. Jahrhundert v. Chr. standen die Abgars von Edessa vor der schwierigen Aufgabe, ihre Unabhängigkeit gegen jede Macht von außen verteidigen zu müssen. Östlich von ihnen breitete sich das Partherreich aus, dem sie zumindest nominell und manchmal auch faktisch unterstanden. Westlich von ihnen lag Rom, das damals gerade den Übergang von der Republik zum Kaiserreich vollzog. Der erste größere direkte Zusammenstoß zwischen diesen beiden Großmächten fand vor den Mauern von Carrhae (Harran) im Jahr 53 v. Chr. statt: Crassus mußte eine schändliche Niederlage hinnehmen und starb. Die Rolle Abgars II. bei diesem aus römischer Sicht so katastrophalen Ereignis war bestenfalls undurchsichtig zu nennen. Ihm fiel die nicht gerade beneidenswerte Aufgabe zu, einerseits Crassus zu beherbergen und andererseits Surenas und die Parther zu besänftigen. Nicht nur sein Überleben, sondern auch das seiner Dynastie hing davon ab, daß er diese Gratwanderung schaffte. Er mußte sicherstellen, daß keine der beiden Seiten eine Vormachtstellung in Nordmesopotamien aufbaute.

Dieses Dilemma, in dem auf die eine oder andere Weise alle Fürsten von Edessa steckten, war auf eine Münze geprägt, die wir bei unserem Aufenthalt dort sehen und auch fotografieren durften. Sie ist aus Bronze – es war römische Gepflogenheit, Städten die Münzprägung zu gestatten, solange sie keine Silber- und Goldmünzen prägten – und könnte sich als wichtige archäologische Quelle erweisen.

Nach unserer Rückkehr nach England konnten wir die Münze zuordnen: Sie war unter der Regierung des römischen Kaisers Alexander Severus (222–235 n. Chr.) in Edessa geprägt worden. Auf der Vorderseite trägt sie sein Porträt, auf der Rückseite ein seltsames Bild, das offenbar einen König auf seinem Thron darstellen sollte. Es war für Städte wie Edessa durchaus üblich, die Rückseiten ihrer Münzen mit Bildern von lokaler Bedeutung zu gestalten. Obwohl Edessa nach der Eroberung durch Kaiser Caracalla im Jahr 213 n. Chr. eine *colonia* Roms war, gab es nach Auskunft syrischer Chronisten immer noch einen König namens Ma'nu: den Sohn Abgars des Großen. Da er zumindest nominell während der gesamten Amtszeit des Alexander Severus regierte, dürfte es sich bei der Gestalt auf der Rückseite der Münze um ihn handeln. Leider ist sie stark abgenutzt, aber bei näherer Betrachtung kann man erkennen, daß dieser »König« zwei Gesichter hat, daß er also den römischen Gott Janus repräsentiert.

Dieser Gott, der unserem Monat Januar den Namen gegeben hat, wurde an Toren und Durchgängen dargestellt. Er war der Wächter der Zeit und des Ortes. Auf der Münze schaut er mit einem Gesicht nach links oben und mit dem anderen nach rechts unten. Er sitzt mit gekreuzten Beinen und zeigt mit seiner rechten Hand nach oben auf etwas, das wie ein kleiner Stern aussieht. Vor ihm befindet sich ein viel größerer »Stern«, wahrscheinlich die Sonne. Meiner Meinung nach wollte Ma'nu, vorausgesetzt diese Gestalt stellt ihn dar, mit diesem Bild zeigen, daß Edessa eine Art Tor war, sowohl von Ost nach West wie auch vom Himmel zur Erde. Diese Konzeption paßt sehr gut zu der Vorstellung, daß die Zitadelle die Gralsburg des Fischerkönigs sein könnte.

Die zweite Münze war in vieler Hinsicht einfacher zu entschlüsseln und zu deuten. Sie ist nicht so alt wie die erste und stammt aus der Zeit des byzantinischen Kaisers Justinian I. (527–565 n. Chr.).[2] Auf den ersten Blick erkennt man auf ihr ein »M«, das aber eine kleine Gestalt zeigt, deren Arme an zwei Säulen befestigt sind. Rechts von der rechten Säule ist ein Mond zu sehen, der wegen Edessas alter Verbindungen zum Mondgott Sin oft auf den Münzen der Stadt abgebildet ist, während das Kreuz in der Mitte über der Gestalt entweder die Sonne oder das Christentum symbolisieren soll.

Abb. 11 In Edessa geschlagene Münze mit einer Janus-Gestalt, 222–235 n. Chr.

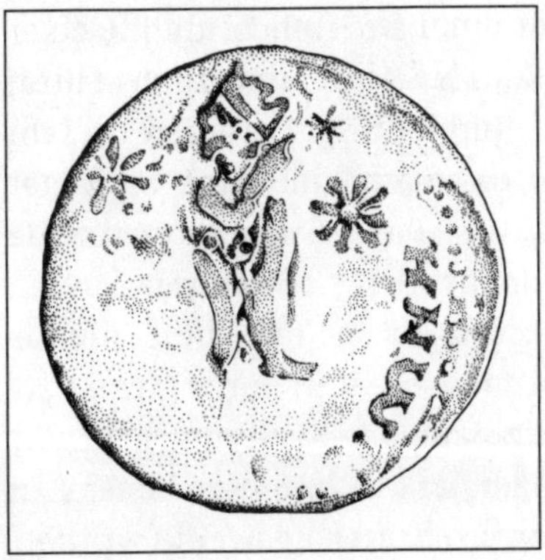

Abb. 12 In Edessa geschlagene Münze mit einer Darstellung Abrahams zwischen zwei Säulen, 527–565 n. Chr.

Zunächst konnte ich die Bedeutung der Figur zwischen den Säulen nicht entschlüsseln, bis ich mich an eine Geschichte aus unserem Reiseführer über Urfa erinnerte. Demnach galt Nimrod als der Gründer Orhays, wie Edessa ursprünglich genannt wurde. Er muß ein ehrwürdiges Alter erreicht haben, denn er nahm Abraham gefangen, der nach Aussage der Bibel sieben Generationen nach ihm auf die Welt gekommen war. Nimrod band Abraham zunächst zwischen die beiden gewaltigen Säulen, die noch heute auf dem Zitadellenberg zu sehen sind, und warf den Patriarchen dann bei einem Wutausbruch von der Stadtmauer herab in das darunterliegende Tal. Doch sein Angriff auf das Leben des Patriarchen wurde vereitelt, weil Gott die Fischteiche entstehen ließ und sie den Fall dämpften. Sehr zu Nimrods Überraschung ging Abraham aus diesem Gottesurteil unverletzt hervor.

Weil die Säulen erst um 200 n. Chr. gebaut wurden und die Münze aus der Regierung des Justinian zwischen 527 und 565 n. Chr. stammt, kann man davon ausgehen, daß sich diese Legende zwischen dem 3. und dem 6. Jahrhundert bildete. Obwohl sie auf den ersten Blick wie eine nette Reiseführergeschichte klingt, mit der man die Pilger beeindruckt, entdeckte ich schließlich, daß sie der Schlüssel zu sehr viel Größerem ist.

Professor Segal weist in seinem Buch *Edessa: »The Blessed City«* nach, daß vor dem Aufkommen des Christentums die Herrscher nicht nur in Edessa, sondern auch vieler anderer Städte der Region auf einem besonderen Hocker, dem *budar*, saßen. Dieser Hocker wurde zumindest in einem Fall mit einer heiligen Säule gleichgesetzt, denn die Zitadelle von Edessa hieß im Volksmund »Thron des Nimrod«. Dies weist auf eine Verbindung zwischen diesem sagenhaften König und dem *budar* der Stadt hin. Nach Professor Segal waren der *budar* und die ihm zugeordnete Säule Kultembleme eines Gottes mit dem Namen »Marilaha« (der große Herr):

»Eine weitere Bedeutung hatten der Hocker und die Säule als Kultembleme des Marilaha. Sie erscheinen in Miniaturformat sowohl auf einer edessenischen Münze aus der Regierungszeit Elagabals (218–222) wie auch auf Münzen jenes Wa'el[3] von Edessa, in dessen Regierungszeit die Sumatar-Inschriften[4] geweiht wurden.

Auf diesen Münzen sind ein Tempel mit einem Giebel und hinaufführende Stufen dargestellt. Innerhalb des Tempels sieht man ›ein würfelförmiges Kultobjekt auf einer Säulenbasis, die von zwei geschwungenen Beinen gestützt wird‹. Es ist offensichtlich ein dem religiösen Kult dienendes Möbel. Am Giebel des Heiligtums kann man einen Stern erkennen, ohne Zweifel ein Hinweis auf die Verehrung eines Planeten.«[5]

Tatsächlich entdeckten wir oben auf der Zitadelle Ruinen einer abgestuften Plattform direkt hinter den Säulen (Richtung Süden). Da dieses Gebiet archäologisch noch nicht erforscht ist, kann man kaum bestimmen, was hier einmal stand. Uns schien es aber durchaus plausibel, daß hier ein solcher Zeremonialthron oder *budar* mit einem Giebel darüber gestanden haben könnte.

Als legendärer Gründer Edessas wird Nimrod mit dem heiligen Hocker assoziiert, und daß die Zitadelle bis auf den heutigen Tag als »Thron des Nimrod« bezeichnet wird, unterstreicht diese Ver-

Abb. 13 »Abraham«/Orion zwischen den Säulen von Edessa

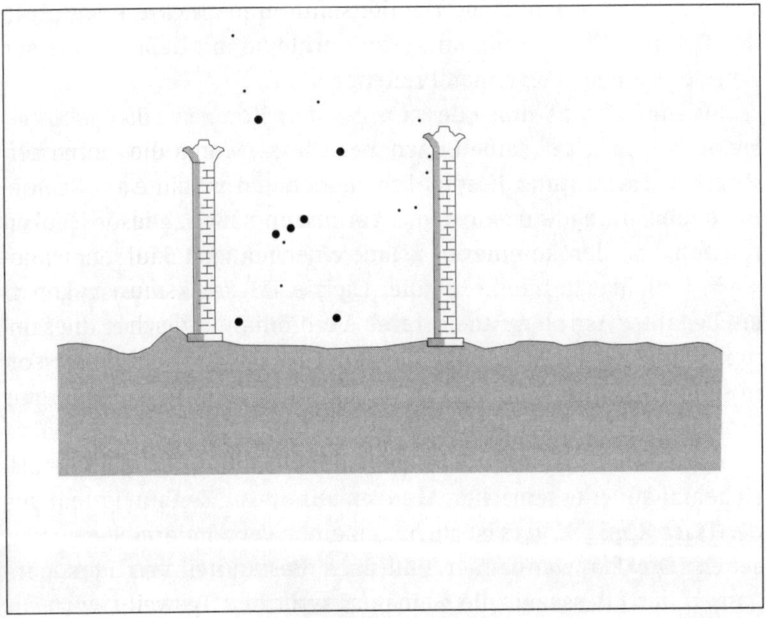

bindung noch. Darüber hinaus fand ich weitere Beziehungen zwischen diesem Stadtgründer und dem Sternenkult. Nach Aussage der Bibel war Nimrod ein Urenkel von Noach und stammte wie Ägypten von Noachs Sohn Ham ab:

»Die Söhne Hams sind Kusch, Ägypten, Put und Kanaan... Kusch zeugte Nimrod; dieser wurde der erste Held auf der Erde. Er war ein tüchtiger Jäger vor dem Herrn. Deshalb pflegt man zu sagen: Ein tüchtiger Jäger vor dem Herrn wie Nimrod. Kerngebiet seines Reiches war Babel, Erech, Akkad und Kalne im Land Schinar. Von diesem Land zog er nach Assur aus und erbaute Ninive, Rehobot-Ir, Kelach sowie Resen, zwischen Ninive und Kelach, das ist die große Stadt.«[6]

Damit ist Nimrod ebenso Stammvater der mesopotamischen Kultur wie Ägypten der Vater der Ägypter. Und aus den oben zitierten Zeilen kann man ersehen, daß diese Passage jenseits der genealogischen Informationen, die sie übermittelt, auch eine esoterische Bedeutung hat. Nach Meinung der Professoren Giorgio de Santillana und Hertha von Dechend personifiziert Nimrod, der »tüchtige Jäger vor dem Herrn«, wie Herakles in Kommagene das Sternbild des Orion.[7] Diese Verbindung der Astrologie mit dem Edessa zur Zeit der Könige belegt auch Professor Segal:

»Wenn wir uns nun Edessa unter den Königen zuwenden, so stellen wir fest, daß seine Einwohner ebenso wie ihre Nachbarn in Palmyra, Harran und Hierapolis die Planeten verehrten. Die Sternenbeobachtung war sogar die Verbindung zwischen der Volksreligion und den komplexen kosmologischen Systemen der Philosophen. Baidasan [ein berühmter Dichter Edessas] ... war zugleich ein begabter Astrologe und schrieb eine Abhandlung über die Konjunktionen der Planeten. Und das *Buch der Gesetze der Länder*, das in seiner Schule entstand, zeigt die Vertrautheit mit astrologischen Konzepten. Ein Stadttor Edessas hieß Beth Schemesch nach dem Sonnentempel, der einst hier gestanden haben muß. Die Mondsichel ist auf edessenischen Münzen aus dieser Zeit zu finden; auf der Tiara König Abgars ist sie mit einem, zwei oder drei Sternen zu sehen. Die Planetennamen sind auch Bestandteil von Personennamen der Edessener, die sich in altsyrischen Texten, sowohl in

Urfa selbst wie auch in der unmittelbaren Nachbarschaft, auf Grabwänden, Mosaikfußböden und in der Literatur erhalten haben. Darunter sind, um nur ein paar zu nennen, eine ›Dienerin des Sin [Mond]‹, ein ›Diener des Bel [Jupiter]‹, ein ›Gruß der Atha [Venus]‹, ein ›Schemesch [die Sonne] ist untergegangen‹ und ein ›Diener des Nabu [Merkur]‹.«[8]

Auch die Verbindung zu Orion und Sirius wird klar, wenn er fortfährt:

»Der Name Bar Kalba in Edessa und in Eski Sumatar [einer Ruinenstätte südlich der Stadt in der Nähe von Harran, die ein wichtiges Zentrum der Sabäer war] läßt die kultische Verehrung des Hundssterns vermuten. Jakob von Serug, ein Dichter des 6. Jahrhunderts, der die längste Zeit seines Lebens in Edessa und Batnae verbrachte, behauptet, daß es in Harran eine Gottheit mit dem seltsamen Titel ›Mar(i), (Herr) seiner Hunde‹ gegeben habe. Vielleicht ist damit der Jäger Orion gemeint, zu dessen Füßen sich die Sternbilder Canis maior und Canis minor [Großer und Kleiner Hund] befinden.«

Als ich dies las, beschloß ich, mich noch intensiver mit den griechischen Mythen rund um den Jäger Orion zu beschäftigen. Vielleicht würde das ja ein bißchen Licht auf Edessas Sternenreligion werfen.

Der Jäger und die Tore der Dämmerung

Dem Mythos zufolge war der Grieche Orion (oder Oarion) ein Sohn des Poseidon. Wie der biblische Nimrod war er ein Jäger und ein Riese. Zudem sah er ausgesprochen gut aus, aber wie so oft brachte auch ihm das Ärger ein. Orion hatte es nicht geschafft, die Insel Chios von ihren wilden Tieren zu befreien. Nun versuchte er, Merope, die Tochter des Königs der Insel, zu verführen. Der König ließ ihn zur Strafe blenden. Ein Orakel verkündete Orion, daß er sein Augenlicht wiedererlangen könne, wenn er nach Osten reise und seine Augäpfel der aufgehenden Sonne aussetze. Also reiste er auf die Insel Lemnos, wo Eos, die Göttin der Morgenröte, sich in ihn verliebte. Ihr Bruder Helios gab ihm sein Augenlicht zurück. Später schloß sich Orion der Artemis (der Mondgöttin) als Jäger an und rühmte sich, er könne alle wilden Tiere töten.

Doch Apollon (auch eine Sonnengottheit), der befürchtete, seine Zwillingsschwester Artemis werde sich ebenfalls in den schönen Jäger verlieben, brachte es fertig, daß sie ihn auf einem ihrer Jagdausflüge versehentlich tötete.[9] Wie Herakles ging auch Orion nach seinem Tod als Sternbild am Himmel auf, wo er, in eine Löwenhaut gehüllt, mit einer riesigen Keule und einem Schwert am Gürtel für immer dem wilden Stier nachjagt. Zu seinen Füßen hockt der Hase, eine weitere Jagdbeute, und ihm auf den Fersen folgen seine zwei Jagdhunde, der Große und der Kleine Hund.

Im griechischen Orion-Mythos können wir viele Parallelen zum ägyptischen Sagenkreis um Osiris entdecken. Die Geschichte von Orions Blendung durch den König von Chios spiegelt die Ermordung des ägyptischen Gottkönigs Osiris durch seinen Bruder Seth wider. Die Göttinnen Isis und Eos, die den Sonnengott (Re/Helios) dazu bringen, Osiris/Orion wieder gesund zu machen, werden beide mit der Morgenröte assoziiert. Im alten Ägypten hatte die Auferstehung des Osiris eine große religiöse Bedeutung. Sie lag in der jährlichen Wiederkunft des Sternbildes Orion, nachdem es eine Zeitlang nicht am Himmel zu sehen gewesen war, begründet.[10] Übrigens kann auch das Sternbild »geblendet« werden: Seine Sterne sind nicht zu sehen, wenn der Mond (vor allem der Vollmond) nahe an ihm vorbeizieht.

Der griechische Mythos unterscheidet sich natürlich auch in vieler Hinsicht von der ägyptischen Osiris-Geschichte, vor allem in seiner Darstellung des Orion als eines sehr wilden Jägers, der nichts mit einem kulturbringenden Gott zu tun hat. Orions primäre Aufgabe im griechischen Mythos ist es, die Inseln von wilden Tieren zu befreien. Vielleicht sollte er das Leben der Menschen sicherer machen und damit die Zivilisation voranbringen. Und schließlich hat diese »Jagdgeschichte« noch eine andere Seite: Wenn eine Gesellschaft zivilisiert wird, muß sie ein Stück ihrer wilden Natur opfern.

Die Bibel erwähnt das Sternbild Orion zweimal im Buch Ijob. In Ijob 9,9 lesen wir: »Er schuf das Sternbild des Bären, den Orion, das

Siebengestirn, die Kammern des Südens«, und in Ijob 38,31: »Knüpfst du die Bande des Siebengestirns, oder löst du des Orions Fesseln?«[11] In ähnlicher Weise wird das Sternbild auch in Amos 5,8 erwähnt: »Er hat das Siebengestirn und den Orion geschaffen ...«

In allen drei Fällen lautet die hebräische Bezeichnung für Orion *kesil*, »stark«. Die Hebräer betrachteten Orion wie so viele andere Völker auch als »starken Mann«, und so überrascht es nicht, daß sie das Sternbild auch mit dem größten der biblischen starken Männer, Simson, in Verbindung brachten. De Santillana und von Dechend zufolge muß die Geschichte von Simson, der die Philister mit dem »Kinnbacken« eines Esels erschlägt, astronomisch gedeutet werden. Simson ist das Sternbild des starken Mannes Orion, und der Kinnbacken, den er ergreift, um damit seine blutige Aufgabe zu erfüllen, ist die V-förmige Sternengruppe, die wir heute die Hyaden nennen.[12]

Es ist nicht daran zu zweifeln, daß Simson Orion unter einem anderen Namen ist, wenn man bedenkt, daß auch Simson einen Löwen töten muß. Später findet er Bienen und eine Honigwabe im Körper des toten Tieres, und dies gibt ihm die Anregung zu einem Rätsel: »Vom Fresser kommt Speise, vom Starken kommt Süßes.«[13] Die esoterische Bedeutung des Rätsels läßt sich durch einen Blick zum Himmel entschlüsseln. Der Löwe ist natürlich das gleichnamige Sternbild, und neben ihm im Sternbild Krebs findet sich der Bienenkorb (Praesepe). Beide Sternbilder stehen sehr nahe beim Orion.

Wie im griechischen Orion-Mythos ist es eine Frau, die den Helden Simson zugrunde richtet. Seine Stärke verdankt er seinem langen Haar, das er noch nie geschnitten hat. Als er sich in Delila, eine Philisterin, verliebt, entlockt sie ihm sein Geheimnis und schneidet ihm im Schlaf die Haare ab. Durch diesen »Haarschnitt« – mit eindeutiger sexueller Bedeutung – verliert Simson seine Kraft, und die Philister können ihn gefangennehmen. Wie Orion wird er von seinen Feinden geblendet und wie Abraham im edessenischen Mythos zwischen zwei Säulen festgebunden. Simson ruft zu Gott, er möge ihm noch ein letztes Mal seine Kraft zurückgeben, damit er sich an seinen Feinden rächen kann:

»Simson aber rief zum Herrn und sagte: ›Herr und Gott, denk doch an mich, und gib mir nur noch dieses eine Mal die Kraft, mein Gott, damit ich an den Philistern Rache nehmen kann, wenigstens für eines von meinen beiden Augen.‹ Dann packte Simson die beiden Mittelsäulen, von denen das Haus getragen wurde, und stemmte sich gegen sie, gegen die eine mit der rechten Hand und gegen die andere mit der linken. Er sagte: ›So mag ich denn zusammen mit den Philistern sterben.‹ Er streckte sich mit aller Kraft, und das Haus stürzte über den Fürsten und über allen Leuten, die darin waren, zusammen.«[14]

Wenn man sich das Bild des an die beiden Säulen gebundenen Abraham verdeutlicht – ein Ereignis, das in der Bibel mit keinem Wort erwähnt wird –, so kann man annehmen, daß hier ein Fall von kulturellem Transfer vorliegt. Es ist nicht Abraham, der zwischen die Säulen gebunden wird, sondern Simson, der natürlich mythologisch identisch mit Orion und daher auch mit Nimrod ist. Wie Abraham durch das plötzliche Aufspringen einer Quelle und die daraus entstehenden heiligen Fischteiche vor dem Tod bewahrt wird, so wird auch Simson durch eine wundersame Quelle gerettet:

»Weil er großen Durst hatte, rief er zum Herrn und sagte: ›Du hast deinem Knecht diesen großen Sieg verliehen; jetzt aber soll ich vor Durst sterben und den Unbeschnittenen in die Hände fallen.‹ Da spaltete Gott die Höhle von Lehi, und es kam Wasser daraus hervor, so daß Simson trinken konnte. Seine Lebensgeister kehrten zurück, und er lebte wieder auf.«[15]

Ein weiterer Zusammenhang zwischen Orion und dem Thron des Nimrod ergibt sich aus anderen Berechnungen. Als wir auf der Zitadelle von Edessa waren, hatte ich die Ausrichtung der Säulen überprüft und festgestellt, daß sie genau nach Norden zeigte. Damit blickt jeder, der unterhalb der Zitadelle steht und geradewegs zu den Säulen hinaufschaut, genau Richtung Süden in den Himmel. Dadurch konnte man die Kulmination von Sternen und Planeten genau beobachten, was für Anhänger einer Sternenreligion sehr wichtig ist. Von einem geeigneten Turm aus konnte man sogar das Sternbild Orion sehen, wie es jede Nacht zwischen den Säulen dahingleitet auf seinem Weg von Ost nach West. Nimrod, nicht

Abraham, griff nach den beiden Säulen auf seiner Zitadelle, wie es die zweite Münze zeigte.

Die Entdeckung, daß die Zitadelle mit ihren beiden Säulen vielleicht benutzt worden war, um die Sterne, besonders den Orion, zu beobachten, fanden wir sehr aufregend. Außerdem wirft diese Annahme vielleicht etwas Licht auf die Namensetymologie des Jägers. Nach Professor Segal lautete der Name des Gebiets, dessen Hauptstadt Edessa ist, ursprünglich nicht Osrhoene, sondern Orrhoene.[16] Dann hieße Orrhoenis »Mann aus Orrhoene«. Wenn man davon ausgeht, daß es einen Orionkult in Edessa gibt, läßt die Ähnlichkeit zwischen den Worten Orrhoenis und Orionis vermuten, daß der griechische Orionkult hier seine Wurzeln hat.

Das faszinierte mich, aber noch verblüffender war für mich die Verbindung zwischen Orion, Abraham und der hebräischen Religion. Diese Beziehung ist, so sollte ich bald feststellen, eines der größten Geheimnisse der Bibel.

Der Prophet Orion

Orion ist in der hebräischen Tradition nicht so sehr ein Jäger als vielmehr ein wilder Mann Gottes. Als Simson ist er der Richter Israels, aber als Sternbild ist er aus esoterischer Sicht ebenso mit der antiken Prophetenschule verbunden. Im Alten Testament ist die Ausnahmegestalt des Propheten Elija der Prototyp des »wilden Mannes«. Er lebt außerhalb der Gesellschaft mit ihren Annehmlichkeiten, besitzt besondere Kräfte und fungiert als das Gewissen des israelitischen Volkes. Über seine Herkunft wird in der Bibel nur gesagt, daß er »Elija aus Tischbe in Gilead«[17] sei. Er taucht plötzlich aus dem Nichts auf und wirkt Wunder, wie sie seit den Zeiten Mose nicht gesehen worden sind.

Er fordert vierhundertfünfzig Propheten des Baal[18] zu einem Wettstreit heraus, um zu sehen, wessen Gott wirkliche Macht hat, der Gott des Baal oder sein eigener. Elija und die Propheten opfern je einen Stier und legen dessen Fleisch auf einen Feueraltar. Dann rufen sie das Feuer an, vom Himmel herabzukommen und die Opfergabe anzunehmen. Und das Feuer steigt sofort herab und nimmt Elijas Opfer an, während die Propheten des Baal den ganzen Tag schreien, tanzen und rasen und doch nichts damit erreichen. Nach dieser Niederlage tötet Elija die falschen Propheten. Allein daran können wir erkennen, daß er wie Mithras in der Tradition des Stiertöters steht.

Elija, der Prophet und Stieropferer, ist sehr auffällig gekleidet. Als ein Bote des Königs ihn beschreiben soll, antwortet er: »Er trug einen Mantel aus Ziegenhaaren und hatte einen ledernen Gurt um die Hüften«, und das reicht aus, um ihn zu identifizieren. Elijas »härenes Gewand« hat das Löwenfell des Herakles und des Simson ersetzt, aber sein Gürtel verweist auf den Orion-Archetyp. Diese Beziehung wird noch klarer, als er seinen mystischen Aufstieg in den Himmel vorbereitet. Dabei nimmt er seinen treuen Lehrling Elischa mit sich zum Jordan. Wie Mose, der die Israeliten durch das Rote Meer führte, nimmt Elija seinen zusammengerollten Mantel und schlägt mit ihm auf das Wasser. Es teilt sich, so daß sie trokkenen Fußes den Fluß überqueren. Da sie aus Richtung Jericho kommen, erreichen sie also das Ostufer des Jordan. Dort wird Elija auf einem feurigen Wagen in den Himmel getragen:

»Während sie miteinander gingen und redeten, erschien ein feuriger Wagen mit feurigen Pferden und trennte beide voneinander. Elija fuhr im Wirbelsturm zum Himmel empor. Elischa sah es und rief laut: ›Mein Vater, mein Vater! Wagen Israels und sein Lenker!‹ Als er ihn nicht mehr sah, faßte er sein Gewand und riß es mitten entzwei.«[19]

Dieses Ereignis läßt mehrere Deutungen zu, in der esoterischen Astrologie aber hat es einen klaren kosmologischen Bezug. Im alten Ägypten galten alle Pharaonen, solange sie lebten, als Inkarnationen des Gottes Horus. Wenn ein Pharao starb, glaubte man, daß seine Seele zum Osiris im Sternbild Orion aufsteigen und er zu einem Stern in diesem Sternbild werde. Nachdem der alte Pharao die Erde verlassen hatte, gingen seine irdischen Pflichten auf seinen Sohn und Erben über, der jetzt Horus war. Die Pyramiden wurden vermutlich gebaut, um diesen Vorgang zu erleichtern.[20]

Ähnliches geschieht auch in der Geschichte des Elija, denn Elischa zerreißt jetzt seine eigenen Kleider und zieht den Mantel seines »Vaters« Elija an:

»Dann hob er den Mantel auf, der Elija entfallen war, kehrte um und trat an das Ufer des Jordan. Er nahm den Mantel, der Elija entfallen war, schlug mit ihm auf das Wasser und rief: ›Wo ist der Herr, der Gott des Elija?‹ Als er auf das Wasser schlug, teilte es sich nach beiden Seiten, und Elischa ging hinüber.«[21]

Im alten Ägypten galt der Nil als irdisches Gegenstück zur Milchstraße. Wenn wir die Milchstraße am Himmel betrachten, steht Orion an ihrem »Ufer«. In Elijas Geschichte hat der Jordan dieselbe symbolische Bedeutung für die israelitischen Propheten. Indem Elija und Elischa den Fluß überqueren, gehen sie in die himmlische Welt über, Elija, um für immer dort zu bleiben, Elischa, um als Prophet ins Leben zurückzukehren.

Wenn wir dieses Ereignis aus astrologischer Perspektive betrachten, wird es noch klarer: Elischa kann Elija deutlich sehen, bis der feurige Wagen auftaucht, der ihn mit sich nimmt. In allen Mythologien der antiken Welt bewegt sich der Sonnengott, Helios, in einem Wagen fort. Der Aufstieg des Sonnenwagens, gezogen von seinen Himmelspferden, war auf dem Giebel des Parthenons in Athen dargestellt, und die anmutigen Pferde kann man noch immer im British Museum bewundern. Es ist möglich, daß das Vehikel mit den »feurigen Pferden«, dessen Ankunft Elischa die Sicht auf Elija nimmt, ein Hinweis auf diesen Sonnenwagen ist.

Elischa ist Zeuge eines für die Ägypter äußerst wichtigen Vorgangs: Der Sonnenaufgang läßt die Sterne des Morgenhimmels erlöschen, darunter auch den Orion, wenn er sich gerade über dem Horizont befindet. Paradoxerweise war gerade der Morgen, an dem Orion kurz vor der Morgendämmerung vollständig aufging, der Morgen seiner Wiedergeburt. Dieser »heliakische Aufgang« des Orion symbolisierte auch die Auferstehung eines Horus-Königs als »Osiris« und ist so mit der Nachfolge in einem göttlichen Amt verbunden. Offenbar steigt Elija in der symbolischen Sprache der Bibel wie Osiris, Herakles, Mithras und Simson in den Himmel auf, um von den Sternen des Orion repräsentiert zu werden.

Die Verbindung zwischen Orion und Elija war für mich ebenso faszinierend wie überraschend. Sofort dachte ich an Johannes den Täufer, der gleichzeitig der letzte alttestamentliche Prophet und der Verkünder des Neuen Testaments war. Er nimmt eine wichtige Stellung in der christlichen Ikonographie ein, und Jesus selbst sagt im Matthäus-Evangelium von ihm, er sei der wiedergekommene Elija:

»Als sie gegangen waren, begann Jesus zu der Menge über Johannes zu reden; er sagte: ›Was habt ihr denn sehen wollen, als ihr in die Wüste hinausgegangen seid? Ein Schilfrohr, das im Wind schwankt? Oder was habt ihr sehen wollen, als ihr hinausgegangen seid? Einen Mann in feiner Kleidung? Leute, die fein gekleidet sind, findet man in den Palästen der Könige. Oder wozu seid ihr hinausgegangen? Um einen Propheten zu sehen? Ja, ich sage euch: Ihr habt sogar mehr gesehen als einen Propheten. Er ist der, von dem es in der Schrift heißt: *Ich sende meinen Boten vor dir her; er soll den Weg für dich bahnen.*[22]

... Denn bis hin zu Johannes haben alle Propheten und das Gesetz [über diese Dinge] geweissagt. Und wenn ihr es gelten lassen wollt: Ja, er ist Elija, der wiederkommen soll. Wer Ohren hat, der höre!‹«[23]

Die angedeutete Verbindung zwischen Johannes dem Täufer und Elija zeigt sich auch in der Art, sich zu kleiden: »Johannes trug ein Gewand aus Kamelhaaren und einen ledernen Gürtel um seine Hüften.«[24] Auch seine Nahrung, die aus Heuschrecken und wildem Honig besteht, paßt zu dem Bild eines »wilden Mannes« und zu einem Propheten vom Schlage Simsons.

Wie bei Simson ist es auch bei Johannes eine Frau (eigentlich sogar zwei Frauen, Herodias und Salome), die seinen Untergang herbeiführt. Herodias hat sehr viel mit der früheren israelitischen Königin Isebel, der unversöhnlichen Widersacherin des Elija, gemein. Die Tochter Etbaals, des Königs von Sidon, brachte den Baalkult nach Israel. Es waren ihre Propheten, die Elija töten ließ, nachdem sie nicht das Feuer Gottes auf ihre Opfergaben hatten niederrufen können. Darüber war sie sehr wütend. Als man ihr von dem Vorfall berichtete, schwor sie dem Propheten Rache:

»Ahab erzählte Isebel alles, was Elija getan, auch daß er alle Propheten mit dem Schwert getötet habe. Sie schickte einen Boten zu Elija und ließ ihm sagen: Die Götter sollen mir dies und das antun, wenn ich morgen um diese Zeit dein Leben nicht dem Leben eines jeden von ihnen gleich mache.«[25]

Später lassen sie und ihr Ehemann, König Ahab, einen unschuldigen Mann steinigen, um seinen Weinberg in Jesreel in ihre Hand zu bekommen und ihn in einen Gemüsegarten zu verwandeln. Für diese Untat, die in biblischer Sprache eindeutig ihre Verachtung für »Gottes Weinberg« Israel symbolisiert, belegt Elija sie mit einem furchtbaren Fluch: »Die Hunde werden Isebel an der Mauer von Jesreel auffressen.« Einige Zeit, nachdem Elija weggegangen und Ahab von einem neuen König, Jehu, vom Thron verdrängt worden ist, wird sie von ihren Eunuchen aus einem Fenster gestoßen und stirbt. Die Geschichte findet ein furchtbares Ende:

»Sie warfen sie herunter, und Isebels Blut bespritzte die Wand und die Pferde, die sie zertraten. Dann ging Jehu hinein, um zu essen und zu trinken. Schließlich befahl er: ›Seht nach dieser Verfluchten, und begrabt sie; denn sie ist eine Königstochter.‹ Doch als sie hinkamen, um sie zu begraben, fanden sie von ihr nur noch den Schädel, die Füße und die Hände. Und sie kamen zurück, um es ihm zu melden. Er aber sagte: ›Das ist das Wort, das der Herr durch seinen Knecht Elija aus Tischbe verkündet hat: Auf der Flur von Jesreel werden die Hunde das Fleisch Isebels fressen.‹«[26]

Das Schicksal Isebels, einer der geächteten Frauengestalten des Alten Testaments, paßt zum Archetyp des »Jägers Orion«, dem seine beiden Jagdhunde, der Große und der Kleine Hund, folgen. Isebel wurde vom Jäger verflucht und gestürzt und von seinen Hunden gefressen.

Auch der Tod Johannes' des Täufers hat eine ähnliche Symbolik. Herodes Antipas, mit dem er es zu tun hatte, war der Sohn Herodes' des Großen, den die Sterndeuter bei der Geburt Christi aufsuchten. Johannes wurde in die Auseinandersetzungen um Herodes' Ehe mit Herodias verwickelt. Sie war Herodes' Nichte, doch nicht so sehr ihre nahe Verwandtschaft störte Johannes, sondern die Tatsache, daß sie schon mit Herodes' Bruder Philippos verheiratet war und ihn um Herodes' willen verlassen hatte. Johannes tadelte Herodes für diese Heirat, die gegen das jüdische Gesetz verstieß. Aber Herodes war wie Isebels Gatte Ahab ein schwacher Mann unter dem übermächtigen Einfluß einer starken Frau. Um ihr einen Gefallen zu tun, ließ er Johannes einsperren und hoffte, daß sich das Problem auf diese Weise erledigen würde. Doch Herodias nährte einen tiefen und unversöhnlichen Haß gegen Johannes und wollte seinen Tod.

Als ihre Tochter Salome bei einer Feierlichkeit den »Tanz der sieben Schleier« aufführte, war Herodes betört und versprach dem Mädchen alles, was sie wollte, und sei es sein halbes Königreich. Sie aber bat, um den Wunsch ihrer Mutter zu erfüllen, um nichts anderes als den Kopf des Johannes auf einem Tablett. (Tafel 35) Damit endet der Lebensweg Johannes' des Täufers, des letzten hebräischen Propheten und in gewissem Sinne ersten Christen, auf eine für die Bibel angemessene dramatische Weise. Auch die Geschichte seines Todes läßt sich noch weiter deuten.

Der tiefverwurzelte Haß der Herodias auf Johannes ist von einigen Kommentatoren so erklärt worden, daß sie die Verkörperung der Isebel war, während er als der zweite Elija galt. Diesem Verständnis nach war die Enthauptung des Johannes einerseits die Folge von Isebels Fluch gegen Elija und andererseits die Erfüllung von Elijas »Karma«, das er auf sich genommen hatte, als er die Propheten des Baal zu Tode brachte. Ob dies wahr ist oder nicht, eindeutig ist die Verbindung zwischen den beiden Geschichten und eine gewisse astrologische Symbolik, die mit dem Tod des Johannes zusammenhängt.

Salomes Schleiertanz kann man mit den sieben Planetensphären gleichsetzen. Die erste, innerste Sphäre ist die des Mondes. Die äußeren Planeten stehen für Rationalität, Autorität und Reife, der Mond aber ist mit Schlaf, Rausch und Hypnose verbunden. Salome betört Herodes, der schon betrunken ist und in seinem rauschähnlichen Zustand jenes schicksalhafte Versprechen gibt. Ebenso schnitt Delila Simson das Haar ab, während er schlief, und Orions Vernarrtheit in die Mondgöttin Artemis führte zu seinem Tod. In der Geschichte des Johannes kann Salomos Tablett für die silberne Scheibe des Mondes stehen, der erneut das Leben eines »wilden Mannes« im Sternbild des Orion »auslöscht«. Selbst Johannes, der Vorläufer Jesu und die »Reinkarnation« des Elija, kann seinem Schicksal nicht entgehen und stirbt »durch die Hand des Mondes«. Doch wie alle anderen seines Archetyps muß er als himmlischer »Gott« im Sternbild Orion wiedergeboren werden.

Mittlerweile nahm ich an, daß die frühe Kirche die esoterische Verbindung zwischen Johannes und Orion gekannt haben muß. Seine Taufen im Jordan erinnern an Elija, der vor den Augen des Elischa vom Ufer dieses Flusses verschwand. Johannes der Täufer ist demnach ein Prophet aus der »Schule« des Orion in der Darstellungsweise des Neuen Testaments. Meine Analyse weiterer Daten ergab noch einige neue, für mich überraschende Ergebnisse.

Mit Johannes dem Täufer waren zwei wichtige kirchliche Feiertage verbunden. Der erste war die Taufe Jesu im Jordan, die heute nicht mehr gefeiert wird, aber, wie wir gesehen haben, das ursprüngliche Epiphanias war und am 6. Januar geschah. Das zweite Fest, das immer noch im Kirchenkalender ausgewiesen ist, obwohl man sich heute kaum noch daran erinnert, wurde einst fast ebenso groß wie Weihnachten gefeiert: der Geburtstag Johannes' des Täufers am 24. Juni.

Als ich mich mit der Astronomie des Johannistages beschäftigte, entdeckte ich, daß zur Zeit Jesu an diesem Tag der heliakische Aufgang des Orion stattfand. Aufgrund von präzessionellen Veränderungen stand der letzte Stern des Orion in jener Zeit zwar über dem Horizont, war aber auch nicht sichtbar, bevor die aufgehende Sonne das Sternbild ganz verschwinden ließ. Acht- oder neunhundert Jahre früher jedoch, zur Zeit des Elija, hatte man sicher das gesamte Sternbild sehen können. Johannes galt als die Wiedergeburt des Elija, und sein Geburtstag am 24. Juni korrespondierte mit der Wiedergeburt des Orion in der Morgendämmerung nach einer Zeit der Nichtsichtbarkeit.

Auch die Zeit um Weihnachten herum hat eine symbolische Bedeutung. In dieser Jahreszeit steht die Sonne am weitesten südlich am Himmel. Der Orion geht kurz vor Sonnenuntergang auf, der Sirius folgt ihm kurz nach Sonnenuntergang. Mit anderen Worten: Der Orion, das mit Johannes verbundene Sternbild, ist nicht zu sehen, bevor nicht auch der Stern, der in Ägypten die Isis symbolisierte und in christlicher Zeit die Jungfrau Maria, über dem Horizont erscheint. Diese beiden ziehen gemeinsam über den Himmel und sind die ganze Nacht über sichtbar, während die Sonne hinter der Erde verschwunden ist. Außer Sicht betritt sie symbolisch die »Wasser des Jenseits« und durchläuft um Mitternacht die tiefste Tiefe. Im Koreion von Alexandria wurde so der Logos wiedergeboren, und dieselbe Vorstellung fand ich im christlichen Denken mit der Taufe Christi im Jordan verknüpft. Die Symbolik ist sicher sehr passend. Johannes (Orion) steht sichtbar am Nachthimmel an der Seite des »Jordan« (Milchstraße), während der Logos oder Christus, symbolisiert von der Sonne, in den Wassern der Tiefe untertaucht.

Diese oder ähnliche Anschauungen standen vermutlich auch hinter der Feier der Taufe an Epiphanias. Später wurde an diesem Tag nicht mehr die »zweite Geburt«, sondern die Geburt Jesu und das Erscheinen der Sterndeuter gefeiert. Doch dies war, wie ich jetzt feststellen sollte, ein großer Fehler. Jesus hatte schon einen Geburtstag mit einer eigenen großen symbolischen Bedeutung. Dieses war den Meistern der Weisheit sicher bekannt, und auch ich sollte nun nicht nur den, wie ich glaube, wahren Geburtstag Jesu Christi, sondern auch die eigentliche Bedeutung der Geschichte von den drei Weisen entdecken.

KAPITEL 11
WIR DREI KÖNIGE

Wer waren nun die drei Weisen, woher kamen sie, und warum besuchten sie den Stall zu Bethlehem? Allmählich fügte sich ein Bild zusammen, und ich kam zu meinen ursprünglichen Fragen und dem Ausgangspunkt dieser langen Suche zurück, die 1972 in Bethlehem begonnen hatte. Die Antworten lagen, so wurde mir jetzt klar, zumindest teilweise in der Politik jener Zeit. Der Nahe und Mittlere Osten waren damals wie heute eine turbulente Region. Beinahe das gesamte 1. Jahrhundert v. Chr. kämpften Rom und Parthien um die Kontrolle über die »Wiege der Kultur«. Die kleinen Königreiche und Fürstentümer, darunter auch Kommagene, Osrhoene, Pontus und Armenien, wurden zwischen den Großreichen Rom und Parthien zerrieben. Daher erscheint es mir wahrscheinlich, daß die Weisen, Sterndeuter oder Könige der christlichen Überlieferung aus einem oder mehreren dieser Staaten kamen.

Für kurze Zeit konnte Mithridates, der König von Pontos, die anderen Fürstentümer vor den Übergriffen aus dem Westen schützen. Dieser harte und erfahrene Soldat vertrieb die Römer nicht nur aus Kleinasien, sondern auch aus Griechenland. Doch seine brutalen Methoden schufen ihm wenig Freunde in den »befreiten« Gebieten. Die Griechen waren erleichtert, als er schließlich geschlagen wurde. Pompeius, eine Schlüsselfigur in der Politik jener Zeit und ein in vieler Hinsicht größerer General als Cäsar, war klug genug, mit den Verbündeten des Mithridates einen Verständigungsfrieden zu schließen. Im Zuge seiner »Reorganisation« ließ er ihre Territorien als Pufferstaaten zwischen Rom und Parthien bestehen. Er bestätigte Antiochos als König von Kommagene, die Königsdynastie von Edessa und Tigranes in Armenien. Die Niederlage des Crassus bei Carrhae 53 v. Chr. bewies, wie klug die Strategie des Pompeius gewesen war. Denn Rom war noch nicht stark genug, die Parther im eigenen Land anzugreifen. Die verheerende Niederlage sorgte dafür, daß sich die Römer wenigstens eine Zeitlang vom Ostufer des Euphrat zurückzogen und den kleinen Fürstentümern Mesopotamiens Luft zum Atmen ließen.

Dieser zufriedenstellende Status quo hätte ohne die römischen Bürgerkriege und ohne die Machenschaften Herodes' des Großen noch sehr viel länger Bestand haben können. Herodes, eine Mischung aus Macbeth und Othello, hatte anders als die anderen Monarchen der Region keinen legitimen Erbanspruch auf den Thron. Obwohl er selbst kein Jude war, sondern Idumäer, also ein Abkomme von Isaaks erstem Sohn Esau (Edom), nicht vom zweiten, Jakob (Israel), usurpierte er das Königreich Judäa. Sein Vater Antipater hatte gute Beziehungen zu Pompeius aufgebaut. Herodes verbündete sich jetzt mit dem jeweils stärksten Mann der römischen Politik, wechselte also von Julius Cäsar zu Cassius, Antonius, Augustus und schließlich zu Tiberius. Obwohl er den Juden verhaßt war, konnte er sich mit römischer Hilfe dreiunddreißig Jahre an der Macht halten.[1]

Doch seine Herrschaft war nicht unangefochten. Schon 40 v. Chr. versuchten die Parther ihn loszuwerden. Sie marschierten in Palästina ein und setzten Antigonos, einen Hasmonäer, auf den Thron.[2] Herodes ergriff die Flucht, jedoch nicht ohne Mariamne, die Großnichte des vorherigen hasmonäischen Königs Hyrkanos II., zu entführen. Herodes hielt sie unter dem »Schutz« seiner Familie auf der Festung Masada in einem Kerker gefangen. Masada war ein fast uneinnehmbares Bollwerk. Die Parther belagerten es, konnten Mariamne jedoch nicht befreien. Inzwischen reiste Herodes über Ägypten nach Rom und brachte den Senat dazu, ihn als König von Judäa anzuerkennen. Nach seiner Rückkehr versuchte er seine Stellung zu legitimieren, indem er seine erste Frau Doris verstieß und Mariamne heiratete. Später ließ er ihren älteren Bruder, den Hohenpriester Aristobulos, ermorden. Sie war jetzt endgültig die letzte ihres Geschlechts.

Herodes gelang es zwar immer wieder, sich mit den Römern gut zu stellen, aber an anderen Orten machte er sich Feinde. In Mesopotamien zum Beispiel hatte man allen Grund, ihn zu hassen. König Antiochos von Kommagene nahm den parthischen Einfall in Syrien und Palästina 40 v. Chr. zumindest hin, vielleicht war er sogar aktiv daran beteiligt. Jedenfalls organisierte Marcus Antonius 38 v. Chr. einen Feldzug gegen Kommagene und belagerte die Hauptstadt Samosata. Herodes wollte sich bei Antonius einschmeicheln, der für ihn der kommende starke Mann der römischen Politik war, und eilte ihm zu Hilfe. Von diesem Zwischenfall berichtet der jüdische Historiker Flavius Josephus:

»Da er gehört hatte, der Feldherr belagere mit einem starken Heer die Festung Samosata am Euphrat, beeilte er sich nur um so mehr, da er eine gute Gelegenheit sah, seine Tapferkeit zu erweisen und sich dem Antonius noch gefälliger zu zeigen. Wirklich ging auch nach seiner Ankunft die Belagerung rasch zu Ende. Er hatte viele Barbaren getötet und reiche Beute eingebracht, so daß Antonius, der schon zuvor seine Tapferkeit bewundert hatte, in noch höherem Grade für ihn eingenommen wurde; er fügte daher zu den früheren Ehrenbezeigungen viele neue hinzu und steigerte seine Hoffnung auf den Königsthron. Antiochos aber war genötigt, Samosata zu übergeben.«[3]

So war Herodes also direkt am Sturz des Antiochos beteiligt, der wahrscheinlich der Kopf jener Geheimgesellschaft war, die Gurdjieff als Sarmung-Bruderschaft bezeichnet hatte. In dieser ohnehin schon schwierigen Situation verfiel Marcus Antonius dem Zauber der ägyptischen Königin Kleopatra. Sie war sich wie Herodes ihres Thrones nie ganz sicher und ließ ihre Verwandten einen nach dem anderen ermorden. Doch ihre Ambitionen waren nicht auf Ägypten beschränkt. Mit Hilfe von Antonius versuchte sie, ihre Pläne in die Tat umzusetzen. Flavius Josephus berichtet über die schrecklichen Folgen:

»Antonius war bereits von seiner Leidenschaft für Kleopatra völlig eingenommen und ganz der Sklave seiner Sinnlichkeit geworden. Nachdem Kleopatra mit ihrer eigenen Familie dergestalt aufgeräumt hatte, daß keiner ihrer Verwandten mehr übrig war, kehrte sich ihr Blutdurst nach außen. Sie verleumdete die syrischen Würdenträger bei Antonius, suchte ihn zu bewegen, sie zu ermorden, um sich mit leichter Mühe ihrer Besitzungen bemächtigen zu können. So hatte sie in ihrer Habgier den Blick auf Judäa und Arabien geworfen und arbeitete im geheimen daran, die Könige der beiden Länder, Herodes und Malichos, aus dem Weg zu räumen.

Obwohl Antonius bis jetzt ihre Forderungen bewilligt hatte, sah er in der Ermordung edler Männer und bedeutender Könige einen Frevel. Immerhin löste er seine engen freundschaftlichen Beziehungen zu ihnen und nahm ihnen bedeutende Gebiete weg, die er Kleopatra schenkte, so den Palmenwald bei Jericho, wo der Balsam gewonnen wird, und sämtliche diesseits des Flusses Eleutheros gelegenen Städte mit Ausnahme von Tyros und Sidon. Nachdem sie Herrscherin in diesen Gebieten geworden war, begleitete sie Antonius auf seinem Feldzug gegen die Parther bis an den Euphrat und kam dann über Apameia und Damaskus nach Judäa. Hier besänftigte Herodes durch große Geschenke ihre Feindseligkeit und pachtete ihr die von seinem Königreich abgetrennten Ortschaften für zweihundert Talente jährlich ab. Dann gab er ihr unter allen möglichen Ehrbezeigungen bis Pelusion das Geleit. Bald danach kam Antonius aus dem Lande der Parther zurück und führte den Sohn des Tigranes, Artabazes, gefangen mit sich, den er samt den Kleinodien und allen übrigen Beutestücken Kleopatra zum Geschenk machte.«[4]

Was Kleopatra mit Artabazes machte, berichtet Josephus nicht. Wahrscheinlich aber wurde er im Triumphzug in Alexandria mitgeführt, bevor man ihn hinrichtete. Inzwischen war Mariamne in einer lieblosen Ehe mit Herodes gefangen. Sie haßte ihn als den Feind ihrer Familie, der ihren Bruder und ihren Großonkel getötet hatte. Doch nach Auskunft des Josephus war sie sehr schön, und Herodes liebte sie abgöttisch. Seine »Liebe« war gepaart mit krankhafter Eifersucht. Als er 29 v. Chr. ins Ausland reiste, vertraute er Mariamne seinem Schwager Josephos, dem Gatten seiner Schwester Salome, an. Er gab Josephos Anweisungen, Mariamne sofort zu töten, falls ihm auf der Reise etwas zustoßen sollte. Natürlich hörte sie von diesem Befehl und tadelte Herodes deswegen bei seiner Rückkehr. Salome, die Mariamne ihres königlichen Geblüts wegen ebenso haßte wie wegen ihrer Schönheit, hatte inzwischen das Gerücht verbreitet, Mariamne habe eine Affäre mit Josephos gehabt. Herodes glaubte, daß ein solcher Klatsch sicher nicht ohne Grund aufgekommen sei, und ließ sofort beide hinrichten.

Mariamne hatte Herodes fünf Kinder geboren, darunter zwei Söhne, die das Kindesalter überlebten: Alexander, der designierte Thronerbe, und Aristobulos. Beide haßten ihren Vater für den Mord an ihrer Mutter. Antipater, ältester Halbbruder von beiden aus Herodes' erster Ehe mit Doris, konspirierte wiederum gegen Alexander und Aristobulos. Er überzeugte Herodes davon, daß sie ihn vergiften wollten. Die Jugendlichen wurden in Rom vor Gericht gestellt, von Augustus aber von allen Vorwürfen freigesprochen.

Doch die Intrigen fanden kein Ende. Schließlich wurden Alexander und sein Bruder auf Anweisung ihres Vaters erdrosselt. Herodes, inzwischen ein alter Mann mit großer Familie, vielen Ehefrauen, Konkubinen und anderen Kindern, vertraute niemandem mehr. Noch auf dem Totenbett, ein paar Tage vor seinem Tod im Jahr 4 v. Chr., ließ er auch seinen Erben Antipater ermorden.

Wenn man den Charakter dieses Tyrannen, eines antiken Sadam Hussein, betrachtet, kann man sich gut vorstellen, wie er auf die Nachricht reagiert hätte, daß ein König geboren worden sei – kein Abkömmling der relativ jungen hasmonäischen Königsfamilie, sondern ein echter Sproß Davids. Vermutlich hätte er gedacht, daß sich die Geschichte wiederhole. Hätte er die Namen Maria und Josef gehört, hätten sie alleine schon schlimme Erinnerungen an die Vorgänge zwanzig Jahre zuvor heraufbeschworen, als er Mariamne und ihren Bewacher Josephos töten ließ. Herodes hätte sicherlich keine Skrupel gehabt, den Kindermord von Bethlehem zu befehlen, wenn er geglaubt hätte, damit die Bedrohung aus der Welt schaffen zu können.

So sah die politische Lage am Ende des 1. Jahrhunderts v. Chr. aus. In diesem Licht erhält auch die Mission der »Sterndeuter« eine politische Färbung. Unabhängig von jeder symbolischen Bedeutung hinter den Ereignissen, die Matthäus in seiner bezaubernden Geschichte beschreibt, waren die Weisen dieser Zeit sicher gut vertraut mit der jüngsten Geschichte Judäas und Herodes' Rolle beim Sturz des Antiochos I. Epiphanes von Kommagene. Sie wußten, daß die Regionen östlich des Euphrat zunehmend von römischen Übergriffen bedroht waren. Sie mögen gehofft haben, daß die Geburt Jesu ein neuer Anfang sein könnte, daß Jesus als Erwachsener die Römer nicht nur aus Judäa, sondern aus ganz Asien vertreiben würde. Und doch steckt mehr hinter der Sterndeuter-Geschichte als die übliche Schilderung von Kriegen, Machtpolitik und dynastischen Ambitionen.

Matthäus sagt, daß diese Männer Astrologen waren und ein besonderes Zeichen am Himmel sahen, das sie bewog, nach Judäa zu reisen. Dieses »Etwas« war ein Stern – so groß und hell, daß er in der Morgendämmerung noch lange sichtbar blieb. Dieses wichtige Omen, das jedem, der sich in hermetischen Dingen auskannte, wohlvertraut war, trieb sie auf ihrem Weg voran. Es ließ sie zunächst nach Jerusalem und dann nach Bethlehem gehen. Was war also dieser Stern, der so viel heller schien als alle anderen, und warum war er in den Augen dieser Weisen so wichtig?

Man kann heute für jedes Datum der letzten zehntausend Jahre eine genaue Sternkarte rekonstruieren. Aufgrund dieser Karten vermuten die Astronomen, daß es sich beim Stern von Bethlehem um eine wichtige Planetenkonjunktion handelte. Wahrscheinlich war es das Zusammentreffen der beiden größten Planeten im Sonnensystem, Jupiter und Saturn. Dabei wurde ihr Licht gebündelt, also doppelt so stark, und sie wurden nicht mehr als einzelne Planeten wahrgenommen. Dieses sehr seltene Ereignis fand im Sommer des Jahres 7 v. Chr. statt. Die meisten Astronomen sind sich darin einig, daß um diese Zeit herum einzig und allein dieses Himmelsphänomen Matthäus' Beschreibung entsprach. So ist es meiner Meinung nach möglich, Jesu Horoskop zu rekonstruieren und dadurch viel über das Schicksal, das ihn erwartete, zu erfahren.

Die Weisen stammten aus dem Osten, aus dem Herrschaftsbereich der Parther, die jedoch kaum Kontrolle über ihre Klientelstaaten ausübten. Wie wir gesehen haben, gab es in Mesopotamien und Anatolien zahlreiche mehr oder weniger unabhängige Königreiche, deren Untertanen in den Augen der Römer und Juden als »Parther« galten. Die wichtigsten dieser Pufferstaaten waren, zumindest für die Sterndeuter-Geschichte, Kommagene, Osrhoene (das Fürstentum um Edessa und Harran) und Armenien.

Zeugnisse in Edessa weisen auf eine geheime Tradition mit

ägyptischen Wurzeln hin, die einst in diesem Gebiet blühte. Sie zeigt Verbindungen auf zwischen den Pyramiden, dem Sternbild Orion und der geheimen Symbolik in den Geschichten von Simson, Ijob und den Propheten. Diese Tradition steht auch zu den späteren Überlieferungen um Johannes den Täufer in Beziehung.

Kommagene dagegen hatte eine eigene Sternenreligion, in der griechische, persische und ägyptische Vorstellungen miteinander verschmolzen. Antiochos I. Epiphanes führte einen neuen Kalender ein, der von seinem offiziellen »Geburtstag« ausging. Dafür konstruierte er einen Schacht, der genau auf die Stelle zeigt, an der jeden Tag der Regulus, der »kleine König« oder das Herz des Löwen, den Himmel durchzieht. An diesem Tag, an dem die Sonne damals mit diesem Stern in Konjunktion stand, dem 29. Juli, ging auch der Sirius zum erstenmal in der Morgendämmerung auf. Und dieser Tag des heliakischen Aufgangs des Sirius war den Ägyptern als der Beginn ihres Sothis- oder Sirius-Jahres heilig.

Antiochos hat das Verfahren nachgeahmt und versucht, den lunaren Kalender von Kommagene auf einen Sonnen- oder Sternenkalender[5] umzustellen. Das neue Fest, das er mit dem Königtum und der Geburt der Könige von Kommagene verknüpfte, sollte der Beginn des offiziellen Jahres sein. Daraus folgt weiter, daß die späteren Könige von Kommagene, auch sein Sohn Antiochos II., der im Jahr 7 v. Chr. über das Land herrschte, sich für Himmelsphänomene interessiert haben müssen.

Die Konjunktion von Jupiter und Saturn am 29. Juli 7 v. Chr. und somit zu Beginn ihres neuen Jahres mußte für die Astronomen in Kommagene und auch anderswo im Nahen Osten sehr bedeutsam gewesen sein. Davon ausgehend können wir das Szenario rekonstruieren.

Die Sternenkonstellation bei Jesu Geburt

Auf der Suche nach dem wahren Geburtstag Jesu müssen wir verschiedene Dinge bedenken. Zunächst steht im Matthäus-Evangelium, unserer Hauptquelle für die Sterndeuter-Geschichte, daß zur

Zeit der Geburt Jesu ein besonders heller Stern am Himmel sichtbar war, dem die Weisen aus dem Morgenland folgen konnten. Dieser Stern blieb über dem Ort, an dem das Kind geboren wurde, »stehen«. Wenn wir davon ausgehen, daß es sich dabei nicht um ein UFO handelte oder irgendein anderes außergewöhnliches Phänomen, das einem echten Stern geähnelt haben könnte, dann ist die Identifizierung dieses Himmelskörpers relativ einfach. Höchstwahrscheinlich hat die seltene Konjunktion von Jupiter und Saturn im Sternbild Fische bei den Sterndeutern besonderes Interesse geweckt. Sie zeigte ihnen den Beginn des »Neuen Zeitalters« der Fische an.

In der Offenbarung wird Jesus Christus als Löwe beschrieben: »›Weine nicht! Gesiegt hat der Löwe aus dem Stamm Juda, der Sproß aus der Wurzel Davids; er kann das Buch und seine sieben Siegel öffnen.‹«[6]

Diese Beschreibung trifft zu, wenn Jesus im Sternbild Löwe geboren wurde, aber nicht, wenn er am 25. Dezember, also als Steinbock, zur Welt kam. Tatsächlich war Weihnachten eine spätere Erfindung der Kirche, als sie die römischen Kulte des Mithras und des Sol invictus aufnahm. Zuvor war das Winterfest die Taufe Jesu am 6. Januar gewesen. Für Matthäus und andere christliche Eingeweihte war klar, daß Jesus der Messias des neuen Zeitalters war und daß sein symbolischer, wenn nicht auch sein wirklicher Geburtstag einem Horus-König angemessen sein sollte. Dieses und alle anderen Kriterien erfüllt der 29. Juli 7 v. Chr.

Im alten Ägypten war die symbolische Geburt des Horus zur Zeit des heliakischen Aufgangs des Sirius der wichtigste Tag des Jahres. An diesem Tag geht der Sirius kurz vor der Morgendämmerung auf und ist ein paar Minuten lang zu sehen, bevor ihm die Sonne folgt. Am 29. Juli 7 v. Chr. ging die Sonne in Konjunktion mit dem Regulus auf, dem roten Riesen im Sternbild Löwe, dessen Name »kleiner König« bedeutet. Für die Ägypter symbolisierte das rote Licht der Morgendämmerung das Blut der Göttin Isis, das sie bei der Geburt ihres Sohnes verloren hatte. Am Himmel wurde der bleiche Sirius, die Seele der Isis und der hellste Stern am Himmel, bald von der Sonne, Isis' Sohn, überstrahlt. Die Sonne galt daher symbolisch als der »Sohn« des Sirius. Nach seiner Geburt wurde er zu Re-Harachte, dem falkenköpfigen Sohn-Gott, der in Heliopolis verehrt wurde und dessen Hieroglyphen-Zeichen dort auf der Spitze des Obelisken aus der XII. Dynastie eingemeißelt ist. Gemäß dem hermetischen Diktum »Wie oben, so unten« repräsentiert diese ehrfurchteinflößende Wiedergeburt der Sonne jedes Jahr die Geburt der Horus-Könige.

Der heliakische Aufgang des Sirius war der Beginn eines neuen Sothis-Jahres. Antiochos von Kommagene hat dieses »Neujahr« offenbar als offiziellen Geburtstag für sich und seinen Vater festgelegt. Am 29. Juli 7 v. Chr. standen die beiden Planeten Jupiter und Saturn in Konjunktion zueinander und bildeten einen einzigen, überaus hellen Stern. Da dieser Tag der offizielle Königsgeburtstag in Kommagene (und vielleicht auch in einigen anderen kleinen Königreichen Mesopotamiens) war, mußten diese Vorzeichen bei den Sterndeutern auf großes Interesse stoßen. Vielleicht war dieses Interesse so groß, daß sie »Spähtrupps« aussandten, um nach einem göttlichen Kind zu suchen.

Wie man am Hierothesion sehen kann, glaubten die Könige von Kommagene, sie stünden unter dem Schutz des Sternbildes Löwe und einiger Planeten, vor allem des Jupiter. Ihr Königskult wies enge Verbindungen mit dem Zoroastrismus auf, und sie betrachteten Jupiter als Verkörperung des höchsten persischen Gottes Ohrmazd. Zudem kannten sie die Prophezeiung, daß Zoroaster, der Prophet Persiens, einen nach seinem Tod geborenen Sohn haben werde. Als sie die Konjunktion des Jupiter mit dem Saturn genau am Geburtstag ihrer eigenen Könige beobachteten, sahen die Astrologen darin natürlich ein Vorzeichen einer messianischen Geburt. Sie wußten, daß eine solche Geburt nicht in ihrem eigenen Königshaus zu erwarten war, und berieten sich mit ihren Nachbarn, den Edessenern und Armeniern.

Auch das Königshaus von Edessa war mit dem Löwen verbunden. Sein Gründer hieß »Arya«, was auf Hebräisch wie auf Altsyrisch »Löwe« bedeutet. Da auch in diesen beiden Ländern keine wichtige Geburt angekündigt war, fragten sich die Astrologen, wo sonst der Messias wohl zur Welt kommen könnte. In Edessa gab es eine große jüdische Gemeinde, und König Abgar wußte sicherlich, daß auch das Königshaus von Judäa dem Löwen unterstand und daß die Juden einen Messias erwarteten. So könnten sich »weise Männer« aus Edessa, Armenien und Kommagene, wahrscheinlich die Könige selbst, aufgemacht haben, um Näheres herauszufinden.

In Jerusalem sprachen sie natürlich bei Herodes vor. Sie wurden mit Sicherheit freundlich aufgenommen, wie es ihrem Rang entsprach, und davon in Kenntnis gesetzt, daß auch dort in den nächsten Tagen nicht mit einer königlichen Geburt gerechnet wurde. Als sie sich unter den Hohenpriestern und Ältesten des Tempels umhörten, erfuhren sie möglicherweise von der alten Prophezeiung, die besagte, daß der Messias, ein Sproß des Hauses Davids, in einer nahe gelegenen Stadt namens Bethlehem zur Welt kommen werde. Anders als Jerusalem, das im Gebiet des israelitischen Stammes Benjamin lag, gehörte Bethlehem zur Provinz Juda. Da Juda der »Löwenstamm« Israels war, war auch Bethlehem eine

Abb. 14 Die »Geburt« Jesu, am Himmel dargestellt, am 29. Juli 7 v. Chr.

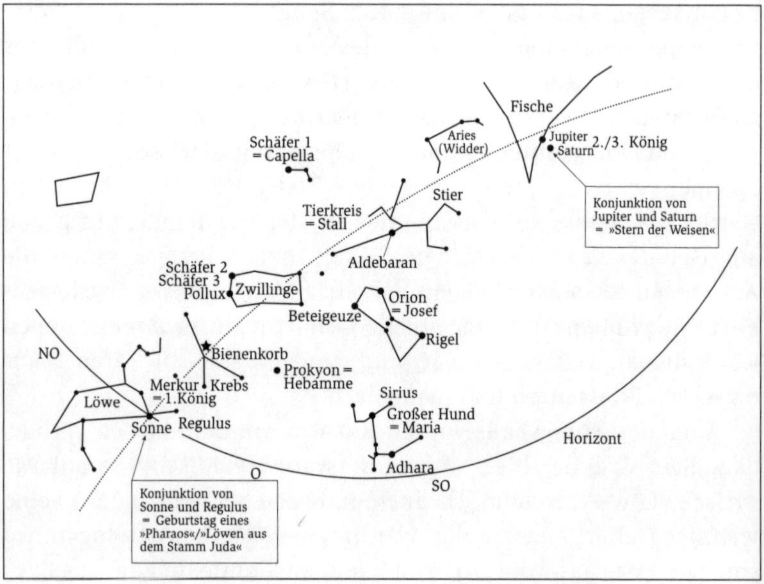

Löwenstadt und astrologisch ein geeigneter Geburtsort für einen König, der unter dem Schutz des Löwen stand.

Die Weisen brannten sicher darauf, diese Prophezeiung auf ihren Wahrheitsgehalt zu prüfen. Sie verabschiedeten sich am Hofe und eilten nach Bethlehem, das nur acht Kilometer entfernt lag, um sich dort umzusehen. Ihre Karawane mag gegen Morgen in Bethlehem angekommen sein. Die außergewöhnliche Konjunktion von Jupiter und Saturn hatte sie symbolisch auf ihrem Weg von Jerusalem Richtung Süden geleitet. Als die anderen Sterne einer nach dem anderen verblaßten, blieb dieser »eine« sichtbar und schwebte über dem Stall, in dem Jesus geboren wurde.

Voll der Begeisterung darüber, daß sie ihre Mission erfüllt hatten, stiegen sie von ihren Kamelen und nahmen die Geburtsgeschenke für das Baby aus ihren Satteltaschen: Gold, Weihrauch und Myrrhe. Sie traten in den Stall, knieten vor dem neuen Messias nieder und präsentierten ihm ihre Geschenke. Nachdem sie weitere Höflichkeiten mit seinen Eltern ausgetauscht und wahrscheinlich versprochen hatten, bei der Ausbildung des Kindes so weit wie möglich zu helfen, schlugen sie ihr Lager auf den umliegenden Feldern auf. Nachts wurden sie von einem Engel gewarnt, nicht zu Herodes zurückzukehren. So reisten sie auf einem anderen Weg nach Edessa zurück, wahrscheinlich über Ägypten, wo sie Freunde besuchten und ein paar Geschäfte erledigten.

Dieses »Dalai-Lama«-Szenario,[7] wie ich es nenne, ist vielleicht die historische Wahrheit, auf der die Darstellung des Matthäus beruht. Und doch steckt offensichtlich mehr dahinter. Die Bibel kann auf verschiedene Weise gelesen werden. Matthäus hat mit dieser Geschichte wie mit allen anderen Texten seines Evangeliums sicher einen bestimmten Zweck verfolgt, den zumindest jener Teil seiner Leserschaft wahrnahm, »der Ohren hatte, um zu hören«: Diese Menschen verstanden die Ankunft der Sterndeuter nach der Geburt Jesu ganz anders. Sie sahen darin eine sehr treffende Art, die Bestimmung Jesu zu beschreiben.

Das Horoskop eines Messias

Matthäus, wohl kaum der Zöllner der biblischen Geschichte, war ein christlicher Gnostiker. Er lebte wahrscheinlich in Antiochia oder Alexandria und wußte sicher viel über die heidnischen Kulte seiner Umgebung. Sein Evangelium sollte dem neuen Glauben weitere Anhänger zuführen. Also war er sorgsam darum bemüht, es mit Bedeutung zu füllen. Er kannte offensichtlich die Verbindungen zwischen den antiken Mysterienkulten und dem Christentum und wollte sie für die Eingeweihten deutlich hervorheben.

So wird in der neuen christlichen Ordnung die ursprüngliche ägyptische Dreiheit von Osiris, Isis und Horus ersetzt durch Josef, Maria und Jesus. Damit entspricht die Geburt Jesu der Geburt eines neuen »Horus-Königs« auf Erden: Er ist der Gott Äon des Neuen Zeitalters, der die alte, erschlaffte Religion Ägyptens ersetzt. Christliche Ikonographen hielten unter Berufung auf die bei Matthäus überlieferten Grundzüge der Geschichte die Details des Horoskops fest. Im Grunde nahmen sie die Geschichte und setzten sie in eine archetypische Geburtsdarstellung um, einen »Legomonismus«.

Er war so eindringlich, daß er auch zwei Jahrtausende später noch in unserer Erinnerung lebt. Außerdem konnte diese Darstellungsform weder vergessen noch von kirchlichen Autoritäten zensiert werden. Davon ausgehend können wir heute die traditionelle Geburtsszene analysieren und darin eine tiefere Bedeutung finden, die selbst diesen eingeweihten christlichen Ikonographen nicht bekannt war.

Wie wir schon gesehen haben, gibt es für Maria und Josef Gegenstücke am Sternenhimmel. In einem makrokosmischen Sinn werden sie vom Sirius und dem Sternbild Orion verkörpert. Doch die Symbolik greift noch viel weiter. Der Überlieferung zufolge wurde Jesus in einem Stall geboren, einem Ort, an dem Tiere leben. Dies verweist auf den »Tierkreis«, den die Sonne auf ihrem Weg über den Himmel durchwandert. Bei der Geburt sind außer Maria und Josef noch zwei Tiere im »Stall«, also im Tierkreis, sichtbar. Dies sind der Ochse (Stier) und das Schaf (Widder). Außerdem erscheinen drei Hirten im Stall.

Ich sehe darin die drei wichtigen Sterne, die »den Weg weisen«: Capella, ein sehr heller gelber Stern im Sternbild Fuhrmann (Auriga), und Castor und Pollux, die Zwillinge im gleichnamigen Sternbild. All diese Sterne wurden im Altertum beobachtet und für Prophezeiungen genutzt. Sie gehen vor dem Löwen auf und fungieren in gewissem Sinne als Führer. Auffallenderweise liegen sie alle über der Ekliptik etwas nördlicher am Himmel als Orion und der Große Hund (Josef und Maria). Dies scheint damit gemeint zu sein, daß die Hirten »in den Bergen« waren, das heißt nördlich des Geschehens, als die Engel sie riefen.

In der traditionellen Szene liegt das Jesuskind in einer Krippe, aus der normalerweise die Tiere fressen. Das Wort Bethlehem bedeutet »Haus des Brotes«, und diese Stadt war traditionell in Besitz des Stammes Juda. Jedem der zwölf alten Stämme Israels war ein Zeichen des Tierkreises zugeordnet: Juda war der Löwenstamm. Seine »Heimat« war daher das vom Sternbild Löwe regierte Land. Dies wird symbolisch durch den Sonnenaufgang (die Geburt der Sonne) im Zeichen Löwe dargestellt.

Ein anderer heller Stern, der Prokyon, steht auf halbem Wege zwischen Maria (Sirius) und dem Jesuskind (Sonne in Konjunktion mit Regulus). Prokyon geht kurz vor dem Sirius und nach dem Orion auf. Zur Zeit der »Geburt« steht er daher Maria näher als Josef. Bezeichnenderweise steht Prokyon im Kleinen Hund und verbindet dieses Sternbild mit dem Großen Hund. Wenn der Große Hund Maria repräsentiert, dann sollte dieses Sternbild ein Mädchen sein. Deshalb glaube ich, daß Prokyon die »Hebamme« darstellt, die einigen Überlieferungssträngen zufolge die Tochter des Gastwirts war.

In der Morgendämmerung waren nur noch die hellsten Sterne zu sehen, in dieser Himmelsregion also praktisch keiner mehr. Übrig bleiben nur die zu bestimmenden Planeten. Nach der hermetischen Philosophie sind Planeten die Götter der niedrigeren Himmelssphären, also des Sonnensystems. Jeder von ihnen herrscht über eine der »Kristallsphären«, die die Erde umgeben. Man glaubte, daß eine Seele bei ihrer Geburt »Geschenke« von den Planeten erhält, die über die Geburt wachen. Diese Geschenke bestimmten die Fähigkeiten und das Schicksal der Person während ihres ganzen Erdenlebens. Deshalb war es sehr wichtig, die Geburtsplaneten zu kennen, also diejenigen, die während der Geburt über dem Horizont standen, denn sie üben die stärksten Einflüsse auf das Neugeborene aus.

Wenn wir davon ausgehen, daß Jesus bei Tagesanbruch des 29. Juli 7 v. Chr. geboren wurde, dann waren drei Planeten am Himmel sichtbar: Jupiter und Saturn – in einer solchen Konjunktion, daß sie wie ein einziger, heller Stern wirkten – und Merkur, der kurz vor Sonnenaufgang als Morgenstern erschien. Wie der Sirius Maria und der Orion Josef repräsentieren, so sind diese drei Planeten eindeutig die astralen Gegenstücke zu den drei Königen oder Weisen der späteren Tradition. Ihre Geschenke sind Gold als Symbol für Reichtum, Weihrauch, der spirituelle Weisheit versinnbildlicht, und Myrrhe[8] als Symbol für ein langes Leben. Dies sind angemessene Geschenke für die drei Planetengötter: Gold für Jupiter, Myrrhe für Saturn und Weihrauch für Merkur.

In vielen Darstellungen der »Anbetung der Könige« warten zwei Könige ruhig darauf, den neuen Heiland begrüßen zu dürfen, während der dritte vor dem Kind kniet und ihm die Füße küßt. Die ersten beiden sind offensichtlich Saturn und Jupiter in Konjunktion, der dritte muß Merkur sein. In der griechischen Mythologie hieß dieser Planet Hermes und wurde mit dem ägyptischen Gott Thot identifiziert, der auch als Hermes Trismegistos, der dreifach größte Hermes, bekannt war. Obwohl wir Merkur eher als den jugendlichen Götterboten kennen, wird er in der Gestalt des Propheten Hermes Trismegistos normalerweise als alt und ehrwürdig dargestellt. So ist auch auf den Gemälden der kniende König meist der älteste der drei.

Aus alldem wird klar, daß das Himmelsbild zur Geburt Jesu unwissentlich in fast allen Details in zahllosen Gemälden und Krippen dargestellt ist. Unglücklicherweise wurde der Geburtstag Jesu aus kalendarischen und politischen Gründen von der Kirche auf den 25. Dezember, den Geburtstag des römischen und persischen Sonnengottes Sol-Mithras, verlegt. Das Winterfest der frühen Kirche war Epiphanias am 6. Januar, das nichts mit der Geburt Jesu, sondern mit seiner Taufe durch Johannes den Täufer zu tun hatte. Im 4. Jahrhundert machte die Kirche das Epiphanias-Fest zum Geburtstag Jesu, wahrscheinlich, weil die Taufe nahelegte, daß Jesus von Johannes eingeweiht werden mußte, bevor er sein Wirken auf Erden beginnen konnte. Dagegen festigte sich in der Kirchenlehre, daß Jesus als Sohn Gottes und zweite Person der Dreifaltigkeit von Geburt an allwissend und allmächtig war.

Die Vorstellung, daß auch Jesus eine Reihe von Initiationen durchlief, bevor er seine volle Macht erhielt, war unbequem für eine Priesterschaft, die schon vergessen hatte (falls sie es überhaupt je wußte), worin diese Weihen bestanden. Die Verschiebung des Geburtstages Jesu erleichterte auch manchen heidnischen Alexandrinern den Übertritt. Sie waren es gewohnt, die Geburt des Äon (in diesem Fall des neuen Jahres) durch die Kore, die jungfräuliche Göttin, am 6. Januar zu feiern. Jetzt konnten sie Jesus als Äon und Maria als Kore akzeptieren, ohne das Datum ihres Hauptfestes ändern zu müssen. Noch später, und wahrscheinlich aus ähnlichen Gründen, wurde Weihnachten auf den 25. Dezember, den Geburtstag des Sonnengottes, zurückverlegt, und der 6. Januar wurde zum Dreikönigsfest.

Die Wahl eines Tages in der Nähe der Wintersonnenwende hatte eine gewisse Logik und paßte zum römischen Kalender. Die Folge war, daß Mariä Verkündigung, der Tag, an dem sie neun Monate vor Weihnachten schwanger wurde, auf den 25. März fiel. Außerdem wurde dem Lukas-Evangelium zufolge Jesus sechs Monate nach Johannes dem Täufer empfangen. Das wiederum bedeutete, daß der Geburtstag des Täufers am 24. Juni, kurz nach der Sommersonnenwende, gefeiert werden konnte. Und obwohl nach Auskunft der Bibel der Erzengel Gabriel dem Zacharias erschien und ihm verkündete, daß seine Frau Elisabet schwanger sei, fällt diese kleine »Verkündigung« auf den 29. September – das Fest des anderen Erzengels, des heiligen Michael. Die Kirchenfeste stimmten nun mit den vier Eckdaten des Jahres überein: mit Winter, Frühling, Sommer und Herbst.

Das Symbol der Verkündigung

In der kirchlichen Lehre wurde die Sternenreligion, die Orion, Löwe und Sirius mit der Geburt Jesu verband, so verschleiert und modifiziert, daß sie keinen Anstoß mehr erregte. Der Kirchenkalender mit seinen festgelegten Feiertagen orientierte sich jetzt an den vier Quartalstagen: dem Weihnachtstag am 25. Dezember, Mariä Verkündigung am 25. März, Johanni am 24. Juni und Michaeli am 29. September. Im Mittelalter war Mariä Verkündigung der Beginn des Gerichtsjahres, an Michaeli begann die Herbstzeit. Warum jedoch diese wichtigen Feste nicht genau an den Tag- und Nachtgleichen, sondern ein paar Tage später gefeiert wurden, war mir zunächst ein Rätsel, bis ich mir die astrologischen Verhältnisse näher ansah.

Um noch einmal alles zusammenzufassen: Die vier Quartalstage beziehen sich auf die beiden Vettern Jesus und Johannes den Täufer und auf die beiden Erzengel Michael und Gabriel. Mariä Verkündigung, ein Termin, der im römischen Kalender zumindest seit dem 7. Jahrhundert zu finden ist, feiert Gabriels Besuch bei Maria. Gabriel berichtet Maria vom Wunsch Gottes, daß sie, obwohl noch Jungfrau, Mutter des Messias werden solle. Mit den denkwürdigen Worten »Mir geschehe, wie du es gesagt hast« akzeptiert sie ihre Bestimmung und wird vom Samen Gottes schwanger. Neun Monate später, am Weihnachtstag, bringt sie im Stall von Bethlehem Jesus zur Welt. So passen die beiden Feste der Verkündigung und der Geburt theologisch wie biologisch zueinander.

Ähnlich verhält es sich auch mit der Geburt Johannes' des Täufers, die in den Augen der Kirche allerdings nicht so bedeutsam ist. Johannes wird am 24. Juni geboren, also muß er neun Monate zuvor empfangen worden sein. Die Empfängnis wird in die Nähe des Festes zu Michaeli gerückt. Nach Aussage der Evangelien, vor allem von Lukas, ist es derselbe Erzengel Gabriel, der auch Johannes' Vater Zacharias erscheint und ihm verkündet, daß seine Frau, die bereits in vorgerücktem Alter ist, einen Sohn zur Welt bringen wird.

Derselbe Engel kommt also zu verschiedenen Jahreszeiten als Bote zu Maria und Elisabet, Johannes' Mutter. Beide Frauen werden durch den Willen Gottes schwanger. Elisabet ist, anders als

Maria, verheiratet und keine Jungfrau mehr, und man geht davon aus, daß sie von ihrem Ehemann Zacharias schwanger ist. Dennoch steht bei Lukas über Johannes zu lesen: »... schon im Mutterleib wird er vom Heiligen Geist erfüllt sein.«[9] Wenn seine Geburt auch nicht ganz so wunderbar ist wie die seines aus »Gottes Samen« entstandenen Vetters Jesus, so ist sie doch immer noch sehr beeindruckend, wenn man bedenkt, daß seine Mutter zuvor kinderlos und schon ziemlich alt war. In gewissem Sinne sind Jesus und Johannes göttliche Zwillinge, Vettern, deren Empfängnis und Geburt sich beim jeweils anderen widerspiegeln und deren Zeugung von demselben Engel verkündet wird. Daß Lukas uns darüber informiert, daß Gabriel Elisabet ganze sechs Monate vor seinem Treffen mit Maria erschienen sei, weist auf die Bedeutung dieses jahreszeitlichen Unterschieds hin.

Wer ist also Gabriel, und wofür steht er? In der christlichen Ikonographie wird er – oder vielleicht sie – in traditioneller Form als schönes geflügeltes Wesen dargestellt. Sein Erkennungszeichen, das er der Jungfrau Maria als ein Unterpfand ihrer göttlichen Auserwähltheit überreicht, ist eine weiße Lilie, das Symbol der Reinheit. (Tafel 38) Doch diese Lilie hat noch eine tiefere Bewandtnis weit über die Jungfräulichkeit hinaus. Die europäische Mystik des Mittelalters hat dies offenbar verstanden und zu neuer Bedeutung erhoben, besonders in Frankreich, wo der Marienkult seine begeistertsten Anhänger fand.

Noch einmal rief ich das Software-Programm von Skyglobe auf, und wieder erwartete mich eine Überraschung. Als ich ein Datum um 1150 und Paris als Beobachtungspunkt wählte, entdeckte ich, daß das auffallendste Sternbild sowohl an Mariä Verkündigung wie auch an Michaeli die Jungfrau war. Am 25. März ging das Sternzeichen Jungfrau bei Sonnenuntergang auf. Genau in dem Moment, in dem Spica, der hellste und auffälligste Stern des Sternbildes, über den Horizont kam, versank die Sonne im Westen. Am 29. September dagegen ging die Sonne in Konjunktion mit Spica auf. So waren beide Tage, an denen die Empfängnis von Maria und Elisabet beziehungsweise der Erzengel Gabriel gefeiert wurden, mit dem Sternbild Jungfrau verbunden.

Astrologisch jedoch hatte sich hier ein Fehler eingeschlichen, obwohl das Arrangement auf den ersten Blick so eindeutig aussah. Der Aufgang der Spica in Konjunktion mit der Sonne in der Morgendämmerung war unverkennbar das kraftvollere Symbol der Verkündigung. Deshalb sollte es sich eigentlich auf Jesus, den Messias, und nicht auf Johannes, den prophetischen Wegbereiter, beziehen. Mit anderen Worten: Weil die Kirche fälschlich Jesu Geburt aus dem Sommer, als die Sonne in Konjunktion zum Regulus stand, auf die Zeit der Wintersonnenwende verschoben hatte, stimmte die Symbolik der Verkündigung nicht mehr. Ich beschloß, mich genauer damit zu beschäftigen und zu prüfen, ob sich Parallelen zwischen dem christlichen Fest der Verkündigung und seinem älteren ägyptischen Pendant, der »Saat« der Isis, ergaben.

In *Das Geheimnis des Orion*[10] haben Robert Bauval und ich Beweise dafür vorgelegt, daß der südliche Schacht der Königinnenkammer der Großen Pyramide so ausgerichtet war, daß er zur Zeit des Pyramidenbaus auf den Sirius an seinem Kulminationspunkt zeigte. Dieser Übergang, so nahmen wir an, war mit einem besonderen Ritual verbunden, das einst in der Königinnenkammer durchgeführt wurde. Dabei wurde der Sirius, der Stern der Isis, symbolisch geschwängert, während er mit diesem Schacht in der Morgendämmerung auf einer Linie stand. Da dies eindeutig das ägyptische Äquivalent zum Fest der Verkündigung war, wollte ich feststellen, wann dieses Ereignis in Kairo vor der angenommenen Geburt Christi am 29. Juli 7 v. Chr. stattgefunden hatte. Zu meinem Erstaunen ergab sich, daß der Sirius genau an dem Tag in der Morgendämmerung in einer Linie mit dem südlichen Meridian stand, an dem auch die Sonne in Konjunktion mit der Spica aufging: am 22. September 8 v. Chr.

Da dies kein Zufall sein konnte, beschloß ich, die Symbolik des Sternzeichens Jungfrau (Virgo) genauer zu untersuchen, um herauszufinden, wen oder was es in ägyptischer Zeit darstellte und in welcher Verbindung – wenn überhaupt – es zur Jungfrau Maria und dem Erzengel Gabriel stand. In einem Buch mit dem Titel *Astraea* von Dame Frances Yates entdeckte ich, daß der Name des Sternbildes auf Astraea, die gerechte Jungfrau des »Goldenen Zeitalters«, zurückging. Yates gibt eine Geschichte aus Ovids *Metamorphosen* wieder:

»Im ersten Buch von Ovids *Metamorphosen* findet sich eine berühmte Beschreibung der vier Zeitalter. In jenem ersten, Goldenen Zeitalter, unter der Herrschaft des Saturn, sammelten die Menschen ihre Nahrung ohne Mühe in einem ewigen Frühling. Alle waren von Natur aus tugendhaft, und es herrschte ein allumfassender Friede. Nach der goldenen Zeit des Saturn kam das Silberne Zeitalter des Jupiter, als der ewige Frühling den Jahreszeiten wich, die Menschen zum erstenmal extreme Hitze und Kälte fühlten und die Mühen des Ackerbaus begannen. Das dritte Zeitalter war das der Bronze, härter als die ersten beiden, aber noch nicht gottlos. Und schließlich kam das Eiserne Zeitalter, als das Böse überhandnahm. Bescheidenheit, Wahrheit und Glaube flohen von der Erde, die Menschen reisten gierig nach Gewinn über die Erde; sie gruben in der Erde auf der Suche nach Metallen. Der Krieg kam und schwang

Abb. 15 Die wahre »Verkündigung Mariens«, dargestellt am Himmel, 22. September 8 v. Chr.

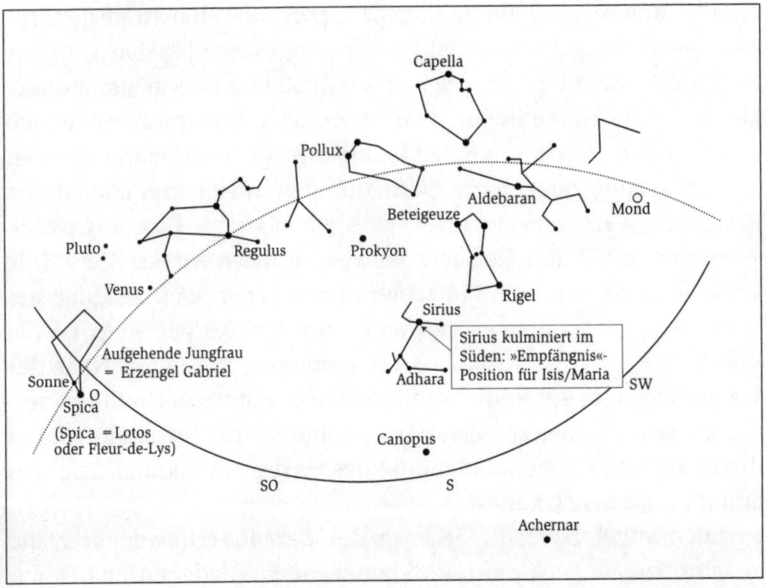

in seinen blutigen Händen die klirrenden Waffen. Die Frömmigkeit lag darnieder, und die Jungfrau Astraea, die letzte der Unsterblichen, verließ die blutgetränkte Erde.«[11]

Nun findet sich der Glaube an ein früheres Goldenes Zeitalter des Überflusses in fast allen Kulturen. In Ägypten war es die halbmythische Herrschaft des Gottkönigs Osiris und seiner Gattin Isis, die gemeinsam die Zivilisation brachten. Eine fundamentale Säule der Gesellschaft, soweit wir das zumindest aus dieser großen zeitlichen Entfernung sagen können, war der starke Glaube an die Herrschaft des Gesetzes. Die Ägypter charakterisierten die abstrakte Qualität der Wahrheit und Gerechtigkeit mit der Figur der Gottheit Maat. Ihr Symbol war die Straußenfeder, und die Könige Ägyptens trugen zwei dieser Federn in der sogenannten Atef-Krone des Osiris. Die Herrschaft des Gesetzes aufrechtzuerhalten, war die wichtigste Pflicht des Pharao. Damit eiferte er dem Horus nach, der die Ordnung in Ägypten nach der Ermordung seines Vaters durch den Usurpator Seth wiederhergestellt hatte. Maat als Wahrheit war das Prinzip, nach dem die Ägypter im Jenseits gerichtet wurden. Es wurde symbolisiert durch das »Wiegen des Herzens« (Tafel 42), eine Zeremonie, die auf zahllosen Papyri, etwa denen des Schreibers Ani,[12] abgebildet ist.

Meiner Meinung nach wurde diese Zeremonie in der Königskammer der Großen Pyramide durchgeführt. Das Herz des Verstorbenen, symbolisiert durch den kleinen Krug, in den man es bei der Mumifizierung gelegt hatte, wird auf einer Waage gegen Maat, die Feder der Wahrheit, aufgewogen. Abhängig vom Ergebnis dieses Wiegevorgangs kann die Seele des Verstorbenen entweder die Erde verlassen und sich Osiris in seiner himmlischen Welt anschließen, oder sie wird von einem Ungeheuer mit dem Körper eines Löwen und dem Kopf eines Krokodils verschlungen, das in der Nähe der Waage lauert. In der Königskammer gibt es einen nach Süden orientierten Schacht, der zur Zeit des Pyramidenbaus (um 2450 v. Chr.) direkt auf den Kulminationspunkt des Sterns Alnitak im Gürtel des Orion ausgerichtet war.

Ein zweiter Schacht, der von der gegenüberliegenden Wand ausging, zeigte genau auf den damaligen Nordstern Alpha Draconis. Während der Hof des Osiris mit Orion verbunden war, der deshalb den Himmel repräsentierte, symbolisierte der Nordstern die krokodilköpfige Göttin Thoëris. Sie wird immer als hochschwanger dargestellt und mit der Geburt in Verbindung gebracht. Daraus folgt, daß die Seele je nach Ausgang des Wiegens durch einen der beiden Schächte aufstieg. Entweder kam sie zu Osiris ins Paradies, oder Thoëris fraß sie auf und ließ sie auf der Erde neu zur Welt kommen.

Maat, die oft in der Nähe der Waage steht (vergleiche unser gleichnamiges Tierkreiszeichen), wird am Himmel vom Sternbild Jungfrau dargestellt. In der ägyptischen Mythologie gilt sie oft als die Gefährtin des Thot, des Gottes der Wissenschaft und der Schrift, den die Griechen Hermes Trismegistos nannten. Thot hält die Ergebnisse des Wiegeprozesses in seinem »Buch des Lebens« fest und fungiert gleichzeitig als Richter und Geschworener. Gott und Göttin bestimmen offenbar das Schicksal der Seelen mit, besonders deren Inkarnation auf der Erde.[13]

Aber kehren wir zu Frances Yates und ihrer Beschreibung der Jungfrau Astraea zurück. Sie berichtet uns:

»Ovid bezieht sich auf griechische Quellen. Die Geschichte vom Goldenen Zeitalter, auf die schon Hesiod anspielt, führt der griechische Dichter Aratos näher aus, als er sich im Zuge seiner astronomischen Gedichte mit dem Sternbild Jungfrau, dem sechsten Zeichen des Tierkreises, beschäftigt. Aratos erklärt, daß die Jungfrau Gerechtigkeit, die die Welt im Eisernen Zeitalter verließ, als Sternbild Jungfrau am Himmel Unterschlupf fand. Die Gestalt der gerechten Jungfrau leuchtet jetzt am Himmel und trägt eine Kornähre *[spica]* in ihrer Hand. Das Attribut der Ähre – die Jungfrau wird oft als *virgo spicifera* bezeichnet – findet sich auch bei den lateinischen Übersetzern und Nachahmern des Aratos. Eine traditionelle Darstellung des Sternbildes zeigt eine geflügelte Frau mit Getreideähren in der Hand, die die Position von Spica, einem besonders hellen Stern des Sternbildes, markieren.«[14]

In der ursprünglichen ägyptischen Fassung der Justitia oder Jungfrau als Maat war Spica wahrscheinlich entweder eine Feder der Gerechtigkeit oder eine Lotosblume.[15] Die Verbindung des Lotos mit der Geburt des Horus als Inkarnation des solaren Logos ist ebenfalls eindeutig. Nach Rundle Clark »symbolisierten die Ägypter manchmal die Erscheinung des großen Lebensgeistes aus den Wassern mit einem Lotos – einer Wasserlilie, die wächst und ihre Blüten öffnet, deren Blätter sich zurückbiegen und den sich aufsteigenden Gott des Lichts und der Bewegung enthüllen ..., manchmal offenbart die Blüte ein kleines Kind, die Morgensonne«.[16]

Offenbar stellt also das Kind des Lotos die Seele als Horus, als Sohn der Sonne, dar. Ähnliches findet sich auch im Ani-Papyrus, in dem eine Gruppe von drei Lotosblüten aus einem Lilienteich emporwächst und ein Kopf aus der mittleren, geöffneten Blüte hervorschaut.[17] Wahrscheinlich ist das Symbol des Horus in der Lilie verbunden mit seiner geheimen Geburt unter den Lilien und Papyrusbetten Unterägyptens.

Aus all diesen Überlegungen ergab sich für mich, daß der Erzengel Gabriel in der Sternenwelt Justitia, das Sternbild Jungfrau, repräsentiert. Die Verkündigung an die Jungfrau Maria fand, zumindest symbolisch, am 22. September 8 v. Chr. statt. Ob ihr nun wirklich ein Engel erschien, ist zumindest in Hinblick auf die astrale Symbolik unerheblich. An diesem Tag, an dem der Sirius den Meridian in der Morgendämmerung erreichte, stand die Sonne in Konjunktion mit Spica. Symbolisch überreicht der Engel (das Sternbild Jungfrau) einen Strauß Lilien mit der Seele des zukünftigen Horus-Königs darin. Maria, symbolisiert durch den Sirius auf dem Höhepunkt seiner Bahn, nimmt diesen »Samen« oder vielmehr diese Seele in ihrem Schoß auf. So verläßt Jesus als sich inkarnierender Mensch die Lotosbetten des Himmels, also den Ort, an dem die Seelen zwischen ihren Inkarnationen ausruhen, und geht in die Zeiten der Erde und des Weltraums ein. Damit muß er wie alle sich inkarnierenden Seelen ein Schicksal und eine Bestimmung auf sich nehmen. All dies ist in der Verkündigung angelegt, obwohl es erst an Jesu Geburtstag manifest wird, der symbolisch, wenn nicht tatsächlich, etwa zehn Monate später, am 29. Juli, gefeiert werden sollte.

So weist auch die richtige Festlegung der Verkündigung auf den 22. September auf Jesu wahren Geburtstag im Sommer hin. Sein

Vetter Johannes, der in seiner kosmischen Rolle als wilder Mann und Prophet des Orion symbolisiert wird, wäre dann im Zeichen des Wassermannes geboren, wenn er sechs Monate älter war als Jesus. Was könnte treffender für einen Mann sein, der zum Täufer bestimmt ist?

Ich ließ die Quartalstage des Kirchenkalenders beiseite, die auf keinen Fall auf einem richtigen astrologischen Verständnis der Symbole, für die sie eigentlich standen, beruhten. Sie basierten eher auf dem römischen Fest des Mithras/Sol invictus. Jetzt konnte ich begreifen, wie das Christentum direkt mit den antiken Mysterien Ägyptens verknüpft war. Was ich nicht erkannte, war, daß Jesu Horoskop noch mehr Hinweise auf die Geschichte der Weisen enthielt. Es enthüllte, wie eng sie mit seinem Sternenschicksal verwoben waren.

Die Geschenke der Sterndeuter

Die Kirche verwarf die Vorstellung des Geburtstags Jesu am Tag des heliakischen Aufgangs des Sirius im Jahr 7 v. Chr. zugunsten einer symbolischen Wiedergeburt der Sonne im Winter. Der Geburtstag im Juli hatte allzu deutlich auf die Verbindung zwischen dem Christentum und der ursprünglichen Osiris-Religion Ägyptens verwiesen, denn dieses Datum war als Beginn des Sothis-Jahres über Jahrtausende hinweg die Grundlage des ägyptischen Kalenders.

Noch 245 n. Chr. beklagte der Kirchenvater Origenes, der aus Alexandria stammte und auch zu Kaiser Alexander Severus Kontakt hatte, daß die Geburt Jesu gefeiert würde, »als ob er ein Pharao gewesen sei«. Er hätte sicher nicht gerade diesen Vergleich gewählt, wenn man nicht selbst zu seiner Zeit noch in Ägypten verstanden hätte, daß der wahre Geburtstag Jesu mit dem Beginn des ägyptischen neuen Jahres und dem offiziellen Geburtsdatum des Horus zusammenfiel. Durch den Verlust des wahren Geburtstags Jesu geriet unglücklicherweise in Vergessenheit, daß er als Löwe geboren wurde.

Der Sinn einiger biblischer Prophezeiungen wurde entstellt wie etwa in Offenbarung 5,5, wo einer der Ältesten sagt: »Weine nicht! Gesiegt hat der Löwe aus dem Stamm Juda, der Sproß aus der Wurzel Davids; er kann das Buch und seine sieben Siegel öffnen.« Der Löwe aus dem Stamm Juda muß im Sternzeichen Löwe geboren sein und ist ganz offensichtlich Jesus. Die sieben Siegel, die er öffnet, stehen symbolisch für die sieben Planeten, die die Kristallsphären versiegeln und damit die Seelen auf der Erde festhalten. Diese Lehre kann man ohne Bezug auf die hermetische Tradition und ohne das Wissen um die astrologischen Verhältnisse bei Jesu Geburt gar nicht verstehen.

Hinter den Geschenken der Sterndeuter verbirgt sich eine tiefere Bedeutung. Gemäß der hermetischen Philosophie, in der sich Matthäus offenbar ziemlich gut auskannte, waren die sieben Planeten[18] die Könige oder Herrscher der unteren Himmel. Durch den Sündenfall geriet der Mensch unter ihre Herrschaft. Dies bedeutete, daß er in Reinkarnationszyklen gefangen war. Man stellte sich vor, daß jeder Planet einer sich inkarnierenden Seele etwas von seiner Natur mitgab, vor allem die zur Zeit der Geburt über dem Horizont stehenden Fixsterne. Diese Geschenke konnten sich segensreich oder schädlich auswirken, je nachdem, ob sie für rein egoistische Zwecke eingesetzt wurden oder nicht.

Astrologisch gesehen können die Geschenke der drei Könige die besonderen Fähigkeiten symbolisieren, die Jesus bei seiner Geburt von den Planetenherrschern bekam. Bezeichnenderweise wird er direkt nach seiner Taufe im Jordan durch Johannes dreimal vom Teufel versucht, als er in der Wüste fastet. Diese drei Versuchungen sind wahrscheinlich mit dem möglichen Mißbrauch der drei Geschenke verbunden. Zunächst wird er versucht, Steine in Brot zu verwandeln, also eine magische Veränderung der Materie zu bewirken. Das wäre ein Mißbrauch seiner von Merkur, dem Zauberplaneten, verliehenen priesterlichen Macht gewesen. Dann wird er versucht, sich von einer Höhe im festen Vertrauen darauf hinabzustürzen, daß die Engel ihn auffangen werden. Dies wäre ein Mißbrauch der saturnischen Macht, Leben zu retten, gewesen. Und schließlich wird er versucht, sich selbst zum König der Welt zu berufen, ein Mißbrauch der Geschenke des königlichen Planeten Jupiter. Er widersteht allen drei Anfechtungen und zeigt damit, daß seine Bestimmung höher ist als die der Planetengötter, die von den drei Königen repräsentiert werden.

Bezeichnenderweise fehlen bei seiner Geburt die Venus, der Mars und der Mond. Es wird nicht davon berichtet, daß er durch Begierde (Venus), Gewalt (Mars) oder Trägheit (Mond) in Versuchung geführt würde. Der Teufel oder der siebenköpfige Planeten-Logos, der die Seelen der Menschen an die materielle Welt bindet, kann ihn nur nach der Maßgabe seines Schicksals versuchen.

Im Laufe seines Wirkens auf Erden setzt Jesus seine Gaben für das Wohlergehen anderer ein. Er benutzt die Kräfte des Merkur nicht für sich selbst, sondern um die Bedürfnisse anderer zu stillen, indem er Wasser in Wein verwandelt und Brot und Fische vermehrt. Er nutzt seine saturnischen Fähigkeiten, um die Kranken zu heilen und die Toten auferstehen zu lassen. Sein Geld und seine Position, die ihm von Jupiter verliehen wurden, gibt er auf, um als Wanderprediger zu wirken. Damit zeigt das Matthäus-Evangelium, wie sich ein moderner Hermetiker verhalten sollte: demütig, wohltätig und ehrenhaft.

Im direkten Gegensatz dazu steht das Verhalten der Schriftgelehrten und Pharisäer, der angesehenen Weisen der damaligen Zeit. Sie sind in den Fallstricken des Teufels gefangen, vertun ihre Zeit mit gelehrtem, aber leerem Geschwätz und erheben sich über ihre Nächsten. Sie werden der Heuchelei angeklagt: Sie nehmen die Schlüssel des Himmels, das heißt die hermetische Weisheit, die durch Abraham, Mose und die Propheten weitergegeben wurde, und verbergen sie:

»Weh euch, ihr Schriftgelehrten und Pharisäer, ihr Heuchler! Ihr verschließt den Menschen das Himmelreich. Ihr selbst geht nicht hinein; aber ihr laßt auch die anderen nicht hinein, die hineingehen wollen …

Weh euch, ihr Schriftgelehrten und Pharisäer, ihr Heuchler! Ihr gebt den Zehnten von Minze, Dill und Kümmel und laßt das Wichtigste im Gesetz außer acht: Gerechtigkeit, Barmherzigkeit und Treue. Man muß das eine tun, ohne das andere zu lassen.

Blinde Führer seid ihr: Ihr siebt Mücken aus und verschluckt Kamele.«[19]

Nachdem er seine Mission als Lehrer erfüllt hat, gibt Jesus am Ende seines Lebens die Gaben an die »Götter«, die Könige der Sternenreiche, zurück. Bei seinem Prozeß verteidigt er sich weder mit klugen Worten noch mit Zaubertricks. Anders gesagt, er gibt das Geschenk Merkurs auf. Er versucht nicht, sich den Weg in die Freiheit zu erkaufen, was er mit seinen Beziehungen wahrscheinlich hätte tun können. Dies ist die Absage an Jupiter. Und drittens weist er durch den Kreuzestod das Versprechen eines langen Lebens und damit das Geschenk des Saturn zurück. So nimmt er die weniger wertvollen Gaben der drei Könige nicht in Anspruch und befreit sich damit aus den Fesseln der irdischen Existenz.

Natürlich lehnt er auch noch ein viertes Geschenk ab, das des Sonnengottes Apollon-Helios selbst, symbolisiert bei seiner Geburt durch die Konjunktion der Sonne mit dem Regulus: das Geschenk, König von Juda zu sein. Statt dessen läßt er sich mit einer Dornenkrone verhöhnen. Auf Anordnung des Pilatus wird er dennoch unter einer Tafel mit der Aufschrift »Jesus Christus König der Juden« gekreuzigt. Jesus widersteht also symbolisch allen Versuchungen der Planetenwelt. Als natürliche Folge davon wächst seine Gnosis immer weiter. Er kann darin die Kristallsphären durchbrechen und seinen Platz zur Rechten des Vaters einnehmen, dessen Thron jenseits unseres unbedeutenden Sonnensystems mit seinen untergeordneten Königen, den Planeten, liegt. So, wie alle hermetischen Philosophen es sich wünschten.

Mit diesem Verständnis und unter der Voraussetzung, daß der 29. Juli 7 v. Chr. der wahre Geburtstag Christi ist, wird die Sterndeuter-Geschichte zu einem wichtigen Schlüssel für das Verständnis des Matthäus-Evangeliums. Wie jeder andere auch wurde der Mensch Jesus mit einem astrologischen Schicksal geboren. Aber er liefert sich ihm nicht aus, sondern erfüllt seine höhere Bestimmung, die auch einen schmerzhaften Tod am Kreuz einschließt. Dies wurde ihm schon im Alten Testament geweissagt, und mit seinen letzten Worten zitiert er diese Prophezeiung:

»Um die neunte Stunde rief Jesus laut: ›Eli, Eli, lema sabachtani?‹, das heißt: ›Mein Gott, mein Gott, warum hast du mich verlassen?‹ Einige von denen, die dabeistanden und es hörten, sagten: ›Er ruft nach Elija.‹ Sogleich lief einer von ihnen hin, tauchte einen Schwamm in Essig, steckte ihn auf einen Stock und gab Jesus zu trinken. Die anderen aber sagten: ›Laß doch, wir wollen sehen, ob Elija kommt und ihm hilft.‹ Jesus aber schrie noch einmal laut auf. Dann hauchte er den Geist aus.«[20]

Offenbar waren unter den Umstehenden keine Schriftgelehrten oder Pharisäer, denn sie hätten den Anklang an Psalm 22 sofort erkannt: »Mein Gott, mein Gott, warum hast du mich verlassen, bist fern meinem Schreien, den Worten meiner Klage? ...

Ich aber bin ein Wurm und kein Mensch, der Leute Spott, vom Volk verachtet. Alle, die mich sehen, verlachen mich, verziehen die Lippen, schütteln den Kopf: ›Er wälze die Last auf den Herrn, der soll ihn befreien! Der reiße ihn heraus, wenn er an ihm Gefallen hat.‹ ...

Ich bin hingeschüttet wie Wasser, gelöst haben sich all meine Glieder. Mein Herz ist in meinem Leib wie Wachs zerflossen. Meine Kehle ist trocken wie eine Scherbe, die Zunge klebt mir am Gaumen, du legst mich in den Staub des Todes.

Viele Hunde umlagern mich, eine Rotte von Bösen umkreist mich. Sie durchbohren mir Hände und Füße. Man kann all meine Knochen zählen; sie gaffen und weiden sich an mir. Sie verteilen unter sich meine Kleider und werfen das Los um mein Gewand.«[21]

Wenn man diesen Psalm Davids liest und ihn mit der Kreuzigung, wie sie bei Matthäus beschrieben wird, vergleicht, ist es sehr schwer, ihn nicht als eine Prophezeiung der Vorgänge am Kalvarienberg zu verstehen, bis hin zum Durchbohren der Hände und Füße und zum Losen um die Kleidung Jesu. Der Psalm wirft damit ein helles Licht auf das Wesen der Bestimmung im Unterschied zum Schicksal. Die Grundaussage dieser Geschichte geht oft verloren in einer Kirche, die Jesus als Menschen nicht richtig anerkennen will. Sie lautet, daß er sich auch anders hätte entscheiden können. Er hätte die Gaben der Weisen annehmen können, ein angenehmes, ja durchaus ehrsames Leben führen und schließlich eines respektablen Todes sterben können. Die Kreuzigung wirkt wie eine Ablehnung dieser bequemen Möglichkeit zugunsten eines schwereren Weges, der die Prophezeiungen über einen sterbenden Heiland erfüllte und gleichzeitig die Tore durch die Kristallsphären öffnete.

Es ist eine tiefe und schwer zu akzeptierende Botschaft, daß es, wenn wir Christus folgen wollen, nicht genug ist, ihn zu verehren. Auch wir müssen uns mit unserer Bestimmung auseinandersetzen und, wenn notwendig, unser bequemes, aber notwendigerweise beschränktes Schicksal aufgeben.

KAPITEL 12
DER ZWEITE KREUZZUG UND DER TEMPEL AM RHEIN

Zu den Hintergründen des Ersten Kreuzzugs gehörte auch eine starke Fixierung auf das Millennium. Fast genau tausend Jahre, nachdem die Römer im Jahr 70 n. Chr. den Tempel in Jerusalem zerstört und die Juden aus dem Heiligen Land vertrieben hatten, wurden die Byzantiner bei Manzikert geschlagen. In der Christenheit verbreitete sich am Ende des 11. Jahrhunderts ein Endzeitgefühl. Überall glaubte man, daß die Wiederkunft Christi, wie die Bibel sie prophezeite, nicht mehr lange auf sich warten lassen werde. Und da man davon ausging, daß Christus in Jerusalem erscheinen werde, hielt man es für eine Christenpflicht, die Heilige Stadt zurückzuerobern und ihm den Weg zu bereiten. Dies war ohne Zweifel der wichtigste Grund dafür, daß Gottfried von Bouillon nicht zum König von Jerusalem gekrönt werden wollte und statt dessen den Titel *Advocatus Sancti Sepulchri* annahm. Schließlich wollte er nur den Thron für Jesus bereithalten, dessen Wiederkunft man für irgendeinen Zeitpunkt im folgenden Jahr 1100 erwartete.

Gottfried sollte nicht mehr erfahren, daß das große Ereignis nicht stattfand. Er starb am 18. Juli 1100, als der Heiland noch ein paar Monate Zeit hatte, die in ihn gesetzten Erwartungen zu erfüllen. Kurz vor Ablauf des Jahres 1100 nahm Balduin I. das Amt an, das sein Vorgänger abgelehnt hatte, und wurde am 11. November 1099, dem Martinstag, gekrönt. Manche hielten diesen Akt für blasphemisch. Aber warum sollte er den Thron nicht für den erwarteten »Löwen von Juda« bereiten. Allerdings läßt sein Verhalten vermuten, daß zumindest einigen Kreuzfahrern klar war, daß sie noch eine Weile warten mußten. Der Messias würde selbst die Zeit seiner Wiederkunft wählen, und dem Jahr 1100 käme keine besondere Bedeutung dabei zu.

Die Monate wurden zu Jahren, und Outremer, wie der fränkische Kreuzfahrerstaat in Palästina genannt wurde, glich mehr und mehr jedem anderen Feudalstaat. Der Zauber Jerusalems verlor sich. Hätte man sich Jerusalem als durch und durch exotische Stadt vorgestellt, die man von Bildern in illustrierten Handschriften und auf gestickten Teppichen kannte, so erwies sie sich jetzt als ein Ort wie jeder andere. Die Zustände waren hier ganz und gar nicht paradiesisch; im Sommer war es unerträglich heiß, und das Land bestand zum größten Teil aus Wüste. Es war kein reiches Land, nur durch den Handel oder durch Eroberungen konnten einige wenige zu Geld kommen.

Und schließlich war das Königreich von muslimischen Feinden umgeben, die diesem jungen Staat den Garaus machen würden, sollten sie sich je zusammenschließen. All dies wurde den Kreuzfahrern allmählich bewußt, und die Anziehungskraft des Heiligen Landes ließ spürbar nach. Statt dessen richtete sich die Aufmerksamkeit der Eroberer und Auswanderer auf andere Regionen.

Inzwischen war der Erste Kreuzzug unauflöslich mit der Suche nach dem Heiligen Gral verbunden. In Antiochia war eine alte Lanze unter dem Boden der Kathedrale gefunden worden, wie es Peter Bartholomäus in einer Vision offenbart worden war. Viele nahmen an, daß diese Lanze diejenige war, mit der der Zenturio Longinus Jesus in die Seite gestochen hatte. Sie galt deshalb als heilige Reliquie. Die Christen hatten sie in einer Schlacht vor sich her getragen. Das hatte ihnen solchen Mut gemacht, daß sie ein muslimisches Heer, das die Stadt befreien wollte, zurückgeschlagen und so Antiochia gesichert hatten. Jetzt suchte man nach weiteren Reliquien.

Die wichtigste war das Mandylion von Edessa, das der Legende nach das wahre Abbild Christi zeigte. Obwohl die Byzantiner glaubten, dieses Tuch befände sich in ihrem Besitz, besteht durchaus die Möglichkeit, daß sie nur eine Kopie besaßen und sich das Original 1099 immer noch in Edessa befand. Jedenfalls zogen Balduin, Tankred und ein kleines Ritterheer in Edessa ein, und Balduin wurde Edessas erster fränkischer Graf.

Die Burg von Edessa mit ihren Fischteichen und Legenden entspricht der Beschreibung der Burg des Fischerkönigs in den Gralssagen. Ein König Abgar, dessen Name »der Lahme« oder »mit einem Bruch« bedeutet, lud Jesus ein, in Edessa zu leben. Er und seine Nachfolger waren die Hüter des Mandylion, das nach Überzeugung aller die Stadt beschützte. Zumindest späteren Überlieferungen zufolge war das Mandylion nicht von menschlicher Hand gemalt. Daher können ihm gralsähnliche Eigenschaften zugeschrieben werden.

Balduin blieb nicht lange in Edessa, sondern wurde bald König von Jerusalem. Wahrscheinlich wird er ein Mandylion, sei es ein Original oder eine Fälschung, mit sich in die Heilige Stadt genommen haben, wenn man es ihm anvertraut hatte. Inzwischen herrschte sein Vetter Balduin von Le Bourg über die Grafschaft Edessa. Er übernahm später den Thron von Jerusalem und war wahrscheinlich eben jener König, der die Gründung des Templerordens gestattete. Die Templer übernahmen die Verantwortung für den Berg Morija, den Ort, an dem Abraham seinen Sohn Isaak zum Opfer anbot und an dem einst der Tempel Salomos gestanden hatte.

Balduin II. starb 1131. Nachfolger wurde sein Schwiegersohn Fulk, Graf von Anjou. Er war ein begnadeter Soldat, der nach dem Tod seiner ersten Frau seine Besitzungen in Frankreich seinem Sohn überlassen hatte, um sein Leben in den Dienst des Kreuzes zu stellen. Fulks Regierungszeit verlief ganz und gar nicht friedvoll. Er mußte nicht nur der ständigen Bedrohung durch die muslimischen Nachbarn begegnen, sondern auch noch eine Erhebung seiner mächtigsten Vasallen niederschlagen und die wachsende byzantinische Präsenz kontrollieren. Fulk von Anjou hinterließ bei seinem Tod infolge eines Reitunfalls im Jahr 1143 ein gefährliches Machtvakuum. Seine Witwe Melisende übernahm zwar zusammen mit ihrem jungen Sohn Balduin III. die Herrschaft, doch galt dies nicht als hinreichende Lösung. Der schlimmste Schlag allerdings war der Fall Edessas im Jahr 1144. Ihn hätte man voraussehen und sich dafür rüsten müssen. Zwar hatte es schon in der Vergangenheit viele Schwierigkeiten und Rückschläge gegeben, doch dies war der erste bedeutende Gebietsverlust für die Kreuzfahrerbewegung und markierte einen Wendepunkt in der Entwicklung.

Der Fall von Edessa war für den Westen ein Ansporn zu neuen

Anstrengungen. Papst Eugenius rief zu einem Zweiten Kreuzzug auf, um die Stadt zurückzuerobern und die übrigen Outremer-Staaten zu stärken. Die treibende Kraft hinter diesem Unternehmen war allerdings nicht der Papst, sondern Bernhard von Clairvaux, ein anerkannter und bedeutender Kleriker seiner Zeit. Seine feurigen Reden brachten selbst die skeptischsten und trägsten Christen dazu, ihren Pflichten nachzukommen und das Kreuz zu nehmen. Auf einer Reise durch Frankreich und Deutschland hielt Bernhard eine flammende Predigt nach der anderen und ermunterte Adel wie Bauern gleichermaßen, ein Gelübde abzulegen und sich dem Kreuzzug anzuschließen. Das Ergebnis war eine neue Massenbewegung, die dieses Mal nicht von den jüngeren Söhnen der großen Familien, sondern von König Ludwig VII. und seiner Königin Eleonore von Aquitanien angeführt wurde. Allerdings endete Ludwigs Kreuzzug als völliger Fehlschlag.

Er führte dazu, daß sich das Byzantinische Reich weiter dem Westen entfremdete und daß die Muslime sich zusammenschlossen und die unterschwellige Uneinigkeit ihrer Feinde nutzten. Zu keinem Zeitpunkt standen die Kreuzfahrer auch nur in der Nähe von Edessa. Statt dessen verschwendeten sie ihre Kräfte auf einem langen Marsch quer durch Anatolien und bei einer fruchtlosen Belagerung von Damaskus.

Doch sollte dies noch nicht das Ende der Kreuzzugsbewegung sein. 1187 verloren die Franken Jerusalem und beinahe ganz Palästina in der katastrophalen Schlacht bei Hattin. Auch spätere Kreuzzüge, wie etwa der von Richard Löwenherz, dem Sohn von Königin Eleonore und ihrem zweiten Gatten Heinrich II. von England, konnten den Tag nur hinauszögern, an dem die ganze Levante sowie Anatolien unter islamische Kontrolle kamen. Schließlich eroberten im Mai 1453 die osmanischen Türken die bedeutendste Stadt: Konstantinopel. Die Hagia Sophia wurde in eine Moschee verwandelt, und ihre Wandgemälde und Mosaiken wurden mit Putz überzogen, damit das muslimische Auge nicht durch die offene Zurschaustellung der Ikonographie beleidigt wurde. Die Hagia Sophia blieb beinahe fünf Jahrhunderte eine Moschee, bis das Gotteshaus 1934 zum Museum gemacht wurde.

Doch die Kreuzzugsbewegung hatte wichtigere und längerfristige Folgen als die Eroberung eines relativ kleinen Landabschnitts in der Levante. Vor allem öffnete sie einer Flut von östlichen Vorstellungen und Ideen die Tore. Die Tempelritter waren direkt oder indirekt an diesem Prozeß beteiligt, weil sie entscheidende Positionen besetzten. Hugo von Payens, der Anführer der ersten neun Ritter, war zwar relativ arm, aber der Orden stand unter dem Schutz weitaus einflußreicherer Persönlichkeiten. Da war zunächst einmal Bernhard von Clairvaux selbst, der Führer des Zisterzienserordens. Diesem Orden hatten sich die Tempelritter angegliedert. Bernhard formulierte ihre Regeln und gab den Eid vor, den die Templer beim Eintritt in den Orden ablegten.

Inwieweit Bernhard auch die spätere Entwicklung mitbestimmte, ist schwer zu sagen. Sein hartes Durchgreifen gegen die Kartharer in Südfrankreich, die bei späteren Kreuzzügen und Inquisitionen brutal unterdrückt wurden, spricht dagegen, daß er das Eindringen »häretischer« Ideen aus dem Osten nach Frankreich besonders begrüßt hätte. Aber laut Gründungsprivileg waren die Templer ein unabhängiger Orden, der im zivilen wie im religiösen Bereich nur der Jurisdiktion des Papstes unterstand. Deshalb hatten sie anscheinend freie Hand in ihren Entscheidungen. Obwohl Bernhard wahrscheinlich bis zu seinem Tod im Jahr 1153 großen Einfluß auf die Templer ausübte, wußte er wohl nichts von ihren esoterischen Ideen.

Der zumindest in der ersten Zeit wohl einflußreichste Gönner des Ordens war der Lehnsherr Hugos von Payens, Graf Hugo von der Champagne. Er hatte auch das Land gestiftet, auf dem Bernhards Abtei Clairvaux errichtet wurde. 1125 gab er seine riesigen Ländereien auf, verließ seine Familie und schloß sich den Templern an, wie er es sich immer gewünscht hatte. Da er selbst keinen Erben hatte, ging die Grafschaft Champagne auf seinen Lehnsherrn Theobald II., Graf von Blois, über. Der älteste Sohn dieses Adligen, Heinrich, hatte König Ludwig VII. auf dem Zweiten Kreuzzug begleitet. Er muß auf den König einen guten Eindruck gemacht haben, denn er erbte 1152 nicht nur die Grafschaft Champagne, sondern heiratete 1164 auch Marie, die Tochter des Königs aus erster Ehe mit Eleonore von Aquitanien.

1181 beerbte Heinrich I. sein ältester Sohn Heinrich II., der 1190 ebenfalls ins Heilige Land zog. Zwei Jahre später heiratete Heinrich II. die Witwe Königin Isabelle, die Enkelin von Fulk und Melisende. So knüpften die Herren der Champagne innerhalb von zwei Generationen nicht nur familiäre Bande zum französischen Königshaus, sondern besetzten auch den Thron von Jerusalem. Die Templerbewegung, die ihre Ursprünge am Hof der Champagne hatte, konnte jetzt kaum noch enger mit der Macht in Frankreich und im Osten verbunden sein.

Troyes, die Hauptstadt der Grafschaft Champagne, beherbergte schon 1070 ein wichtiges Zentrum esoterischer Studien. Der berühmteste Sohn der Stadt, Chrétien de Troyes, schrieb die erste französische Gralsgeschichte, *Le Conte du Graal*, kurz nachdem Heinrich I. 1178 zum Kreuzzug aufgebrochen war. Zwar blieb das Werk unvollendet, doch man gewinnt den Eindruck, daß Chrétien einige äußerst esoterische Zusammenhänge rund um diesen mysteriösen Gegenstand kannte.

Die Geschichte des Grals wurde von anderen Autoren aufgegriffen, vor allem von Wolfram von Eschenbach. In seinem Werk *Parzival* wird die Gralssuche eindeutig mit den Tempelrittern in Verbindung gebracht. Er behauptet sogar, die Geschichte zuerst von einem Templer namens Kyot gehört zu haben. Wahrscheinlich handelte es sich um Guiot de Provins, einen bekannten Troubadour, Mönch, Poeten und Apologetiker der Templer. Aus alldem läßt sich wohl folgern, daß nach dem Desaster des Zweiten Kreuzzugs ein unter dem Namen Gral bekannter Gegenstand – meiner Meinung nach das Mandylion von Edessa – in die Champagne gebracht wurde. Doch war dieses Stück Tuch nur das Symbol eines sehr viel umfassenderen Prozesses: der Übertragung von Wissen aus dem Osten in den Westen.

Der Tempel der Jungfrau

König Ludwig und Königin Eleonore wurden auf ihrem Kreuzzug 1147 von einer Gruppe Tempelritter begleitet. Das war ihr Glück, denn im Laufe der gefahrvollen Reise wurde aus dem Rest der Armee ein undisziplinierter Söldnerhaufen. Ohne den Schutz der Templer wäre das Königspaar unweigerlich in die Hände der Türken gefallen. Etwa zu dieser Zeit und vielleicht aufgrund seiner engen Verbindung zu den Templern übernahm König Ludwig die *Fleur-de-Lys* als heraldisches Zeichen. (Tafel 43) Sie war wahrscheinlich das Symbol eines noch geheimeren Ordens, dem die Templer sich angeschlossen hatten.[1] Der König veränderte sich während des Kreuzzugs auch charakterlich und wurde sehr viel religiöser. Es ist durchaus möglich, daß die Annahme gerade dieses Zeichens, das schnell zum Königswappen Frankreichs aufstieg, mit seiner eigenen Initiation in diesen Orden in Zusammenhang steht.

Wie wir gesehen haben, war die Lilie nicht nur in Ägypten, sondern auch in Byzanz ein beliebtes Symbol. Die *Fleur-de-Lys* leitet ihren Namen von der Fleur-de-Luce oder Iris ab. Sie ist die europäische Version der Lilie oder des Lotos, den der Erzengel Gabriel der Jungfrau Maria überreichte. Als solche entspricht sie der Spica, der Ähre des Sternbildes Jungfrau, und repräsentiert esoterisch die Blume, aus der die Seele eines neuen Königs heraustreten wird. Warum die *Fleur-de-Lys* in Frankreich so wichtig wurde, ist immer ein Rätsel geblieben.

Doch ein verblüffendes Buch aus den sechziger Jahren mit dem Titel *Die Geheimnisse der Kathedrale von Chartres* liefert zumindest eine weitere Bestätigung ihrer esoterischen Bedeutung. Als Autor ist ein gewisser Louis Charpentier angegeben, Inhaber des Urheberrechts ist jedoch Robert Laffont, so daß der Autorenname wahrscheinlich ein Pseudonym ist. Das Buch von Louis Charpentier – oder »Ludwig der Zimmermann«, wie man auch sagen könnte – bezeugt das Wissen um eine lebendige esoterische Tradition, die die Templer mit dem Bau der großen französischen Kathedralen verbindet. Der englischen Übersetzung des französischen Originals ist ein Vorwort von Janette Jackson vorangestellt, die in den sechziger und siebziger Jahren in Großbritannien als die treibende Kraft hinter R.I.L.K.O.[2] galt, der Organisation, die diese Ausgabe veröffentlichte. Sie schreibt:

»L. Charpentier eröffnet ganz neue Ausblicke und Möglichkeiten. Er sagt im Grunde genommen, daß Chartres und andere Kathedralen wie die großen Monumente Ägyptens und Griechenlands die Manifestation eines Geheimnisses waren, das der Menschheit mit Hilfe von okkulten oder mystischen Mitteln nahegebracht wurde.

Worum es sich bei diesem Geheimnis handelt und wie es mitgeteilt wurde, enthüllt das Buch nicht völlig. Es ist ganz offenkundig so geschrieben, daß es nur Hinweise gibt und nicht allzu viele Geheimnisse ausplaudert. Es neigt auch dazu, mit wilden Spekulationen, groben Verallgemeinerungen und übertriebenen Vereinfachungen einiger sehr komplexer Vorstellungen zu provozieren. Dennoch enthält es viele Informationen, die Charpentier wohl kaum alle selbst entdeckt oder gefunden haben kann. Es sieht vielmehr so aus, als sei er ›ein Wissender‹, als sei er zumindest in einige der Ideen, die er darstellt, eingeführt worden. Dies wiederum läßt vermuten, daß er selbst ein Eingeweihter der Art von Schule war (oder ist), über die wir diskutiert haben.«[3]

In seinem Buch geht Charpentier davon aus, daß Bernhard von Clairvaux die ursprünglichen neun Tempelritter damit beauftragte, die Bundeslade zu finden und nach Frankreich zu bringen. Sie sei, so vermutet Bernhard, vor der Zerstörung des ersten salomonischen Tempels irgendwo auf dem Berg Morija vergraben worden. Doch diese Geschichte ist sehr fragwürdig. Es gibt keinen Grund zu glauben, daß die real existierende Bundeslade nach Frankreich anstatt beispielsweise nach Äthiopien gebracht worden sei.

Wenn wir die Lade jedoch als Symbol nehmen, dann ist sie wertvoller als eine hölzerne Kiste voller alter Steintafeln: Sie steht für die wahre Gnosis, und die wurde tatsächlich von den Templern nach Frankreich gebracht. Charpentier liefert die Belege dafür in einem Exkurs, der zunächst vom Hauptthema abzuschweifen scheint: Er zeigt, daß die Notre-Dame-Kathedralen Nordfrankreichs nach einem festen Plan errichtet wurden. Er argumentiert, daß die Lade etwas enthielt, was als Bauplan des Tempels gedeutet werden konnte und in Frankreich von mittelalterlichen Baumeistern als Vorlage für die Errichtung der gotischen Kathedralen wie etwa Chartres genutzt wurde.

Vor 1140 gab es in Europa nur wuchtige romanische Bischofskirchen im Stil der Kathedrale von Durham. Nach dem Zweiten Kreuzzug entwickelte sich dann eine völlig neue Art des Bauens – die Gotik, charakterisiert durch Rippengewölbe, Strebebogen, große Buntglasscheiben und vor allem durch Spitzbogen. Diese Merkmale wurden zwar in Frankreich weiterentwickelt und bis zum äußersten getrieben, stammten aber nicht dorther, sondern aus dem Osten. Das häufige Vorhandensein von Spitzbogen in den Ruinen des alten Edessa bezeugt, daß ein früher »gotischer« Stil in dieser Stadt schon früher als in Frankreich bekannt war, da dort nach diesem Datum keine Kirchen mehr gebaut wurden.

Weitere Bestätigungen dieser Annahme findet man in Mardin, einer Stadt, die die Franken nie eroberten, die also immer unter türkischer Herrschaft stand, während Edessa Kreuzfahrerstadt war. Dee und ich besuchten Mardin, weil wir sehen wollten, wie diese antike Stadt, auf den Höhen eines Berges gelegen, heute aussieht, die einst eine große Jakobiten-Gemeinde beherbergt hatte. Als wir die Hauptstraße hinaufgingen, stießen wir auf ein Gebäude, das heute als Werkstatt dient, früher jedoch einmal eine Kirche gewesen sein muß. Überrascht stellten wir fest, daß dieses Gebäude nicht nur ein Spitzbogenportal hatte, sondern auch noch Zackenfriese, wie wir sie in Großbritannien mit den Normannen in Verbindung bringen. Da weder die Normannen noch die Franken diese Kirche gebaut hatten, kann man annehmen, daß der Baustil nicht aus Frankreich, sondern entweder aus Armenien oder aus Nordmesopotamien stammte. Infolge dieses Kulturtransfers veränderte sich die europäische Landschaft innerhalb eines Jahrhunderts grundlegend. Immer mehr dieser ehrfurchtgebietenden Bauten schossen in die Höhe. Die großen Kathedralen Frankreichs waren die Wolkenkratzer ihrer Zeit, die höchsten Gebäude in der damals bekannten Welt seit dem Bau der Großen Pyramide von Gise.

In Charpentiers Buch fand ich nicht nur seine Würdigung der Gotik interessant – obwohl auch die großartig ist –, sondern vor allem seine Entdeckung, daß die Notre-Dame-Kathedralen Nordfrankreichs nach einem festen Plan angelegt wurden. Jede Kathedrale – Rouen, Chartres, Laon, Reims und andere – steht für einen Stern. Zusammengenommen bilden diese »Sterne« die Grundzüge des Sternbildes Jungfrau. Obwohl Charpentier sich dazu nicht äußert, ist diese Anordnung, die jeder leicht überprüfen kann, wenn er eine Landkarte von Frankreich und eine Zeichnung des Sternbildes zur Hand hat, eine greifbare Form des hermetischen Satzes »Wie unten, so oben«. Da auch der Bau der ägyptischen Pyramiden der IV. Dynastie letztendlich auf eine Sternenkorrelation zurückgeht, kann man hier eine Kontinuität der Überlieferung vermuten. Während aber die Architekten in Ägypten nur ein relativ kleines Gebiet, die Pyramidenfelder nahe Kairo,[4] in ihre Planungen einbezogen, ist die Figur des Sternbildes Jungfrau in Frankreich in gigantischer Größe wiedergegeben.[5]

Offensichtlich waren die Baumeister der Kathedralen hochmotiviert, inspiriert von einem beeindruckenden Wissen. Sie und ihre Stifter, zu denen der König ebenso gehört haben muß wie die Gra-

Abb. 16 Die nordfranzösischen Kathedralen und das Muster des Sternbilds Jungfrau (Virgo). Le Mans und Tours sind die einzigen eingezeichneten Kathedralen, die nicht der Jungfrau Maria geweiht sind.

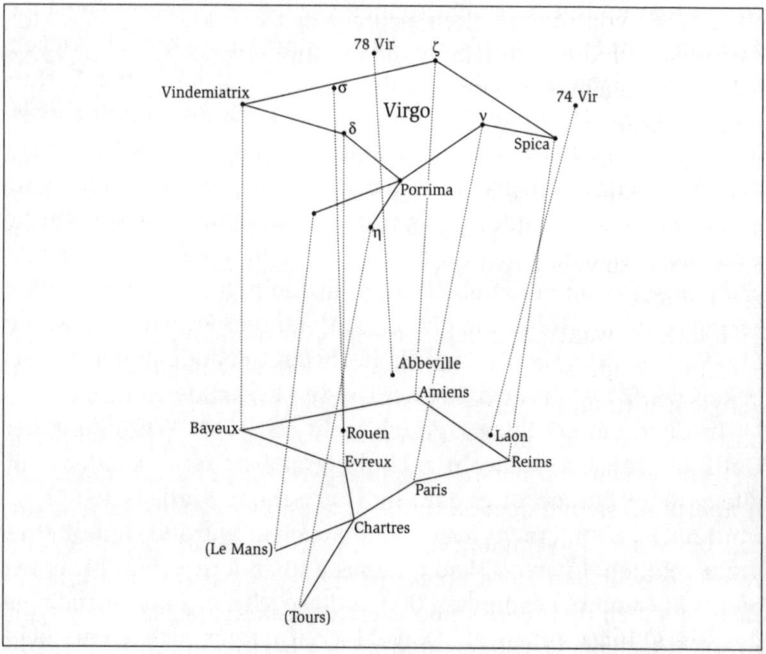

fen der Champagne und des Burgund,[6] führten einen geheimen Plan von größter Bedeutung aus. Um auch nur eine Kathedrale zu bauen, brauchte man Unmengen von Arbeitszeit und Material. Der Bau eines Dutzends dieser riesigen Kirchen war nicht nur schwierig, sondern erforderte enorme Beharrlichkeit und Hingabe. Die Frage ist, wozu die Menschen diese Anstrengung auf sich nahmen. Welchem Zweck diente das Ganze?

All diese Fragen finden eine Antwort, wenn man die Stimmung zur Zeit des Kathedralenbaus bedenkt. Der fehlgeschlagene Zweite Kreuzzug war nicht nur für die Franken, sondern vor allem für die Christen im Osten eine Katastrophe gewesen. Sie wußten jetzt, daß das Königreich Jerusalem nicht sicher war und früher oder später wie Edessa den Türken in die Hände fallen würde. Einige sahen darin kein Unglück, denn immerhin hatte das Heilige Land schon jahrhundertelang unter muslimischer Herrschaft gestanden, und die Franken waren nicht überall beliebt. Andere wiederum, vor allem die Armenier, mußten sich mehr Sorgen machen. Viele von ihnen hatten sich mit den Franken angefreundet, darunter auch die Architekten, die mit Rippengewölben und Spitzbogen umzugehen verstanden.[7] Balduin I. hatte Ehen zwischen seinen Vasallen und der lokalen Aristokratie Edessas gefördert, und Edessas letzter Graf, Joscelin II., war selbst zur Hälfte Armenier. Zumindest einige Armenier, und vielleicht auch Gruppen anderer Völker, entschlossen sich offenbar, mit Philipp zurück nach Frankreich zu gehen, wo sie ihr Wissen als Baumeister gut einsetzen konnten.

Einzelne, wahrscheinlich Armenier, die auch mit der geheimen Sarmung-Bruderschaft in Verbindung standen, bekamen vermutlich den Auftrag, bestimmte Franken ins Vertrauen zu ziehen, darunter auch König Ludwig. Den Schlüssel zu ihrer Mission kann man entdecken, wenn man sorgfältig die Karte von Nordfrankreich studiert und sie mit dem Sternbild Jungfrau vergleicht. Es fällt auf, daß bei einer Übertragung ins Sternbild Jungfrau die Kathedrale von Reims für den Stern Spica steht, der wiederum die Getreideähre wie auch die Lilie symbolisiert. Wegen seiner Verbindungen zum Königshaus war Reims und nicht Chartres im Mittelalter die wichtigste Kathedrale Frankreichs; jahrhundertelang wurden dort die französischen Könige gekrönt.

Reims repräsentiert damit praktisch wie symbolisch den Ort der *Fleur-de-Lys*. Dieses Symbol steht für die Verkündigung, die Auswahl einer Frau, die den zukünftigen Messias austrägt. Auf sehr subtile Art drückt das Sternbild Jungfrau über Nordfrankreich eine Erwartung aus, die wahrscheinlich auch Ludwig teilte, daß nämlich der nächste Messias Franzose und von königlichem Geblüt sein werde. Deshalb war es Ludwigs Pflicht, den Weg für dieses Ereignis zu ebnen, das nicht länger in Jerusalem erwartet wurde. Dies erklärt Ludwigs Annahme der *Fleur-de-Lys*, des Horus-Symbols, als persönliches Wappen.

Die Stadt der Weisen

Nicht nur die Franzosen waren versucht, den Geburtsort des Messias aus Palästina nach Europa zu verlegen. Als der Papst zum Kreuzzug aufrief, um Edessa zurückzugewinnen, konnte er nicht ahnen, daß seine Worte auch östlich des Rheins so großen Anklang finden würden. Bisher hatten sich die Deutschen kaum für die Kreuzzüge interessiert und ihre Christenpflicht lieber bei den Heiden an ihrer Ostgrenze abgeleistet. Diesmal jedoch war Konrad III. entschlossen, eine führende Rolle zu übernehmen, und wollte nicht nur zusehen, wie Ludwig den ganzen Ruhm davontrug. Seine Entscheidung sollte siebzehn Jahre später überraschende Folgen für die Domstadt Köln am Rhein haben.

Der Kölner Dom ist ein gotisches Meisterwerk in Europa, obwohl er wie der deutsche Staat, den er in vieler Hinsicht repräsentiert, erst Ende des 19. Jahrhunderts fertiggestellt wurde. Die römische Stadt, die in dieser weit abgelegenen Grenzlage von Kaiser Claudius auf Bitten seiner Gattin Agrippina gegründet wurde, hieß ursprünglich *Colonia Agrippinensis*. Wahrscheinlich war das Christentum relativ früh nach Köln vorgedrungen, denn als Konstantin der Große es 313 n. Chr. im Mailänder Toleranzedikt offiziell zuließ, war die Kölner Gemeinde schon so groß, daß der örtliche Bischof

Maternus eine beachtliche Kirche auf einem Hügel über der Stadt errichten konnte.

Der Platz, auf dem auch der spätere Dom stehen sollte, war ursprünglich von einem kleinen Tempel des Mercurius Augustus beansprucht worden. Um 330 n. Chr., nur fünf Jahre nach dem Konzil von Nizäa, brach dann die Katastrophe über die Stadt herein: Köln wurde erstmals von den Franken eingenommen. Zwar besetzten sie die Stadt nicht sofort, doch 475 wurde Köln zur wichtigsten Residenz des Königs Childerich, nachdem die Franken inzwischen dem Christentum angehörten. In den nächsten Jahrhunderten wurde die Kirche mehrfach umgebaut. Sie wuchs an Größe und Bedeutung parallel zur Stadt und dem fränkischen Königtum, das inzwischen nicht nur Frankreich, sondern auch Deutschland und Norditalien umfaßte.

Am 23. Dezember 800, einem der großen Momente der europäischen Geschichte, ließ sich Karl der Große, König der Franken, vom Papst zum Kaiser des Westens krönen. Er verlegte seine Hauptresidenz nach Aachen, doch der Erzbischof von Köln blieb der einflußreichste Prälat in Deutschland und verwaltete ein Bistum, das sich von Südbelgien bis nach Bremen erstreckte. Unter Karl dem Großen war Aachen die glänzende Hauptstadt eines wiedergeborenen und wiedervereinigten Westeuropas. Er schickte Gesandte nach Konstantinopel, und der Kölner Dom wuchs während der gesamten fränkischen Zeit im gleichen Maß wie die Macht der Franken. Das entscheidende Ereignis allerdings, das die Stadt zum bedeutenden Wallfahrtsort machen sollte, fand erst dreieinhalb Jahrhunderte später unter der Herrschaft Friedrich Barbarossas statt.

Friedrich Rotbart, Herrscher des Heiligen Römischen Reiches, war damals der mächtigste Mann in Europa. Als Sohn Friedrichs II., des Herzogs von Schwaben, und Judith, der Tochter Heinrichs IX., Herzog von Bayern, erbte er schon mit vierundzwanzig Jahren den Titel seines Vaters und begab sich dann sofort an der Seite seines Onkels, Kaiser Konrads, auf den Zweiten Kreuzzug.

Wie das französische brach auch das deutsche Kontingent mit hohen Erwartungen auf, aber es war auch ebenso schlecht organisiert und zum Scheitern verurteilt. Friedrich lernte aus diesen Erfahrungen und schlug sich tapfer auf dem Felde. Da Friedrich sich als fähiger Führer erwies und sein Onkel ihn sehr mochte, schlug Konrad vor, ihn anstelle seines eigenen Sohnes nach seinem Tod zum Kaiser zu wählen. Am 9. März 1152 wurde Friedrich tatsächlich in Aachen zum römischen Kaiser gekrönt. Er unternahm mehrere Italienfeldzüge, um die kaiserliche Macht dort wiederherzustellen. Das brachte ihn unweigerlich und bei mehr als einer Gelegenheit in Konflikt mit dem Papst. 1158, während seines zweiten Italienfeldzugs, gelangte Mailand wieder unter kaiserliche Kontrolle.

1163 scheiterte sein Versuch, Sizilien, damals ein unabhängiger normannischer Staat, zu erobern. Daraufhin beschloß Friedrich, seine Macht in Deutschland weiter auszubauen. Auf dem Weg zurück bemächtigte er sich der wichtigsten Reliquie Mailands: der Knochen der Heiligen Drei Könige. Auf Betreiben von Erzbischof Rainald von Dassel brachte man sie 1164 nach Köln und beschloß, einen neuen Schrein zu bauen, um diese ehrfurchtgebietenden Gebeine angemessen zu beherbergen. (Tafel 3)

Erst 1247 wurde jedoch mit dem Umbau des Doms im gotischen Stil begonnen, noch bevor im Jahr darauf ein Feuer die Kirche in Schutt und Asche legte. Das neue Gotteshaus sollte von Beginn an in dem neuen prunkvollen Stil errichtet werden und sollte besonders groß werden. Aber immer wieder kam es zu längeren Unterbrechungen und Verzögerungen beim Bau, so daß der Schlußstein, die Finiale des Südturms, erst am 15. Oktober 1880 im Beisein von Kaiser Wilhelm I. angebracht werden konnte.

Friedrich Barbarossa hatte nicht voraussehen können, welche Folgen die Überführung der angeblichen Reliquien der drei Weisen nach Köln haben sollte, aber ganz offensichtlich bedeuteten sie ihm sehr viel. Der Fehlschlag des Zweiten Kreuzzugs hatte die Schwäche der fränkischen Staaten in Outremer offengelegt. Damit verbunden war ein wachsender Nationalismus in Europa und der Wunsch, näher gelegene Wallfahrtsstätten zu schaffen. Man kann sagen, daß er Köln als Ganzes zum Heiligtum machte, und so brachte Friedrich eigentlich Bethlehem nach Deutschland. Jetzt brauchten deutsche, französische, holländische und sogar englische Pilger nicht mehr die harte und gefährliche Reise nach Bethlehem auf sich zu nehmen, um sich als Teil der Weihnachtsgeschichte zu fühlen; sie brauchten einfach nur Köln zu besuchen. Und gleichzeitig mehrten sie damit den Reichtum, steigerten den Handel und Status dieses damals bereits wichtigen Wirtschaftszentrums.

Doch war dies schon alles? Niemand würde heute ernsthaft behaupten, daß die Reliquien, die Friedrich nach Köln bringen ließ, wirklich die Gebeine der »ersten Christen« waren, jener mysteriösen Sterndeuter, die den Stall von Bethlehem aufsuchten. Das Mittelalter war eine Zeit großen Glaubens, und die meisten Kirchen bewahrten Reliquien des einen oder anderen Heiligen, aber diese Geschichte war doch zu unglaubwürdig. Friedrich war nicht dumm und hatte auch keine Angst, die Autorität des Papstes in Frage zu stellen, wann immer es ihm paßte. Er fiel bestimmt nicht auf die angebliche Authentizität dieser verdächtigen Reliquien herein.

Doch auf die eine oder andere Weise müssen sie ihn fasziniert haben. Ein Grund dafür – und wohl auch für die große Beliebtheit dieser Geschichte bei anderen mittelalterlichen Königen – war vermutlich, daß die drei Weisen die Kreuzzugsideale verkörperten. Wie die fremden Könige Melchior, Kaspar und Balthasar sich als Pilger aufgemacht hatten, um dem neugeborenen Jesus gegen den Willen des Königs Herodes auf Knien Ehre zu erweisen, so hatten die Kreuzritter Bethlehem zurück in den Schoß des Christentums gebracht. Damit waren die Weisen die natürlichen Schutzpatrone der Kreuzzüge und verdienten genausoviel, wenn nicht noch mehr Respekt als spätere Heilige.

Doch ganz unabhängig von der Echtheit der Reliquien: Das mittelalterliche Ideal der drei Könige, die sich in Bethlehem einstellten, sollte sich für Friedrich noch auf ganz andere Weise erfüllen. Erneut hatte das Schicksal im Osten zugeschlagen, und dieses Mal war die Zukunft von ganz Outremer gefährdet. Aufgrund zu weniger Soldaten hatte es sich immer auf die Uneinigkeit der Gegner verlassen müssen. Dieses Mal wurde es von den Truppen seines Todfeindes Saladin quasi überrannt. Im Juli 1187 marschierte eine christliche Armee auf, die größte, die jemals in dem kleinen

Königreich aufgestellt worden war, um das belagerte Tiberias zu befreien. Das war ein fataler Fehler.

Auf ihrem Weg durch die galiläischen Hügel, erschöpft und dem Verdursten nahe, wurden die christlichen Truppen bei Hattin aus dem Hinterhalt angegriffen. Sie wurden aufgerieben, und in der Folge konnte Saladin Jerusalem ebenso leicht erobern wie die anderen befestigten Städte und Burgen des Königreiches. Papst Gregor VIII. predigte einen neuen Kreuzzug, um das Verlorene zurückzugewinnen, und 1190 nahmen Richard I. Löwenherz, König von England, und Philipp, König von Frankreich, das Kreuz. Vorher hatte sich schon Friedrich Barbarossa, jetzt ein alter Mann, den Herausforderungen des Kreuzzugs ein zweites Mal gestellt. Doch die Rückeroberung Palästinas war ihm nicht vergönnt: Er starb bei einem Badeunfall, bevor seine Armee Antiochia erreichte. Ohne seine starke Hand brachen Disziplin und Ordnung, die bis dahin vorbildlich gewesen waren, im deutschen Kontingent zusammen.

Wäre Friedrich nicht zu Tode gekommen, hätten die vereinten Streitkräfte der Deutschen, Franzosen und Engländer wohl ausgereicht, um Jerusalem zurückzugewinnen. Er, Richard und Philipp hätten wie die antiken drei Könige die Krippe in Bethlehem aufsuchen und sich vor ihr zu Boden werfen können. So aber konnten die Kreuzfahrer nur einen Teil des alten Königreiches zurückerobern. Jerusalem und Bethlehem blieben außerhalb des kleinen Staates, dessen Hauptstadt jetzt Akkon war. Und bald würde auch dieser Staat wie alle fränkischen Besitzungen im Nahen Osten verlorengehen.

Das Gebet Richards II.

Als Richard II. 1377 als Zehnjähriger den englischen Thron bestieg, hatte sich vieles verändert. Die großen Kathedralen Nordfrankreichs waren so gut wie fertig, doch zwei Tragödien hatten dem Goldenen Zeitalter der französischen Kultur den Boden entzogen. Zum einen der Schwarze Tod, der 1348 und 1349 beinahe ein Drittel der europäischen Bevölkerung hinwegraffte, zum anderen der

Hundertjährige Krieg zwischen England und Frankreich, der ebenso sinnlos in seiner Zerstörungswut war. In diesen Krieg waren zwar auch walisische Bogenschützen und englische Lehnsleute verwickelt, aber im Grunde ging es um den Machtkampf zweier rivalisierender französischer Dynastien. Anlaß dieses Titanenkampfes um den Besitz eines der reichsten Länder Europas war die Scheidung von Eleonore von Aquitanien und Ludwig VII., nachdem er vom Zweiten Kreuzzug zurückgekehrt war, und Eleonores anschließende Ehe mit Heinrich II. von England. Als Mitgift hatte sie ihr wertvolles Stammland Aquitanien in die Ehe eingebracht, das mit anderen französischen Besitzungen des Hauses Anjou, also der Plantagenets, vereinigt wurde.

England besaß jetzt Kronland von beträchtlicher Ausdehnung in Frankreich, und mit der Zeit kam es zwischen den Angevins und dem Herrscherhaus der Valois zu Auseinandersetzungen um den rechtmäßigen Anspruch auf den französischen Thron. Eduard II., Richards Großvater, fiel in Frankreich ein und gewann mehrere Schlachten, darunter die von Crécy im Jahr 1346. Zehn Jahre später schlug Eduard, der Schwarze Prinz, den französischen König Johann II. in der Schlacht bei Maupertuis und nahm ihn mitsamt seinem kleinen Sohn, dem Dauphin, gefangen. Doch keine der beiden Schlachten löste den Konflikt. Wie konnte ein immer stärker anglisiertes Haus Anjou Ansprüche auf den französischen Thron erheben? Und weiterhin, wie konnte der König von Frankreich erwarten, daß der König von England ihm als Graf von Anjou Gefolgschaft leistete, als wäre er ein ganz gewöhnlicher Untertan?

Dieser Konflikt schwelte 1377 noch, als Richard, der Sohn des Schwarzen Prinzen, den Thron bestieg. Er mag die Jungfrau Maria um Rat gebeten haben, denn dieser Konflikt zwischen den verwandten Königshäusern hatte die Beziehungen beider Länder schon über eine Generation lang vergiftet. Richards Ehe mit Anna von Böhmen, der Tochter des deutschen Kaisers, eröffnete neue Hoffnungen und Möglichkeiten. Richard selbst war über den Schwarzen Prinzen ebenso ein Nachfahre Philipps des Schönen von Frankreich wie Eduards I. von England und vieler anderer königlicher Familien. Durch seine Verbindung mit dem Heiligen

Römischen Reich hoffte man nun zweifellos auf eine Wiedergeburt der Christenheit.

In einer verblüffend deutlichen Art und Weise spielt auch das berühmte Wilton-Diptychon auf diese Situation an. (Tafel 5) Richard betet zur Jungfrau Maria, in Anwesenheit von »weisen« Königen und Johannes dem Täufer. Und doch gibt es hier mehr als nur eine verborgene Bedeutung. Richards ausgestreckte Hände laden Maria ein, ihm das Jesuskind zu reichen, dessen kleinen Fuß sie mit einer Hand umfaßt. Richard, der ebenfalls die *Fleur-de-Lys* in seinem Wappen trug, kannte höchstwahrscheinlich das Geheimnis um den Bau der französischen Kathedralen und die Bedeutung von Reims. Doch auf seinem Altarbild lädt er den Messias allem Anschein nach ein, sein eigener Sohn zu werden. Das sollte nicht sein, die »Geschichte des Verbrechens« sorgte dafür. Doch wie anders wäre die mittelalterliche Geschichte verlaufen, wenn Richards Wunsch in Erfüllung gegangen wäre. Auf dem englischen Löwenthron hätte vielleicht ein messianischer König gesessen, der die *Fleur-de-Lys* Frankreichs getragen hätte und in Reims gekrönt worden wäre. Außerdem hätten wir vielleicht weitere Jahrhunderte voller Kriege vermieden und eine noch umfassendere Renaissance in Europa erlebt.

Die Meister der Weisheit

Meine Suche nach den Heiligen Drei Königen näherte sich ihrem Ende. Mir war jetzt klar, daß Jesus wahrscheinlich im Sommer geboren wurde, an einem Termin, der auf den heliakischen Aufgang des Sirius, des Hundssterns, fiel. An jenem Tag, dem 29. Juli 7 v.Chr., erfüllte seine Geburt nicht nur die Prophezeiungen der Juden, sondern auch die der ägyptischen und chaldäischen Astrologen. Eine Abordnung von Weisen, vielleicht sogar mehr als eine, machte sich von Nordmesopotamien auf, um den Ort zu suchen, an dem der erwartete König geboren worden war.

Die Mitglieder dieser Gesandtschaft waren wohl Angehörige einer Bruderschaft, der »Bienen« oder Sarman, zu deren Führern

Antiochos I. Epiphanes von Kommagene etwa dreißig Jahre zuvor gehört hatte. Sie waren sich der Gefahr, die ihnen durch den paranoiden, größenwahnsinnigen Herodes drohte, durchaus bewußt. Immerhin hatte er dreißig Jahre zuvor Marcus Antonius bei der Belagerung von Samosata geholfen. Also wollten sie alles tun, um Jesus zu schützen und die Lage des Stalles von Bethlehem zu verheimlichen. Die Bibel sagt, daß die Weisen einen anderen Weg in ihr Land zurück nahmen als den, auf dem sie gekommen waren. Es ist möglich, daß sie einen Umweg über Ägypten machten, bevor sie wieder Richtung Heimat zogen.

Vielleicht waren die Weisen Händler und reisten deshalb regelmäßig in geschäftlichen Angelegenheiten nach Ägypten. Dort könnten sie ein sicheres Haus vorbereitet haben, weil sie ahnten, daß die Heilige Familie fliehen mußte. Jedenfalls gibt es eine Überlieferung, nach der das Jesuskind von seinen Eltern nach Heliopolis, in das ursprüngliche Zentrum der antiken ägyptischen Religion, gebracht wurde. Wie der Phönix, der wiederkehrte, um ein neues Zeitalter einzuleiten, kam auch Jesus in die Stadt der Sonne.

Über Jesu Leben von seinem zwölften Lebensjahr bis zum Beginn seines öffentlichen Wirkens mit dreißig Jahren wissen wir nichts, aber offenbar war er ein überaus vorwitziger Junge. In den Evangelien lesen wir, daß er schon in jungen Jahren gelehrte Debatten mit den Ältesten des Tempels führte, den er als »Haus seines Vaters« bezeichnete. Es gibt andere Legenden, nach denen er als junger Mann Persien und Indien sowie Ägypten besuchte. Hartnäckig hält sich auch der Mythos, daß er in Begleitung Josefs von Arimathäa bis nach Britannien kam. Wir können diese Geschichten nicht einfach so beiseite lassen. In Anbetracht des aufgeschlossenen Charakters Jesu ist es nicht unwahrscheinlich, daß er, wie Pythagoras Jahrhunderte zuvor, alle weisen Männer aufsuchte, die er finden konnte – nicht nur die in seinem eigenen Land und seiner eigenen Religion, sondern auch diejenigen im ganzen Nahen und Mittleren Osten und darüber hinaus. Die unorthodoxe Art seines Wirkens und seine Fähigkeiten als Heiler wie als Lehrer zeigen, daß er wie Mose in die allerhöchsten Mysteriengrade eingeweiht worden war, bevor er mit seiner Arbeit begann. Das Wissen oder die Gnosis, in der ihn die Meister der Weisheit unterrichteten, umfaßte wohl auch die Astrologie, wie sie in diesem Buch beschrieben wird.

Nach Aussage der hermetischen Lehre sind menschliche Seelen hohe Wesenheiten, die sich vor langer Zeit in die Erde verliebten und sich in ihren evolutionären Spiralen verfingen wie Fliegen in einem Spinnennetz. All dies beschreibt der erste Dialog des *Corpus Hermeticum*, der *Poimandres*, in wunderbaren Worten:

»Der Geist aber, der Vater von allem, der Leben und Licht ist, gebar einen ›Menschen‹, der ihm gleich ist; den gewann er lieb, denn es war sein eigener Sohn. Er war nämlich wunderschön und das Abbild des Vaters. Denn in Wahrheit liebte sogar Gott (in ihm) seine eigene Gestalt und übergab ihm alle seine Schöpfungen.

Und als der ›Mensch‹ die Schöpfung des Demiurgen im Feuer betrachtete,[8] wollte er auch selbst Schöpfer sein, und es wurde ihm vom Vater erlaubt. Als er nun in die Himmelssphäre des Demiurgen kam, um alle Macht zu erhalten, betrachtete er die Schöpfungen seines Bruders; die aber wurden von Liebe zu ihm erfaßt, und jeder gab ihm Anteil an seiner eigenen Machtstellung; und er begriff ihr Wesen, und nachdem er an ihrer Natur Anteil erhalten hatte, wollte er die Grenze der Kreise aufbrechen und erkennen, was der, der sich über dem Feuer befindet, vermag.

Und er, der alle Macht über den Kosmos der sterblichen und vernunftlosen Lebewesen besaß, beugte sich durch die harmonische Struktur der Himmelssphären, zerriß die äußere Hülle und zeigte dann der unteren Natur die schöne Gestalt Gottes. Ihn sah die Natur in seiner überwältigenden Schönheit im Besitz aller Kräfte der Verwalter, ihn, der die Gestalt Gottes trug, und sie lächelte in Liebe und Verlangen; denn sie erblickte das Bild der überaus schönen Gestalt des ›Menschen‹ im Wasser und seinen Schatten auf der Erde. Der aber sah die ihm gleiche Gestalt in der Natur, wurde von Liebe erfaßt und wollte dort wohnen. Und mit dem Willen geschah zugleich die Tat, und er nahm Wohnung in der vernunftlosen Gestalt. Die Natur empfing den Liebhaber und umfing ihn ganz, und sie vereinten sich; denn sie waren Liebende.

Und deswegen ist im Gegensatz zu allen (anderen) Lebewesen auf der Erde der Mensch zweifachen Wesens: sterblich wegen seines Körpers, unsterblich aber wegen des wesenhaften Menschen. Denn obwohl er unsterblich ist und im Besitz der Macht über alles, erleidet er Sterbliches als Untertan des Schicksals. Er steht über der Sphärenstruktur und ist doch ein Sklave der Himmelssphären.«[9]

Das Gefangensein der Menschheit in den Beschwernissen der Natur ist das hermetische Gegenstück zur biblischen Geschichte von Adam und Eva. Die todbringende »Frucht« des Baumes der Erkenntnis ist hier die Erde selbst. Indem der Mensch von der »verbotenen Frucht« ißt, also zu Fleisch wird, nimmt er am Leben auf der Ebene der Planeten teil und ist so dem Tod unterworfen. Nach der hermetischen Lehre können nur sehr wenige Seelen aus eigener Kraft den Fangarmen der Erde entkommen. Alle anderen, die keine Heiligen sind, gehen durch ein Leben nach dem anderen, einen Tod nach dem anderen in eine endlose Kette von Wiedergeburten. Der hermetischen Lehre gemäß brauchen wir Hilfe »von oben«, wenn wir jemals aus diesem Sonnensystem befreit werden wollen.

In seinem Buch *Die inneren Welten des Menschen* deutet J.G. Bennett an, daß für Seelen mit einer hohen Bestimmung, also für jene, die diese Art von Hilfe geben können, besondere Bedingungen für ihre Geburt vorgesehen sind.[10] Heutzutage können wir dies etwa am Beispiel der enormen Sorgfalt erkennen, mit der ein Dalai Lama ausgewählt und erzogen wird. Gesandte werden ausgeschickt, um das Kind zu finden, das nach Überzeugung der Tibeter die neue Inkarnation des Dalai Lama ist. Ein ähnlicher Prozeß liegt wohl auch der Mission der Weisen zugrunde. Vieles deutet darauf hin, daß sie derselben Schule angehörten, mit der auch Gurdjieff viele Jahrhunderte später in Kontakt kam.

Wenn es sich wirklich so verhält, können wir annehmen, daß die Weisen die Erinnerung an ein so wichtiges Ereignis weitergaben. Gurdjieff berichtet, daß sie dies normalerweise in Form von »Legomonismen«, wie er es nannte, taten. Das heißt, in einem Symbol, das irgendwie die Bedeutung dessen in sich trägt, was für die Nachwelt überliefert werden soll. Beispiele architektonischer »Legomonismen« sind die ägyptischen Pyramiden, das Hierothesion des Antiochos und das Heiligtum in Arsameia. Bennett berichtet, daß Gurdjieff ihm etwas über diesen Prozeß erzählte:

»Er [Gurdjieff] sagte, daß von Zeit zu Zeit aus einer anderen Welt – ›von oben‹ – ein heiliges Individuum in menschlicher Form inkarniert wird mit einer sehr hohen und besonderen Mission. Dessen Erfüllung ist in dieser Welt nicht sichtbar und kann nur von den Schülern und Gefährten wahrgenommen werden, die besonders darauf vorbereitet wurden. Diese Mission wird nur dann in dieser Welt durchgeführt, wenn das Wesen, das damit beschäftigt ist, in menschlicher Form inkarniert ist. Aus einem Reich, in dem es das Unmögliche nicht gibt, wird eine bestimmte Möglichkeit angeboten. Sie ist etwas Neues, das nicht zu den Ursachen und Wirkungen dieser Welt gehört und damit die ganze Situation verändert. Die Durchführung kann man nicht sehen; aber im allgemeinen ist es anschließend notwendig, daß man etwas sieht, daß etwas manifest wird, damit gerade diese neue Wirklichkeit in der sichtbaren Welt unter Menschen mit normaler Wahrnehmung wirken kann. Um diesen zweiten Teil der Mission zu erfüllen, wird das heilige Bild geschaffen. Dieses heilige Bild trägt unbegrenzte Macht in sich, denn seine Quelle liegt außerhalb der existierenden Welt. Das heilige Bild sehen wir als den Gründer einer Religion, als Propheten oder als fleischgewordenen Gott, der eine neue Hoffnung ins Leben der Menschen bringt.«[11]

Die Erinnerung an die Geburt Christi ist in der Geschichte der Sterndeuter bewahrt, und vor allem im Weihnachtsbild, das traditionell benutzt wird, um das Ereignis darzustellen. Dieses »heilige Bild« der Fleischwerdung besitzt eine außergewöhnliche Macht. Es wird in Form zahlloser Gemälde, Skulpturen und selbst auf Weihnachtskarten immer wieder dargestellt. Bei jedem Krippenspiel wird es neu in Szene gesetzt.[12] Die Grundkomponenten sind immer dieselben: Maria, Josef, das Jesuskind in der Krippe und die anbetenden Hirten und Könige. Über dem Stall, der sie alle aufgenommen hat, steht der Stern von Bethlehem. Es ist ein fünfzackiger, ägyptischer Stern[13] und nicht der sechszackige Stern Davids, der die Sonne darstellt. Der »Stern«, der die Weisen führte, war die Konjunktion zweier Planeten, Jupiter und Saturn, so daß er vielleicht besser als zehnzackiger Stern dargestellt würde.

Und doch bleibt den frommen Christen die geheime Bedeutung

des Bildes verborgen. Es ist ein Legomonismus. Hinter den »Hirten«, den »Königen« und selbst der Heiligen Familie verbirgt sich das Horoskop Christi. Die wahre astrale Symbolik des Bildes enthüllt, daß das messianische Kind nicht einfach ein israelitischer Prophet, sondern ein echter Pharao[14] oder Horus-König ist. Die ägyptischen Pharaonen trugen unzählige Titel, darunter auch den des »Bienenzüchters«, der vielleicht ursprünglich ihre Funktion als Führer der »Bienen« anzeigte, die den Nektar der Weisheit sammeln. Ihr wichtigster Titel war »Sohn der Sonne«. Wie wir gesehen haben, war der offizielle Geburtstag eines Horus-Königs der Tag des heliakischen Aufgangs des Sirius, an dem die Sonne mit Regulus in Konjunktion trat. Die göttliche Natur einer solchen königlichen Geburt wurde im alten Ägypten durch die Sphinx, einen Löwen mit Männerkopf, symbolisiert.[15]

Die Könige von Ägypten sind außerdem eng mit dem Symbol des Falken verbunden. Der Falke steht in der ägyptischen Ikonographie für Horus in seinen makrokosmischen wie mikrokosmischen Gestalten. Wie ein Falke in der Luft steht und alles unter sich beobachtet, so steht auch Horus, der ältere, der ursprüngliche Himmelsgott Ägyptens, über der Welt und sieht alles, was geschieht. Er symbolisiert den ersten Logos oder die göttliche Äußerung des Vaters, dessen Wille die Schöpfung hervorbringt. Innerhalb der Welt unseres lokalen »Universums« ist die Sonne der Sitz der Schöpfungskraft. Als eine Wesenheit oder ein eigenständiger »Kosmos« bringt sie selbst ihre Planetenfamilie, das Sonnensystem, hervor. Die Manifestation des Willens der Sonne, des Sonnen-Logos, wurde in Ägypten als Re-Harachte verehrt, als Re, der Sonnengott, in seiner Falkenform. In dieser Form sieht man den Sonnengott auch als Skulptur auf der Spitze des Obelisken von Sesostris II. aus der XII. Dynastie in Heliopolis.

Die Konjunktion des falkenköpfigen Sonnengottes Re-Harachte im Morgengrauen mit Regulus, dem Löwen-Stern, symbolisiert die Geburt des »jüngeren Horus« oder des »Horus, Sohn der Isis«. Er ist der mikrokosmische Horus, der Prophet, der Mensch gewordene Sonnen-Logos. Dieser Horus ist die Sphinx, die unerforschliche Hüterin des Himmelstores, die den Uneingeweihten den Zutritt verwehrt. Die ägyptischen Pharaonen galten als solche göttlichen Inkarnationen. Dies ist dargestellt in der wundervollen Statue des Chephren, des Erbauers der mittleren Pyramide von Gise: Auf den Schultern des Königs sitzt ein Falke (Horus), der den Hinterkopf des Königs mit seinen Flügeln umfängt. (Tafel 8)

Dies ist meiner Meinung nach die große Gnosis, in der die Eingeweihten Jahrhunderte vor der Geburt Christi in den Tempeln Ägyptens unterrichtet wurden. Diese ägyptische Lehre von der Manifestation des Prinzips des Sonnen-Logos, der zum Menschen wird, zog frühe christliche Philosophen an, die sich darum bemühten, Verbindungen zwischen älteren Traditionen und der neuen Religion zu finden. Diese Lehre stieß aber ihre späteren Nachfahren ab, die die ältere Offenbarung der Osiris-Religion als Teufelswerk stigmatisierten. Ähnlichkeiten zwischen christlichen und ägyptischen Riten und Lehren wurden darauf zurückgeführt, daß der Teufel die heiligen Lehren und Sakramente der Kirche »in Vorwegnahme gestohlen« habe. Historische Tatsache bleibt jedoch, daß dieser »Diebstahl«, falls man überhaupt davon sprechen kann, umgekehrt erfolgt ist. Meiner Meinung nach geschah dies nicht nur deshalb, weil das Christentum, da es sich vor allem unter den heidnischen Völkern ausbreitete, die Attribute der Religionen übernahm, die es zu verdrängen suchte. Der Hauptgrund ist vielmehr, daß Jesus Christus selbst in die Mysterien eingeweiht war.

Das Wissen um die engen Verbindungen des Christentums zu den nichtjüdischen Religionen der Region ging in Ägypten während der Heidenverfolgungen im Jahr 390 n. Chr., als die letzten Tempel geschlossen wurden, beinahe völlig verloren. Doch weiter im Osten erlebte die »Häresie« der Gnostik eine neue Blüte bei einzelnen Gruppen wie den »persischen« Nestorianern. Die Vertreibung der »Schule der Perser« aus Edessa nach Nisibis im Jahr 489 n. Chr. entfernte die letzten Verfechter gnostischer Ideen vom Gebiet des Römischen Reiches. Danach wurde die religiöse Orthodoxie zur absolut dominanten Kraft. Menschen mit gnostischem Wissen mußten es streng geheim halten, wenn sie einer Verfolgung wegen Häresie entgehen wollten.

Trotz dieser Verfolgungen überlebte im Osten eine Strömung,

die das Wirken Jesu Christi mit der hermetischen Tradition Ägyptens einerseits und der zoroastrischen Offenbarung in Persien andererseits verband. Im 12. Jahrhundert beschloß die höchste Ebene einer Geheimorganisation, einen Teil ihres Wissens in den Westen zu transferieren. Wie wir annehmen dürfen, handelte es sich um eine frühere Form der Sarmung-Bruderschaft, die Gurdjieff später aufspürte. Deren Wissen, das vermutlich teilweise den Johannitern übergeben wurde, betraf die wichtige Rolle ihres Schutzheiligen.

In der alten Welt glaubte man, daß die ägyptischen Pharaonen den Sonnen-Logos, sozusagen die Intelligenz der Sonne, verkörperten. In dieser Rolle war der Pharao oder König ein lebender »Gott«, der für die Aufrechterhaltung der Zivilisation auf der Erde verantwortlich war. Mit der Eroberung Ägyptens zunächst durch Julius Cäsar und dann durch seinen Neffen Augustus ging diese Vorstellung auf Rom über. Die Cäsaren betrachteten sich als die Nachfolger der Pharaonen. Sie waren die neue Linie der »Horus-Könige« mit göttlichen Rechten und Verantwortlichkeiten. Unter dem Symbol des Adlers[16] statt des Falken verstanden sie sich als das Sprachrohr des Sonnen-Logos und schufen in seinem Namen ein neues Sonnenreich. Das Römische Reich war extrem brutal und hart. Im biblischen Buch der Offenbarung bekommt es die Zahl des Tieres, die 666, zugewiesen, die für die Herrschaft über die Sonne steht. Die Sonnenzahl 6 ist hier »dreifach groß« als Herrscher über Körper, Verstand und Geist.

Kein Wunder also, daß der Papst und andere Kirchenväter des 4. Jahrhunderts entsetzt waren von der Vorstellung, Jesus könne aufgrund seines Geburtstags als eine Art Pharao verstanden werden. Dabei machte sich der Westen offensichtlich nicht klar, daß das christliche Mysterium noch weiter reichte als das ägyptische. Zur Zeit der Pyramiden und selbst später noch glaubte und akzeptierte man, daß der Pharao als jüngste Inkarnation des jüngeren Horus der »Träger« des Sonnen-Logos sei. Er war die Verkörperung der im Sonnensystem waltenden Intelligenz. Daraus entsprang seine Macht, sein Charisma, das im Hebräischen *Baruch*, im Arabischen *Baraka* und im Persischen *Hvareno* heißt. Die Insignien des Pharao waren der Krummstab und die Geißel: Ersterer zeigte, daß er ein guter Hirte seiner Herde war, letztere wies ihn als Geißel seiner Feinde aus. Jesus legte die Geißel beiseite und lehrte, daß man seine Feinde lieben müsse. Er tat dies, weil er aufgrund der Vorgänge bei seiner Taufe eine Autorität beanspruchte, die über der des Sonnen-Logos stand.

Die besondere Rolle Johannes' des Täufers besteht darin, daß er einerseits als der letzte der alttestamentlichen Propheten die Tradition Elijas vertritt. Andererseits symbolisiert er als eine Orion-Gestalt den sternenübersäten Himmel jenseits des Sonnensystems, einen Ort außerhalb der Reichweite des Sonnen-Logos, den die Pharaonen nach ihrem Tod aufsuchen wollten. Die Taufe Jesu durch Johannes repräsentiert den Höhepunkt der Initiation in die Mysterien, über den offenbar noch nie zuvor jemand hinausgekommen war. Doch für Jesus war die Taufe erst der Anfang. Matthäus schreibt:

»Zu dieser Zeit kam Jesus von Galiläa an den Jordan zu Johannes, um sich von ihm taufen zu lassen. Johannes aber wollte es nicht zulassen und sagte zu ihm: ›Ich müßte von dir getauft werden, und du kommst zu mir?‹ Jesus antwortete ihm: ›Laß es nur zu! Denn nur so können wir die Gerechtigkeit (die Gott fordert) ganz erfüllen.‹ Da gab Johannes nach.

Kaum war Jesus getauft und aus dem Wasser gestiegen, da öffnete sich der Himmel, und er sah den Geist Gottes wie eine Taube auf sich herabkommen. Und eine Stimme aus dem Himmel sprach: ›Das ist mein geliebter Sohn, an dem ich Gefallen gefunden habe.‹«[17]

Der Geist Gottes, symbolisiert durch eine Taube, ist der Ur-Logos und steht über der Sonne und den Sternen. Er ist reine und bedingungslose Liebe und liegt als solche jenseits aller geschaffenen Welten. Die Taufe im Jordan, Jesu zweite Geburt durch den Heiligen Geist, wird als ein völlig neuer Anfang verstanden. Wenn er im Stall mit den Rechten und Privilegien eines Pharaonen geboren wurde, so ging er nun über sein Schicksal hinaus, indem er eine größere Bestimmung erfüllte, die nicht der Falke, sondern die Taube für ihn bereithielt.

Dies ist offenbar die Bedeutung hinter der Taufgeschichte, die im Matthäus-Evangelium direkt vor dem Beginn des Wirkens Jesu erzählt wird. In Syrien erinnerte man sich länger an diese Bedeutung: Dort bewahrte und verehrte man jahrhundertelang Reliquien des Täufers. Heute sind sie, oder das, was man dafür hält, im Topkapı-Museum in Istanbul zu bewundern. (Tafel 34) In einem juwelenbesetzten Reliquiar ist dort ein Stück des Schädels des Johannes aufbewahrt, das man wohl Herodias und Salome entwendet haben muß. Wichtiger wegen ihrer Symbolik sind die Knochen seiner rechten Hand und seines Armes, die in einem goldenen, armförmigen Behälter aufbewahrt werden. Denn dies ist die Hand, die Wasser über Jesu Kopf goß und damit seine Mission beginnen ließ.

Ob König Richard II., der Johannes als seinen Patron betrachtete, diese Dinge wirklich verstand, darüber kann man nur Mutmaßungen anstellen. Es ist verführerisch, sich vorzustellen, daß er es tat und daß das Wilton-Diptychon deshalb noch heute so kraftvoll und stark auf uns wirkt. Es erinnert uns daran, daß das eigentliche Weihnachtsfest nicht der 25. Dezember oder etwa der 23. August[18] ist, sondern der 6. Januar, das Fest, das wir mit den Heiligen Drei Königen verbinden, mit dem aber in Wahrheit die Taufe Christi begangen wird.

EPILOG

Im März 1996 reisten Dee und ich noch einmal nach Frankreich, um herauszufinden, ob esoterisches Wissen über die Tradition der Weisen tatsächlich im Mittelalter vom Osten in den Westen hinübergebracht worden war. Unser erstes Reiseziel war Reims, die Hauptstadt der Champagne, deren Kathedrale nach der Beschreibung Charpentiers für den Stern Spica im Sternbild Jungfrau steht. Wir hatten unseren Besuch auf den Frühlingsanfang gelegt und kamen am Vorabend des 25. März, des Festes Mariä Verkündigung, dort an. Dies schien uns in Anbetracht des Zusammenhangs unserer Überlegungen mit der Jungfrau Maria angemessen. Allerdings war es für die Jahreszeit zu kalt, und wir mußten uns warm anziehen.

Reims war zwar im Ersten Weltkrieg schwer zerstört worden, erwies sich aber immer noch als beeindruckende und interessante Stadt. Einst schlug hier das geistige Herz Frankreichs, und am Weihnachtstag des Jahres 498 war Chlodwig, der erste christliche Frankenkönig, hier vom örtlichen Bischof, dem heiligen Remigius, getauft worden. Remigius legte damit das Fundament für das zukünftige französische Königtum und sicherte gleichzeitig das Überleben der katholischen Kirche nach dem Zusammenbruch des Weströmischen Reiches. 816 wurde Ludwig der Fromme,[1] Enkel Pippins des Kurzen und Sohn Karls des Großen, zum Kaiser gekrönt.

Obwohl seine berühmten Vorfahren die ältere, merowingische Dynastie abgesetzt hatten und Karl der Große im Jahr 800 vom Papst zum Kaiser gekrönt worden war, knüpfte Ludwig bewußt an Chlodwigs Dynastie an, indem er sich in Reims krönen ließ. Beinahe alle späteren französischen Könige folgten seinem Beispiel; die vielleicht berühmteste Krönung war die Karls VII., den Jeanne d'Arc 1429 fast gegen seinen Willen seiner Bestimmung zuführte.

Der Königskult um Reims und das Recht seiner Erzbischöfe, den König zu krönen, wurde weiterhin gestützt durch die Sage von einer

Ampulle mit heiligem Öl, die eine Taube einst vom Himmel herab dem heiligen Remigius für Chlodwigs Taufe gebracht haben soll. Diese heilige Ampulle wurde im Grab des Remigius in einer eigenen Basilika etwa eineinhalb Kilometer von der Kathedrale entfernt aufbewahrt und zu Beginn der Krönungsprozessionen unter großem Zeremoniell von dort abgeholt.[2]

Reims blieb die Krönungsstätte Frankreichs bis 1825, als Karl X. aus dem wiedereingesetzten Haus Bourbon kurze Zeit den Thron innehatte. Die aufwendigen Krönungsroben, die er und sein Sohn, der Dauphin, trugen, bilden zusammen mit anderer königlicher Ausstattung wie etwa den glänzenden Wappenröcken seiner Pagen und einer ganzen Anzahl kunstvoller Gobelins das Herzstück der Sammlung im Bischofspalast neben der großen Kirche. Dee und ich waren unter anderem auch deshalb hierhergekommen, um sie uns anzuschauen.

Wir parkten unser Auto auf einem kleinen Platz im Nordosten der Stadt. Dann gingen wir in Richtung Kathedrale, die aus dieser Entfernung nur dann und wann zwischen den Häusern zu sehen war. Als wir näher kamen, wurden diese kurzen Ausblicke allmählich länger und länger, bis die Kirche schließlich in ihrer ganzen Pracht vor uns stand. Sie ist zwar nicht die größte französische Kathedrale – dieser Titel steht Amiens zu –, aber ein wunderbar proportioniertes Gebäude. Sie hatte die wahrscheinlich weltweit schönste Sammlung mittelalterlicher Plastiken zu bieten, bevor die Kriege des letzten Jahrhunderts und die Umweltverschmutzung ihren Tribut forderten. Glücklicherweise sind die schlimmsten Wunden durch eine einfühlsame Restaurierung und – wo notwendig – durch Repliken geschlossen worden. Heute steht die Kathedrale phönixgleich wieder stolz da, wie ein großes Schiff, das darauf wartet, von den stützenden Pfeilern befreit, ins Meer zu gleiten.

Nachdem ein früheres Gebäude durch ein Feuer zerstört worden war, begann man 1211 mit dem Bau der jetzigen Kirche und stellte sie im wesentlichen bis 1275 fertig. Sie wurde nie ganz vollendet. Bereits bevor sie 1914 von einer Bombe getroffen wurde, fehlten ihr viele der Türme, die ihre Architekten ursprünglich vorgesehen hatten. Dennoch bleibt sie ein Meisterwerk der Gotik. Ihr größter Blickfang sind noch immer die Skulpturen an der Fassade, die die wichtigsten Glaubenssätze und Traditionen der katholischen Kirche anschaulich illustrieren.

Die Kathedrale von Reims scheint im Grunde ein Heiligtum der Jungfrau Maria gewesen zu sein. Ihre Kunst stellt deshalb vor allem die freudigen Mysterien der Verkündigung, der Geburt Christi und der Himmelfahrt Marias dar. Als ich in der Kirche umherging, empfand ich unwillkürlich etwas von den positiven Seiten des Christentums. Natürlich werden auch die Leiden Christi in Stein wie in Glas dargestellt, aber diese dunklen und oft deprimierenden Bilder dominieren den Eindruck nicht.

Schon bei einer flüchtigen Betrachtung der Statuen wurde uns auch der esoterische Charakter der Ikonographie klar. Wir konnten spüren, daß jede Statue einen Zweck hatte, obwohl er nicht immer gleich zu erkennen war. Ein Beispiel dafür war die Verbindung zwischen der Kathedrale von Reims und der unsichtbaren Welt der Engel. Auf den Pfeilern, die die Mauern des Gebäudes stützen, steht ein ganzes Bataillon Engel mit ausgebreiteten Flügeln, die das Lob der Jungfrau und Gottesmutter singen. Am Ostende des Chors steht ein einziger goldener Engel, der in seiner Hand ein blitzableitendes Kreuz der Erlösung trägt. Er kann von seinem Aussichtspunkt auf der Spitze eines schlanken Türmchens das ganze Gebäude überblicken. Obwohl in keinem Führer stand, wen oder was diese Figur darstellen sollte, war ich mir sicher, daß Gabriel, der Engel der Verkündigung, vor mir stand.

Später sollten wir feststellen, daß Gabriel auch zweimal auf den Statuen abgebildet ist, die die drei Eingänge im Westen schmükken. Diese Skulpturen gehören zum Schönsten, was das Mittelalter hervorgebracht hat, und zeigen byzantinischen Einfluß. Wie P. Demouy, der Verfasser eines Führers der Kathedrale, annimmt, könnte dies ein Ergebnis des Vierten Kreuzzugs sein:

»Die originellsten Statuen finden sich unter den Werken der zweiten Baumeisterschule (vor 1240), die nach einigen Probestükken für das nördliche Querhaus ihre Meisterwerke für den Haupteingang schuf. Besonders die Heimsuchungsgruppe scheint, trotz einer gewissen Schwere, aus dem Altertum auf uns gekommen zu sein. Die Körper werden lebendig, sie stehen nicht länger wuchtig auf beiden Füßen, die Falten bewegen sich, die Gesichter drücken aus, was in den Gestalten vorgeht. Dies läßt sich damit erklären, daß es in der Gegend um Reims gallo-römische Skulpturen gab. Die Idee, die Antike nachzuahmen, kam wohl aus Griechenland. 1204, zur Zeit des Vierten Kreuzzugs, eroberten die Kreuzfahrer auf Drängen Venedigs das Byzantinische Reich. Viele Herren aus der Champagne nahmen im Gefolge der Villehardouins und Champlittes, die eine Zeitlang kleine Fürstentümer auf griechischem Boden errichteten, an der Expedition teil.«[3]

Die Statuen der Heimsuchungsgruppe sind klassisch in ihrer Haltung und Kleidung und bestätigen so die Annahme, daß die Kreuzfahrer, oder vielmehr die Künstler, die mit ihnen reisten, von den Byzantinern lernten und im Reims des 13. Jahrhunderts eine Renaissance initiierten. Die schönsten Statuen jedoch werden einer späteren, einheimischen Schule zugeschrieben, der eine Synthese von Vergangenheit und Gegenwart gelang und die so einige der feinsten und geistvollsten Plastiken schuf, die die Welt je gesehen hat.

Die berühmteste ist der sogenannte »Lächelnde Engel«, dessen Bildnis über dem nördlichen der drei Eingänge heute seltsamerweise zu einem Markenzeichen der Tourismusindustrie von Reims geworden ist. (Tafel 39) Man sieht ihn überall, auf Postkarten und Kalendern, Geschirrtüchern und Kaffeetassen. Daß dieser Engel Gabriel und damit das Sternbild Jungfrau repräsentieren soll, wird klar, wenn man ihn mit der anderen Statue direkt am Haupteingang vergleicht. Hier verkündet er mit dem gleichen lächelnden Gesicht Maria die frohe Botschaft, daß sie auserwählt ist, Jesu Mutter zu werden. Beide Engel haben heute leere Hände, aber vermutlich hielten sie einst entweder eine Lilie oder einen Heroldsstab.

Die Verbindung zwischen der Kathedrale und der *Fleur-de-Lys* Frankreichs fiel uns sofort auf. Die Dachfirste waren mit Lilienmotiven im Wechsel mit Kleeblättern – Zeichen der Dreifaltigkeit – gekrönt. Da der Kirchenbau durch den Ersten Weltkrieg das Dach verlor, handelte es sich hier sicher um moderne Steinmetzarbeit. Aber es fanden sich auch originale *Fleur-de-Lys*-Symbole im Maßwerk der

Chorschranken und auf Wappenschilden. Es schien angemessen, daß auch im Garten neben der Kathedrale Iris wuchs und die lebendige Welt so die künstliche widerspiegelte. Vielleicht sollte es auch umgekehrt sein. Die Annahme, daß für das mittelalterliche Denken diese Stadt und dieser Bau das irdische Gegenstück zum Stern Spica bildeten, wurde von den Teilen ihrer mystischen Architektur, die bis in unsere Zeit erhalten blieben, eher gestützt als widerlegt.

Innen wirkte die Kathedrale ziemlich dunkel und unwirtlich. Als wir durch den Westeingang eintraten, begrüßte uns ein eisiger Windzug. Die Luft in der Kirche war so viel kälter als draußen, daß wir unseren Atem sehen konnten. Dennoch konnten wir die Schönheit und Erhabenheit des Mittelschiffs, das viel größer war, als wir erwartet hatten, nur bewundern. Entsprechend den Prinzipien der Gotik, die mit dem Baubeginn dieser Kirche ihren Höhepunkt erreichte, waren die Säulen, die das Dach trugen, schlank und zierlich. Das große Gewölbe des Daches, so hoch über unseren Köpfen, schien beinahe in der Luft zu schweben. In Wirklichkeit wurde das Gewicht natürlich auf die stämmigen Pfeiler außen abgeleitet.

Das Mittelschiff entlang auf den Hochaltar zuzuschreiten, war, als würden wir in eine andere Zeit versetzt werden. Überall um uns herum waren Bilder einer anderen, früheren Epoche der französischen Geschichte, vertraut aus Büchern, aber völlig getrennt von der Realität der modernen französischen Republik. Der Königskult, zusammengefaßt in der *Fleur-de-Lys*, hatte einst im Mittelpunkt des französischen Lebens und der französischen Kultur gestanden. Obwohl dieser Kult den britischen Traditionen ähnelte, war er doch in anderer Hinsicht einzigartig gewesen. Man konnte nicht anders, sondern hatte das Gefühl, daß mit der Enthauptung Ludwigs XVI. während der Französischen Revolution etwas Wertvolleres verlorengegangen war als nur ein einziges Menschenleben. Wie unfähig er auch gewesen sein mag, er war eine lebende Verbindung zu einer fremden und geheimnisvollen Vergangenheit, die zu Ende ging oder zumindest aus unseren Augen verschwand, als er unter der Guillotine starb.

Wir traten wieder hinaus ins warme Sonnenlicht auf der Südseite der Kathedrale und gingen in Richtung Museum. Ich war mehr denn je davon überzeugt, daß die Meister der Weisheit hier etwas zurückgelassen hatten, eine Botschaft, die heute vielleicht wichtiger wäre als zu ihrer Zeit. Daß der Schlüssel dazu wahrscheinlich die Astrologie war, wurde mir klar, als Dee mich plötzlich am Ärmel zog und nach oben auf eine Statue zeigte, die den Giebel des südlichen Querschiffs krönte. Es war ein Zentaur, der gerade einen Pfeil nach unten auf den Boden abschoß. (Tafel 40) Dee freute sich, weil sie hier unzweifelhaft ihr Sternzeichen, den Schützen, vor sich sah. Aber was hatte der Zentaur über einem Fries der Himmelfahrt Mariens zu suchen? Wie wir später entdekken sollten, war dies kein Zufall, sondern ein wichtiges Beweisstück für eine Verbindung zwischen der Baumeisterschule, die die Kathedrale von Reims errichtete, und der Tradition der Weisen.

Die Astrologie der Kathedrale von Reims

Wir waren vor allem nach Reims gekommen, um zu prüfen, ob das Gebäude irgendwelche Hinweise auf seine astrologische Bedeutung enthielt. Ein besonders auffälliger Beleg wäre natürlich seine Ausrichtung. Zwar sind alle alten Kirchen grob nach Osten ausgerichtet, aber es gibt eine Tradition, nach der sie so angelegt sein sollen, daß sie am Feiertag ihres Heiligen genau dem Sonnenaufgang gegenüberliegen. Ich wollte dies natürlich überprüfen und herausfinden, ob die Kathedrale tatsächlich auf den Sonnenaufgang des 25. März, dem Tag der Verkündigung, ausgerichtet war.

Mit Hilfe eines einfachen Kompasses, den wir auch schon in Kommagene dabeihatten, stellten wir schnell fest, daß die Längsachse entlang des Mittelganges dreißig Grad nach Norden von einer korrekten Ost-Ausrichtung abwich. Das hatte ich eigentlich nicht erwartet, und es paßte eindeutig nicht zu Mariä Verkündigung. Denn an diesem Tag ging die Sonne beinahe genau im Osten auf. Was steckte dahinter? Eine kurze Überprüfung mit Hilfe des Skyglobe-Programms nach unserer Rückkehr nach England zeigte überraschenderweise, daß die Kathedrale auf den Aufgang des Regulus zur Zeit der Geburt Christi im Jahr 7 n. Chr. ausgerichtet war. Mit anderen Worten, die

Kathedrale war dem »Geburtstag« Jesu, dem 29. Juli 7 v. Chr., geweiht. Aber was sollte dann die Figur des Schützen bedeuten?

Da die Hauptachse der Kirche um dreißig Grad nach Norden verschoben war, verlief natürlich auch die Linie durch das nördliche und südliche Querschiff nicht genau von Norden nach Süden. Diese Achse unter dem Schützen war auf einen Punkt dreißig Grad östlich von einer korrekten Süd-Ausrichtung orientiert. Mit Hilfe des Computers konnte ich feststellen, daß sie zum Zeitpunkt des Baubeginns im Jahr 1211 auf den Aufgang des Sterns *Caus Australis* im Schweif des Schützen ausgerichtet war. Dieser Stern ist mit 1,9 Magnituden der hellste des ziemlich schwach leuchtenden Sternbildes Schütze. Die Ausrichtung war sicher kein Zufall, aber noch spannender war, daß dieser Stern am 6. Januar, dem Fest der Heiligen Drei Könige, heliakisch mit der Sonne aufging.

Das Datum des 6. Januar war eindeutig verbunden mit der Taufe Chlodwigs. Nach Aussage der Geschichtsbücher fand sie am Weihnachtstag des Jahres 498 oder 499 statt. Wenn man nun die Schützen-Skulptur und die weitere Symbolik mit einbezieht, kommt man zu dem Schluß, daß es das »alte« Weihnachten, also Epiphanias gewesen sein muß, denn an diesem Tag wurde auch die Taufe Christi gefeiert. Daß die Kirche es vorzog, nichts darüber verlauten zu lassen, überrascht nicht, wenn man bedenkt, daß die Symbolik von Chlodwigs Taufe in ihren Implikationen fast schon blasphemisch war. Die Heilige Ampulle wurde der Sage nach für Chlodwigs Taufe von einer Taube aus dem Himmel herabgetragen. So wurden Chlodwig und alle nachfolgenden französischen Könige durch ein Symbol in ihrem Amt bestätigt, das die Ausgießung des höheren Logos auf Christus versinnbildlicht. Denn bei dessen Taufe im Jordan kam der Heilige Geist in Form einer Taube auf ihn herab, und die Stimme Gottes verkündete ihm, er sei sein geliebter Sohn.

Die Anspielung war deutlich und unmißverständlich: In den Augen der Kirche, und sicherlich auch in denen Chlodwigs und seiner Nachfolger, herrschten die französischen Könige aus göttlichem Recht. In der komplexen und genau durchgeplanten Neuinszenierung der Taufe Jesu im Jordan übernahm in Reims der heilige Remigius die Rolle Johannes' des Täufers. Das Baptisterium, das über einem römischen Bad errichtet wurde, ist der älteste Teil der Kirche. Die Badeanlagen an der Nordseite der Kirche werden gerade freigelegt. Neben ihnen erhebt sich das reich mit Reliefs und Statuen geschmückte dreifache Portal des Nordeingangs. Traditionsgemäß zeigte diese Seite der Kathedrale hauptsächlich Szenen vom Tag des Jüngsten Gerichts.

Auf dem großen Relief über dem Mittelportal sieht man das Schicksal der gefallenen Seelen mit großer Liebe zum Detail dargestellt. Die meisten Menschen, die dort abgebildet sind, wirken wohlhabend, werden von grotesken Teufeln weggeführt und in einen großen Kessel geworfen. Weiter oben sieht man Auferstehungsszenen mit nackten Menschen, die aus ihren Gräbern steigen. Den obersten Teil des Tympanons nimmt Jesus als Weltenrichter ein. All dies weist auf das vorletzte Kapitel der Bibel:

»Dann sah ich einen großen weißen Thron und den, der auf ihm saß; vor seinem Anblick flohen Erde und Himmel, und es gab keinen Platz mehr für sie. Ich sah die Toten vor dem Thron stehen, die Großen und die Kleinen. Und Bücher wurden aufgeschlagen; auch das Buch des Lebens wurde aufgeschlagen. Die Toten wurden nach ihren Werken gerichtet, nach dem, was in den Büchern aufgeschrieben war. Und das Meer gab die Toten heraus, die in ihm waren; und der

Abb. 17 Die Ausrichtung der Kathedrale von Reims auf den aufgehenden Schützen am Fest Johannes' des Täufers, 6. Januar 1211

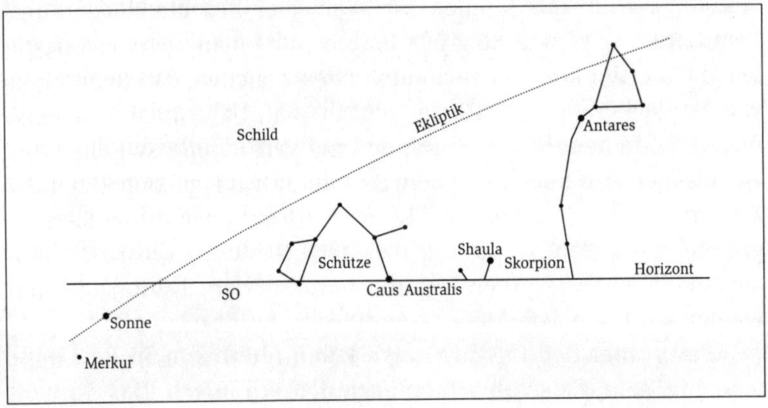

Tod und die Unterwelt gaben ihre Toten heraus, die in ihnen waren. Sie wurden gerichtet, jeder nach seinen Werken. Der Tod und die Unterwelt aber wurden in den Feuersee geworfen. Das ist der zweite Tod: der Feuersee. Wer nicht im Buch des Lebens verzeichnet war, wurde in den Feuersee geworfen.«[4]

Über die Vorstellung des Jüngsten Gerichts am Ende aller Zeiten hatte ich viel nachgedacht, als ich an den *Prophezeiungen der Maya* arbeitete, einem früheren Buch, das ich zusammen mit Maurice M. Cotterell geschrieben hatte. Dort behandelten wir den Maya-Glauben, daß das gegenwärtige Zeitalter im Jahr 2012 enden werde, und verbanden ihn mit Cotterells Vorstellungen über die zyklische Zu- und Abnahme von Sonnenflecken. Doch auch die christliche Welt hat ihre Millennium-Vorstellungen, die offenbar ebenfalls mit unserer Zeit und mit den Symbolen rund um die Weihnachtsgeschichte verknüpft sind. Könnte es sein, daß wir die Wiederkunft Jesu – was immer das heißen mag – erleben werden, wie in der Bibel prophezeit?

Die Wiederkunft und die Prophezeiung des Nostradamus

Es waren fast zwanzig Jahre vergangen, seit John und ich uns auf Pilgerfahrt nach Bethlehem begeben hatten, und jetzt endlich fand ich Antworten auf einige der Fragen, die uns damals beschäftigt hatten. Die wichtigste Frage allerdings blieb noch offen: Leben wir am Ende des Äon oder nicht? Können wir in unserer Zeit die Wiederkunft Jesu Christi erwarten? So große Fragen sollte man nicht leichtfertig behandeln. Wir kommen nicht umhin festzustellen, daß Robert Bauvals Entdeckung den Schlüssel geliefert hat, bestimmte Prophezeiungen zu deuten. Er zeigte auf, daß die Verbindung zwischen den ägyptischen Pyramiden und dem Sternbild Orion, gekoppelt mit der Erkenntnis, daß Johannes der Täufer/Elija mit eben dieser Sternengruppe verbunden ist, die entscheidende Wendung ergab. Die letzten beiden Verse des Alten Testaments verkünden, daß Elija gesandt werden wird, um dem Messias den Weg zu bereiten.

»Bevor aber der Tag des Herrn kommt, der große und furchtbare Tag, seht, da sende ich zu euch den Propheten Elija. Er wird das Herz der Väter wieder den Söhnen zuwenden und das Herz der Söhne ihren Vätern, damit ich nicht kommen und das Land dem Untergang weihen muß.«[5]

Zwar kann man die Möglichkeit, daß wieder ein seltsamer Mann, nur mit einem Mantel aus Ziegenhaaren und einem Gürtel bekleidet, auftauchen wird, um am Jordan zu taufen, nicht gänzlich ausschließen. Aber auch eine astrologische Interpretation dieser Prophezeiung ist vorstellbar. In den vergangenen zwölfeinhalbtausend Jahren seit dem Ende der letzten Eiszeit hat sich das Sternbild Orion in seinem Präzessionszyklus ständig Richtung Norden bewegt. Als die Pyramiden um 2450 v. Chr. gebaut wurden, stand Alnitak, der unterste Stern des Oriongürtels, einmal am Tag in einer Linie mit dem südlichen Schacht der Königskammer der Großen Pyramide.

Heute ist das nicht mehr so, weil sich der Gürtel des Orion weiter nach Norden »bewegt« hat. Er hat seine nördlichste Position am Himmel, das Ende eines halben Präzessionszyklus, erreicht. Verblüffenderweise steht Mintaka, der nördlichste Stern des Gürtels, jetzt ein paar Bogenminuten unter dem Himmelsäquator, dem imaginären Kreis, der wie sein Gegenstück auf der Erde die nördliche von der südlichen Hemisphäre trennt. Mintaka wird diese Linie nicht kreuzen, bevor er sich wieder Richtung Süden bewegt. Wir leben deshalb am Ende eines »Zeitalters des Orion«.

Die Vorstellung, daß die Zeitalter der Menschheitsgeschichte mit dem Präzessionszyklus verbunden sein könnten, interessierte auch Bennett. Ich fragte ihn, ob er glaube, daß wir am Ende eines Zeitalters leben, und was dies wohl für uns bedeute. Damals verstand ich nicht ganz, was er meinte, aber er betonte, daß wir tatsächlich in einer Zeit der Veränderung lebten. Er meinte, ein Prozeß, der am Ende der letzten Eiszeit um 10 000 v. Chr. begonnen habe, komme jetzt zum Abschluß. Er erwartete, daß es in nicht allzu ferner Zukunft eine weitere große Veränderung geben werde. Glücklicherweise führte er diese Ideen in seinem letzten Buch *Die Meister der Weisheit* genauer aus:

»Hier muß ich etwas über die Dauer dessen sagen, was ich die ›Epochen‹ nenne. Es gibt eine bekannte Auffassung, welche die Geschichtszyklen mit der Präzession der Äquinoktien in Zusammenhang bringt und das große Jahr – oder den großen Zyklus – von fünfundzwanzigtausend Sternenjahren in zwölf Tierkreiszeichen unterteilt... Es scheint mir klar zu sein, daß es im menschlichen Leben große Veränderungen gegeben hat in Abständen von zwölftausend Jahren – das heißt ungefähr einem halben großen Zyklus –, wenn man auf den Ursprung Adams[6] vor siebenunddreißigtausend Jahren zurückgeht.«[7]

Die Präzession der Äquinoktien – der Tagundnachtgleichen – hat weitere interessante Auswirkungen. Weil der Orion heute sehr hoch am nördlichen Himmel steht, hat sich auch seine ausgestreckte »Hand« oder Keule nach Norden bewegt. Als die Könige von Kommagene ihre Monumente errichteten, zog die Sonne am 26. Mai am Orion vorbei und »gab« ihm die »Hand«. Heute findet dieses Treffen zur Sommersonnenwende am 21. Juni statt. Wieder scheint der Orion auf das Ende eines Zyklus hinzuweisen. Könnte es sein, daß die Menschen in der Antike deshalb so interessiert am Orion waren, gleichgültig, ob sie ihm nun diesen Namen oder den des Herakles, Simson, Elija oder Nimrod gaben? Denn sie kannten seine Rolle als Bewahrer der Zeit, und sie wußten, daß seine Bewegungen den Verlauf der Zeitalter anzeigen. Heute weist der Zeiger dieser Himmelsuhr eindeutig auf die Zwölf. Der große Tag des Menschen geht auf Mittag zu.

Im Matthäus-Evangelium widmet sich das vierundzwanzigste Kapitel den Vorzeichen für das Ende der Zeit. Jahrhundertelang haben die Menschen versucht, diese rätselhaften Sätze zu deuten, in denen Jesus seinen Jüngern angeblich erzählt, welche Zeichen auf ein nahes Ende hindeuten. Eine detaillierte Interpretation dieser verzwickten Prophezeiungen, für die man neben dem Neuen auch das Alte Testament sehr gut kennen muß, würde den Rahmen dieses Buches sprengen. In unserem Kontext sind nur bestimmte astrologische Vorzeichen interessant:

»Denn wie der Blitz bis zum Westen hin leuchtet, wenn er im Osten aufflammt, so wird es bei der Ankunft des Menschensohnes sein. Überall wo ein Aas ist, da sammeln sich die Geier.

Sofort nach den Tagen der großen Not wird sich die Sonne verfinstern, und der Mond wird nicht mehr scheinen; die Sterne werden vom Himmel fallen, und die Kräfte des Himmels werden erschüttert werden. Danach wird das Zeichen des Menschensohnes am Himmel erscheinen ...«[8]

Es stellt sich die Frage, was »das Zeichen des Menschensohnes am Himmel« sein könnte. Matthäus nimmt an, daß wir es erkennen werden, wenn wir es sehen. Aus astrologischer Sicht ist vielleicht interessant, daß der Himmel am 24. August 1999 fast genauso aussah wie am 29. Juli 7 v. Chr., dem wahren Geburtstag Jesu. Die Positionen der »drei Könige«, der Planeten Jupiter, Saturn und Merkur, sind nicht genau die gleichen: Merkur »kniet« zwar wieder vor der Sonne in Konjunktion mit dem Regulus, aber die beiden Riesenplaneten Jupiter und Saturn schließen sich nicht zu einem einzigen hellen Stern zusammen und stehen eher im Widder als in den Fischen.

Auch Venus, die im Horoskop des Jahres 7 v. Chr. nicht auftauchte, steht diesmal über dem Horizont. Doch trotz dieser Unterschiede ähneln sich die beiden Horoskope sehr. Eine solche Ausrichtung der Planeten ist nicht allzu häufig und war bisher nie zu sehen, wenn der Orion – das Symbol des Propheten Elija – am Ende seines Zyklus stand und damit ein großes Ereignis ankündigte. Könnte dies das Zeichen sein, nach dem wir Ausschau halten sollten?

Abb. 18 Der Stern der »Wiederkehr der Könige«, 24. August 1999. Eine Wiederkunft?

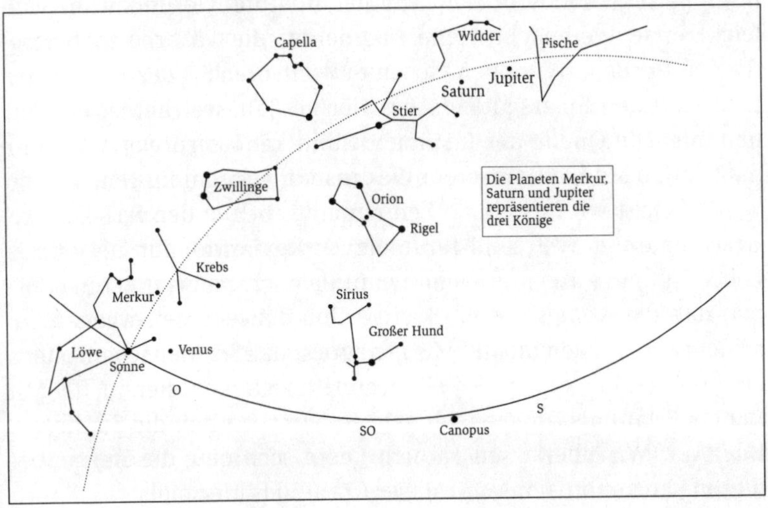

Nach der Wiederentdeckung des Jesus-Horoskops wollte ich unbedingt wissen, wie diese Anordnung der Sterne aussehen würde, wenn sie im klassischen Stil wie ein Bild der »Anbetung der Könige« gemalt würde. Es ist eine Sache, mit Worten zu erklären, daß die Geschichte von Bethlehem in den Sternen geschrieben steht. Etwas anderes ist es jedoch, den Menschen ein Bild des Ereignisses zeigen zu können, das den Prinzipien der hermetischen Tradition entspricht. Ich bat einen alten Freund, den schwedischen Künstler Bengt Alfredson, ein solches Ölbild für mich zu malen.

Bengt ist ein Meister der alten Schule, eine Art moderner Rembrandt, der mythologische Szenen sehr gut in Gemälde umsetzen kann. Er würde es verstehen, wenn ich sagte, daß die Sterne verschiedene Charaktere aus der Weihnachtsgeschichte repräsentierten. Und er könnte dies auch in Licht und Farben umsetzen. Das Bild müßte aber astronomisch genau sein. Um das sicherzustellen, schickte ich ihm ein Dia vom Nachthimmel, wie er kurz vor Morgengrauen am 29. Juli 7 v. Chr. gewesen war. (Tafel 37)

Am 8. Juni 1996 brachte Bengt das Bild nach mehrmonatiger Arbeit bei uns vorbei. Es war ein spannender Moment für uns alle, als wir die Schutzhülle abstreiften und ein Werk vor uns sahen, das meine größten Erwartungen weit übertraf. Es war nicht nur technisch perfekt, sondern auch sehr schön. (Tafel 36) Es war die vielleicht erste Weihnachtsszene überhaupt, die völlig dem hermetischen Spruch »Wie oben, so unten« entsprach – der Essenz der Lehre auf den Smaragdtafeln des Hermes. Dieses Bild ist eine geheimnisvolle Quelle der Inspiration und kann uns, wenn wir nur dafür offen sind, auf unserem Weg ins Millennium führen.

Vielleicht wird es einige Zeit dauern, aber in der verborgenen Geschichte der Welt sind fünfundzwanzig Jahre oder ein ganzes Leben nur ein kurzer Moment. Ich fühle mich geehrt und bin dankbar, daß ich wenigstens ein kleines Stück dieser verborgenen Geschichte aufdecken durfte. Mir genügt es, daß ich mich wenigstens einen Augenblick lang als Teil dieses Prozesses fühlen durfte. Mit Bengts Erlaubnis drucken wir sein Bild der »Anbetung« in diesem Buch ab. Wir überlassen es dem Leser, sich eine Meinung über diesen »Legomonismus« für unsere Zeit zu bilden.

ANHANG

APPENDIX 1
DIE GEBURT DES HORUS
UND DIE GROSSE SPHINX VON GISE

Die Große Sphinx von Gise (Tafel 7) gibt der Welt noch immer Rätsel auf. Die moderne Ägyptologie ist der Meinung, daß sie eine Darstellung des Pharao Chephren ist und wahrscheinlich zur gleichen Zeit wie seine Pyramide in Gise, die mittlere der drei großen Pyramiden, gebaut wurde. Diese Zuschreibung ist jedoch nicht überall anerkannt. Seit einigen Jahren gibt es viele Spekulationen darüber, wann die Sphinx entstanden sein könnte.

In Fortführung der Arbeiten von Schwaller de Lubicz zu diesem Thema haben der Ägyptologe John Anthony West und sein Kollege, der Geologe Robert Schoch, Beweise dafür vorgelegt, daß die Sphinx sehr viel älter sein könnte als bisher angenommen. Durch die Analyse von Witterungsspuren an der Sphinx wie auch an den bearbeiteten Felswänden, die sie umgeben, haben sie festgestellt, daß sie gebaut worden sein muß, bevor Ägypten zur Wüste wurde. Anzeichen von Wassererosion lassen vermuten, daß sie spätestens 8000 v. Chr. entstand.

Diese Rückdatierung der Sphinx wird sehr kontrovers diskutiert und von orthodoxen Ägyptologen nicht akzeptiert. Sie bestehen darauf, daß die Sphinx nicht älter ist als die Pyramiden, und datieren sie auf eine Zeit um 2500 v. Chr. Unbestreitbar ist der Kopf der Sphinx im Stil der Pharaonen der IV. Dynastie gearbeitet. Nach West und Schoch wurde er wahrscheinlich – anders als der Löwenkörper, auf dem er sitzt – zur Pyramidenzeit errichtet. Doch auch wenn man dieses Argument akzeptiert, bleibt doch die Frage: Warum?

Wie alle größeren Religionen war auch die des alten Ägypten ihrem Wesen nach eine Offenbarungsreligion. Sie ging davon aus, daß irgendwann in grauer Vorzeit eine »Götterfamilie« den Anwohnern des Nils die Zivilisation gebracht hatte. Diese göttlichen Persönlichkeiten, angeführt von Isis und Osiris, waren Kinder der Himmelsgöttin Nut. Nach dem Mythos dieser Religion, der in Mysterienspielen und besonders in der Begräbnisliturgie wieder und wieder nachvollzogen wurde, war Osiris der erste König eines vereinten Ägypten. Unter seiner gerechten Herrschaft entwickelte sich aus einem barbarischen Volk eine der ersten Hochkulturen. Unglücklicherweise wurde sein Bruder Seth neidisch und brachte Osiris um. Seth bemächtigte sich des Throns und zerteilte den Leichnam des toten Königs. Die einzelnen Teile verstreute er entlang des Nils. Die trauernde Witwe Isis sammelte die Teile heimlich wieder auf und band sie zusammen. So entstand die erste Mumie.

Mit Hilfe magischer Rituale und der Anrufung des Sonnengottes Re konnte sie Osiris lange genug ins Leben zurückholen, um seinen Samen aufzunehmen und schwanger zu werden. Nachdem er so seine irdischen Pflichten erfüllt hatte, kehrte Osiris in den Himmel zurück, wo er zum Herrscher und Richter der Toten wurde. Inzwischen verbarg sich Isis in den Deltamarschen und brachte schließlich einen Sohn namens Horus zur Welt. Er forderte seinen Onkel Seth später zum Duell heraus und gewann nach langem Kampf das

Abb. 19 Die Geburt eines »Horus-Königs« im Zeitalter der Pyramiden, 13. Juli 2450 v. Chr.

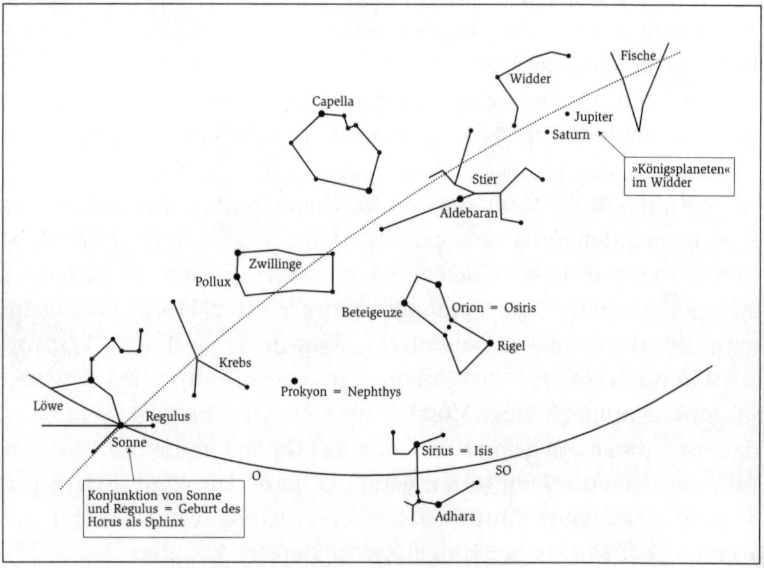

Königreich zurück. Der junge König brachte die Herrschaft des Gesetzes mit sich, verkörpert durch die Göttin Maat, und beendete die Anarchie, die das Reich in Seths Regierungszeit bedroht hatte. Die Herrschaft des Horus war mehr noch als die seines Vaters Osiris die Richtschnur für alle späteren Pharaonen. Solange sie lebten, verehrte man sie als lebende Inkarnationen des Horus, und nach ihrem Tod wurden sie, wie die Ägypter glaubten, eins mit Osiris.

Der Osiris-Mythos bildete die Grundlage einer sehr komplizierten Himmelsreligion. Osiris selbst wurde mit dem Sternbild Orion gleichgesetzt. Isis identifizierte man mit dem »Kuh«-Sternbild Großer Hund und besonders mit dessen hellstem Stern, dem Sirius. Der hermetische Spruch »Wie oben, so unten« beherrschte das ägyptische Denken in beinahe allen religiösen Belangen, und die Menschen hielten häufig nach Parallelen zwischen dem Leben auf der Erde und den Bewegungen der Sterne am Himmel Ausschau. Details dieser Himmelsreligion und des damit zusammenhängenden Pyramidenbaus müssen uns hier nicht weiter beschäftigen; im *Geheimnis des Orion* sind sie ausführlich behandelt. In diesem Buch habe ich jedoch noch nicht über die Verbindung zwischen der Sternenreligion des Osiris und dem Sonnenkult des Re-Harachte gesprochen, und da mich viele Menschen darauf angesprochen haben, soll die Frage hier im Detail erörtert werden.

Die alten Ägypter stellten sich die Erde nicht wie wir heute als einen rotierenden Körper vor. Sie hielten den Auf- und Untergang der Sonne, des Mondes und der Sterne deshalb für ein großes Mysterium. In ihren Augen war der östliche Himmel ein Ort der Geburt und der westliche eine Stätte des Todes. Jeden Tag ging die Sonne in der Dämmerung auf, stieg in den Himmel wie ein Vogel, kam dann wieder herab und ging schließlich unter. Die Sonne bei Tage wurde daher von einem Falkengott, Re-Harachte, symbolisiert. Anders als die meisten Völker der alten Welt hatten die Ägypter keinen Sonnen- oder Mond-, sondern den Sothis-Kalender.

Für sie war der Tag des heliakischen Aufgangs des Sirius in der Morgendämmerung besonders wichtig, und dieser Tag im Juli markierte für sie den Beginn des neuen Jahres. Etwa um diese Zeit tritt der Nil über seine Ufer, eine Folge der Schneeschmelze in den Bergen jenseits der großen Seen, die den Fluß speisen. Deshalb markierte die Rückkehr des Sirius bzw. der Isis nach längerer Zeit, in der er nicht am Himmel sichtbar war, für die Ägypter einen Neubeginn.

Genauso wichtig jedoch war die Wiedergeburt des Horus zu eben dieser Zeit. Die Konjunktion der Sonne mit dem Regulus, dem hellsten Stern im Sternbild Löwe, repräsentierte die Geburt eines Königs als »Sohn der Sonne«, und ähnliches gilt wohl auch für die Große Sphinx in Gise. Egal, ob der Kopf dieser Kolossalstatue umgestaltet wurde oder nicht, man kann kaum daran zweifeln, daß sie zumindest ihre jetzigen Züge im Zeitalter der Pyramiden erhielt.

In *Das Geheimnis des Orion* ermitteln Robert Bauval und ich ein Datum um 2450 v. Chr. für den Bau der Großen Pyramide. Robert gelangte aufgrund der astronomischen Ausrichtung der sogenannten »Luftschächte« zu diesem Datum. Es ist deshalb sehr interessant, daß in der Morgendämmerung des 13. Juli, des Tages, an dem sich die Sonne in jenem Jahr in Konjunktion zum Regulus befand, die Planeten Jupiter und Saturn im Sternbild Widder ebenfalls fast eine Konjunktion bildeten. Obwohl der dritte »König«, der Merkur, unter dem Horizont und damit nicht sichtbar war, ähnelt diese Sternenkonstellation auffallend dem Horoskop von Bethlehem. Vielleicht war dies tatsächlich das Geburtsdatum eines Horus-Königs, und die Sphinx wurde zur ständigen Erinnerung an dieses Ereignis entweder neu errichtet oder umgestaltet. In diesem Fall ist es wohl wahrscheinlich, daß sie einen König der IV. Dynastie darstellte, obwohl ich eher annehmen möchte, daß es sich um Chufu (Cheops) als um Chephren handelt, da die Pyramide des Chufu offenbar den Schlüssel zu all diesen Geheimnissen in sich birgt.

APPENDIX 2
DER JÄGER ORION

Die Menschen des Nahen Ostens waren nicht die einzigen, die die Sterne des Orion faszinierend fanden und sie mit ihrer Mythologie in Verbindung brachten. Die meisten Kulturen und Gesellschaften, auch die europäischen, gründen ihre überlieferten Sagen auf Sternenmythen. Dieser Einfluß der Astronomie auf die Mythologie ist von den Professoren Giorgio de Santillana und Hertha von Dechend in ihrer klassischen Studie *Die Mühle des Hamlet* gut dokumentiert worden. Sie führen die Mythen, die sich in Shakespeares *Hamlet* finden, teilweise bis in die Steinzeit zurück. Dabei können sie sehr überzeugend nachweisen, daß vielen alten Mythen astronomische Fakten zugrunde liegen und viele seltsame Details der Geschichten Shakespeares nur in diesem Kontext verständlich sind. Das wichtige und helle Sternbild Orion taucht in vielen Verkleidungen überall in der Mythologie auf; es ist beinahe überall erkennbar, sobald man die darüberliegenden Kulturschichten durchdringt.

Im griechischen Orion-Mythos können wir noch genauer als im hebräischen eine Vielzahl ägyptischer Einflüsse erkennen. Die Blendung Orions durch den König von Chios spiegelt Seths Mord an Osiris wider, während Isis wie Eos eine Göttin der Morgenröte ist und beide den Sonnengott (Re/Helios) dazu bringen, Osiris/Orion wieder gesund zu machen. Orions wichtigste Aufgabe im griechischen Mythos ist es, die Inseln von wilden Tieren zu befreien. Vielleicht sollte er das Leben der Menschen sicherer machen und damit die Zivilisation voranbringen. Orion war zwar kein Jäger im eigentlichen Sinne, aber der Gott, der den Ägyptern ihrer Meinung nach die Kultur geschenkt hatte. Hinzu kommt die Geschichte von Orions »zufälligem« Tod durch die Hand der Artemis, die ebenfalls ein griechisches Pendant der Isis ist. Wieder ist es der Bruder der Artemis/Isis, der den Tod des Orion/Osiris plant, und in beiden Fällen wird das Opfer nach seinem Tod als das uns vertraute Sternbild an den Himmel versetzt. Der griechische Mythos unterscheidet sich in vieler Hinsicht von der ägyptischen Osiris-Geschichte, vor allem in seiner Darstellung des Orion als eines sehr wilden Jägers, der nicht gerade wie ein kulturbringender Gott wirkt. Doch schließlich hat diese »Jagdgeschichte« noch eine andere Seite: Wenn eine Gesellschaft zivilisiert wird, muß sie ein Stück ihrer wilden Natur opfern.

Eine ähnliche Vorstellung liegt wahrscheinlich auch dem Simson-Mythos zugrunde: Das Abschneiden des Haares symbolisiert, daß sein wildes Wesen gebändigt wird. Gleichzeitig muß sich der Jäger beweisen, indem er wilde Tiere einfängt und tötet. Orion ist ein solcher Jäger, und auch Simson tötet einen Löwen mit bloßen Händen. Etwas von dieser anderen, dieser die Tiere bezwingenden Seite des Mythos steht vermutlich auch hinter den ägyptischen Ritualen um die Apisstiere und sicher auch hinter den späteren griechischen Mythen um Theseus und den Minotauros.

Stierkulte waren einst im Mittelmeergebiet und im Mittleren Osten weit verbreitet. Zumindest auf Kreta gehörten zum Kult auch Akrobaten. Sie sprangen über die Hörner der Stiere, die auf sie losgingen, und riskierten ihr Leben. In römischer Zeit erlebten die Stierkulte eine Renaissance durch die Übernahme des Mithraskultes aus dem Iran. Dieser Kult war zwar in die iranische Mythologie und das iranische Vokabular eingebettet, wird heute aber als griechischer Kult gedeutet.[1]

Die am weitesten verbreitete Darstellung des Mithraskultes, der *Mithras Tauroctonus*, zeigt den Gott bei der Tötung eines Stiers. Nach Meinung des berühmten Mythographen Joseph Campbell wurde die Originalstatue des Mithras, der einen Stier ersticht, wahrscheinlich von einem Bildhauer der pergamenischen Schule Ende des 3. Jahrhunderts v. Chr. erschaffen.[2] Hunderte von Kopien dieser Statue sind überall in Europa gefunden worden; eine davon ist auch im British Museum zu bewundern. Die Statue kann in ihrer Symbolik auch astrologisch gedeutet werden.

Die Gestalt des Mithras, der vielleicht nach dem Bildnis Alexanders des Großen modelliert wurde, repräsentiert den Orion, während der Stier, den er tötet, unser alter Freund, das gleichnamige Sternbild ist. Mithras stößt dem Stier das Messer ins Herz, und aus der Wunde fließen Weizenkörner, die vielleicht die Milchstraße darstellen sollen. Dieses »Blut« leckt ein Hund auf, der für das Sternbild Großer Hund steht. Hinter dem Stier stehen die göttlichen Zwillinge im Hintergrund, das im Tierkreis auf den Stier folgende Sternzeichen. Unter ihm greift ein Skorpion seine Hoden an. Der Skorpion ist das zum Stier in Opposition stehende Sternzeichen, das diesen Teil des Körpers »beherrscht«. Wir sehen also, daß das ganze Tableau eigentlich astronomisch ist. Es repräsentiert die Sternbilder, die am Geburtstag des Mithras, dem 25. Dezember, bei Sonnenuntergang im Osten heraufziehen.

Der Mithraskult war bei den Römern sehr beliebt und damit ein ernster Rivale des Christentums, bis es von Kaiser Theodosius I., dem Großen, zur Staatsreligion erhoben wurde. Es gibt natürlich große Unterschiede zwischen diesen beiden. Denn während das Christentum lehrt, Jesus Christus habe sich für die Welt ans Kreuz schlagen lassen, ist Mithras ein Jäger, der den Himmelsstier verfolgt und tötet, damit alles andere leben kann. Es gibt einleuchtende philosophische Erklärungen dafür, daß Mithras den Stier tötet, symbolisch also leidenschaftliche Gefühle kontrolliert. Aber vor allem opfert er das eine, um das andere, das Größere zu erlangen: Der wilde Stier muß sterben, damit die Zivilisation entstehen kann; nur dann kann man Getreide ernten, damit Menschen und Hunde zu essen haben.

Der Mithraskult wurde von den römischen Soldaten, unter denen er besonders viele Anhänger fand, in ganz Europa verbreitet. Paris wurde zu einem wichtigen Kultzentrum. Es ist durchaus kein Zufall, daß die phrygische Mütze des Mithras vierzehn Jahrhunderte nach dem Fall des Römischen Reiches als Vorbild von den Sansculotten der Französischen Revolution wieder aufgegriffen wurde. Sie betrachteten sich wie alle Revolutionäre als Helden mit der Aufgabe, die alte Ordnung zu zerstören und etwas Neues an ihre Stelle zu setzen.

Ein bekannteres Überbleibsel des Mithraskultes scheint mir der spanische Stierkampf zu sein. Der Kampf zwischen Mensch und

Stier appelliert an die primitivsten Instinkte, aber vor allem feiert er den Heldenmut des Torero, der die Rolle des Jägers Orion übernimmt.

Auch in den Mythologien Nordeuropas ist das Sternbild Orion als das eines großen Jägers bekannt. Obwohl der Mythos sich je nach Zeit und Ort veränderte, bleiben doch gewisse Grundelemente erhalten. Orion ist ein Jäger, eine Heldengestalt und ein Riese. Er ist tapfer, freundlich, stark, attraktiv für Frauen und eine Art Freigeist. In *Die Mühle des Hamlet* erkennen de Santillana und von Dechend Orion im germanischen Helden Earendil wieder, der auch als Orendel, Oervandill und Aurvandil bekannt ist. Er war ein Jäger, der mit Riesen kämpfte und Ungeheuer niederrang. Er bestand verschiedene andere Abenteuer, bevor er die Hand von Breide, der schönsten aller Frauen, gewann. In einer seltsamen Geschichte aus der *Edda* erzählt Thor, daß er Oervandill einst in einem Korb durch den Eisstrom Eliwagar getragen habe. Unglücklicherweise lugte einer von Oervandills Zehen aus dem Korb hervor und erfror. Thor biß den Zeh ab und warf ihn in den Himmel, wo er zu einem strahlenden Stern mit dem Namen »Oervandills Zeh« wurde. Der Eisstrom Eliwagar kann mit der Milchstraße und der »Zehen«-Stern mit dem Sirius gleichgesetzt werden, der wirklich nicht weit vom Fuß des Orion entfernt ist. Den Namen Orendel (in all seinen verschiedenen Schreibweisen) kann man nach de Santillana und von Dechend vom altnordischen »ör« ableiten, das »Pfeil« bedeutet, und von dem Suffix »endel«:

»Entscheidend erscheint uns die Herleitung von *ör* = Pfeil, die von Grimm vorgeschlagen wird, wie auch die von Uhland, der Orendel zu dem erklärt, ›der mit dem Pfeil operiert‹ (im Gegensatz zu seinem Großvater Gerentil, der mit dem *ger* = Speer arbeitete).«[3]

In einer Vielzahl alter Quellen fanden de Santillana und von Dechend Hinweise auf die Milchstraße als einen Pfad, Fußspuren eines Tieres oder Skispuren eines Waldmenschen. Offenbar verfolgt der Jäger ein Tier entlang der Milchstraße, und in einigen Fällen ist dieses Tier ein Hirsch:

»Aber ob die Figur nun der Sohn Gottes, der Waldmensch oder der Bär ist, auf jeden Fall hetzte er einen Hirsch die Milchstraße entlang, zerriß ihn in Stücke und verstreute die Gliedmaßen rechts und links des weißen Pfades am Himmel; und so wurden Orion und Ursa Maior getrennt.«[4]

In diesem Zusammenhang kann Orion als Bogenschütze gesehen werden, der, nachdem er seine Beute, den Hirsch (wahrscheinlich eine Version des Sternbildes Stier), die Milchstraße entlanggejagt hat, den Bogen spannt und den Pfeil einlegt.

Die Angelsachsen kannten Orendel schon in vorchristlicher Zeit, und so ist es verlockend, in ihm auch den ursprünglichen Jäger Herne (oder Cerne) zu sehen, den gehörnten Gott des heidnischen Mythos. Wir können ihn in der vertrauten Gestalt des Riesen Dorset Cerne Abbas wiedererkennen. Dieses wahrscheinlich keltische Monument betont die Verbindung zwischen Orion und der Fruchtbarkeit, indem es den nackten Riesen mit erigiertem Phallus zeigt.

Der Herne-Archetyp scheint auch die Mythen um einen anderen großen Bogenschützen beeinflußt zu haben: die des Robin Hood. Diese Beziehung ergibt sich in diesem Fall direkt aus gemeinsamen skandinavischen Traditionen, da der Teil von England, der am engsten mit Robin Hoods Geschichte verbunden ist (Yorkshire, Nottinghamshire und Lincolnshire), einst Teil des Danelaw war und viele Wikinger als Siedler hatte. Im Mittelalter war die Jagd nicht einfach ein luxuriöser Zeitvertreib, sondern eine Lebensnotwendigkeit. Daß die Normannen neue Waldgesetze erließen, die die Jagdrechte der einfachen Lehnsleute einschränkten, brachte die Menschen gegen sie auf. In einem Gebiet, in dem die nordischen Mythen noch lebendig waren, ist es durchaus möglich, daß sich Legenden um die Taten eines einheimischen Helden wie Robin Hood mit den Mythen um Orendel vermischten.

Die Robin-Hood-Geschichte enthält all die uns schon aus der Orion-Sage vertrauten Themen. Da ist der Riese, in diesem Fall nicht Robin selbst, sondern sein Gefährte Little John; die treue Jungfrau/Gattin Maid Marion (Isis/Eos); der verruchte König John, der ihn töten will (Seth/Oenopion, der König von Chios); und schließlich die Priorin von Kirkleys, eine Frau, die Robin schließlich den Tod bringt (Artemis/Delila/Salome). Gerade Robin

Hoods Tod ist in diesem Kontext interessant. Er wird von Little John zur Priorei Kirkleys gebracht, doch statt dort geheilt zu werden, läßt ihn die Priorin langsam verbluten. Obwohl er durch den Blutverlust schon erblindet ist, schafft es Robin mit Johns Hilfe noch, einen letzten Pfeil abzuschießen, um seinen Begräbnisplatz zu bestimmen. Die Blindheit und der Kräfteverlust durch die Machenschaften einer Frau sind eindeutig den anderen Mythen zuzuordnen, aber der Pfeil scheint noch auf etwas anderes hinzudeuten. In *Die Mühle des Hamlet* zeigen de Santillana und von Dechend, daß in vielen Mythologien der Sirius das Ziel ist, auf das sich ein Pfeil richtet. Wir können deshalb schließen, daß Robin Hoods letzter Pfeil den Abschied seiner Seele repräsentierte, die sich zum hellsten aller Sterne aufschwang: Earendils Zeh – der Sirius.

Der Mythos des Orion, des göttlichen Jägers, ist auch in unserer Zeit noch nicht völlig untergegangen, sondern hat eine überraschende Wendung erfahren. Die alten Römer hatten einen Gott namens Saturn, den sie später mit dem griechischen Gott Kronos gleichsetzten. Er war der ursprüngliche »Vater der Zeit«, ein altehrwürdiger Greis mit langem weißem Bart, der ein Stundenglas und eine Sichel mit sich trug. Obwohl er normalerweise mit dem Planeten Saturn in Verbindung gebracht wird, dessen Umlaufzeit mit beinahe dreißig Jahren die längste aller sichtbaren Planeten ist, braucht man nicht viel Phantasie, um zu merken, daß diese Gestalt der Zeit ursprünglich Orion war. Wie wir schon gesehen haben, geht das Sternbild des Orion am Weihnachtstag bei Sonnenuntergang auf, aber ebenso wichtig ist, daß es in den Sommermonaten um Sonnenaufgang herum aufgeht und im Herbst um Mitternacht. Orion markiert so immer noch die Jahreszeiten und gibt ein Gefühl für die Zeit.

Unter christlichem Einfluß ist der Orionkult offenbar von einem seltsamen Mythos überformt worden, der die Jägerelemente mit denen des Vaters der Zeit vermischt: der Sage vom Weihnachtsmann oder Nikolaus. Wenn wir die christliche Verehrung des heiligen Nikolaus und seiner angeblichen Großzügigkeit beiseite lassen, finden wir die Gestalt des Vaters der Zeit, der das neue Jahr ankündigt. Der Weihnachtsmann ist ebenfalls ein skandinavischer

»Orion«, der Nahrungsmittel und Geschenke (vielleicht ursprünglich die Beute der Raubzüge der Wikinger) für seine Frau und seine Kinder nach Hause bringt. Doch anders als Robin Hood hetzt er keinen Hirsch die Milchstraße entlang, sondern hat das wilde Tier gezähmt und nutzt dessen Kraft, um seinen Schlitten zu ziehen. Die Geschichte besagt: Wenn wir in der Weihnachtszeit nach Sonnenuntergang zum Himmel hinaufschauen, können wir ihn über die Schornsteine hinwegreiten sehen, gezogen von seinem Lieblingsrentier Rudolph. Die »rote Nase« des Rentiers ist nichts anderes als unser alter Freund Aldebaran, der große rote Riese in den Hyaden, den wir das Auge des Stiers nennen.

Der Auf- und Untergang des Sternbildes Orion und seines Nachbarn Sirius, des hellsten Sterns am Himmel, beeinflußte offenbar viele Mythen auf der ganzen Welt. Die Sehnsucht, mit diesen Sternen eins zu werden, kommt in den Pyramidentexten besonders deutlich zum Ausdruck und war anscheinend das wichtigste Motiv für den Bau der Pyramiden. Doch auch andere hatten eine Sehnsucht nach gerade diesen Sternen, und dies drückt sich besonders pointiert in der Geschichte von Robin Hoods letztem Pfeil aus.

Die Geschichte des Orion ist in gewissem Sinne die eines jeden von uns. Denn er versucht, sich mit der Natur auseinanderzusetzen, mit seinem Leben auf der Erde zurechtzukommen, mit seiner Blindheit, seinem Schicksal nach dem Tode und mit seiner Sehnsucht nach einer besseren Welt unter den Sternen des Himmels. Unser Weihnachtsmann ist ein schwaches Echo auf diese früheren Mythen, aber er zeigt zumindest, daß der Archetyp im kollektiven Unterbewußtsein noch nicht ganz tot ist.

APPENDIX 3
ABRAHAMS REISE INS GELOBTE LAND

Die feste Überzeugung der Einheimischen von Urfa, daß die Stadt mit dem in der Bibel erwähnten Ur identisch sei, brachte mich dazu, die ersten Kapitel der Genesis noch einmal zu lesen. Ich wollte herausfinden, ob Abraham wirklich aus dieser Stadt stammte und ob seine legendäre Wanderung irgendwie mit den historischen Tatsachen in Einklang zu bringen war.

Die Datierung von biblischen Ereignissen – vor allem von denen, die in der Genesis beschrieben sind – ist immer problematisch. Die Bibel diente nicht der Geschichtsschreibung, sondern deckt viele Ebenen ab – allegorische, symbolische, menschheitsgeschichtliche. Vor allem aber ist sie ein religiöser Text, der den Glauben eines bestimmten Volkes, der Israeliten, an ihre Identität als von Gott auserwähltes Volk stärken sollte. Ob es wirklich eine einzelne Familie mit einem Oberhaupt namens Abraham gab, die sich auf eine Reise von Ur nach Kanaan begab, ist eher eine Sache des Glaubens als der historischen Wissenschaft. Was wir mit einiger Sicherheit sagen können, ist, daß das Volk, das diese Legende niederschrieb, sich wahrscheinlich mit den geographischen Gegebenheiten auskannte und eine wie auch immer geartete Erinnerung an tatsächliche Ereignisse bewahrte, die seine Vorfahren durchlebt hatten.

Laut Aussage der Bibel ist Abraham ein Hirte und Viehzüchter. Mit seiner Herde, seiner Frau Sarai und anderen Gefolgsleuten reist er von Ur nach Harran und von dort nach Kanaan, ins biblische »Gelobte Land«. Wegen einer Hungersnot zieht er von dort nach Ägypten, wo Sarai in das Haus des Pharaos aufgenommen wird, weil Abraham sie als eigene Schwester ausgibt. Als der Betrug ans Licht kommt, wird Abrahams Familie nach Kanaan zurückgeschickt.

Nach Meinung der meisten Wissenschaftler liegt das »Ur der Chaldäer« in Südmesopotamien, zweihundertzwanzig Kilometer südlich von Babylon. Dieses Ur war die Hauptstadt Sumers, der frühesten bekannten Kultur dieser Region. 1854 stieß J. G. Taylor auf ihre Ruinen bei Tell el-Mukayyar im Irak, aber eine archäologische Untersuchung mußte bis nach dem Ersten Weltkrieg warten. Erst Mitte der zwanziger Jahre konnte Leonard Woolley bedeutende Funde nachweisen. Er grub eine große Zikkurat, einen Stufenturm, aus und erforschte im nahegelegenen Tell el-Obeid die Überreste eines antiken Tempels des Mondgottes Sin, den H. R. Hall im Jahr 1919 freigelegt hatte. Seine Funde, die heute im British Museum ausgestellt sind, erwiesen sich als sehr alt. Im April 1925 schrieb Woolley in *The Illustrated London News*:

»Was diesen Tempel und alles, was damit in Verbindung steht, so überaus interessant macht, ist sein Alter. Aus der Gründungsinschrift erfahren wir, daß er von A-an-ni-pad-da, dem zweiten König der ersten Dynastie von Ur, die bis zu diesem materiellen Beweis ihrer Existenz allgemein als mythisch galt, zu Ehren der Göttin Nin-Khursag errichtet wurde. Es ist noch zu früh, die Lebensdaten des Königs abschließend festzulegen, denn die babylonischen Dynastienlisten sind nicht fehlerfrei, und andere Beweise stehen noch aus; aber seine Regierungszeit fällt sicher ins 4. Jahrtausend v. Chr., und selbst die konservativste Schätzung würde unserem Tempel ein Alter von etwa 5400 Jahren zuschreiben.«

Doch Woolley sollte noch größere Entdeckungen machen. 1928 veröffentlichte er eine Artikelserie über wichtige Bestattungsgegenstände. Darin berichtete er unter anderem über ein nicht ausgeraubtes Grab einer Königin und über eine Massenbestattung eines ganzen Harems von Sklavinnen, Dienerinnen und Leibwächtern, die den toten König auf seinem Weg in die nächste Welt begleiten sollten. Im Grab der Königin Schub-ad fanden sich ein großartiger goldener Kopfschmuck, der heute ebenfalls im British Museum zu sehen ist, und viele andere Gegenstände aus Gold, Silber und Edelsteinen. Woolley war, vielleicht wegen der impliziten Verbindung zur Geschichte von Abraham und Isaak, überaus fasziniert von diesen Beweisen für Menschenopfer in Ur und schreibt:

»Nicht weniger bemerkenswert als die Gegenstände, die im letzten Winter in den Königsgräbern von Ur gefunden wurden, war die

Entdeckung der rituellen Menschenopfer, die das Begräbnis eines Königs begleiteten. In der gesamten Literatur Babyloniens gibt es keinen einzigen Hinweis darauf, daß ein solcher Brauch jemals praktiziert worden wäre. Lange vor der historischen Zeit, aus der unsere Textquellen stammen, sind diese Riten nicht mehr durchgeführt worden, und die Erinnerung daran ging entweder verloren oder wurde sorgsam verdrängt von den Schreibern, die sich der barbarischen Zustände einer früheren Zeit schämten. Jetzt aber haben wir sichere Beweise dafür, daß im 4. Jahrtausend v. Chr. der sumerische König in Begleitung eines ganzen Gefolges aus Soldaten, Höflingen und Frauen begraben wurde, die wie die Eß- und Trinkgefäße, die Waffen und die Werkzeuge im Grab die Bedürfnisse des Königs befriedigen und ihm das Leben in einer anderen Welt angenehm machen sollten.«

Zu der Zeit, als Woolley in Ur die Ausgrabungen leitete, wetteiferten die Archäologen in Ägypten und Mesopotamien verbissen darum, wer wohl die ältesten und herausragendsten Schätze finden würde. Seit Howard Carters Entdeckung des Grabs von Tutanchamun im Tal der Könige waren erst ein paar Jahre vergangen, und diese wichtigen Gräber in Ur müssen für alle Ausgräber in Sumer ein großer Ansporn gewesen sein. Natürlich war Woolley sehr angetan von seinen Entdeckungen, die bezeugten, daß Ur schon mindestens einige Jahrhunderte vor der Gründung des Alten Reiches in Ägypten, der Zeit der Pyramiden, eine Hochkultur beherbergte. Aber gingen die Archäologen nicht zu weit, wenn sie von einer biblischen Verbindung zwischen dieser goldenen Stadt und dem Patriarchen Abraham sprachen?

Bei der akademischen Konkurrenz zwischen den Ägyptologen einerseits und den »Sumerologen« andererseits ging es nicht nur darum, welche Kultur älter oder jünger sei. Es ging auch ums Geld. Größere Grabungen waren oft von der Unterstützung reicher Sponsoren abhängig, wie etwa von Lord Carnavon im Falle Tutanchamuns und von Howard Carter. Aber es gab auch noch andere Interessengruppen, vor allem Gesellschaften, die es sich zum Ziel gesetzt hatten, die Authentizität der Bibel zu beweisen. Unter Bezeichnungen wie »Egypt Exploration Fund« oder »Palestine Exploration Fund« stellten sie einen Großteil des Geldes, das ein Woolley oder ein Petri für die Expeditionen brauchten. Natürlich erwarteten diese Sponsoren eine Gegenleistung: Wo immer möglich sollten die Funde von der Bibel aus interpretiert werden und das Wort Gottes eher stützen als widerlegen.

Oft wurden sie enttäuscht, wenn die archäologischen Grabungen Zeugnisse ans Licht brachten, die entweder nicht weiterhalfen oder sogar der biblischen Chronologie widersprachen. In Ur jedoch konnten Hall, Woolley und andere den Erwartungen der Geldgeber gerecht werden. Tell el-Mukayyar wurde zum »Ur der Chaldäer«, und man ging ohne weiteres davon aus, daß dies der Ort gewesen sein müsse, von dem aus Abraham und sein Vater Terach zu ihrer Reise ins Land Kanaan aufbrachen.

Die Entdeckung wichtiger Königsgräber und das enorme Alter der Stätte förderten diese romantische Vorstellung. Denn sie stützten die Annahme, daß Abraham in Wirklichkeit kein ungehobelter Hirte war, der einen Stamm von herumziehenden Beduinen anführte, sondern ein Stadtbewohner, vielleicht sogar königlichen Geblüts, aus der ältesten Kapitale der Region. Die Datierung von Ur auf das vierte vorchristliche Jahrtausend paßte auch zu den Vorstellungen eines siebentausendjährigen »Erlösungskreises« von der Zeit Abrahams bis zum Ende des Milleniums.

So waren es viertausend Jahre von Abraham bis Jesus, eine Art Vorbereitungszeit, zweitausend Jahre »letzte Tage« von Jesus bis zum »Ende der Zeit« und schließlich eintausend Jahre des Milleniums, das Christi Wiederkehr um das Jahr 2000 herum folgen würde. Dieser Rechnung nach mußte Abraham um 4000 v. Chr. gelebt haben – nicht lange vor der Datierung des archäologischen Ur. Indem sie Abraham mit dem »Ur der Chaldäer« in Verbindung brachten, taten die Archäologen, wie sie glaubten, niemandem etwas Böses und erfreuten ihre jüdischen und christlichen Wohltäter auf das höchste. Aber war es die Wahrheit?

Auf seinen ausgedehnten Reisen durch den Irak, Syrien und die Türkei besuchte J. G. Bennett 1953 die von Woolley freigelegten archäologischen Stätten. Er liebte Ur, und aus seinen Texten geht hervor, daß er Sumer als die Wiege der Kultur betrachtete.

Andererseits hatte er kaum Interesse an Ägypten, und es ist nichts darüber bekannt, ob er dieses Land überhaupt je besuchte. Er war sehr vorsichtig, als er die Zeugnisse archäologischer Grabungen zusammenstellte. Er schreibt in seinem Reisetagebuch:

»... hier stand ich nun an der Schwelle der Gräber von Ur und blickte in die dunkle Höhle, aus der solche Schätze geborgen worden waren. Mein stärkster Eindruck war der des tiefen Grabens, der uns von der fernen Vergangenheit trennt. Zufällig stoßen wir auf diese oder jene Spur der antiken Welt. Je nachdem, was wir finden, rekonstruieren wir mit Hilfe von Vermutungen die Lebensbedingungen. Ich bin mir sicher, wenn die Inschriften nicht entziffert und die Gräber nicht gefunden worden wären, hätte niemand diesen antiken Städten eine hohe Kultur zugeschrieben.«[1]

Abrahams Reise hätte wenig Sinn gemacht, wenn er ein Städter des vierten vorchristlichen Jahrtausends aus dem Südirak war. Selbst wenn wir annehmen, daß es in Südmesopotamien einige Hirten gab, so war doch die Viehhaltung nicht die vorherrschende Art, wie das Land bewirtschaftet wurde. Auf den fruchtbaren Ebenen im Unterlauf des Tigris und des Euphrat konnte man mehr als eine Weizen- und Gemüseernte pro Jahr anbauen. Große Schafherden, die auf diesem landwirtschaftlich ertragreichen Land umherzogen und grasten, wären sehr unwirtschaftlich gewesen. Diese Form der Landwirtschaft ist weit mehr geeignet für hügelige oder bergige Gebiete, wo Schafe und Ziegen ein sonst ertragloses Land nützen. Auch hätte es für Abrahams Vater Terach keinen Sinn gemacht, seine Familie vom Tell el-Mukayyar nach Harran zu bringen, wenn sie eigentlich nach Kanaan wollten. Für eine Reise von Sumer nach Kanaan gab es kürzere Wege, die ohne Umweg über Harran auskamen. Wenn Abraham jedoch, wie man jetzt allgemein annimmt, nicht im 4., sondern im 2. Jahrtausend v. Chr. lebte und nicht aus Ur in Sumer, sonder aus Urfa (Edessa) kam, dann ergibt sich ein sinnvolleres historisches Szenario, das zudem mit den in dieser Region noch lebendigen islamischen Traditionen übereinstimmt.

Obwohl er selbst nicht ganz so weit gehen würde, verweist Professor Segal in *Edessa: »The Blessed City«* doch immerhin in einer Fußnote auf diese Möglichkeit. Er zitiert einen jakobitischen

Metropoliten namens Michael der Syrer – einen Freund Zengis, der Edessa im Jahr 1044 eroberte. Michael soll gesagt haben, daß der Name »Orhay« sich von »Ur«, was »Stadt« bedeutet, und »hay« mit der Bedeutung »der Chaldäer« ableite. Diesen Beinamen erhielt die Stadt wegen des Volkes, das dort wohnte. Die Menschen von Urartu, also dem Land, das später zu Armenien wurde, bezeichneten sich selbst in der Antike als *Chaldini*. Sie kamen aus dem Gebiet um den Berg Ararat und wanderten irgendwann um 1500 v. Chr. in die fruchtbaren Ebenen Nordmesopotamiens ein. Hier errichteten sie das mächtige Königreich Mitanni. Orhay lag in ihrem Gebiet, war also, anders als Ur in Sumer zu seiner besten Zeit, eine chaldäische Stadt.

Die Mitanni, die Nordmesopotamien Mitte des 2. Jahrtausends v. Chr. beherrschten, waren Teil einer größeren Völkergruppe, der Hurriter, deren historische Einordnung allmählich Gestalt gewinnt. Um 1670 v. Chr., in der Zweiten Zwischenzeit, fiel ein Volk, die sogenannten Hyksos oder »Schäferkönige«, in Ägypten ein. Die Hyksos eroberten das Deltagebiet, ihre Könige stellten die XV. und XVI. Dynastie. Im Ägyptischen Museum in Kairo kann man Friese der Hyksos sehen, die sie mit dichten Bärten und eher semitischen als ägyptischen Zügen zeigen. Dies könnte darauf hinweisen, daß ihr Einfall in Ägypten Teil einer umfassenderen Völkerwanderung aus dem Gebiet der Osttürkei um den Berg Ararat herum in die »Wiegen« der Zivilisation, nach Mesopotamien und Ägypten, war. Die »Hyksos« waren eben die Krieger aus den Steppen Rußlands, die wir heute als Hurriter bezeichnen.

Obwohl die Invasion der Hurriter heute fast vergessen ist, war sie in Mesopotamien und Ägypten einer der einschneidendsten Vorgänge in der Geschichte. Sie waren die ersten, die die verschlafenen Kulturen des Mittleren Ostens mit dem Streitwagen bekannt machten, einer Erfindung, die sie aus der Steppe mitbrachten.[2] Mit seiner Hilfe schufen sich die Mitanni ein Reich, das zwar nur kurze Zeit bestand,[3] aber doch als das erste bekannte syrische Königreich Bedeutung erlangte. Die Hurriter gründeten oder eroberten eine Reihe wichtiger Städte in der Region, darunter auch Karkemisch, Urfa und Harran. Letzteres wird in der Bibel erwähnt als der Ort, an dem sich Abra(ha)ms Familie zunächst niederließ, nachdem sie aus dem Ur der Chaldäer aufgebrochen war:

»Terach nahm seinen Sohn Abram, seinen Enkel Lot, den Sohn Harans, und seine Schwiegertochter Sarai, die Frau seines Sohnes Abram, und sie wanderten miteinander aus Ur in Chaldäa aus, um in das Land Kanaan zu ziehen. Als sie aber nach Harran kamen, siedelten sie sich dort an.

Die Lebenszeit Terachs betrug zweihundertfünf Jahre, dann starb Terach in Harran.«[4]

Unter diesen Umständen ist es durchaus möglich, daß Abraham entweder ein Flüchtling war, der von diesen Eindringlingen zunächst aus seinem Haus in Ur (Urfa) und später aus dem benachbarten Harran vertrieben wurde, oder daß er und seine Familie selbst Hurriter auf der Wanderschaft waren. Belege für die letztere Annahme liefern vielleicht die frühen Kapitel der Genesis mit der Geschichte Noachs, dessen Familie eine ähnliche Wanderung von Armenien nach Mesopotamien unternahm.

Mesopotamien, der Ort der Ursprünge

Die Kulturen im Einzugsgebiet des Tigris und Euphrat waren sogar noch älter als das ägyptische Alte Reich. Obwohl Mesopotamien im engeren Sinne nur die Schwemmebene zwischen den beiden Flüssen umfaßt, die einst Babylonien hieß und heute zum Staatsgebiet des Irak gehört, hatten die Flüsse ihre Quellen weit nördlich dieser flachen Ebene im bergigen Hochplateau der Osttürkei. Dieses Plateau, vom Berg Ararat beherrscht, war wohl auch der Ort des biblischen Eden.

»Ein Strom entspringt in Eden, der den Garten bewässert; dort teilt er sich und wird zu vier Hauptflüssen. Der eine heißt Pischon; er ist es, der das ganze Land Hawila umfließt, wo es Gold gibt. Das Gold jenes Landes ist gut; dort gibt es auch Bdelliumharz und Karneolsteine. Der zweite Strom heißt Gihon; er ist es, der das ganze Land Kusch umfließt. Der dritte Strom heißt Tigris; er ist es, der östlich an Assur vorbeifließt. Der vierte Strom ist der Euphrat.«[5]

Der Genesis-Bericht von den vier großen Strömen in Eden hat eine symbolische Bedeutung, die mit der Vorstellung des Kreuzes zusammenhängt, dessen Arme in die vier Himmelsrichtungen weisen. Dennoch war offenbar eine bestimmte geographische Örtlichkeit gemeint, und die Nennung des Tigris und des Euphrat zeigt, daß die Flüsse an sich real, also keine abstrakten Ideale, waren. Das Problem für die Kommentatoren waren immer die ersten beiden Ströme, Pischon und Gihon. Völlig abgehoben von den geographischen Gegebenheiten hat man sie schon mit den Flußsystemen des Nils, des Ganges und sogar des Jangtse identifiziert. Wenn wir jedoch akzeptieren, daß die Aussagen der Bibel auf einer realen Überlieferung beruhen, dann müssen alle vier Flüsse ihre Quellen ziemlich nahe beieinander haben. Wie der Tigris und der Euphrat müssen also die beiden anderen dem ostanatolischen Hochland entspringen.

Tatsächlich haben zwei große Flüsse ihre Quellen in genau dieser Region sehr nahe bei den Ursprüngen des Tigris und des Euphrat. Der erste ist der Arax, der bei Erzurum entspringt. Er ist wahrscheinlich mit dem biblischen Pischon gleichzusetzen und fließt in östlicher Richtung ins Kaspische Meer. Heute bildet er die Grenze zwischen Armenien, der Türkei und dem Iran. Der Name Pischon bedeutet »frei fließend«, und tatsächlich ist dieser Fluß ein ungezähmter Strom, im Winter quasi unpassierbar und schwer mit Schiffen zu befahren, im Sommer jedoch leicht über Furten zu durchqueren.

Das Land Hawila kann man wahrscheinlich mit Georgien gleichsetzen, das nicht weit nördlich dieses Flusses liegt und einst das sagenumwobene Colchis war. Hier sollen Jason und die Argonauten das Goldene Vlies gesucht haben. Der andere Fluß heißt Gihon, was einfach nur »Strom« bedeutet. Wahrscheinlich ist damit der Halys (Kızılırmak) gemeint, der längste Fluß in Kleinasien, der von Quellen am Kızıl Dağ nicht weit nördlich vom Ursprung des Euphrat gespeist wird. Er fließt nach Westen, wendet sich dann nach Norden und mündet ins Schwarze Meer. Der Halys trennt Ost- von Westanatolien und umfloß einst das Herz des alten Hethiterreiches mit seiner Hauptstadt Hattuscha (Boğazköy).

Das Bergland Ostanatoliens, in dem diese vier großen Flüsse entspringen, ist das mythische Eden. Nicht weit östlich davon liegt der Vansee, vielleicht der ursprüngliche »Garten«, und im Norden erhebt sich etwa viertausend Meter über dem Tal des Arax der Berg Ararat, auf dem Noach mit seiner Arche gelandet sein soll. Ob man die Geschichte der Sintflut und der Arche nun glaubt oder nicht, alles weist darauf hin, daß die weitere »Familie« Noachs ursprünglich aus dieser Region stammte und von hier ausschwärmte, um die ganze bekannte Welt zu erobern. Ein Zweig oder Stamm dieser Gruppe waren die Abrahamiten. Eine andere, vielleicht größere Gruppe waren die *Chaldini* (Chaldäer), die den mythischen Vorfahren Nimrod, der Bibel nach ein Urenkel Noachs, als ihren Patriarchen betrachteten.

Wenn man all dies bedenkt, erscheint es durchaus möglich, daß Abraham und sein Stamm wirklich Hurriter waren, die einem anderen Zweig der Familie angehörten als die chaldäischen Mitanni. Den Legenden, die bei den Einwohnern von Urfa heute noch lebendig sind und von einem Konflikt zwischen Abraham und dem lokalen König berichten, den sie mit dem biblischen Nimrod gleichsetzen, kann tatsächlich eine wahre Begebenheit zugrunde liegen. Darüber hinaus verweist die linguistische Ähnlichkeit von »Hurriter«, Harran (Stadt) und Haran (Bruder Abrahams) auf eine Verbindung.

Ein unparteiischer Beobachter müßte wohl zugeben, daß Abraham möglicherweise in Urfa geboren wurde und später gezwungen war, mitsamt seiner Familie zunächst ins benachbarte Harran und dann nach Kanaan auszuwandern. Wenn wir keine Inschriften finden, die diese Ereignisse kommentieren, werden wir die Wahrheit wohl nie erfahren. Und doch wirkt dieses Szenario wahrscheinlicher als die gängige Ansicht, daß Abraham aus Ur in Sumer stamme. Überdies erklärt es auch, warum Nordmesopotamien bis in unsere Zeit hinein ein wichtiges Reservoir esoterischen Wissens, oft mit biblischen Beziehungen, geblieben ist.

APPENDIX 4
DIE HIMMELFAHRT JESU

Das Matthäus-Evangelium endet mit einem dringenden Appell des auferstandenen Jesus an seine elf verbliebenen Jünger (Judas hatte sich aufgehängt), daß sie hinausgehen und alle Völker lehren sollten – »tauft sie auf den Namen des Vaters und des Sohnes und des Heiligen Geistes«. Markus dagegen führt die Geschichte Jesu noch weiter und berichtet uns von seiner »Himmelfahrt«:

»Nachdem Jesus, der Herr, dies zu ihnen gesagt hatte, wurde er in den Himmel aufgenommen und setzte sich zur Rechten Gottes.«[1]

Lukas liefert in seinem Evangelium noch ein paar weitere Details, so etwa, daß die Himmelfahrt in Betanien stattfand, dem Dorf nahe Jerusalem, in dem Jesu Freunde Martha, Maria und Lazarus wohnten:

»Dann führte er sie hinaus in die Nähe von Betanien. Dort erhob er seine Hände und segnete sie. Und während er sie segnete, verließ er sie und wurde zum Himmel emporgehoben; sie aber fielen vor ihm nieder. Dann kehrten sie in großer Freude nach Jerusalem zurück. Und sie waren immer im Tempel und priesen Gott.«[2]

Der vollständigste Bericht, auf dem auch das traditionelle Bild der Himmelfahrt beruht, findet sich jedoch in der Apostelgeschichte:

»Ihnen [den Aposteln] hat er nach seinem Leiden durch viele Beweise gezeigt, daß er lebt; vierzig Tage hindurch ist er ihnen erschienen und hat vom Reich Gottes gesprochen …

Als sie nun beisammen waren, fragten sie ihn: ›Herr, stellst du in dieser Zeit das Reich für Israel wieder her?‹ Er sagte zu ihnen: ›Euch steht es nicht zu, Zeiten und Fristen zu erfahren, die der Vater in seiner Macht festgesetzt hat. Aber ihr werdet die Kraft des Heiligen Geistes empfangen, der auf euch herabkommen wird; und ihr werdet meine Zeugen sein in Jerusalem und in ganz Judäa und Samarien und bis an die Grenzen der Erde.‹ Als er das gesagt hatte, wurde er vor ihren Augen emporgehoben, und eine Wolke nahm ihn auf und entzog ihn ihren Blicken. Während sie unverwandt ihm nach zum Himmel emporschauten, standen plötzlich zwei Männer in weißen Gewändern bei ihnen und sagten: ›Ihr Männer von Galiläa, was steht ihr da und schaut zum Himmel empor? Dieser Jesus, der von euch ging und in den Himmel aufgenommen wurde, wird ebenso wiederkommen, wie ihr ihn habt zum Himmel hingehen sehen.‹«[3]

Die Himmelfahrt Jesu gehört zum Grundbestand des Glaubens der Kirche und wird immer noch als Fest vierzig Tage nach Ostern gefeiert. Auf den ersten Blick erscheint dieses Intervall symbolisch, wie die vierzig Tage, die Jesus fastend in der Wüste verbrachte. Eine genauere Analyse offenbart jedoch etwas sehr Überraschendes: Die Himmelfahrt hat eine astrologische Bedeutung.

Wann sich die Ereignisse der Kreuzigung, Auferstehung und Himmelfahrt zugetragen haben mögen, ist Thema einer leidenschaftlichen Debatte. In einem erschöpfenden Artikel, der sowohl die schriftlichen wie auch die astronomischen Belege berücksichtigt, wird in der *Encyclopaedia Britannica* das Jahr 29 n. Chr. als das wahrscheinlichste angenommen:

»Um es zusammenzufassen: Die verschiedenen Daten und Zeiträume, deren näherungsweiser Bestimmung sich dieser Artikel gewidmet hat, sind für sich genommen nur Versuche und Möglichkeiten. Vielleicht finden sich in ihrer Harmonie und Übereinstimmung weitere Gründe für ihre Akzeptanz, und auf jeden Fall tragen sie dazu bei, sicherzustellen, daß keines der Daten – die Geburt 7–6 v. Chr., die Taufe 26–27 n. Chr., die Kreuzigung 29 n. Chr. – völlig falsch gewählt ist.«[4]

Das letzte Abendmahl, das am ersten Gründonnerstag stattfand, war in Wirklichkeit das jüdische Passahfest. Dieses Mahl wird immer am Abend zwischen dem vierzehnten und dem fünfzehnten Tag des hebräischen Monats Nisan gefeiert, das heißt am Tag nach dem ersten Vollmond nach der Frühlings-Tagundnachtgleiche. Im Jahr von Jesu Tod war dies offenbar der Tag vor dem Sabbat, der bei Sonnenuntergang am Freitag begann. Die Auferstehung, unser heutiges Osterfest, fand zwei Tage später am Sonntag statt, und die Himmelfahrt abermals vierzig Tage später.

Es gibt Schwankungen von bis zu drei Tagen bei der Festlegung des Termins, je nachdem, wie man den Vollmond berechnet. Im Jahr 29 n. Chr. fand das Passahfest demnach irgendwann zwischen dem 14. und 16. April statt, Karfreitag lag in der Zeit vom 15. bis 17. April und Ostersonntag zwischen dem 16. und 18. April. Wenn man von dort aus vierzig Tage weiterzählt, kommt man auf den 26. bis 28. Mai. Mit Hilfe der Software zur Berechnung astrologischer Daten kann man feststellen, daß an allen drei Tagen die Sonne in der »Handschlag«-Position über dem ausgestreckten rechten Arm des Orion stand. Wie Jesu Geburtshoroskop (29. Juli 7 v. Chr.) mit dem Geburtstag der Könige von Kommagene übereinstimmt, so paßt auch seine »Himmelfahrt« zur Ausrichtung des Schachtes in Arsameia und fand an einem für einen königlichen Aufstieg zu den Sternen geeigneten Datum statt.

In den *Prophezeiungen der Maya* richtete ich meine Aufmerksamkeit, angeregt durch *Die Mühle des Hamlet*, auf den in der ganzen antiken Welt vorherrschenden Glauben, daß es an jedem »Ende« der Milchstraße ein Sternentor gebe. Nach de Santillana und von Dechend waren diese Tore dort zu finden, wo die Ekliptik, der jährliche Weg der Sonne, die Milchstraße kreuzte. Das Südtor lag also beim Schweif des Schützen, während das Nordtor im Zwilling zu finden war, nahe der »Handschlag«-Position über dem Orion. Diese Vorstellung war in der römischen Welt allgemein bekannt und wird bei Macrobius, einem Schriftsteller aus dem Ende des 4. und Anfang des 5. Jahrhunderts n. Chr., beschrieben.[5]

Daraus ergibt sich – vielleicht für manche Christen schockierend – der Schluß, daß der Orion nicht nur Osiris, den »Vater« der ägyptischen Pharaonen, symbolisierte, sondern jetzt auch Jesu »Vater im Himmel«, zu dessen Rechten er sitzt. Damit möchte ich nicht andeuten, daß Gott ein Sternbild sei, ebensowenig, wie Jesus die Sonne ist, sondern ich möchte nur zeigen, daß wieder einmal das hermetische Diktum »Wie oben, so unten« zutrifft. Offenbar ist Jesu Himmelfahrt, wie die des Elija, eng mit dem Orion verbunden, und offensichtlich glaubte man auch, daß er in diesen Teil des Himmels aufgestiegen sei. Damit haben wir einen weiteren Grund, die Tatsache zu beachten, daß der Orion, »Vater Zeit«, in unserer heutigen Zeit wieder seine maximale Höhe am Himmel erreicht. Könnte es sein, daß sich in naher Zukunft ein Sternentor öffnet?

HINWEIS ZUR ORTHOGRAPHIE DER TÜRKISCHEN SPRACHE

Bei der Schreibung türkischer Namen und Begriffe wurde weitgehend auf die originale Rechtschreibung zurückgegriffen. Zur Transkription ergibt sich folgende Übersicht:

â	= der Zirkumflex bezeichnet die Erweichung des vorangegangenen Konsonanten
ā	= Dehnungszeichen bei arabischen und persischen Wörtern
c	= dsch (cemal = Dschemal)
ç	= tsch
ğ	= nach dunklen Vokalen kaum hörbares weiches g, dehnt den vorausgehenden Vokal (dağ = dagh); nach hellen Vokalen etwa wie das deutsche j
ı	= dumpfer i-Laut
j	= Vereinigung von g und j wie in Jalousie
s	= stets scharf und stimmlos, wie ß in Maß
ş	= sch
v	= w
y	= wie das deutsche j (yenice = jenidsche)

Stammbaum der Könige von Kommagene

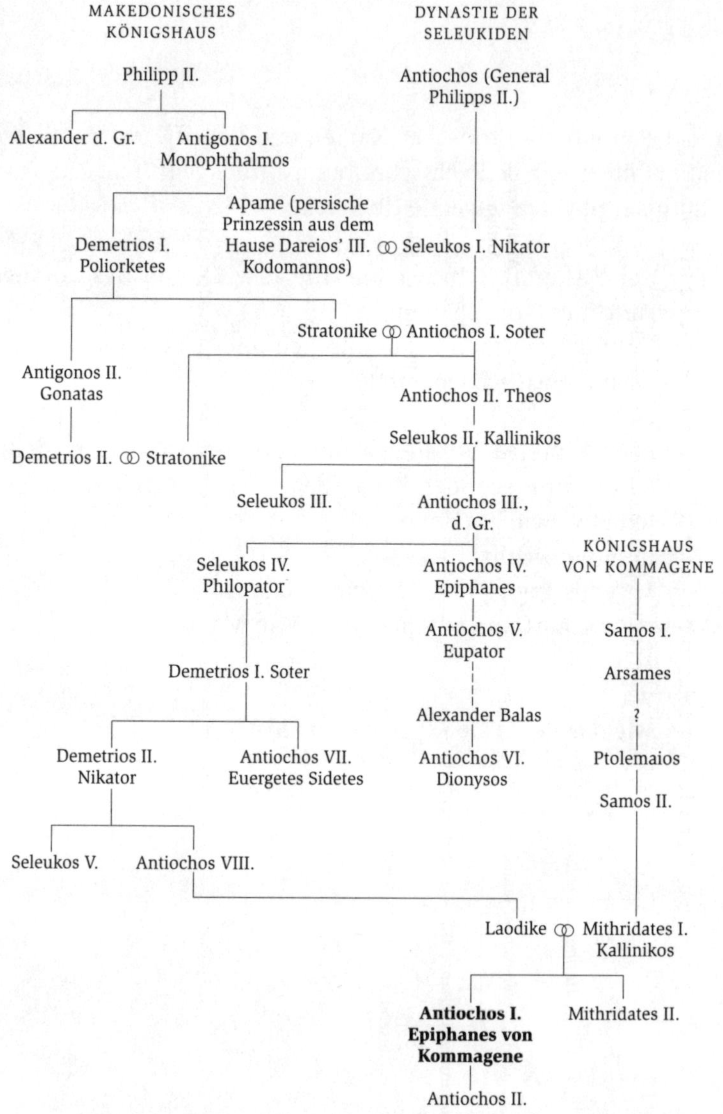
MAKEDONISCHES KÖNIGSHAUS
DYNASTIE DER SELEUKIDEN
Philipp II.
Antiochos (General Philipps II.)
Alexander d. Gr.
Antigonos I. Monophthalmos
Apame (persische Prinzessin aus dem Hause Dareios' III. Kodomannos)
Demetrios I. Poliorketes
Seleukos I. Nikator
Stratonike
Antiochos I. Soter
Antigonos II. Gonatas
Antiochos II. Theos
Seleukos II. Kallinikos
Demetrios II.
Stratonike
Seleukos III.
Antiochos III., d. Gr.
KÖNIGSHAUS VON KOMMAGENE
Seleukos IV. Philopator
Antiochos IV. Epiphanes
Antiochos V. Eupator
Samos I.
Demetrios I. Soter
Arsames
Alexander Balas
?
Demetrios II. Nikator
Antiochos VII. Euergetes Sidetes
Antiochos VI. Dionysos
Ptolemaios
Samos II.
Seleukos V.
Antiochos VIII.
Laodike
Mithridates I. Kallinikos
Antiochos I. Epiphanes von Kommagene
Mithridates II.
Antiochos II.

König Herodes und der hasmonäische/herodianische Stammbaum

(Nicht alle Linien dieses höchst komplizierten und manchmal inzestuösen Familienstammbaums werden dargestellt)

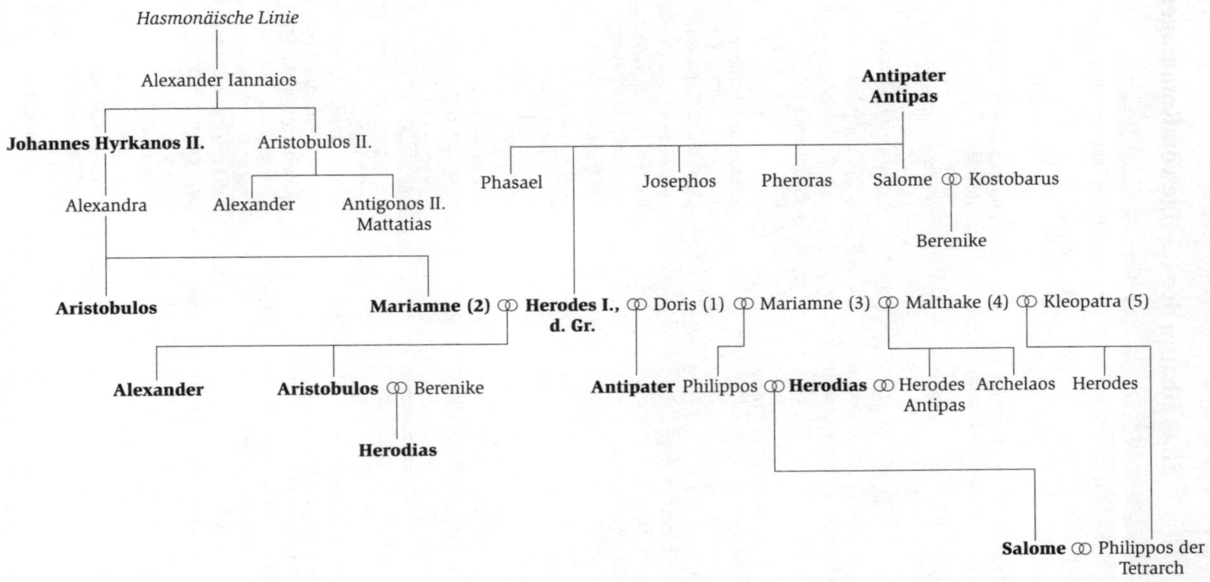

ANMERKUNGEN

(Die vollständigen Angaben zu den Autorennamen sowie zu den Erscheinungsorten und -jahren der einzelnen Titel finden sich im Literaturverzeichnis.)

Prolog

1 »Esoterisches« Wissen teilen nur einige wenige Menschen, während exoterisches Wissen allen zugänglich ist.

Kap. 1: Eine Pilgerfahrt in die Stadt Davids

1 Ouspensky, *Ein neues Modell des Universums*, S. 333f.
2 Mt 1,18–2,12.
3 Harvey, *The Plantagenets*, S. 149f.
4 Hone (Übers.), *The Lost Books of the Bible*, S. 40.
5 Ebd.
6 Mt 3,13–17.
7 Riley-Smith, *Oxford Illustrated History of the Crusades*, S. 1.

Kap. 2: Ein Treffen mit einem Weisen

1 Bennett, *Die inneren Welten des Menschen*, S. 209f.
2 Ebd., S. 210f.
3 Das war eine der mehr als ein Dutzend Sprachen, darunter Griechisch, Indonesisch, Tibetisch und Sanskrit, die er im Laufe seines Lebens lernen sollte.
4 Die Chatalja-Linien waren eine befestigte Stellung fünfunddreißig Kilometer westlich von Konstantinopel, die die Stadt schützen sollte.
5 Die Mewlewi, benannt als die »tanzenden Derwische« nach ihrem Tanz, bei dem sie in Trance fallen, sind der berühmteste einer ganzen Reihe verschiedener Sufi-Bruderschaften. Obwohl ihre Konvente heute immer noch offiziell geschlossen sind, erleben sie eine Renaissance.
6 Die von Madame Blavatsky gegründete Theosophische Gesellschaft war die Vorläuferin der vielen »New-Age«-Gruppen heute. Sie war und ist eine sehr breit angelegte Gemeinde, die östliche und westliche Mystik in sich vereint.
7 Der Name *Tertium Organum* war eine Anspielung auf Aristoteles' *Organon*, das »Instrument des Denkens«, und Roger Bacons *Novum Organon* oder »Neues Instrument des Denkens«. Indem er sein Buch »Drittes Instrument des Denkens« nannte, deutete Ouspensky provokativ an, daß er mit seinem Buch die Arbeit dieser Philosophen fortsetze.
8 Vgl. Ouspensky, *A New Model of the Universe*, S. xiii–xiv. In der deutschen Ausgabe, *Ein neues Modell des Universums*, ist nur das Vorwort zur ersten Auflage enthalten.
9 Ouspensky, *Ein neues Modell des Universums*, S. 34.
10 Gurdjieff und die Anhänger seiner Lehre bezeichnen mit dem Begriff »Legomonismus« einzigartige Schöpfungen, wie Gebäude, aber auch Schriften, mit denen das Wissen der Weisen Männer symbolisch als Ganzes erhalten und weitergegeben wird.
11 Nach Bennett sind dies Alternativschreibweisen. Sarmung ist die armenisierte Version des Namens.
12 Gurdjieff spielt in *Beelzebubs Erzählungen an seinen Enkel*, Kap. XXX, versteckt darauf an. Dort nennt er es den »Klub der Anhänger des Legomonismus«.
13 Iamblichos, *Pythagoras*, Kap. IV, § 18–19.

14 Guthrie (Übers. u. Hg.), *The Pythagorean Sourcebook and Library*, S. 125.
15 Ebd., S. 124.
16 Bennett, *Gurdjieff – Der Aufbau einer neuen Welt*, S. 65.
17 Die Ruinen von Ani haben eine riesige Ausdehnung und erstrecken sich zwischen der Türkei und der neuen Republik Armenien. Zu manchen Zeiten ist ein Besuch dort im umkämpften Grenzgebiet sehr gefährlich.
18 Das armenische Alexandropol hieß seit 1924 Leninakan und trägt seit dem Zusammenbruch der Sowjetunion wieder seinen mittelalterlichen Namen Kumajri.
19 Gurdjieff, *Begegnungen mit bemerkenswerten Menschen*, S. 113.
20 Ebd., S. 117.
21 Ebd., S. 139.
22 Bennett, *Gurdjieff – Der Aufbau einer neuen Welt*, S. 290.
23 Ouspensky, *Auf der Suche nach dem Wunderbaren. Fragmente einer unbekannten Lehre*, S. 444.
24 Bennett, *Gurdjieff – Der Aufbau einer neuen Welt*, S. 63f.

Kap. 3: Eine Suche unter den Sufis

1 Sufi-*Tekke* ähneln in mancher Hinsicht christlichen Klöstern, außer daß die Derwische, das Gegenstück zu den westlichen Mönchen, gewöhnlich Familienväter mit normalen Berufen sind und nicht in einer abgeschlossenen Gemeinschaft leben. Sie sind allerdings ihrem Scheich zum Gehorsam verpflichtet, der als der »Abt« des *Tekke* als *murschid* oder »Führer zum heiligen Leben« fungiert.
2 Bennett, *Das Durchqueren des großen Wassers*, S. 300.
3 Auf den Spuren Bennetts besuchte ich 1986 das *Tekke* von Konya. Es erwies sich als eines der seltsamsten Gebäude, die ich je betreten habe: ein Heiligtum, das sich als Museum ausgab. Draußen, auf dem Hof vor dem Gebäude, befanden sich die üblichen Reinigungsgelegenheiten, die man mit dem Islam verbindet, und mehrere alte Männer waren gerade eifrig mit ihrem *zikr* beschäftigt. Zu dieser wichtigsten spirituellen Übung der Sufis gehören normalerweise Atemkontrolle und sich immer wiederholende Gebete, aber die genaue Form ist von Orden zu Orden verschieden und hängt von der Initiation ab. Sie soll das Bewußtsein schärfen und schließlich eine Einheit mit Gott möglich machen. Im *Tekke* herrschte eine überwältigende Atmosphäre der Liebe und des Friedens. Nahe dem Eingang stand das Grab Rumis, ein aufwendiger Schrein – bedeckt mit teurem Brokat – in einer Kapelle, die vom Boden bis zur Decke mit kalligraphischen Mustern geschmückt war. Daneben sah man die Gräber verschiedener wichtiger Anhänger, jedes überragt von einem kunstvoll gewundenen Turban, der den jeweiligen Rang anzeigte. Das *Sema Hané* war kleiner, als ich erwartet hatte, und stand voller Vitrinen, in denen sich Instrumente, Schriften und andere Memorabilien des Ordens häuften. Dennoch schien die Erinnerung an den wirbelnden Tanz sich dem Raum so stark eingeprägt zu haben, daß ich den überwältigenden Drang verspürte, mich selbst zu drehen und mich dem Tanz ganz zu überlassen. Es war ein seltsames Gefühl, und ich glaube, Bennett wollte so etwas andeuten, als er von der Konzentration höherer Energien schrieb.
4 Bennett, *Das Durchqueren des großen Wassers*, S. 301.
5 Bennett, *Journeys in Islamic Countries*, Bd. 2, S. 49.
6 Nach dem Awesta (Jasna 9,17) kam Zoroaster (Zarathustra) aus Airjanem Vaejo am Fluß Daitja. Im Bundahisch (29,32 und 24,15) steht, daß der Fluß Dareja in Airan Vej lag und sein Vater sein Haus an dessen Ufer hatte. Der Bundahisch sagt auch, daß Airan Vej in Atropatene lag, einem Bezirk Nordmediens westlich des Kaspischen Meeres. Daher wird allgemein angenommen, daß der Fluß Daitja (Dareja) mit dem Arax gleichzusetzen ist und daß Zoroaster aus diesem Gebiet stammte.
7 Einige Wissenschaftler glauben, daß er sehr viel früher gelebt habe: um

1400–1200 v. Chr. Diese Unsicherheit ist nicht überraschend, wenn man bedenkt, daß viele originale Texte des Zoroastrismus zerstört wurden, als Alexander im Jahr 334 v. Chr. das persische Reich angriff. Ein noch größerer Teil der mündlichen Überlieferung ging verloren, als viele Magier bei der Plünderung ihrer Tempel und Heiligtümer während der makedonischen Eroberung starben. Und doch blieb genug erhalten, um den Glauben in der aus ihrer Sicht dunklen Zeit der griechischen Herrschaft wiederaufflackern zu lassen, bevor er in neu belebter Form noch einmal zur Staatsreligion des Sassanidenreiches wurde.

8 Die heiligen Bücher der zoroastrischen Parsen unserer Zeit.

9 Bennett, *Die Meister der Weisheit*, S. 82.

10 Genau wie die Buddhisten das Kommen des Maitreja erwarten und die Christen die »Wiederkunft« Christi, glaubten auch die Anhänger des Zoroastrismus, daß am Ende der Zeit ein postumer Sohn des Zoroaster namens Sauschjant (»Retter«) erscheinen und die Welt retten werde.

11 Ein Nachfolgestaat des alten Perserreiches, der um 248 v. Chr. neu gegründet wurde.

12 Der Name »Arier« wird allgemein auf die Volksstämme angewandt, die aus Persien und Indien stammten und eine gemeinsame indoeuropäische Sprache hatten. In welcher Beziehung diese antiken Stämme zu den modernen Europäern stehen, ist eine problematische und umstrittene Frage.

13 Gurdjieff, *Begegnungen mit bemerkenswerten Menschen*, S. 83.

14 Hatra war eine Wüstenfestung südlich von Mosul mit einer größtenteils aramäischen Bevölkerung. Inschriften zeigen, daß dort zumindest eine Zeitlang der nordmesopotamische Gott Be'elschamin (König der Götter – wahrscheinlich gleichzusetzen mit Ahura Mazda) zusammen mit Sin-Marilaha, dem lokalen Mondgott, verehrt wurde.

15 Bennett, *Journeys in Islamic Countries*, Bd. 2, S. 49.

16 Mithra, Mitra und Mihr sind andere Namensvariationen.

17 Tatsächlich wurde der Mithraskult auch schon als griechische Philosophie im persischen Gewand beschrieben, aber das ist eine inadäquate Definition.

18 Wahrscheinlich der Baum des Lebens.

19 Der »zweite Adam« ist Jesus Christus, der die Sünden des ersten sühnt.

20 Campbell, *Mythologie des Westens*, Bd. 3 v. *Die Masken Gottes*, S. 300.

21 Ebd., S. 300 ff.

22 Zaehner, *The Teachings of the Magi*, S. 15.

23 In Indien entwickelte sie sich über die Veden zur brahmanischen Religion unserer Zeit. Seltsamerweise wurden auf dem Subkontinent die *Asuras* (die iranischen *Ahuras*) zu Dämonen, während die *Devas* (die Teufel des Zoroastrismus) zu wichtigen Göttern erhoben wurden. Später wurde der indische Polytheismus von erleuchteten Lehrern wie Krischna und Buddha verfeinert und modifiziert, so daß die ursprüngliche Substruktur des vedischen Denkens in der heute auf dem Subkontinent praktizierten Religion kaum zu erkennen ist. Doch sie ist noch da und hat auch die Anfänge dessen inspiriert, was man vielleicht die jogische Tradition nennen kann.

24 Wynn-Tyson, *Mithras: The Fellow in the Cap*, S. 40.

25 Campbell, *Mythologie des Westens*, Bd. 3 v. *Die Masken Gottes*, S. 294.

26 Der kabbalistische »Lebensbaum« mit seinen zehn Sephiroth oder »Lichtern« ist eigentlich eine Erweiterung des siebenarmigen jüdischen Leuchters, der Menora.

27 Zum Beispiel wurden aus den Menschen, die mit der Kraft des Mars versehen waren, gute Soldaten. Er gab ihnen den Mut, die Energie, die Antriebsstärke und Dynamik, die man für gefährliche Unternehmungen braucht. Aber er verlieh ebenso ein jähzorniges Temperament und ließ die Person zur Gewalt neigen.

28 Campbell, *Mythologie des Westens*, Bd. 3 v. *Die Masken Gottes*, S. 294.

29 Offb 1,20.

30 Äon bedeutet eigentlich »Zeitalter«, aber der Begriff steht auch für den Geist

eines Zeitalters oder einer Epoche, der als »Gott« personifiziert wird.
31 Einmal für jede Planetensphäre?
32 Mead, *Thrice Greatest Hermes*, Bd. III, S. 99.
33 Ebd., Bd. I, S. 144.
34 Ebd., S. 146.
35 Ebd., S. 157.
36 Ebd.
37 Joh 1,1–5.
38 Mead, *Thrice Greatest Hermes*, Bd. I, S. 161.

Kap. 4: Hermes Trismegistos

1 Gilbert, *The Cosmic Wisdom Beyond Astrology*.
2 Gen 11,31–32.
3 Vgl. Mead, *Thrice Greatest Hermes*, Bd. I, S. 5, und Scott (Hg.), *Hermetica*, S. 218 f.
4 Die Sammlung der *Hermetica* enthält mehr als nur das *Corpus Hermeticum*.
5 Die Kabbala ist eine esoterische Form des Judentums. Sie beinhaltet Meditation über bestimmte Bilder und den Namen Gottes, verbunden mit Astrologie. Mit entsprechender Modifizierung wird sie zur christlichen Kabbala.
6 Vgl. Yates, *Giordano Bruno and the Hermetic Tradition*, S. 63.
7 Nach Burckhardt, *Alchemie. Sinn und Weltbild*, S. 219 f.
8 Ebd., S. 351 f.
9 Scott, *Hermetica*, S. 34 u. 41.
10 Mead, *Thrice Greatest Hermes*, Bd. I, S. 19.
11 Das Adyton ist der heiligste Teil eines Tempels, einer Kirche oder eines Heiligtums: zum Beispiel das Allerheiligste im Tempel von Jerusalem oder die Königskammer in der Großen Pyramide.
12 Mead, *Thrice Greatest Hermes*, Bd. I, S. 30.
13 Horus wird hier von seiner Mutter Isis angesprochen.
14 Colpe/Holzhausen (Übers. u. Hg.), *Das Corpus Hermeticum Deutsch*, T. 2, S. 421 f., Kore Kosmu, Exzerpt XXIII, 4–5.
15 Ebd., T. 1, S. 10, Corp. Herm. I, 1–3.
16 Ebd., S. 14, Corp. Herm. I, 12.
17 Ebd., S. 14 f., Corp. Herm. I, 13–14.
18 Ebd., S. 15, Corp. Herm. I, 15.
19 Ebd., T. 2, S. 442 f., Kore Kosmu, Exzerpt XXIII, 59–61.
20 Ebd., S. 443–446, Kore Kosmu, Exzerpt XXIII, 62–69.

Kap. 5: Das Geheimnis des Orion

1 Die Kulmination eines Sterns ist der Punkt am Himmel, genau im Süden, an dem er in seiner täglichen Bewegung über den Himmel die größte Höhe über dem Horizont erreicht.
2 Vgl. *Das Geheimnis des Orion* mit den genauen Details dieser faszinierenden Entdeckung.
3 Mt 1,17.
4 Gen 12,10–20.
5 Gen 41,44–45.
6 Gen 48,2–5. Ruben und Simeon waren die ersten beiden Söhne Jakobs von Rahels Schwester Lea.
7 Die Ebene rund um Harran zwischen Euphrat und Tigris.
8 Gen 48,7.
9 Aaron war der ältere Bruder des Mose.
10 Ex 2,1–10.
11 König Israels.
12 2 Kön 17,5–6.
13 1 Chr 5,26.
14 Young, *Analytical Concordance to the Bible*.
15 Jer 43,12–13.
16 Mit »ihn« ist aller Wahrscheinlichkeit nach Antiochos IV. von Syrien gemeint.
17 Dan 11,30–31.
18 König, 63–40 v. Chr., gest. 30 v. Chr.
19 Mt 2,13–15.
20 Mt 2,16–18.
21 Hone, *The Lost Books of the Bible*, S. 47.
22 Ebd., S. 38.
23 Rundle Clark, *Myth and Symbol in Ancient Egypt*, S. 87–98.
24 Jes 11,1–2; 10.
25 Vgl. Röm 15,12.
26 Rundle Clark, *Myth and Symbol in Ancient Egypt*, S. 246.

Kap. 6: Auf der Suche nach der geheimen Bruderschaft

1 Siehe S. 54 und 66.

2 Zum Beispiel die Unfähigkeit der Jesiden, aus einem Kreis herauszutreten, der auf dem Boden um sie herum gezogen ist. Siehe S. 71.

3 Über diese Stadt werde ich später noch Genaueres berichten.

4 Diese griechischen Begriffe beziehen sich auf die »zwei« bzw. die »eine Natur« Christi.

5 Der Nationalgott der Assyrer. Er war ursprünglich die lokale Gottheit der Stadt Assur, übernahm aber später viele Attribute der Sonne und der Sturmgötter.

6 Luckenbill, *Ancient Records of Assyria and Babylonia*, T. I, S. 74.

7 Ebd., S. 75.

8 Ebd., S. 217. Da zwanzig Silberminen ein armseliger Betrag sind, nur ein Viertel Talent, kann man annehmen, daß Kommagene vor allem über Wald und kaum über Edelmetalle verfügte.

9 Die Stadt wurde kürzlich aufgrund ihres heroischen Widerstandes gegen die französische Besatzung nach dem Ersten Weltkrieg in Şanlıurfa, das ehrwürdige Urfa, umbenannt.

10 Die kleinste der drei Pyramiden von Gise.

Kap. 7: Der Löwe von Kommagene

1 Vgl. Bauval/Gilbert, *Das Geheimnis des Orion*, S. 106f.

2 *Greek Horoscopes*, ein Artikel von O. Neugebauer u. H. B. van Hoesen.

3 Das Stadion war ein antikes Längenmaß, das von Stadt zu Stadt variierte. Eratosthenes' Stadion entspricht etwa hundertsechzig Metern.

4 Astronomen geben Daten vor Christi Geburt immer mit Minuszeichen vor der Zahl an. Da es kein Jahr 0 gegeben hat und der Kalender direkt vom Jahr 1 v. Chr. zum Jahr 1 n. Chr. springt, muß von astronomischen Daten jeweils ein Jahr abgezogen werden, um sie in Daten vor Christi Geburt umzuwandeln. –61 wird so zu 62 v. Chr.

5 Nach Waldmann, *Die kommagenischen Kultreformen*, S. 71ff.

6 Aufgrund von Veränderungen durch die Präzession verschiebt sich 0° Aries (Widder), der Punkt, an dem die Eklipse oder die Bahn der Sonne den Himmelsäquator schneidet, allmählich nach hinten. Deswegen korrespondieren die astrologischen Tierkreiszeichen nicht mehr mit den eigentlichen Sternbildern. Schon zu Antiochos' Zeit war die Präzession festzustellen.

7 Der Mond überholt den Merkur im Laufe des Tages.

8 Vgl. Dörner, *Der Thron der Götter auf dem Nemrud Dağ*, S. 169.

9 Zu den Einzelheiten dieser Reise, die mich vor allem nach Edessa/Urfa führte, siehe das nächste Kapitel.

10 Nach Dörner, *Der Thron der Götter auf dem Nemrud Dağ*, S. 169.

11 Vgl. Colpe/Holzhausen (Übers. u. Hg.), *Das Corpus Hermeticum Deutsch*, T. 1, S. 19, Corp. Herm. I, 24–26.

12 Colpe/Holzhausen (Übers. u. Hg.), *Das Corpus Hermeticum Deutsch*, T. 2, S. 483, Stob. 1.5,14, Exzerpt XXIX.

13 Eine kleine Stadt auf einem isolierten Fels östlich der Ebene von Argos auf der Peloponnes.

14 Einige Versionen des Mythos besagen eindeutig, daß der tote Löwe von Zeus in das gleichnamige Sternbild verwandelt wurde. Auf dem Relief in Arsameia sieht man Herakles mit dem Fell des Nemeischen Löwen über dem Arm, das er als Erkennungszeichen trug.

15 Heute findet sie wegen der Präzession zwischen den Sternbildern Zwillinge und Stier statt.

16 Ebenfalls durch die Präzession ist sie um ein Tierkreiszeichen nach hinten verschoben worden und liegt jetzt beinahe im Skorpion.

17 Der Geburtstag des Mithras war der 25. Dezember, kurz nach der Wintersonnenwende.

18 Es gibt ein Sternbild namens Herkules, das von Sternen zwischen der Leier (Lyra) und der Nördlichen Krone (Corona Borealis) gebildet wird, die mit bloßem Auge kaum erkennbar sind. Die Griechen dachten vermutlich nicht

an dieses unscheinbare Sternbild, wenn sie sagten, daß Zeus den größten Halbgott unter die Sterne versetzt habe.

19 Es gibt natürlich zwei Punkte auf der Ekliptik, an denen die Sonne und der Schaft auf einer Linie sind: den ersten im Frühjahr, wenn die Sonne sich nach Norden bewegt, den zweiten im Spätsommer, wenn sie wieder zurück nach Süden kommt. Die Ausrichtung auf den Regulus ist die zweite der beiden. Ich suchte jetzt nach der ersten im Frühling.

20 Zu den Einzelheiten vgl. Bauval/Gilbert, *Das Geheimnis des Orion*.

21 Die beiden größten Sünden im Zoroastrismus sind das Lügen und die Verschmutzung der Natur. Da man glaubte, daß Leichen die Erde überaus stark verschmutzen, war es bei den Persern (und ist heute noch bei den indischen Parsen) Sitte, die Toten zunächst im Freien aufzubahren, damit sie von Aasvögeln gefressen wurden, bevor man die übriggebliebenen Knochen dann beisetzte.

22 Vgl. Dörner, *Der Thron der Götter auf dem Nemrud Dağ*, S. 188.

Kap. 8: Die Stadt der Patriarchen

1 Daisan bedeutet auf Syrisch »springend«, genau wie der griechische Name Skirtos, der ebenso in Gebrauch war. Dies bezieht sich wahrscheinlich auf die sehr unterschiedlichen Wasserstände des Flusses, der leicht über die Ufer trat, aber auch ebenso schnell austrocknete.

2 »Aryu« heißt auf Syrisch »Löwe«.

3 Plinius, Tacitus und Plutarch hielten die Edessener für Araber.

4 Plutarch, »Crassus«, Kap. 21f., nach Plutarch, *Große Griechen und Römer*, Bd. II, S. 269–273.

5 Eusebius v. Caesarea, *Kirchengeschichte*, I, 13, 6–21. Übersetzung S. 112f.

6 »Und sein Ruf verbreitete sich in ganz Syrien. Man brachte Kranke mit den verschiedensten Gebrechen und Leiden zu ihm, Besessene, Mondsüchtige und Gelähmte, und er heilte sie alle.« [Mt 4,24].

7 Nach Lk, Kap. 10, schickt Jesus siebzig Jünger paarweise aus, um das Wort zu verbreiten.

8 Eusebius v. Caesarea, *Kirchengeschichte*, I, 13, 6–21, S. 113. Die Jahreszahl ist nach der seleukidischen Ära angegeben, die mit der Thronbesteigung des Seleukos im Jahr 312 v. Chr. begann. Das Datum 340 würde also mit dem Jahr 28 n. Chr. zusammenfallen. Dies ist, wie wir sehen werden, ein bißchen früh, da das Ereignis ja nach der Kreuzigung stattgefunden haben soll. Aber es ist nicht unbedingt völlig falsch.

9 Vgl. Segal, *Edessa: »The Blessed City«*, S. 76.

10 Ebd., S. 77.

11 In Mexiko ist die Situation heute ganz ähnlich. Auf dem Umhang eines indianischen Bauern aus dem 16. Jahrhundert kann man »wie durch ein Wunder« ein heiliges Abbild der Jungfrau Maria erkennen. Der Poncho hängt heute in der Basilica de Guadeloupe in Mexico City. Reproduktionen allerdings sind in jeder katholischen Kirche im Lande zu sehen, und die Jungfrau von Guadeloupe steht im Zentrum eines wichtigen christlichen Kultes.

12 Auch heute noch verehrt die einheimische muslimische Bevölkerung die mit Abraham und Ijob verbundenen Höhlen und Quellen.

13 Paulus machte Antiochia zur Ausgangsbasis seiner Missionsreisen unter den Heiden, und auch Petrus soll eine Zeitlang dort gelebt haben.

14 Kingsland, *The Gnosis in the Christian Scriptures*, S. 84.

15 Diese sehr technischen Begriffe bedeuten, daß Jesus Christus den »Geist der Zeit« verkörperte. Er war der fleischgewordene Logos (Wort Gottes).

16 Interessanterweise glaubten die Muslime, daß das Mandylion keine Kreuzigungs-, sondern eine Taufreliquie sei. Sie waren der Ansicht, daß Jesus dieses Tuch benutzt habe, um sich nach seinem Untertauchen im Jordan abzutrocknen.

17 Vgl. Picknett/Prince, *Die Jesus-Fälschung. Leonardo da Vinci und das Turiner Grabtuch*.

Kap. 9: Eine Geschichte von zwei Städten

1 Wie in Kap. 7 beschrieben, fuhren wir noch einmal nach Arsameia, um die Ausrichtung des Schachtes in der Sockelanlage III festzustellen.
2 Die große Bedeutung von Wasser, besonders von Brunnen, im Leben Harrans zeigt sich an den wenigen Erwähnungen der Stadt in der Bibel. Als Abraham seinen Knecht aussandte, um eine Frau für seinen Sohn Isaak zu finden, schloß der Knecht einen Pakt mit Gott, daß die erste Frau, die ihm Wasser aus dem Brunnen vor der Stadt für ihn und seine Tiere anbiete, die Gesuchte sein würde. Die Geschichte geht gut aus, denn die Frau ist, wie sich herausstellt, Isaaks Cousine Rebekka, und so heiraten sie kurz darauf. Siehe auch Kap. 4, S. 89.
3 Luckenbill, *Ancient Records of Assyria and Babylonia*, T. II, S. 45.
4 Der Schwarze Obelisk steht heute im British Museum, London.
5 Luckenbill, *Ancient Records of Assyria and Babylonia*, T. II, S. 353.
6 Ebd., S. 354.
7 Riley-Smith (Hg.), *Oxford Illustrated History of the Crusades*, S. 6.
8 Vgl. Segal, *Edessa: »The Blessed City«*.
9 Ihren Namen erhielt die syrische monophysitische Kirche nach ihrem Gründer, dem früheren Bischof von Edessa Jakobus Baradäus.
10 Die Melkiten waren die »königliche« Kirche (Melcha bedeutet König), die der offiziellen Lehre anhing, wie sie der byzantinische Hof unterstützte.
11 Vgl. Segal, *Edessa: »The Blessed City«*, S. 16.
12 Vgl. Runciman, *Geschichte der Kreuzzüge*, Bd. I, S. 313.
13 Es gibt Hinweise darauf, daß Balduin I. schon ein paar Jahre zuvor mit Hugo zusammengetroffen sein könnte. Vgl. Lincoln/Baigent/Leigh, *Der Heilige Gral und seine Erben*, S. 48.
14 Dieses muslimische Gebäude steht an der Stelle des ursprünglichen Allerheiligsten im Salomonischen Tempel, das für Juden, Christen und Muslime gleichermaßen ein sehr heiliger Ort war und immer noch ist. Es hat einen oktogonalen Grundriß und eine goldene Kuppel.
15 Das Turiner Grabtuch ist ein langes Stück Stoff, auf dem die Gestalt eines Mannes zu sehen ist, der anscheinend gekreuzigt wurde. Die Herkunft des Tuches war immer höchst zweifelhaft, da es erst im 14. Jahrhundert entdeckt wurde. Seinen Namen trägt es nach der italienischen Stadt, in der es aufbewahrt wird.
16 Vgl. Picknett/Prince, *Die Jesus-Fälschung. Leonardo da Vinci und das Turiner Grabtuch*.

Kap. 10: Die Säulen Nimrods

1 Segal, *Edessa: »The Blessed City«*, S. 174.
2 Derselbe Kaiser erbaute die Hagia Sophia in Konstantinopel. Nach den großen Überschwemmungen in Edessa im Jahr 525 n. Chr. ließ er dort einen Damm und einen neuen Kanal errichten, um das überschüssige Wasser des Daisan aufzunehmen. Sein System hat größere Überschwemmungen seit dieser Zeit verhindert und ist auch heute noch in Benutzung.
3 Name eines Toparchen.
4 Eski Sumatar ist eine archäologische Stätte südöstlich von Urfa. Hier wurden wichtige Zeugnisse für den sabäischen Kult in Harran gefunden.
5 Segal, *Edessa: »The Blessed City«*, S. 58.
6 Gen 10,6–12.
7 Santillana/Dechend, *Die Mühle des Hamlet. Ein Essay über Mythos und das Gerüst der Zeit*, S. 153.
8 Segal, *Edessa: »The Blessed City«*, S. 50.
9 In einer anderen Version des Mythos tötet Artemis Orion, nachdem er versucht hat, sie zu vergewaltigen.
10 Das Sternbild wird deshalb unsichtbar, weil es zu dieser Jahreszeit während des Tages über dem Horizont steht. Nach seiner Wiederkehr in der Morgendämmerung ist Osiris/Orion nachts zunächst immer länger und dann wieder kürzer sichtbar, bis er etwa neun Monate später

bei Sonnenuntergang ebenfalls untergeht und damit wieder unsichtbar wird.

11 Es ist vielleicht interessant, daß es vor der Südmauer Urfas einen Brunnen *(Bir Eyüp)* gibt, an dem der Sage nach Ijob badete und von seinen schrecklichen Verletzungen geheilt wurde. Ganz in der Nähe standen einst die christlichen Heiligtümer zweier lokaler Heiliger, der Ärzte Kosmas und Damian. Die heiligen Wasser des Ijobsbrunnens wurden und werden noch heute von leidenden Pilgern aufgesucht, vor allem zur Behandlung von Hautkrankheiten.

12 Santillana/Dechend, *Die Mühle des Hamlet. Ein Essay über Mythos und das Gerüst der Zeit*, S. 153.

13 Ri 14,14.

14 Ri 16,28–30.

15 Ri 15,18–19.

16 Segal, *Edessa: »The Blessed City«*, S. 6, Anm.

17 1 Kön 17,1.

18 Baal war der phönizische Name des babylonischen Bel. Beide Ausdrücke bedeuten »Herr« und können sich auf jeden Gott beziehen, zeitweise auch auf Jahwe, den Gott der Hebräer. Üblicherweise ist Baal oder Bel mit dem Kult um den Planeten Jupiter verbunden. Bei dem Baalismus, gegen den sich der Prophet Elija wandte, ging es um die kultische Verehrung der Natur unter Einbeziehung von Götzenbildern und Opfern.

19 2 Kön 2,11–12.

20 Zu weiteren Einzelheiten vgl. Bauval/Gilbert, *Das Geheimnis des Orion.*

21 2 Kön 2,13–14.

22 Dies ist eine Anspielung auf die letzten beiden Verse des Alten Testaments: »Bevor aber der Tag des Herrn kommt, der große und furchtbare Tag, seht, da sende ich zu euch den Propheten Elija. Er wird das Herz der Väter wieder den Söhnen zuwenden und das Herz der Söhne ihren Vätern, damit ich nicht kommen und das Land dem Untergang weihen muß.« [Mal 3,23–24]

23 Mt 11,7–15.

24 Mt 3,4. Vgl. die Beschreibung des Elija auf S. 272 nach 2 Kön 1,8.

25 1 Kön 19,1–2.

26 2 Kön 9,33–36.

Kap. 11: Wir drei Könige

1 Von 37 v. Chr. bis zu seinem Tod im Jahr 4 v. Chr.

2 Die Dynastie der Hasmonäer oder Makkabäer entstammte einer Familie von Freiheitskämpfern, die dem jüdischen Staat im 2. Jahrhundert v. Chr. die Unabhängigkeit gebracht hatten. Ihre Stellung weist Parallelen zur Königsfamilie von Kommagene auf, die etwa zur selben Zeit die Unabhängigkeit erlangte.

3 Flavius Josephus, *Bell. Iud.* I, 16, 7.

4 Flavius Josephus, *Bell. Iud.* I, 18, 4–5.

5 Der Sternenkalender basiert auf den zyklischen Bewegungen der Sterne, besonders des Sirius, statt auf denen der Sonne oder des Mondes.

6 Offb 5,5.

7 Ein oder zwei Jahre nachdem ein Rinpoche, wie etwa der Dalai Lama, gestorben ist, werden Suchtrupps ausgeschickt, um das Kind zu finden, in dem er sich reinkarniert hat. Dieses Kind wird besonders sorgfältig ausgebildet und erzogen, um es auf seine schwere Bestimmung vorzubereiten.

8 Myrrhe wurde von den Ägyptern bei der Mumifizierung zur Einbalsamierung der Leichen benutzt.

9 Lk 1,15.

10 Vgl. Kap. 12.

11 Yates, *Astraea,* S. 30 f.

12 Heute im British Museum, London, zu besichtigen.

13 Interessanterweise herrscht Merkur (Hermes) im griechischen System der Astrologie, das größtenteils aus frühen ägyptischen Quellen übernommen wurde, über das Sternbild Jungfrau.

14 Yates, *Astraea,* S. 30 f.

15 Im Tierkreis von Dendera, auf dem die Jungfrau eindeutig dargestellt ist, hält sie eine langstielige Pflanze – entweder Schilf oder eine Lilie.

16 Rundle Clark, *Myth and Symbol in Ancient Egypt.*

17 Auf einer anderen Bedeutungsebene steht die Ansammlung von Lotosblüten auch für das Deltagebiet Unterägyptens, wo Horus und seine Mutter Isis sich zur Zeit seiner Geburt verstecken mußten.

18 Im Altertum gehörten auch Sonne

und Mond dazu, während Uranus, Neptun und Pluto noch nicht entdeckt worden waren.

19 Mt 23,13; 23–24.

20 Mt 27,46–50.

21 Ps 22,2; 7–9; 15–19.

Kap. 12: Der Zweite Kreuzzug und der Tempel am Rhein

1 Nach Auskunft des Buches *Der Heilige Gral und seine Erben* von Lincoln/Baigent/Leigh gab es sehr viele Spekulationen über einen geheimen Orden, die sogenannte »Prieuré de Sion«, und dessen mögliche Verbindungen zu den Templern. Die Autoren vermuten, daß dieser Orden nicht nur die treibende Kraft hinter der Kreuzzugsbewegung war, sondern auch die Dynastie der Kapetinger, von der Ludwig VII. abstammte, durch die ältere Linie der Merowinger ersetzen wollte, die damals wieder Ansprüche auf den Thron erhob. Dieser Analyse zufolge waren die Templer nicht mehr als eine Fassade für diese Ziele. Doch dies ist meiner Meinung nach nicht überzeugend. Meines Erachtens ist es wahrscheinlicher, daß die Templer keine politische, sondern eine mystische Bruderschaft waren und daß das Symbol des Geheimordens der Sarman, mit dem sie in Kontakt standen, damals die Lilie oder *Fleur-de-Lys* war.

2 Research into Lost Knowledge Organization.

3 Einen Hinweis auf diese Schule liefert die »Würdigung« des Übersetzers, Sir Ronald Fraser, die direkt nach dem Vorwort des Herausgebers abgedruckt ist. Dort steht, daß die französische Originalfassung des Buches Mrs. Jackson von niemand anderem als J. G. Bennett empfohlen wurde.

4 Ein Areal von etwa zwanzig mal zehn Kilometern.

5 Ein Gebiet in Rautenform von etwa zweihundertzehn mal hundertsechzig Kilometern.

6 Der Zisterzienserorden, dem die Templer angegliedert waren, nahm seinen Anfang in Burgund unter dem Schutz des dortigen Grafen.

7 Die Armenier waren als Architekten in der Region sehr bekannt. Ihre große Kathedrale in Ani gehörte zu den schönsten Gebäuden der Welt, und die Byzantiner ließen armenische Architekten kommen, um das eingestürzte Dach der Hagia Sophia zu reparieren.

8 Dies ist die demiurgische Intelligenz, das Gegenstück zu den biblischen Elohim.

9 Colpe/Holzhausen (Übers. u. Hg.), *Das Corpus Hermeticum Deutsch*, T. 1, S. 10, Corp. Herm. I, 12–15.

10 Vgl. Kap. 2.

11 Bennett, *Sacred Influences*, S. 38 f.

12 Dies ist ein weltweites Phänomen. Ich habe im tropischen Mexiko gesehen, wie Menschen lebensgroße Krippenszenen an Straßenecken aufbauten.

13 In Ägypten wurden alle Sterne fünfzackig dargestellt. Beispiele dafür finden sich in den Deckengemälden einiger späterer Pyramiden und einiger Gräber im Tal der Könige.

14 Obwohl einige spätere Pharaonen, wie etwa Ramses II., grausame Autokraten waren, war der Titel ursprünglich auf den Palast bezogen und bedeutete »Das Große Haus«.

15 Die jüngsten Arbeiten des Autors Anthony West und des Geologen Robert Schoch zeigen, daß die Große Sphinx von Gise wahrscheinlich sehr viel älter ist als die Pyramiden. Der Kopf allerdings ist unzweifelhaft im Stil der IV. Dynastie gearbeitet. Dies weist darauf hin, daß zumindest dieser Teil zeitgleich mit den Pyramiden um 2450 v. Chr. entstand. Offenbar wurde der Kopf, der ursprünglich vielleicht einfach der eines Löwen war, umgearbeitet. Vorbild für diese Skulptur war wahrscheinlich Chufu (Cheops), der Erbauer der Großen Pyramide. Siehe auch Appendix 1, S. 349.

16 Der kaiserliche Adler geht auf Babylon zurück und entspricht als Symbol dem ägyptischen Falken, wie ihn auch die Assyrer, Perser und Griechen verwendeten.

17 Mt 3,13–17.

18 Aufgrund der Präzession findet die Konjunktion von Sonne und Regulus heute nicht mehr im Juli, sondern Ende August statt.

Epilog

1 Der Name Ludwig, der bei den französischen Königen so beliebt war, ist von Chlodwig abgeleitet.

2 Offenbar ist diese heilige Ampulle zusammen mit vielen anderen Schätzen während der Französischen Revolution entweder gestohlen oder versteckt worden. Falls heute noch jemand ihren Aufbewahrungsort kennt, so hält er dieses Wissen jedenfalls streng geheim.

3 Demouy, *La Cathédrale de Reims*, S. 44.

4 Offb 20,11–15.

5 Mal 3,23–24.

6 In Bennetts System repräsentiert »Adam« die evolutionäre Geburt der Intelligenz in der menschlichen Rasse.

7 Bennett, *Die Meister der Weisheit*, S. 46.

8 Mt 24,27–30.

Appendix 2: Der Jäger Orion

1 *Bulletin of the Egyptological Seminar*, 1981, 3, S. 20.

2 Campbell, *Mythologie des Westens*, Bd. 3 v. *Die Masken Gottes*, S. 296.

3 Santillana/Dechend, *Die Mühle des Hamlet*, S. 343.

4 Ebd., S. 226.

Appendix 3: Abrahams Reise ins Gelobte Land

1 Bennett, *Journeys in Islamic Countries*, Bd. 2, S. 21.

2 Wir können heute die Bedeutung dieser Entwicklung in der Geschichte der Kriegführung, wie sie damals verstanden wurde, nur noch schwer einschätzen. Aber in vieler Hinsicht waren die Streitwagen das antike Gegenstück zu den Panzern unserer Zeit. Sie waren die Waffe, die einer angreifenden Streitmacht den nötigen Schwung verleihen und den Verlauf einer Schlacht beeinflussen konnte. Während ein Fußsoldat seine Waffen und seinen Schild immer bei sich haben mußte und deshalb nur ein Schwert und eine Lanze trug, führte ein Wagenlenker meist ein ganzes Waffenarsenal mit sich, so daß er sich je nach Situation für den Nahkampf oder das Schießen aus sicherer Entfernung entscheiden konnte. Selbst die berittenen Soldaten waren in vielen Fällen den Streitwagen gegenüber im Nachteil, weil ein solcher Wagen mehr als eine Person transportieren konnte. Während also der Fahrer lenkte, konnte der Passagier einen Pfeilregen auf die verfolgende Kavallerie abfeuern, wobei der Wagen selbst wenigstens einen gewissen Schutz vor gegnerischen Schüssen bot. Das Aufkommen des Streitwagens muß die Politik des Mittleren Ostens völlig durcheinandergebracht haben – das ganze Mächteverhältnis änderte sich quasi über Nacht.

3 Innerhalb von etwa zweihundert Jahren wurde es von den benachbarten Hethitern erobert und in ihr Königreich eingegliedert.

4 Gen 11,31–32.

5 Gen 2,10–14.

Appendix 4: Die Himmelfahrt Jesu

1 Mk 16,19.

2 Lk 24,50–53.

3 Apg 1,3–11.

4 *Encyclopaedia Britannica*, Bd. 3, 1951, S. 527.

5 Vgl. Gilbert/Cotterell, *Die Prophezeiungen der Maya*, S. 155–158, und Santillana/Dechend, *Die Mühle des Hamlet*, S. 221.

LITERATURVERZEICHNIS

Bauval, R./A. G. Gilbert, *Das Geheimnis des Orion*, München 1994.

Bennett, J. G., *Gurdjieff – Der Aufbau einer neuen Welt*, Freiburg i. Brsg. 1976.

Bennett, J. G., *Journeys in Islamic Countries*, Sherbourne (Glos.) 1977.

Bennett, J. G., *Die Meister der Weisheit*, Freiburg i. Br. 1979.

Bennett, J. G., *Sacred Influences*, Sherbourne (Glos.) 1982.

Bennett, J. G., *Die inneren Welten des Menschen*, Südgellersen 1984.

Bennett, J. G., *Das Durchqueren des großen Wassers. Autobiographie von John G. Bennett*, Oberbronn 1984.

Die Bibel, Altes und Neues Testament, Einheitsübersetzung, Freiburg i. Brsg., Basel, Wien 1980.

Boyce, M., *Zoroastrians*, London 1987.

Burckhardt, Titus, *Alchemie. Sinn und Weltbild*, Olten, Freiburg i. Brsg. 1960. [Reprint 1992.]

Campbell, J., *Mythologie des Westens*, Bd. 3 v. *Die Masken Gottes*, Basel 1992.

Charpentier, L., *Die Geheimnisse der Kathedrale von Chartres*, 6. Aufl., Köln 1979.

Colpe, C./J. Holzhausen (Übers. u. Hg.), *Das Corpus Hermeticum Deutsch*, 2 Teile, Stuttgart-Bad Cannstatt 1997.

Demouy, P., *La Cathédrale de Reims*, o.O. o.J.

Dörner, F. K., *Der Thron der Götter auf dem Nemrud Dağ*, Bergisch Gladbach 1987.

Eusebius v. Caesarea, *Kirchengeschichte*, eingel. u. hrsg. v. H. Kraft, 3. Aufl., Darmstadt 1989.

Gilbert, A. G., *The Cosmic Wisdom Beyond Astrology*, Shaftesbury 1991.

Gilbert, A. G./M. M. Cotterell, *Die Prophezeiungen der Maya. Das geheime Wissen einer untergegangenen Zivilisation*, München 1998.

Gordon, D., *The Wilton Diptych*, London 1993.

Gurdjieff, Georg I., *All und Alles*, Braunschweig o.J.

Gurdjieff, Georg I., *Life Is Real Only Then, When »I Am«*, New York 1981.

Gurdjieff, Georg I., *Beelzebubs Erzählungen für seinen Enkel. Eine objektiv unparteiische Kritik des Lebens des Menschen*, Bd. I–III, Basel 1981. [Neuausgabe 2000.]

Gurdjieff, Georg I., *Begegnungen mit bemerkenswerten Menschen*, 4. Aufl., Freiburg i. Br. 1988. [Taschenbuch-Ausgabe 1997.]

Guthrie, K., *The Pythagorean Sourcebook and Library*, Grand Rapids, Michigan, 1987.

Harvey, J., *The Plantagenets*, Glasgow 1976.

Hone, W. (Übers.), *The Lost Books of the Bible*, New York 1979.

Iamblichos, *Pythagoras*, hrsg. u. übers. v. Michael v. Albrecht, Zürich, Stuttgart 1963.

Josephus Flavius, *Geschichte des Judäischen Krieges*, übers. v. H. Clementz, 4. Aufl., Leipzig 1985.

Kingsland, W., *The Gnosis in the Christian Scriptures*, Shaftesbury 1993.

Lincoln, H./M. Baigent/R. Leigh, *Der Heilige Gral und seine Erben. Ursprung und Gegenwart eines geheimen Ordens. Sein Wissen und seine Macht*, Bergisch Gladbach 1984. (Neuausgabe 1997.)

Luckenbill, D., *Ancient Records of Assyria and Babylonia*, T. I–II, London 1989.

Mead, G. R. S., *Fragmente eines verschollenen Glaubens*, Berlin 1902.

Mead, G. R. S., *Thrice Greatest Hermes*, Bd. I–III, London 1964.

Millar, F., *The Roman Near East – 31 BC–AD 337*, Boston 1994.

Ouspensky, Peter D., *Auf der Suche nach dem Wunderbaren. Fragmente einer unbekannten Lehre*, Innsbruck o. J. [um 1950]. [Neuausgabe 1978.]

Ouspensky, Peter D., *Ein neues Modell des Universums*, Weilheim/Obb. 1970.

Ouspensky, Peter D., *Tertium Organum. Der Dritte Kanon des Denkens – Ein Schlüssel zu den Rätseln der Welt*, München 1973.

Picknett, L./C. Prince, *Die Jesus-Fälschung. Leonardo da Vinci und das Turiner Grabtuch*, Bergisch Gladbach 1995.

Plutarch, *Große Griechen und Römer*, Ottobrunn b. München 1984.

Riley-Smith, J. (Hg.), *Oxford Illustrated History of the Crusades*, Oxford 1995.

Runciman, S., *Geschichte der Kreuzzüge*, Bd. I–III, München 1957.

Rundle Clark, R. T., *Myth and Symbol in Ancient Egypt*, London 1978.

Santillana, G. de/H. von Dechend, *Die Mühle des Hamlet. Ein Essay über Mythos und das Gerüst der Zeit*, 2. Aufl., Wien 1994.

Scott, W. (Übers. u. Hg.), *Hermetica*, Shaftesbury 1992.

Segal, J. B., *Edessa: »The Blessed City«*, Oxford 1970.

Tacitus, *Historien*, lat.- dt., hg. v. J. Borst, 3. Aufl., München 1977.

Waldmann, H., *Die kommagenischen Kultreformen unter König Mithradates I. Kallinikos und seinem Sohne Antiochos I.*, Leiden 1973. (Etudes préliminaires aux Religions Orientales dans l'Empire Romaine 34.)

Walker, J., *Armenia: The Survival of a Nation*, London 1980.

Wilson, I., *Eine Spur von Jesus. Herkunft und Echtheit des Turiner Grabtuchs*, Freiburg i. Br. 1980.

Wynn-Tyson, E., *Mithras: The Fellow in the Cap*, London 1958.

Yates, F. A., *Astraea*, London 1975.

Yates, F. A., *Giordano Bruno and the Hermetic Tradition*, London 1982.

Young, R., *Analytical Concordance to the Bible*, Guilford 1975.

Zaehner, R. C., *The Teachings of the Magi*, London 1975.

DANKSAGUNG UND BILDNACHWEIS

Folgenden Menschen und Institutionen möchte ich dafür danken, daß sie mitgeholfen haben, dieses Projekt zu verwirklichen:

Meinem alten Freund John Harvey, der mich viele »aufreibende« Kilometer weit begleitet und den Anfang meiner Suche miterlebt hat; den Mitarbeitern des British Museum, die immer äußerst hilfsbereit waren – ganz besonders Dr. Dominique Collon; dem Warburg Institute; dem Archäologischen Museum von Şanlıurfa; besonderen Dank an Mark A. Haney von KlassM Software für sein Skyglobe-Programm, das die Entschlüsselung des Geheimnisses der Weisen erst möglich machte. (Eine Shareware-Version des Programms ist bei ihm, PO Box 1067, Ann Arbor, MI 48106, USA, erhältlich.)

Mein Dank gebührt auch John Baldock, der mir die faszinierenden Skulpturen der Heiligen Drei Könige in der Kathedrale von Autun erklärte; Ann Walker und »White Arrow« für ihren ständigen Zuspruch; Bengt Alfredson für sein außergewöhnliches, astronomisch korrektes Gemälde der *Anbetung der Könige*; Bill Hamilton und Sara Fisher von A M Heath & Co. für ihr Bemühen um einen manchmal erschöpften Autor; Kathy Rooney und allen bei Bloomsbury für ihr Vertrauen und ihre Geduld in den letzten zwei Jahren; und – last but not least – meiner Frau Dee, die mich auf den meisten Reisen begleitete und immer standhaft blieb.

Dank an die National Gallery, London, für die Erlaubnis, folgende Werke zu reproduzieren: das *Wilton-Diptychon* (Künstler unbekannt); die *Taufe Jesu* von Piero della Francesca, die *Hl. Veronika mit dem Schweißtuch* und *Mariä Verkündigung* von Fra Filippo Lippi. Und Dank an Bengt Alfredson für Mariä Abdruckgenehmigung der astronomisch korrekten *Anbetung der Könige*. Für alle anderen Bilder und Diagramme liegt das Copyright bei Dee und Adrian G. Gilbert.

PERSONENREGISTER

ORTS- UND SACHREGISTER